大山倍達の遺言

MAS OYAMA'S WILL

小島一志
塚本佳子

新潮社

対立。人間の卑しさと偉大さを示したのちに。——人は今、自分の価値を知るがいい。自分を愛するがいい。なぜなら、人には善の力が備わっているのだから。しかしだからといって、人に備わっている卑しさを愛してはいけない。自分を軽蔑するがいい。なぜなら、この力は何も生み出さないのだから。しかしだからといって、この力を軽蔑してはいけない。自分を憎みなさい。自分を愛しなさい。人には真実を知る力と、幸福になる力がある。しかし変わらない真実も、満足のいく真実も持ち合わせてはいない。

『パンセ』423（パスカル）

目次

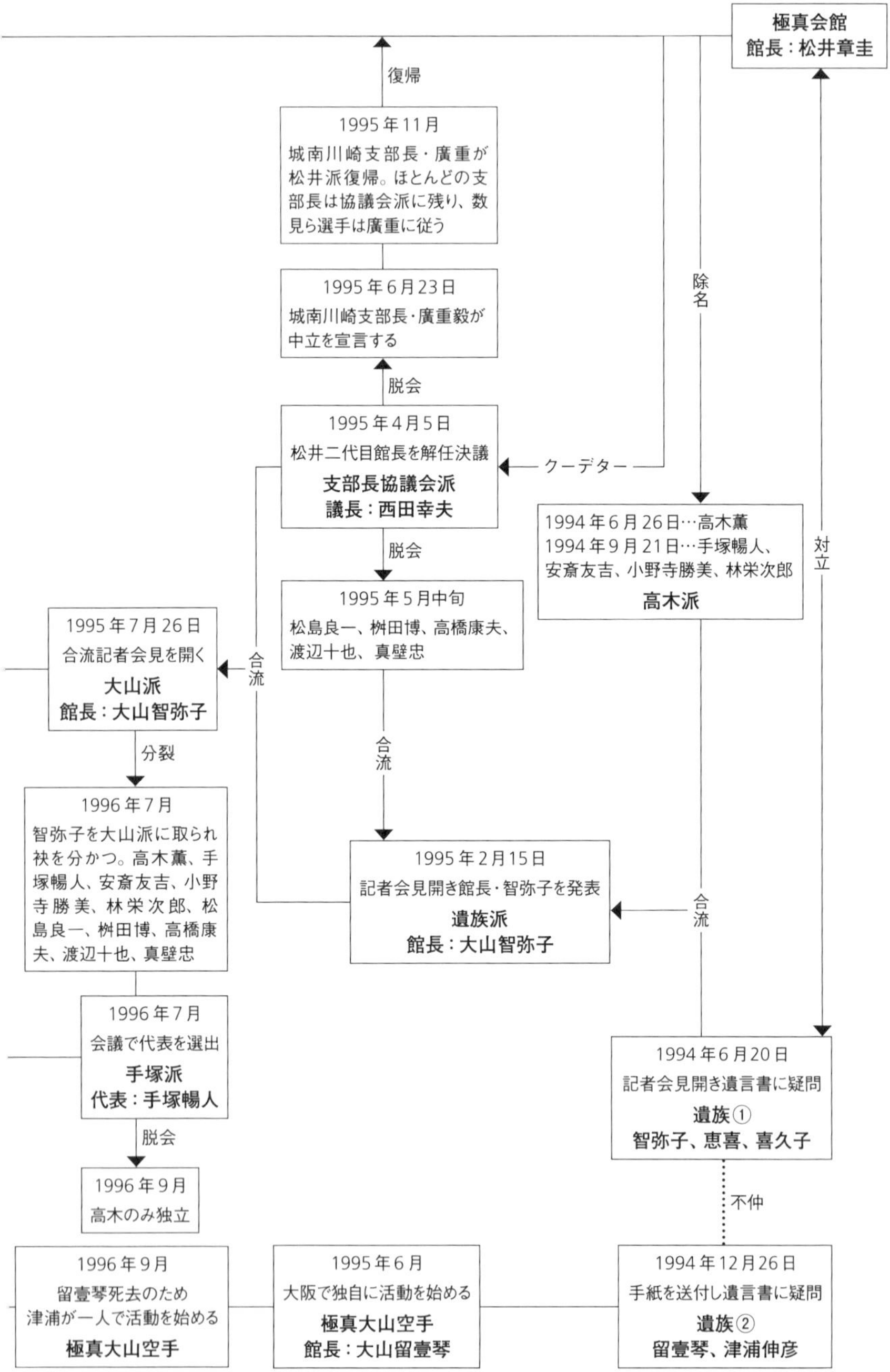
極真会館
館長：松井章圭
復帰
1995年11月
城南川崎支部長・廣重が松井派復帰。ほとんどの支部長は協議会派に残り、数見ら選手は廣重に従う
1995年6月23日
城南川崎支部長・廣重毅が中立を宣言する
脱会
1995年4月5日
松井二代目館長を解任決議
支部長協議会派
議長：西田幸夫
クーデター
除名
1994年6月26日…高木薫
1994年9月21日…手塚暢人、安斎友吉、小野寺勝美、林栄次郎
高木派
対立
脱会
1995年5月中旬
松島良一、桝田博、高橋康夫、渡辺十也、真壁忠
1995年7月26日
合流記者会見を開く
大山派
館長：大山智弥子
合流
分裂
合流
1996年7月
智弥子を大山派に取られ袂を分かつ。高木薫、手塚暢人、安斎友吉、小野寺勝美、林栄次郎、松島良一、桝田博、高橋康夫、渡辺十也、真壁忠
1995年2月15日
記者会見開き館長・智弥子を発表
遺族派
館長：大山智弥子
合流
1996年7月
会議で代表を選出
手塚派
代表：手塚暢人
1994年6月20日
記者会見開き遺言書に疑問
遺族①
智弥子、恵喜、喜久子
脱会
1996年9月
高木のみ独立
不仲
1996年9月
留壹琴死去のため津浦が一人で活動を始める
極真大山空手
1995年6月
大阪で独自に活動を始める
極真大山空手
館長：大山留壹琴
1994年12月26日
手紙を送付し遺言書に疑問
遺族②
留壹琴、津浦伸彦

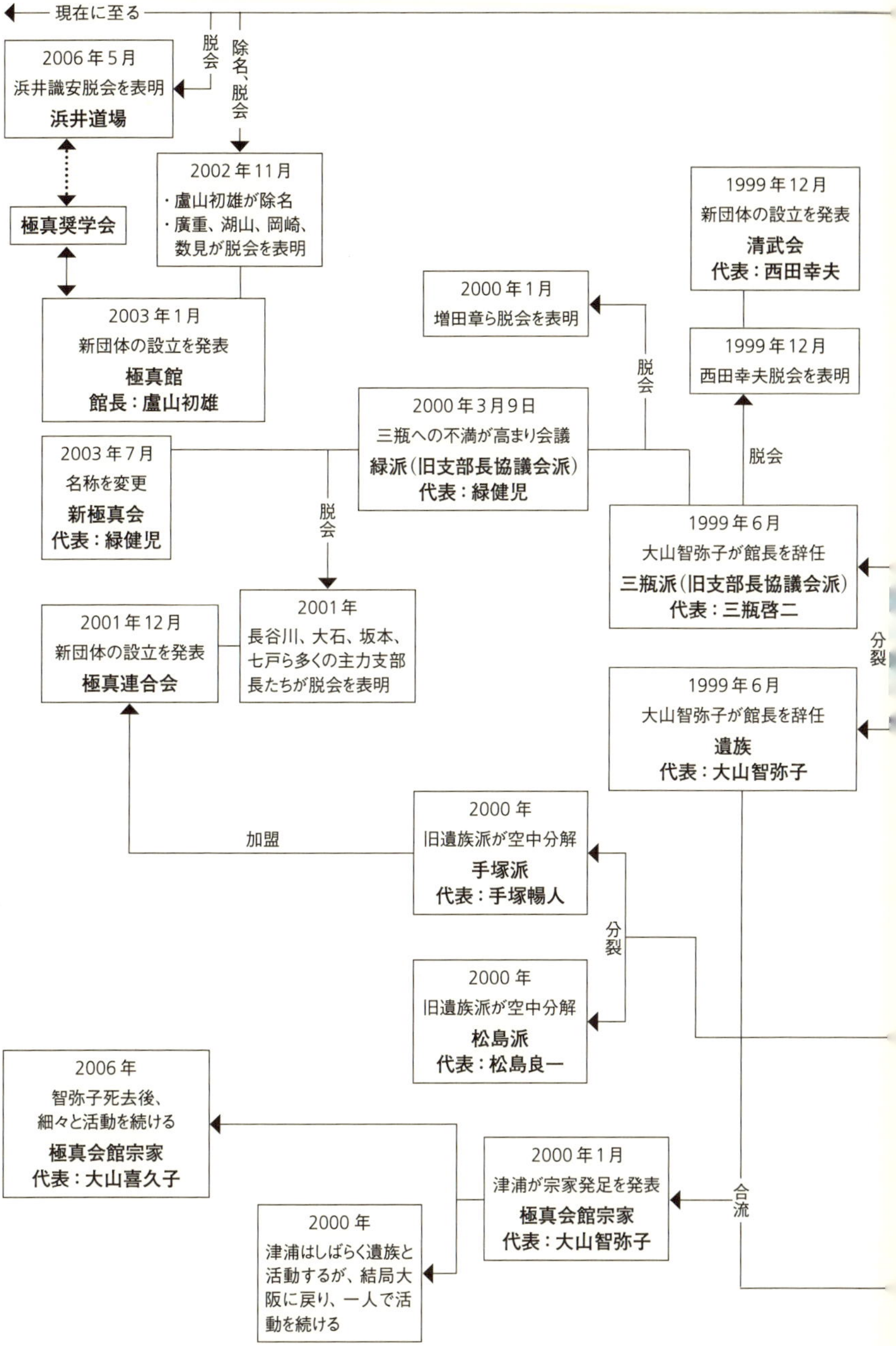
現在に至る
脱会
除名、脱会
2006年5月
浜井識安脱会を表明
浜井道場
極真奨学会
2002年11月
・盧山初雄が除名
・廣重、湖山、岡崎、数見が脱会を表明
2003年1月
新団体の設立を発表
極真館
館長：盧山初雄
1999年12月
新団体の設立を発表
清武会
代表：西田幸夫
2000年1月
増田章ら脱会を表明
1999年12月
西田幸夫脱会を表明
脱会
2000年3月9日
三瓶への不満が高まり会議
緑派（旧支部長協議会派）
代表：緑健児
2003年7月
名称を変更
新極真会
代表：緑健児
脱会
脱会
1999年6月
大山智弥子が館長を辞任
三瓶派（旧支部長協議会派）
代表：三瓶啓二
分裂
2001年12月
新団体の設立を発表
極真連合会
2001年
長谷川、大石、坂本、七戸ら多くの主力支部長たちが脱会を表明
1999年6月
大山智弥子が館長を辞任
遺族
代表：大山智弥子
加盟
2000年
旧遺族派が空中分解
手塚派
代表：手塚暢人
分裂
2000年
旧遺族派が空中分解
松島派
代表：松島良一
2006年
智弥子死去後、細々と活動を続ける
極真会館宗家
代表：大山喜久子
2000年1月
津浦が宗家発足を発表
極真会館宗家
代表：大山智弥子
合流
2000年
津浦はしばらく遺族と活動するが、結局大阪に戻り、一人で活動を続ける

はじめに

極真空手の創始者である大山倍達氏が逝って、すでに二〇年近くの月日が流れた。その間、大山氏自身が生前「私が死んだら、極真は割れるよ」と公言していた通り、ものの見事に極真会館は分裂した。

極真会館に限らず、独裁だった創始者の死去後、組織が混乱をきたす例は枚挙にいとまがない。たいていが後継者を巡る、醜い足の引っ張り合いと言っていい。極真会館の分裂劇も例にもれず、若き二代目館長・松井章圭氏を受け入れられない古参支部長たちの感情論が引き金になっている。

極真会館の分裂劇は、格闘技専門誌をはじめ、多くのメディアで取り上げられてきたことから、概要を知る人も少なくないだろう。ただ、当然その裏には公的に発表されていない泥沼劇が存在する。本書は、その軌跡を克明に綴った「極真会館分裂劇の真実」でもある。

分裂直後から現在に至るまで、分裂した各組織は異口同音に「大山総裁の遺志を受け継いでいるのは我々の組織である」と胸を張る。

「大山倍達の遺志」がどこにあるのか――。

それは、それぞれの解釈によって異なるだろう。しかし、冒頭の「分裂図」をご覧になればわかるように、これだけの分裂を繰り返した背景には、「大山倍達の遺志を受け継ぐ」という理由だけでは語れない醜い感情論が渦巻いている。彼らにとって「大山倍達の遺志」とはいったいなんなのか？　分裂劇の内情を知ることで、見えてくることは少なくない。

さて、今回本書を書くにあたり、私たちはひとつの原則を設けた。それは、著者としての主張はできる限り入れずに、事実のみを記すということだ。そのため、すべての出来事は当事者、またはその関係者の言葉によって構成している。取材を依頼するなかで、「当時のことは、もう思い出したくない」という声も多かったが、一部匿名希望があるものの、ほとんどの関係者は、当時そして現在の胸中を吐露してくれた。それぞれの立場によって正義が異なる以上、同じ出来事に対してまったく正反対の言葉が発せられることも少なくなかったが、極力平等に各人の意見を記している。

ただ唯一、私たちの考えを理解してもらえず、取材を拒否された組織がある。新極真会だ。何度も本書の意図を説明し、最終的には顧問弁護士を通じて取材申請を試みたが、残念ながら新極真会から公式取材の許可はおりなかった。そのため、新極真会の状況については、公的に発表されている記事やすでに新極真会を脱退した人たちの声を中心に構成している。また、現在も新極真会に所属している数名の支部長に話を聞くことができたが、彼らの立場を考慮し、匿名とさせてもらった。

ここで、新極真会とのやり取りを記しておく。

大山氏の死の直後、メディア側の人間として小島一志が真っ先に松井二代目館長を支持したことから、私たちは必然的に支部長協議会派に始まった新極真会の「敵」側に身を置かざるを得なくなった（決して私たちが望んだことではなかったが）。

だが、本書の執筆にあたり、小島は新極真会総本部事務局長・小井泰三氏、そして小島の先輩である岐阜県支部長の柳渡聖人氏と話し合い、小島（夢現舎）と新極真会との和解が成立することになった。つまり、正式な取材許可がおりたということだ。これを機に、小井氏ならびに柳渡氏は電話やメールで取材に応じてくれ、さらに小井氏は「新極真会におけるマスコミの窓口は事務局であり、取材許可の権限も事務局が有しています。ですから、私が責任を持って今後、夢現舎とのよりよい関係改善に努めていきます」と力強く応えてくれた。二〇〇六年一〇月のことである。

ところが、それから一ヵ月が経過した一一月二五日、突然、新極真会のホームページに以下の文が掲載された。その三日前の二二日、新極真会（当時は大山派）が尽力して建てた大山倍達氏の墓の地図を親切にファックスしてくれた小井氏からは、小島になんら連絡はなかった。

《平素より当会をご支援いただき、誠にありがとうございます。

さて10月半ばから小島一志氏がインターネット上に当会に関する記事を掲載していましたが、そのほとんどが憶説と判断でき、こちらが認識する事実とは異なる内容でした。

全国の道場生への影響を考慮し、当理事会において今後小島一志氏および夢現舎からの取材、応対を断り、一切の関係を絶つことを決定致しました。

当会では武道団体として、ふさわしい組織作りを徹底させていく所存です。今後とも何卒ご指導ご鞭撻のほどを宜しくお願い申し上げます。

平成18年11月24日

NPO法人　全世界空手道連盟　新極真会
代表理事　緑健児
理事会一同》
同様の書面が夢現舎に届いたのは、一一月二七日のことだ。書面に添付された「書類送付案内書」のMEMO欄には《平素から大変お世話になり誠にありがとうございます。別紙、当会理事会にて決定されました。このようなことをご連絡することは、非常に残念ではございますが、何卒ご了承下さいますようお願い致します。小島様　ありがとうございました。小井》という文面が添えられていた。

〈小井さんや柳渡先輩は、あれほど好意的に対応してくれたのに、いったいどういうことなのか？〉

なんら状況が見えない小島が柳渡氏に連絡を入れると、彼は「一二月六日に緊急理事会が開かれることになった。一度理事会で決まったことを撤回するのは困難だが、せめて保留、再考という形にもっていければ。互いの関係改善が新極真会にとってプラスであることを支部長生命をかけて説得する」と応えてくれた。

しかし、柳渡氏の説得は実を結ぶことなく、一二月六日に開かれた緊急理事会でも取材拒否の決定が覆ることはなかった。その後、小井氏や柳渡氏と連絡がつかなくなる。そのため、夢現舎の顧問弁護士を通じて、新極真会に取材申請を行なった。以下が通知書の全文である。

《通知書

前略

当職らは、小島一志氏（以下、「通知人」）を代理して、以下のとおり、ご通知申し上げます。

通知人は、平成18年11月25日、通知人がインターネット上で貴会に関する記事を掲載したことに対して、その掲載内容のほとんどが通知人の憶測であり、事実に反すること、今後は通知人からの取材・対応を断り、一切の関係を断つ旨の書面（以下、「本件文書」という）を貴会より受けました。

また、本件文書と同内容の文面が貴会のホームページ上で掲載されました（以下、「本件掲載行為」という）。

ところで、通知人は、中立・公平な立場から執筆活動を行うべく、貴会と通知人の過去の確執を乗り越え、関係改善を図ろうと努力してきたものであり、その結果、貴会総本部事務局長である小井泰三氏から、今後、通知人の取材を受け、貴会代表である緑健児氏への取材についても必ず責任を持って橋渡しをする旨のご発言を頂いているところです。

しかるに、その矢先に貴会より本件文書を頂くと同時に、貴会による本件掲載行為がなされ、通知人は、大きな驚きを覚えるとともに、一方的な貴会の見解に、到底納得のできない心境であります。

また、通知人は、取材・執筆活動を行うジャーナリストであるところ、あたかも通知人が事実を無視し、憶測に基づいて執筆活動をしているかの如き印象を与えかねない本件掲載行為は、通知人の名誉及び営業活動に少なからぬ影響を与えるものであり、貴会の一方的かつ不適切な態度に深い憤りと不信感を感じざるを得ません。

かかる事態に至った経緯の説明を受けるべく、通知人は上記小井氏や貴会岐阜支部長柳渡聖人氏に幾度となく電話致しましたが、未だにその経緯について説明を得られていない状態であります。

そこで、通知人は、本書をもって、貴会に対し、以下の点について回答を求めます。

1、本件文書等に記載されている「憶説」とは、通知人の掲載した文面のいかなる箇所をもって判断されているのか。貴会の認識されている事実とはどこが違うのか。

2、貴会総本部事務局長という責任ある立場にある小井氏が上記のような発言をされているにもかかわらず、通知人に何ら事実関係を質すことなく、一方的に本件掲載に及び、突如として取材拒否をするに至った経緯・理由はいかなるものであるのか。

上記のとおり、通知人は、ジャーナリストであるところ、本件掲載行為によって通知人は少なからぬ影響を受けることが予想されるところですので、貴会が公益法人と社会的責任と大きな影響力

を有していることを十分に考慮の上、上記2点について、平成19年1月10日までに誠意ある回答を願います。　草々

平成18年12月19日》

年が明けて二〇〇七年一月一〇日、顧問弁護士事務所に、新極真会の弁護士より、ファックスが一枚届いた。内容は以下の通りだ。

《ご回答

前略　貴職らよりの平成18年12月19日付け通知書に対しまして、以下のとおりご回答致します。

かねて小島一志氏にご通知申し上げましたとおり、当会は小島氏からの取材を一切お断り申し上げておりますところ、上記通知書におけるご質問に対しましてもお答致しかねますので、その旨ご了承願います。

なお、当会は、小島氏からの取材に応じるべき法的義務はもとより、その必要性も一切ないと考えておりますので、今後とも、小島氏からの取材や質問に応じるつもりはございません。併せてご了承おき下さい。

以上のとおり、ご回答申し上げます。　草々》

翌一一日、夢現舎顧問弁護士より、新極真会の弁護士に電話を入れ、話し合いでの解決を申し出る。対応した弁護士は新極真会と相談のうえ、改めて連絡すると約束する。

一月二二日、新極真会弁護士より、夢現舎顧問弁護士にファックスが届く。

《前略

先般話し合いでの解決のお申し出をいただきましたが、現在、事実関係の調査および当会としての意思統一に時間を要しております。当方の対処方《ママ》が決定するまで、月内をメドとしてお時間をい

ただきたく存じますので、よろしくお願いいたします。

何かご不明の点がございましたら、当職までお問い合わせください。

取り急ぎ用件のみにて失礼いたします。　草々》

その後、二月一五日に弁護士同士で話し合いの場を持ち、三月一四日の理事会において改めて取材を受けるかどうかの検討を行なうとの返答をもらう。しかし、結局結論は変わらず、三月一六日、前回同様にファックスが一枚届き《検討の結果、取材に応じることはできないとの結論に至りました》と書かれていた。

以上の結果、新極真会の代表理事である緑健児氏をはじめ、副代表理事の小林功氏、三好一男氏、ならびに三瓶《さんぺい》啓二氏ら重鎮たちから生の声を聞くことはできなかった。

ちなみに、本書は『大山倍達正伝』とは異なり、すべての章の元原稿を塚本佳子が担当し、そこに資料データを含め、小島一志が加筆するという形を取ったこと、また当初、本書は講談社より出版予定だったため、取材に協力いただいた多くの方々に講談社刊と説明している。その後、紆余曲折があり新潮社からの刊行となったことを、この場を借りて明記しておく。

塚本佳子

大山倍達の遺言

序章　大山倍達の死

《極真空手の創始者　劇画のモデルにも
大山倍達氏（おおやま・ますたつ＝空手家、国際空手道連盟極真会館総裁）
26日午前8時、肺がんのため東京都中央区の病院で死去、70歳。葬儀・告別式は27日午後0時半、豊島区西池袋3の3の9の極真会館本部で。自宅は極真会館本部内。喪主は妻智弥子（ちやこ）さん。

１９２３年ソウル生まれ。山梨少年航空学校時代に空手を始め、47年、全日本空手道選手権優勝。52年以降、渡米してプロレスラー、プロボクサーらと対戦したほか、牛と戦い人気を集めた。56年に大山道場を開き、64年、極真会館を設立。寸止めではなく、打撃を認める試合方式で極真空手ブームを巻き起こし、極真会によれば現在１４０カ国に１２００万人の会員を擁するという。71年から「少年マガジン」に連載された劇画「空手バカ一代」のモデルとしても有名》（『毎日新聞』一九九四年四月二七日号）

《極真空手の創始者　大山倍達氏が死去
梶原一騎氏原作の「空手バカ一代」の主人公で、国際空手道連盟総裁、極真会館館長の大山倍達（おおやま・ますたつ）氏が、二十六日午前八時、肺がんによる呼吸不全のため、東京都中央区の病院で死去した。七十歳だった。葬儀・告別式は、二十七日午後零時三十分から東京都豊島区西池袋三の三の九の自宅（極真会館本部）で。喪主は妻智弥子（ちやこ）さん。

韓国ソウル生まれ。一九四七年に戦後初の全日本選手権で優勝。牛を素手で倒すなどの修行を続け、海外でもプロレスラーら各種の格闘技と試合。手刀でビールびんを切り捨てる技は「神の手」と称された。

六四年、空手界の常識だった寸止めをやめ、直接相手を倒すフルコンタクト（直接打撃制）を取り入れた極真空手を旗揚げし、国際空手道連盟を創設した。

七五年には第一回オープントーナメント全世界空手道選手権を開催。この大会の記録映画「地上最強のカラテ」が世界三十カ国で上映された。

現在、極真空手は世界百四十カ国に公認支部道場が置かれ、門弟総数は一千二百万人を超えると言われる。著書に「わがカラテ革命」「Ｔｈｉｓ　ｉｓ　Ｋａｒａｔｅ」などがある》（『朝日新聞』一九九四年四月二七日号）

一九九四年四月二六日、午前一一時。春とは思えない暑い日差しに東京の空は覆われていた。池袋駅から徒歩一〇分の閑静な住宅地。普段ならば、そんな環境に不釣合いな若者たちの気合や叫び声に満ちているはずの極真会館総本部道場は、設立後初めてと言ってもいいほどの静寂のなかにあった。建物の周囲には立錐の余地もないほどの人垣ができていた。道場前の狭い道路はもちろん、総本部道場に隣接する池袋西口公園もまた人、人、人であふれている。にもかかわらず、そこには不思議と喧しさがなく、一種異様な空気に支配されていた。

よく観察すれば、それらの人々はその身なりや表情などからいくつかの種類に分けられるのがわかる。喪服または地味なスーツ姿の人たちは極真会館関係者と思われる。また、ラフな格好でカメラやノートを握り締め、数名ごとに小さな集団を作っているのが出版やテレビなどメディア関係者。そして、その他大勢が一般の格闘技・極真空手ファンと言える人たち。そんな人の海に揉まれていると、いつしか耳が慣れてきたのか突然のようにいろいろな言葉がサワサワと聞こえてくる。

正午を過ぎると、喪服に身を包んだ極真関係者たちが額の汗を拭いながら続々と総本部道場のなかに入っていく姿が目立つようになる。すでに総本部道場二階には、聖路加国際病院から戻った大山倍達の亡骸が総檜の棺に納められ、純白の布に覆われていた。昼前に大阪から駆けつけた津浦伸彦は、大山の「義理の息子」として弔問客の相手を始めた。津浦の遅い上京に、古参支部長であり、大山の右腕とも言える存在の郷田勇三が厳しい顔で詰め寄る場面もあった。

午後一時、喪服というにはあまりにも派手な黒いドレスを纏った女性がタクシーから降りると、険しい表情で総本部道場に向かった。大山の長女・留壹琴《るいこ》である。彼女の剣幕に人垣は割れた。しかし、留壹琴は建物のなかに入らず玄関先で誰かを罵倒し始めた。相手は梅田嘉明（横浜東邦病院院長、極真会館審議委員長）である。苦虫を噛み潰したような顔で梅田は留壹琴を相手にせず、逃げるように人垣のなかに消えていった。すると、今度は別の人物に向かって喚く留壹琴の声が公園にまで響き渡った。

そうこうするうちに、建物のなかから黒い和服を着た上品な顔立ちの女性が姿を現した。大山の未亡人・智弥子だ。玄関前にたたずむ極真関係者たちに対し笑顔で挨拶を始める。郷田や前田達雄（ビデオ制作会社・メディアエイト社長）、井上良一（『月刊パワー空手』編集長）といった馴染みの顔を見つけると、突然智弥子ははしゃぐように笑い始めた。ちなみに、大山の次女・恵喜《えき》は通夜と密葬にかけて海外に滞在、日本に帰国したのは一ヵ月後のことだ。三女の喜久子は密葬の翌日にニューヨークから帰国した。当然、大山の病状や死期を知りつつも、長女の留壹琴を含め、恵喜、喜久子ら姉妹は大山が入院する聖路加国際病院に一度も見舞っていない。
慌ただしく準備が進められるなか、会館入り口のドアには「本日は稽古はございません」の貼り紙が貼られた。夕方、午後四時、郷田勇三、盧山《ろうやま》初雄（埼玉県支部長）、山田雅稔（東京都下城西支部長）ら極真会館内部の人間のみならず米津等（資生堂の社長秘書）、梅田らが顔を揃え、山田を司会に記者会見を開く。梅田から大山の死亡に関する説明がなされた後、郷田、盧山も挨拶をする。その後、質疑応答が始まる。
「最後のお言葉というよりも、大山総裁が繰り返し、口にされていたことは『私が死んでも極真会館は必ず日本だけではなく、世界中に残っていくだろう。でも、その関連で私にはやり残したことがふたつある。空手の殿堂である〝新会館〟と〝空手百科事典〟を作ることだ。このふたつはなんとしても完成させたかった』とのことでした。大山総裁は（極真会館の組織について）きちんとした青写真を遺しておられます。しかも具体的なことを含めてです。いわゆる遺言書はございます。明確なものがございます。それは、私、個人ではなく、私を含めた五人の人間が確認しております」（梅田）
「（最期を看取ったのは）智弥子夫人と米津、大西（靖人。大阪府岸和田市議会議員、第一五回全日本大会優勝）、黒澤相談役（明。極真会館相談役）です」（山田）
「次期総裁につきましては、まだ発表できません。六月に全日本ウエイト制、一〇月に無差別制の全日本大会がありますが、六月前には発表したいと考えております」（米津）
以上のように、この記者会見で梅田は大山が遺言書を遺していることを公言。たった三〇分程度で記者会見は終わるが、その後、なぜか潮が引くようにいくつかのグループに分かれた支部長たちが総本部道場を後にしていった……。

午後七時、総本部にて通夜が始まる。道場生、極真ＯＢ、各界の著名人などを含め、五〇〇名が参列した。

通夜に参列した弟子たちの言葉を紹介する（いずれも『格闘技通信』一九九四年六月八日号）。

《七戸康博「朝の9時に、横山支部長からの電話で、総裁が亡くなられたのを聞きました。もう、信じられなくて、〝まさか〟という感じでした。（中略）すぐに、こちらに飛んで来て、昼の3時半に東京へ着き、総裁に挨拶をしました」》

《緑健児「鹿児島で大会がありまして、空港に今朝の10時頃に着いたんですけど、自宅に電話を入れるように呼び出しがあって、連絡したら…。（総裁が亡くなられたニュースを聞いて）もう、パニック状態でした。信じられないと言うか。飛行機の都合で、東京に着いたのが6時10分でした」》

《増田章「前からお体の具合が悪いというのは聞いていたんですが…、こんなに悪かったとは知らなかったです。今日、突然亡くなられたということを聞きまして、今、正直言ってびっくりしています」》

翌二七日午後一二時三〇分、前日の通夜を終えて「内輪」だけの密葬が行なわれた。この日、極真会館総本部に姿を見せたのは全国および海外の支部長や選手・道場生たちが主だった。彼らを囲むようにメディア関係者が列を連ねる。前日ほどではないものの、この日も西池袋公園には「最強の空手家」「牛殺し・マス大山」伝説の信奉者たちであふれていた。

午後二時、歴代のチャンピオンたち（松井章圭、八巻建志、数見肇、三瓶啓二、七戸など）の手によって大山の棺が霊柩車に乗せられる。弟子たちのすすり泣きがあちこちで聞こえた。その後、遺族と極真会を代表して津浦と梅田が挨拶をする。そこで梅田が発言をした。

「生前、大山総裁は遺言状を遺されています。そこには、後継者として松井章圭君が指名されています」

すすり泣きが消え、一瞬時間が止まったかのように氷の刃が駆け抜けた。

すべては、この梅田の発言から始まった。いや、現実にはすでに大山の生前からその蠕動は始まっていたのかもしれない……。


大山倍達が肺癌（原発性悪性肺腫瘍）の末期患者として聖路加国際病院に入院中、当時大山の側近だった梅田嘉明の提案によって遺言書は作成された。作成時から二〇日以内に家庭裁判所で確認の手続が必要という特殊な「危急時遺言書」であったが、「それはいまだ、ご自身の病気を信じていない総裁に不信感を与えないため、つまりご自身の死期を悟らせないという気遣いからあえて危急時遺言を選んだ」と梅田や他の証人、大西靖人、米津稜威雄（弁護士）、米津等、黒澤明は声を揃える。

遺言状の作成は一九九四年四月一七日と一九日の二日に分けて行なわれた。証人は前記した五名。当日、見舞いに訪れていた妻の智弥子を作成に同席させなかった理由についても、「日本の家族に知られたくない韓国の家族の問題など微妙な遠慮が総裁にあったのでしょう。危急時遺言の有効期限以上生きながらえれば、それはなかったことになるのだから……。そんな気持ちから、総裁自らが智弥子夫人に退席するよう命じたのです」と梅田たちは異口同音に答える。当初は智弥子も認めていたが、後に「梅田先生たちに強引に外に出された」と言葉を翻す。

梅田が主導権を握り、弁護士である米津稜威雄が作成した大山の危急時遺言書は、五月九日に東京家庭裁判所に提出された。以下が、その全文である。

《遺言書
遺言者　大山倍達
遺言者大山倍達は、平成六年四月一九日聖路加病院九七一号室において、証人米津稜威雄、同梅田嘉明、同黒澤明、同大西靖人、同米津等立会の下に、証人米津稜威雄に対し次のとおり遺言の趣旨を口授し、米津稜威雄はこれを筆記した。

一　遺言者死亡のときは、次のとおり処理すること。

1、極真会館、国際空手道連盟を一体として財団法人化を図ること。この法人化には日時を要するので、その間財団法人極真奨学会を拡充化すること。財団法人極真奨学会において極真会館、国際空手道連盟を吸収することが可能ならばそれでも可。

2、梅田嘉明は、財団法人極真奨学会理事長、株式会社グレートマウンテン社長を勤めて欲しい（著者注：グレートマウンテンとは、極真会館の財務管理を行なう会社）。

3、極真会館、国際空手道連盟の大山倍達の後継者を松井章圭と定める。世界各国、日本国内の本部直轄道場責任者、各支部長、各分支部長は、これに賛同し、協力すること。

4、松井章圭は、極真会館新会館建設の第二次建設委員長（第一次委員長は梅田嘉明が勤めた。）として新会館を建設すること。木元正資、七戸康博、桑島保浩、緑健児、湖山彰夫、三村忠司、三村恭司、増田章、八巻建志、黒沢浩樹、田村悦宏、数見肇、鈴木國博（順不同）は、松井章圭を補佐し協力すること。日本国内の本部直轄道場責任者、各支部長、各分支部長はこれに協力すること。

5、梅田嘉明は、極真会館、国際空手道連盟、財団法人極真奨学会、株式会社グレートマウンテン、有限会社パワー空手等、極真空手道関連事業を監督し、松井章圭の後見役として勤めて欲しい。黒澤明は、梅田嘉明を補佐して協力して欲しい。大西靖人、米津等もこれを補佐し協力して欲しい。米津稜威雄、長嶋憲一もこれに協力して欲しい。

6、池袋の極真会館の土地建物（同所内所在動産も同じ。）は、新会館の土地を含めて、極真会館、国際空手道連盟、極真奨学会、グレートマウンテンに寄贈する。これらに対する出資等も同じ。これらのものは極真空手道のためのみに使用すること。これらの手続は、米津稜威雄においで執って欲しい。

7、妻智弥子と三女喜久子には石神井の土地家屋（同所内所在動産も同じ。）を持分平等の割合で与える。右土地家屋には建築ローンが残存しているので、これを極真側で責任をもって支払って欲しい。千葉御宿の土地、大山倍達個人の預金、現金は智弥子に与える。なお、智弥子に対しては、極真側で毎月一〇〇万円またはこれに相当する金額を支払って生涯面倒をみて欲しい。

8、「パワー空手」は、極真空手道の機関誌であって欲しい。機関誌として存続する限り、三女喜久子に毎月一〇〇万円宛支払って欲しい。

9、湯河原の別荘の土地家屋（同所内所在動産も同じ。但し極真側に必要なものがあれば、これを極真側に引き渡すこと。）は二女恵喜子に与える。恵喜子には極真側で毎月一〇〇万円宛支払って欲しい。

10、長女京喜（著者注：留壹琴）には、極真側で毎月一〇〇万円宛支払って欲しい。

11、智弥子、京喜、恵喜子、喜久子は極真空手道には一切関係しないこと。

12、大山倍達個人の負債は、極真側で引受け支払って欲しい。

二　遺言執行者を次のとおり定める。
遺言執行者　東京都世田谷区
弁護士　米津稜威雄

米津稜威雄は、右筆記事項を、遺言者および証人梅田嘉明、同黒澤明、同大西靖人、同米津等に読み聞かせ、右各証人は、その筆記の正確なことを承認し、次に署名押印した。

筆記者　証人　米津稜威雄（印）
証人　梅田嘉明（印）
証人　黒澤明（印）
証人　大西靖人（印）
証人　米津等（印）

遺言書（追加）
遺言者　大山倍達

遺言者大山倍達は、平成六年四月一九日既にした遺言に追加し、平成六年四月一九日聖路加病院九七一号室において、証人米津稜威雄、同梅田嘉明、同黒澤明、同大西靖人、同米津等立会の下に、証人米津稜威雄に対し次のとおり遺言の趣旨を口授し、米津稜威雄はこれを筆記した。

一　韓國ソウル特別市銅雀大方洞　洪順浩、崔光範、崔光樹、崔光樺には、極真側で各金一五〇〇万円宛支払って欲しい。
二　北海道在住の中村桂子（著者注：大山の隠し子）には、極真側で金一〇〇〇万円を支払って欲しい。
三　本遺言執行者を　東京都世田谷区世田谷　弁護士　米津稜威雄と定める。

米津稜威雄は、右筆記事項を遺言者および証人梅田嘉明、同黒澤明、同大西靖人、同米津等に読み聞かせ、右各証人は、その筆記の正確なことを承認し、次に署名押印した。

筆記者　証人　米津稜威雄（印）
証人　梅田嘉明（印）
証人　黒澤明（印）
証人　大西靖人（印）
証人　米津等（印）》

一九九五年三月三一日、東京家庭裁判所は遺言書を認めない判決を下す。主な理由は、証人のなかに利害関係者が存在する（梅田が極真会館の財務管理会社・株式会社グレートマウンテンの代表にあった）ことと、遺族から再三送られてきた異議申立書・陳述書を考慮したためとされている。
梅田側は東京高等裁判所に控訴するが一九九六年一〇月一六日に棄却される。最終的に一九九七年三月一七日の最高裁判所による棄却により、大山の危急時遺言書が「公的な実効力」を持つことはなかった。

第一章　新生極真会館の誕生

湯河原強化合宿

「松井、皆がお前じゃ駄目だと言っている。海外の支部長も国内の支部長も皆、お前が後継者ということに納得していないんだよ」

三瓶啓二（福島県北支部長）はいつものように遠慮のない態度で、「後輩」である松井章圭にこう投げかけた。極真会館の創始者・大山倍達が逝って間もない一九九四年五月一日、神奈川県湯河原でのことだ。松井が主催した「湯河原強化合宿」に、三瓶が訪ねてきたのである。

湯河原強化合宿とは、大山存命中からの極真会館恒例の行事だ。毎年、春に開催されるこの合宿は、海外の支部長たちを招いて大山自らが指導を行なう、言わば大山と海外支部長たちのコミュニケーションの場だった。湯河原にある極真会館湯河原修練所において行なわれることからこの名がついた。また、古くからの弟子である日本国内の年輩の支部長や壮年部の道場生たちも参加が許されているため、「支部長・壮年部強化合宿」と呼ばれることもあった。いずれにせよ、年齢層の高い合宿だ。

大山はこの合宿に、世界選手権や全日本選手権のチャンピオンを、補佐役ならびに指導員として同行させることを恒例としていた。過去、緑健児（第五回世界大会優勝）や八巻《やまき》建志（第六回世界大会優勝）などがその役割を担った。一九八九年には松井も大山から直々に指名を受け、海外の支部長たちに指導を行なっている。

大山が急逝した直後、松井は肩書きこそ「総本部師範」としたものの、実質的には極真会館二代目館長、かつ合宿の主催者として恒例行事に臨んだ。偉大なる創始者がこの世を去ってから幾日も経っていないことを理由に、今年の合宿は中止するべきという声も上がった。それはある面、当然の意見と言えるだろう。しかし松井は、湯河原の地をこよなく愛し、海外支部長や壮年部の道場生との年に一度の交流をことさら大切にしていた大山の遺志を受け継ぎ、予定通りに合宿を開催した。もちろん、それだけが合宿開催の理由ではなかった。全世界に公称一二〇〇万人の門下生を抱える極真会館である。大山倍達という牽引者を失ったとはいえ、組織の活動を停止するわけにはいかない。松井は湯河原強化合宿を手始めに、館長としての任務を着実に遂行し始めたのである。

合宿が始まった初日、宿舎にいる松井に三瓶から電話がかかってきた。「今、湯河原駅に着いたから出てきてほしい」と言うのだ。突然のことに松井は驚くが、無下に断ることもできず、駅前にある喫茶店で三瓶と会うことにした。松井の顔を見るや否や三瓶が発したのが、「皆がお前じゃ駄目だと言っている……」という冒頭に記した言葉だった。松井もまた、いつものような冷静な口調で、「先輩、皆というのは誰ですか？　誰と誰がどのような理由で松井では駄目だと言っているのですか？　具体的な支部長の名前を教えてください。そうでないと、僕としても対応の仕様がありませんから」と三瓶に問いかけた。

「だから、誰とかじゃなくて、皆がお前では嫌だって言っているんだよ。松井、これからは民主的に組織を運営して、すべてをガラス張りにしていかなくては駄目なんだ。そう言っている支部長はたくさんいる。総裁のときのような独裁じゃ組織は発展しない。そのためには、些細なことも会議で決定する合議制を取り入れたり、館長を選挙で公平に任命する任期制を取り入れたり、皆で話し合って決める必要があるんだ」

三瓶は表情ひとつ変えない松井の落ちつき払った対応に多少怯みながらも、たたみかけるように話し続けた。しばらく三瓶の話を黙って聞いていた松井が口を開いた。

「三瓶先輩、僕はいつでも皆さんの話を聞きますし、納得してもらえるような説明をしますから。だから、とにかく仕事をさせてください。僕は今も合宿のためにここにきているんです。支部長たちも、もう集まっているんですよ。そういった仕事を滞りなく果たせるようにサポートしてくださ い。先輩、お願いしますよ」

すると、三瓶は心持ち当惑の表情を浮かべ、語気を弱めた。

「松井、皆お前のことを心配しているんだよ。もちろん応援したいと思っている。俺だってお前のことを考えたからこそ、ここにきたんだ。とにかく一度、支部長たちの話を聞いてやってくれよ」

「意見があるなら、僕はいつでも皆さんの話を聞きますよ。でも、具体的に誰が何を言っているのかもわからず、『皆が言っているから』という曖昧な理由だけで、『わかりました。ではそうしましょう』とは言えないんですよ。先輩、物事を進めるには手順というものがあるでしょう」

公式行事中の出来事とはいえ、三瓶の申し出は明らかに非公式なものだった。そのため、松井は一切の明言を避けた。結局、松井から合議制や民主性に関する確かな言質を取れないまま、「俺はお前の味方だからな。俺はお前を応援するから」という言葉を残して、三瓶は福島へと戻っていった。

毎年、合宿に参加している総本部師範代・横溝玄象は、合宿所に戻ってきた松井の表情が、若干硬いことを見て取った。〈三瓶君から電話があったと言って出ていったが、いったい何があったのだろう。面倒なことになっていなければいいが……〉と一抹の不安を抱きながらも、横溝はその思いを自らの胸におさめた。すでに後輩・弟子ではなく、極真会館二代目館長となった松井に対して、立ち入ったことを訊ねるのは不躾だと思ったのである。

松井は厳格なほどに公私を分ける人間として知られている。それは、一般社会ではごく当たり前のルールでもある。だからこそ、松井は公的な会議の場で提議されない限り、組織論について軽はずみな発言をしないよう心がけていた。しかし、縦社会の極真空手の世界では、常識的に考えて当然と思えることも通用しない場合が多々ある。どんなに理不尽なことであっても、師や先輩の言葉には「押忍《おす》」以外の返答を許されないのが極真空手、ひいては武道の世界の通例だ。

湯河原での、松井と三瓶のやり取りがまさしくそうだった。三瓶には、後継者に指名された二代目館長と一支部長という関係ではなく、単なる先輩と後輩の対話という認識しかなかった。対して松井は、二代目館長に指名された「公的な立場」で三瓶に接した。松井自身、決して非礼な態度を取ったつもりはないが、大先輩である三瓶の望む対応をしなかったことは、十分に理解していた。その結果、三瓶が松井に不満を持つであろうことも予想がついた。案の定、湯河原から戻った三瓶は、東京城南川崎支部長・廣重毅をはじめ、親しい支部長たちに次のように伝えるが、その言葉は実際に松井と話した内容とは、大きくニュアンスが変わっていた。

「松井は館長の座を譲る気はないぞ。俺が『まずは、長兄の郷田師範を館長代行としてたてて、それから松井が館長になればいい。そうすれば皆が納得する』と言っても、あいつは人の話をまったく聞こうとしないんだ」

「三瓶先輩がわざわざ湯河原までいって説得したのに、納得するどころか耳も貸さないとは、松井は何様のつもりなんだ」

三瓶の言葉を鵜呑みにした支部長たちは、末席であり、もっとも若年の支部長だった松井の「生意気な態度」に憤慨した。

彼らの会話には伏線があった。

大山亡き後、極真会館は松井が二代目館長を継ぎ、順調に新たな一歩を踏み出したと思われていた。事実、格闘技専門誌やスポーツ新聞は、二代目館長・松井章圭を肯定的、かつ好意的に受け止めた。一九九四年六月号増刊の『ゴング格闘技』には《松井師範は、現在31歳。そういう意味では大抜擢とも言える指名である。しかし、全日本連覇、世界大会制覇、百人組手完遂と実績は申し分無く、実績だけを見れば当然と言えるかもしれない》と書かれている。さらには、一九九四年四月号に掲載した大山のインタビュー記事を取り上げながら、《大山総裁はこの時点で「自分の後継者は松井」と心の中で決めていたのではないだろうか》と結んでいる。

しかし、極真会館内部では松井の後継を快く思わない国内支部長たちが、大半を占めていた。大山が遺したとされる遺言書の発表経緯に疑問を抱いた支部長は多かったが、そこには縦社会、年功序列の意識があったことも否めない。

——なぜ、密葬で発表されるまで、遺言書の存在を支部長たちが知らされていなかったのか。

——なぜ、支部長たちの意見を聞かずに、密葬の場で後継者の発表がなされたのか。

——なぜ、支部長のなかでも末席で若年の松井が、後継者なのか。

一九九四年四月二七日、密葬当日の夜に行なわれた臨時全国支部長会議は、松井二代目館長就任の是非を巡り、紛糾状態に陥った。そして、なんの結論も導き出せずに話し合いはもの別れに終わった。その後、支部長たちは日頃からつき合いの深い者同士が集まり、後継者や極真会館の今後について各々が密談を繰り返した。

　三瓶もまた、大山の通夜が行なわれた四月二六日から湯河原に松井を訪ねる五月一日までの間、数名の支部長たちを集めて密かに会合を開いている。招集されたのは、いわゆる「三瓶グループ」と呼ばれる支部長たちだ。主なメンバーは、高知県支部長・三好一男、栃木県支部長・小林功、岐阜県支部長・柳渡聖人、広島県支部長・大濱博幸、長野県支部長・藤原康晴などである。また、グループの一員ではないものの、日頃から三瓶と親しくしていた廣重毅が会合に加わることもあった。

　三瓶は自らのグループの支部長たちに言った。

「皆が松井二代目に反対しているから、お前では駄目だと、俺があいつを説得する。松井は湯河原合宿のはずだから、俺が湯河原にいって、松井に一度館長を辞任するよう説得してくるから。それで、改めて皆で任命する形を松井に受けさせれば、合議制の礎ができるからな。俺たちが松井を担いだ形にすれば、いつでもあいつを降ろせる。俺が松井の好き勝手にはさせない」

　こうして、三瓶は支部長たちに大見得を切って、福島県から神奈川県湯河原まで、支部長強化合宿中の松井を訪ねていったという経緯があった。だが、松井と面と向かった三瓶は「皆がお前では駄目だと言っている」と非難する言葉こそ口にしたものの、「館長の座をいったん降りろ」というような、直接的な言葉で松井に迫ってはいない。逆に「皆、お前を応援しているんだよ」と、松井の二代目館長に賛成する言葉さえかけていた。

　そして、三瓶は支部長たちにその会話を正しく伝えなかった。湯河原へいく前に大口を叩いたことも理由のひとつと言えるが、彼なりの戦略であった可能性も十分に考えられる。事実、湯河原に限らず、今後展開していく極真会館の内部混乱において、仲間内の非公式な場での三瓶の発言と、会議など公的な場における三瓶の発言には、少なからず相違が見られるようになる。だが、支部長たち、特に三瓶シンパの支部長たちは、ことあるごとに三瓶から聞かされる、事実とは異なる言葉を信じ、松井に対する嫌悪感を強めていく。

確かに、末弟である松井の二代目館長就任を快く思わない先輩支部長は多数いた。なかでも、一番忌々しい気持ちを抱いていたのが三瓶であり、松井の後継を阻止すべく、いち早く行動に出たのも三瓶だった。湯河原強化合宿で三瓶が松井に持ちかけた民主的な組織への改編、それに伴う「合議制」と「館長任期制」の提案。この日の三瓶の言動が、後の「松井章圭館長解任劇」の方便となり、「反松井」を象徴するキーパーソン・三瓶啓二を軸にして、これ以降、極真会館は未曾有の分裂劇へと突き進んでいく——。

松井章圭と三瓶啓二

それまでも、松井章圭と三瓶啓二は、ある意味、犬猿の仲だった。

彼らは、共に一時代を築いた猛者として、極真空手の歴史に名を刻んだ名選手と言っていい。一九六三年生まれの松井と一九五四年生まれの三瓶は世代が違うため、極真会館主催の大会で活躍した時代は若干ずれる。松井が頭角を現した頃、すでに三瓶は極真空手のトップクラスの選手だった。三瓶にとって松井は一世代下の後輩であり、縦社会の武道の世界において、本来であれば松井は相手にするべき存在ではなかった。だが、なぜか三瓶は松井に対して、ひどくライバル心を燃やしていた。それは、大山倍達がことさら松井をかわいがっていたことに起因する。

一九七四年、三瓶啓二は二〇歳で全日本選手権大会に初出場した。それ以来、一〇年にわたり、極真空手のトップを走り続けた。第一二回大会から第一四回大会では、極真空手史上初である、三連覇という偉業を成し遂げた。世界選手権大会にも二度出場し、第二回大会、第三回大会ともに準優勝に輝いている。決勝戦を争ったのは、どちらの大会も中村誠（第二回、第三回世界大会優勝、大阪南・兵庫県支部長）だった。そのため、三瓶と中村が活躍した一九七〇年代から一九八〇年代初頭は「三誠時代」と呼ばれている。また、三瓶は一九七九年と一九九〇年の二度にわたり、「百人組手」に挑戦した。

「百人組手」とは、文字通り、連続して一〇〇人と組手を行なう極真空手最大の荒行だ。もともとは修行の一環として位置づけられていたが、次第に世界選手権大会代表選手に気合いを入れるための儀式的な意味合いが色濃くなっていった。世界選手権代表選手のうち、もっとも有力視されている選手にのみ挑戦が許されている。

三瓶が一九七九年に挑戦した百人組手は、まさに第二回世界選手権大会へ向けての儀式だった。一回目の挑戦は残念ながら失敗に終わるが、一九九〇年、現役を引退して数年が経過した三瓶は、再び百人組手に挑み、完遂した。

一方、松井が初めて全日本選手権大会に出場したのは、三瓶が初優勝した第一二回大会だ。準決勝で三瓶と対戦し、敗れたものの、初出場ながら松井は四位に入賞した。このとき、松井は一七歳（高校二年生）だった。若さあふれる躍動的な組手を披露した松井は、同大会以降、「極真の貴公子」と呼ばれるようになる。

この頃から、徐々に世代交代の波が起こり始めた。松井の後を追うように、同世代の黒澤浩樹（第一六回全日本大会優勝）や増田章（第二二回全日本大会優勝）が急激に頭角を現してきた。一九八四年の第一六回大会、三瓶が途中棄権したことで、「三誠時代」は終わりを告げる。そして、一九八〇年代半ば以降、新たに松井、黒澤、増田の三人が「三強時代」を築いた。

松井は第一二回全日本大会に初出場して以来、快進撃を続け、第一七回全日本大会、第一八回全日本大会、第四回世界大会と優勝し、三瓶に次ぐ、しかも世界選手権大会を含む三連覇という大偉業を成し遂げた。

また三瓶同様、松井も一九八七年の第四回世界選手権前に百人組手に挑戦し、見事に完遂している。松井の百人組手はテレビカメラで撮影されたため、道場ではなくスタジオで行なわれた。不馴れな場所であることや照明の熱さなど、これまで以上に過酷な環境下での戦いだった。にもかかわらず、松井は二時間二四分という驚異的な早さで一〇〇人を倒した。この記録はいまだ破られていない。

松井は中学校に入学した直後、地元・千葉県流山市にある千葉県北支部に入門した。手塚暢人が支部長を務める支部だったが、実質的には総本部から派遣されていた師範代・加藤重夫（現藤ジム会長）が指導を行なっていた。当時、このような支部は多かったという。空手の実績はないが経営手腕に長けている者を支部長とし、総本部が空手経験の豊富な師範代を指導者として派遣する。大山なりの経営戦略だったのかもしれない。

しかし、この場合、現場の道場生たちは支部長よりも師範代を尊敬し、師と仰ぐ、至極当然の構図ができやすいという問題をはらんでいた。松井もその一人だった。加藤の厳しい指導に耐え、貪欲に強さを追求する松井は、短期間のうちに才能を開花した。そして、入門後わずか一年四ヵ月で黒帯を取得する。

大山倍達が有望株である松井に目を向けるまで、それほど時間はかからなかった。大山は松井の総本部移籍を望んだ。大山自らが松井の両親を説得し、総本部への移籍を実現させる。仲立ちをしたのは加藤だった。加藤は手塚にその旨を報告するが、蚊帳の外に置かれたと感じた手塚は、大山にも加藤にも、筋が通っていないと立腹した。しかも、松井本人からは手塚に一言の相談もなかった。自らの師匠は加藤と言ってはばからない松井の発言や、総本部への移籍など、手塚は松井の礼儀を欠いた態度に怒りを覚えた。後に手塚は松井と袂を分かつことになるが、要因のひとつにこの頃からの確執がある。

中央大学に進学した一九八一年、松井は総本部に移籍した。大山は松井をそばに置き、今後の極真空手を担っていくべき逸材と期待をかけた。大山のお膝元・総本部所属の先輩たちは、そんな松井が気に入らなかった。

当時の極真会館は、総本部の権威が極めて強かった。そのため、総本部所属の道場生たちには、地方支部を一段低く見る傾向があった。地方支部で黒帯を允許《いんきょ》された者が総本部に移籍する場合、再び茶帯から始めるという暗黙のルールがあったほどだ。このような総本部至上主義の風潮は、現在では想像がつかないほど激しかった。地方支部出身の道場生たちは、生粋の総本部所属である先輩たちから、手痛い歓迎を受けるのが常だった。

ところが、松井は他の移籍組とは違っていた。暗黙のルールを無視するかのように、松井は黒帯のまま総本部の稽古に参加したのだ。総本部の風潮に対して、正論と共に、若さゆえの反発心を隠すことなく、松井は真正面から異議を唱えた。

「総本部も地方支部も同じ極真会館。ならば、黒帯の価値に優劣はない」

しかし、それは松井なりの正論に過ぎず、総本部の黒帯たちには通用しなかった。彼らにとって、松井は他所者でしかなかったのだ。にもかかわらず、総本部のしきたりをいとも簡単にないがしろにし、しかも、大山のもとで辛い修練に耐えてきた自分たちを差し置いて、一格下の地方支部出身である松井が、誰よりも大山に目をかけられている。当然、彼らは松井に対して不満と嫉妬心を募らせた。そうして、彼らは他の地方支部出身者以上に松井に厳しく接するようになった。

当時、総本部で稽古を行なっていたのは、三瓶啓二や三瓶を慕う柳渡聖人、三好一男、七戸康博（沖縄県支部長）などだった。中村誠や川畑幸一（京都府支部長）などもいたが、彼らは群れることを好まず、必然的に仲間たちとの噂話に参加することも少なかった。そんななか、特に三瓶を中心とするグループが、松井に対して強い不信感を抱くようになる。彼らは稽古終了後、居酒屋に飲みにいっては、松井や三瓶のライバルである中村への悪口に花を咲かせるようになった。

総本部所属ではない地方の支部長にも、松井をよく思わない者は少なからずいた。後に松井二代目館長に反旗を翻し、真っ先に極真会館を離れることになる北海道支部長・高木薫は、「俺がどんなに総裁に尽くしても、結局、総裁は松井が一番かわいいんだ」と、側近に幾度も愚痴をこぼした。もちろん、非難される松井に問題がなかったわけではない。千葉県北支部時代の支部長・手塚への接し方からもわかるように、年齢的にもっとも若い黒帯である松井には、礼儀に欠けるところがあった。松井自身がどんなに正論と思っても、礼儀を重んじる武道の世界では、まず、師や先輩の言うことに従うのが正しい行ないとされてきた。「郷に入っては郷に従え」という昔ながらの教訓を受け入れる従順さが、当時の松井にはなかった。総本部に移籍したら、いったんは茶帯に戻るという慣習を無視した行為が好例だ。反骨精神と言えば聞こえはいいが、松井の一連の言動は、武道の世界ではあってはならないことだった。松井自身、「若さゆえに、粋がっていたこともあった」と、自らの過去を振り返る。

後年、松井の反骨的な態度は総裁である大山にも向けられた。松井が二代目館長を受けると即答したとき、高木薫は言った。

「松井ほど総裁の悪口を言っていた人間はいない。それなのに、総裁の遺志を受け継いで二代目館長を受けるとは、虫がいいにもほどがある」

だが、大山に対する松井の反抗心には、それなりの理由があった。また、大山が松井をことさらかわいがったのは、松井にずば抜けた空手の才能があったからだけではない。そして、この二人の複雑な感情や相剋の理由は、共通する一点に集約することができる。彼らが在日韓国人であるということだ。同じ民族（同胞）だからこそ、松井は他の弟子よりも複雑な思いを大山に抱き、大山は松井に誰よりも深い愛情を示した。それは、日本人にはとうてい理解できない類の信頼関係だったと言える。大山に楯突く松井の姿を目の当たりにして、「大山総裁の言葉は辛辣だし、松井君の態度はふてぶてしいのに、なぜか二人の様子は親子喧嘩にしか見えなかった」という感想を抱く関係者が多いのも、二人の関係性を物語っている。

このような大山と松井の関係を理解できないままに、もしくは理解しようともせずに、松井を誹謗中傷する声は後を絶たなかった。ときに松井は、あからさまに侮蔑の言葉を投げかけられることもあった。高木は大山死後に極真会館を除名されるが、そのとき以下のように記した文書を関係者に送っている。ちなみに大山の生前、大山と松井が在日韓国人である事実は、極真会館関係者の間では公然の秘密とされていた。

《松井は故大山総裁に対し、生前も現在も「裏切り者」呼ばわりをしています。これは大山総裁が国籍を韓国から日本へと移し、しかも大会等では「君が代」のもとに平伏していることに対する非難です》

松井が大山から、帰化を勧められていたのは事実であり、松井は最後まで首を縦に振らなかった。「帰化と言っても書類上のことであって、それで国を思う気持ちまで変わるものではない。日本で暮らす以上、日本国籍を取得したほうが便利だから帰化するのだ」と、大山がどんなに説得しても、松井は聞く耳を持たなかった。そういったやり取りが、人前でなされることはなかったものの、松井の頑な気持ちが反発心となって公の場で表面化してしまうことは多々あった。もちろん、松井が頑として帰化を受け入れなかったのには理由がある。

「総裁からは何度も帰化を勧められました。でも、私は、それは絶対にできないと断り続けました。なぜなら、国籍こそが私の韓国人としてのアイデンティティーだからです。総裁は韓国で生まれ、幼少期を韓国で過ごしています。韓国人として母国・韓国で生きた経験のある総裁には、どんなに日本での生活が長くなろうと、また国籍を変えようと、韓国人の誇りを持ち続けることは、ある面、容易《たやす》いことだったと思います。でも私は違います。韓国人でありながら、日本で生まれ育ち、日本語しか話せない私にとって、国籍がイコール、アイデンティティーであり、韓国人としての誇りを持ち続けている証明なのです」

ある日、数名の極真会館関係者の面前で、三瓶は得意の説教口調で松井に言った。

「松井、よく聞け。お前は一般社会では差別されているけれど、空手界では特権階級なんだ。それをお前は忘れてはいけない」

またある日、酒を飲みにいった三瓶は、酔った勢いだったにせよ、後輩たちに向かって「松井が後継者になったら極真は朝鮮人のものになってしまう。総裁が亡くなったら極真を日本人のものにしなくてはいけない」と言った。あまりの言いように場は白けたが、三瓶を止める者はいなかった。ただ、執拗に同じ言葉を繰り返す三瓶に、たまりかねた七戸が「先輩、そんなことを言ったら駄目ですよ」とたしなめた逸話は、今も関係者の間で語り継がれている。

大山道場時代に極真会館に入門した古参・盧山初雄は、三瓶啓二についてこう語る。

「彼は公然と反対するのではなく、裏に回って他の人間を動かす、少々ずる賢いところがあります。

裏では聞くにたえない言葉で総裁を罵っていましたが、総裁の前ではいつも直立不動で小さくなっていました」

また、松井は三瓶の性格を象徴するように言った。

「三瓶先輩の口癖は『皆が言っている』という言葉。しかし、皆とは誰なのかと具体的に訊くと、途端に口ごもる。自分が言っているのではなく皆が言っていると言うことで、責任逃れをすると同時に、集団心理を煽って周囲を従わせる」

三瓶像を、盧山や松井と異口同音に表現する人物は多い。後の分裂騒動で三瓶率いる支部長協議会派につき、結局、三瓶の独断専行によって除名されることになる金村清次（ニューヨーク支部長）も、「三瓶は、表には出ずに裏で采配を振るって他の人間を動かす性格。決して自らは責任を負わない」と酷評している。これらの三瓶批判は、大山の死後に明るみに出たわけではない。大山の生前から、三瓶の狡猾さを指摘する声は少なくなかった。

その一方で、なぜか三瓶は後輩に慕われる一面を持っていた。その最大の理由は、若かりし頃（現役時代）の三瓶の、空手に取り組む姿勢にあったと言える。中村誠という、体格的にも体力的にも圧倒的に優っているだけでなく、稀代の業師でもあった不動のチャンピオンを相手に、唯一、三瓶だけが真正面から挑み続けた。そのために、三瓶は人一倍稽古に励み、誰よりも汗を流した。そして、最終的に「打倒・中村」の夢を果たし、さらには未踏の全日本選手権大会三連覇という偉業を成し遂げた。超人的な努力を、「過程」だけでなく「結果」でも証明していることは、誰も否定できない。「空手家は、流した血と汗と強さによってのみ評価される」という風潮が支配した時代、後輩たちは三瓶の背中を見て彼についていった。それだけでも三瓶は、絶大な尊敬を集めるに足る資格を有していたと言える。

また、シンパを作る能力に長けた三瓶は、自らの懐に入った人間に対して、過ぎるほどの優しさや懐の深さ、面倒見のよさを発揮した。三好や柳渡、七戸、小林など、後輩たちはそんな三瓶を心から慕った。そうしてできたのが「三瓶グループ」だ。極真会館には大山健在の頃から、いくつもの派閥やグループが存在したが、三瓶グループほど固い絆で結ばれた集団は稀だった。

彼らは、必要以上に松井を罵る三瓶の言葉を簡単に受け入れ、松井への憎悪を募らせた。後輩たちが三瓶に従い、松井を嫌った理由は、松井自身の一見、生意気な態度への憤りもあった。ただ、それ以上に、三瓶から繰り返し聞かされる、松井に対する誹謗中傷が大いに影響していた。しかも、酒の力を借りて気分が高揚している状態だ。約一五年という歳月をかけ、酒席で反復された三瓶の言葉は、一切の異論を受けつけないほど強く、彼らの意識下に刷り込まれていった。

今も昔も、三瓶グループの後輩たちが口を揃えて言う言葉がある。

「自分たちは三瓶先輩のイエスマンではない。先輩が間違っていると思えば、きちんと苦言を呈している」

だが、当の本人である三瓶は、そう思ってはいなかった。後輩の言葉に耳を傾ける素振りを見せることで、彼らの信頼を、より強固にする術を知っていた。そんな三瓶も、ときに自らの「素顔」を見せることがあった。彼は自分を慕う後輩たちについて、第三者にこう語っている。

「俺の周りの連中は、自分でものを考えられない馬鹿ばかりだ。だから、俺が洗脳してやらなくてはいけない」

極真空手の看板を背負う一方、三瓶は早稲田大学第二文学部を卒業し、メディアに関係する仕事を目指していた。しかし、挫折した三瓶は、次に政治家への夢を持つようになる。だが、それも叶わないと悟った一九九〇年前後、三瓶は極真会館の頂点、つまり大山の後継者となる野望を持つに至った。そして、自らの欲望を実現するため、三瓶はより一層、自身のグループを強大にするべく、一人でも多くのシンパを増やすことに精力を傾けていった。

　盧山は断言する。

「三瓶君は非常に野心のある男です。松井君が館長になると、自分の芽を摘まれると思って反対したのでしょう。それは総裁の存命中から感じていました。一九九〇年に彼と一緒にウクライナのキエフにいったのですが、そのときに野心のある男だと感じたことを覚えています。関係者を集めて演説を始めたのです。彼は間違いなく、二代目館長を狙っていたのだと思います」

　大山は生前、後継者について具体的な条件を示している。

「極真の二代目館長は、まず強くて若くなければ駄目だ。三〇代で、全日本大会と世界大会の優勝者であることが望ましい。また三年の間、頂点の座を守り続けて、はじめて本物の強さと言える。百人組手の完遂者であれば、なおよい」

　当時、この言葉に当てはまる人物は、松井章圭しかいなかった。だが、三瓶は世界選手権大会での優勝こそないものの、全日本選手権大会で三連覇の偉業を最初に達成した人物である。百人組手も完遂している。後半とはいえ、三〇代でもあった。自らを後継候補者の一人と自任しても、仕方のないことだったかもしれない。

　とはいえ、実は大山が後継者の条件を公に提示し始めた一九八〇年代後半、三瓶はまだ百人組手の完遂者ではなかった。三瓶は後継者の資格を得るために、一九九〇年、再び百人組手に挑んだ。一一年前、選手としてもっとも脂が乗っていたであろう時代に失敗したにもかかわらずである。もちろん、三瓶は「後継者の資格を得るため」という野望は一切口にしていない。だが、当時からそのように解釈する関係者は少なくなかった。特に高木薫を中心とするグループは、三瓶に冷めたまなざしを送っていた。無謀な挑戦であると同時に、その背景に三瓶の野望が隠されていることも知らず、三瓶を慕う後輩たちは三瓶の心意気にひたすら感動した。

三瓶の百人組手の内容は惨澹たるものだった。一応、完遂はしたものの、この認定には賛否両論がある。途中、一時間近い休憩を数度はさんだことや、女子部の色帯を相手にしたこと、見守っていた大山が途中で退席したことなどを理由に、三瓶の百人組手完遂を認めない声も多い。

大山道場時代からの重鎮である郷田勇三は、三瓶の百人組手終了直後から「三瓶君は百人組手を完遂していない。総裁が退席したら、それは公式には認められない、つまり失敗というのが暗黙の了解となっている」と否定的な言葉を繰り返していた。だが、大山が退席した後も三瓶は戦い続け、表面的には一〇〇人を相手にした。それゆえ、極真空手の歴史に、史上四人目の百人組手達成者として、三瓶啓二の名が記されているのは事実である。

郷田や盧山をはじめ、多くの幹部級の支部長が断言するように、三瓶が極真会館二代目館長になる野望を抱いていたのは疑いのない事実だ。百人組手を終えた数週間後、三瓶自ら知人に語った言葉が、それを如実に物語っている。

「いずれにしても内容なんて時間が経てば皆、忘れる。ようは百人組手を完遂した事実が、これから一〇年後、二〇年後に必ず起こる極真のパワーゲームというか、権力闘争の大きな武器になることだけは確かだ」——。

二代目館長・松井章圭

湯河原から戻った三瓶啓二の流した中傷が、火に油を注ぐ形になり、松井二代目館長に対する不満は、おさまるどころか一層広がっていった。大山倍達の弟子のなかでも長兄的な立場であり、支部長たちからの人望も厚い郷田勇三のもとには、松井への反感や今後の極真会館に対する不安の声が次々と寄せられてきた。密葬後の臨時全国支部長会議の混乱のなか、郷田を筆頭に多くの支部長たちが敵意もあらわに松井に詰め寄るという騒動があった。彼らは異口同音に言い放った。

「お前は本気で二代目館長の指名を受ける気なのか？」

この言葉に、辞退を促す意味合いが込められていたのは言うまでもない。後にも詳しく触れるが、郷田の言動に限って言うならば、彼自身「あのときの私の発言は、あくまでも多くの支部長の主張を、極真の長兄として代弁したものだ」と断言するように、個人的な感情よりも自らの「立場」に則ったものだった。事実、郷田は大山の生前から、「極真の次世代を担うのは松井以外にはあり得ない」と、度々公言している。これについては盧山、廣重らが次のように証言している。

「三瓶さんは、まず郷田先輩を神輿に担ごうと画策していた。総裁が逝ったその日（一九九四年四月二六日）、三瓶一派は郷田先輩を口説くのに必死だった。郷田先輩には私心などなかった」

だが、先輩支部長たちから浴びせられた言葉に対し、松井は表面上、なんの躊躇《ためら》いも見せずに「受けます」と答えた。松井には、それ以外の返答は考えられなかったからだ。

〈上からの命令に対しては、「押忍」と返事をしなければならないのが武道の世界だ。総裁が遺言で自分を二代目館長に指名したのなら、「ノー」とは言えない。しかも、辞退したくとも総裁は亡くなってしまい、断る相手もいない。それならば受けるしかない。大先輩たちが大勢いるのだから、総裁の遺言がなければ自分がしゃしゃり出る筋合いの話ではないが、それが総裁の遺志ならば受けるしかない〉

松井はそう自らを納得させた。また、晩年の大山が、しきりに松井に言っていた言葉がある。

「今後は私の名代として動くように」

松井は一九八七年に行なわれた第四回世界選手権大会で優勝した後、現役を引退した。その後、しばらく極真会館会員としての職務を離れるが、一九九一年、総本部直轄浅草道場の責任者として、再び松井は極真会館に復帰した。それ以来、大山は幾度となくこの言葉を松井に告げるようになる。

大山の死の直前、松井はネパール遠征に出向いた。聖路加国際病院に入院中の大山を、出発前の挨拶と見舞いを兼ねて訪ねた日も、大山は松井に「君は私の名代でいくのだよ」と念を押した。松井と共に遠征に旅立つ郷田に対しても、大山は「松井が私の代理だから」と伝えている。実際に、大山にその言葉を言われたときは、深い意味を考えずに「押忍」と答えた松井だったが、二代目館長に指名されてはじめて〈ああ、こういうことだったのか〉と合点がいった。

ところが、松井としては当たり前であり、潔しと思えた決断が、彼の思いとは裏腹に支部長たちの非難を浴びる結果となった。その後、多くの支部長たちが郷田に訴えた。

「密葬後に二代目館長を受けるかどうか聞かれたときに、松井はいったん遠慮するべきだったのではないか」

「自分の立場もわきまえず、松井はとんでもないやつだ。一度、断るべきだった」

郷田は、彼らの不満を無視することができない状況に追い込まれていた。

〈松井は総裁が亡くなる二年前に支部長になったばかりで経験も浅く、年齢的にも一番若い。末っ子の弟がいきなりトップに立つのだから、感情的におもしろくない支部長が出てきても仕方がないだろう。でも、極真会館は個人の感情が通用するほど小さな組織ではない。一日でも早く組織をまとめるために、まず支部長たちに「松井二代目館長」を納得させる必要がある〉

そう考えた郷田は、支部長たちを招集した。松井が湯河原強化合宿から戻ってくる五月一〇日、東京都文京区駒込にある電通生協会館において、臨時全国支部長会議を開いたのだ。

当日、松井と共に会場に向かったのは、郷田に続く大山の古参弟子である盧山初雄だった。部屋に入った途端、盧山は「空気」が変わるのを感じた。松井を受け入れたくない、松井を認めたくないという支部長たちの意思が、ひしひしと伝わってくる。彼らは明らかに松井の存在を嫌悪し、無視しようとしていた。だが、それが彼らの故意的な合意ある意思なのか、それとも無意識に生じた感情なのか、盧山にはわからなかった。聡い松井がその「空気」に気がつかないはずはない。少し躊躇った様子を見せた松井を末席に座らせてから、盧山は上座に着席した。

会議は郷田の指揮で始まった。まずは、大山倍達が遺した遺言書の全文を、郷田が読み上げた。その後、松井二代目館長に賛成かどうかを支部長たちに問いかけるが、密葬後の会議同様、しばらくの沈黙の後、どよめきと共にさまざまな不満の声が上がり始める。

長谷川一幸（愛知県支部長）は言った。

「私は松井君でもいいと思います。遺言書にそう書いてあるのだし。ただ、時期尚早なのではないでしょうか。とりあえず、今回は辞退するべきだと思います。そして、いろいろと勉強した後に、三代目という形で館長になったらいいのではないですか」

西田幸夫（東京城北・神奈川東支部長）も同様の意見を述べた。そこに、三瓶グループの一人である三好一男が、やや感情的に口をはさんだ。

「自分は松井が後継者ということ自体、おかしいと思います。そもそも、なぜ密葬の時点で梅田先生が遺言書の内容を発表してしまったのか。自分たちは何も知らされていなかったんですよ。何か裏があるとしか思えません」

三好の言葉に賛同する支部長は多く、どよめきは大きくなる。松井二代目館長ならびに遺言書が発表された経緯に対する彼らの不信感は、次第に本筋を離れ、松井個人の人格批判にまでおよんだ。

「総裁の生前、松井ほど総裁の悪口を言っていた人間はいない。にもかかわらず、今さら総裁の遺志を受け継いで二代目館長を受けるなどと、よく言えたものだ」

「松井は館長の特権を利用して、好き放題にやるつもりですよ」

「まだ若い松井に、極真会館を任せるのは不安です」

三好や柳渡、小林など三瓶グループの支部長が中心になって、強い口調で松井を糾弾する。それは、まさに松井否定のアジテーションと言えた。ところが、彼らを煽動しているはずの三瓶が、自らの影を消そうとするかのように、沈黙を守っていた。

会議は再び紛糾し始めた。その流れを断ち切り、松井二代目館長を納得させる方向に話を導いたのは盧山だった。

「ちょっと待て。松井はそんな男ではないだろう。全日本、世界大会を含めて三連覇を成し遂げ、百人組手も完遂したんだぞ。空手の実績もあって、頭もいい。私は松井を悪い人間だとは思わない。一番下の弟弟子が館長になるのだから、感情的におもしろくないのはわかる。でも、それが総裁の遺志なんだよ。総裁がよく言っていただろう。『年を取って腹に脂がたまった人間、喧嘩ができなくなった人間は、君、支部長失格だよ』と。総裁の生前の言葉を思い出してみろ。松井が二代目館長に指名されたことになんの疑いがあるんだ。誠、お前も総裁から松井を頼むと言われたんだよな」

盧山から指名を受けた中村誠は、いつものように大きな声で毅然と答えた。

「押忍。自分は総裁が亡くなる数日前、総裁に呼ばれて病院にいきました。総裁は『人間和合だ。和合が大事だよ』とおっしゃった後に、『松井をよろしく頼む』と言いました。『君もいろいろと不満はあるだろうが、その不満を今この場で言ってほしい』と。もちろん、自分は『不満はありません』と答えました。だから、自分は松井二代目館長に異論はありません」

盧山も中村と同じ日に、大山に呼ばれて病室を訪ねている。盧山はそのときの師の姿を忘れることができない。いつも血色のよかった大山が青白い顔をして、頰はこけていた。右だったか左だったかは忘れたが、顔半分が麻痺しており、話しにくそうだった。しかし、大山は盧山の顔を見た途端、拳を強く握り、その手を振り上げて「極真空手は永劫不滅だよ、君」と、渾身の力で声を張り上げた。あまりにも痛々しい師の姿だった。

盧山は大山の遺志が松井二代目館長にあったと確信していた。だからこそ、支部長たちが松井を正式に、そして肯定的に二代目館長として認めるまでは気が気でなかった。なぜなら、支部長たちの個人的な感情や思惑で、大山の遺志が曲げられてしまってはいけないと思ったからだ。遺言書の存在など関係ない。師である大山の立場に立って大山の言動を見ていれば、彼が松井を後継者に選んだことに異論を唱える人間は、本来いないはずなのだ。盧山には当たり前のことであり、こうして議論されること自体が不思議でならなかった。

その存在力と影響力で他の支部長を圧倒する盧山と中村の発言によって、会議は急速に収束へと向かった。改めて郷田が、支部長一人一人に松井二代目館長の賛否を確認した。会議の席は、上座から支部長認可を受けた年月が古い順に並んでいる。郷田は古参である支部長から順番に答えを促した。

「遺言書に二代目館長は松井と書いてあるのなら、それでいいのではないでしょうか」

「自分も、そう思います」

「自分も遺言書に書いてあるなら……」

支部長たちは皆、同じことを言うばかりだった。そんなやり取りが続き、三瓶啓二の順番になったとき、ようやく彼は口を開いた。

「これ以上、聞いても時間の無駄なのではないですか」

盧山や中村と比肩するほどの影響力を持つ三瓶の発言により、それ以降の支部長たち個々の同意表明は省略されることになる。そして郷田は形式を変え、全員に向かって問いかけた。

「松井二代目館長に反対の支部長は手を挙げてくれ」

挙手する者は一人もいなかったが、積極的な賛同でなかったのも事実だ。ほとんどの支部長たちは、「遺言書に書いてあるのなら仕方がないだろう……」と、消極的ながら松井の二代目館長就任を容認した。

盧山は、晴れて「館長」として賛同を得た松井を末席から上座に誘《いざな》い、「極真会館の館長として、君が会議を進めてみなさい」と言った。その言葉に従い、松井は上座へと歩み寄った。そして、中央テーブルの前に着席し、会議を仕切った。これが本当の意味での、公的な二代目館長・松井章圭の初仕事だったと言える。

松井は滞りなく司会進行役を務め、今後の極真会館の運営について支部長たちから意見を募った。松井の予想通り、複数の支部長から、湯河原強化合宿で三瓶が松井に打診した「民主的な組織運営」の話が持ち上がった。だが、それも「総裁のときのようなワンマン組織ではいけない」という意見で一致するものの、合議制や館長任期制という具体的な内容の話し合いにまでは至らなかった。

この日の会議で決定されたのは、以下の二点に過ぎない。
一、「総裁」という呼称は永久欠番にする。

二、新たに館長を補佐する「最高顧問」という役職を設け、郷田勇三と盧山初雄が就任する。
そして、改めて全員が一丸となり松井二代目館長を支えていく意思を確認し、会議は幕を閉じた。会議終了後、盧山は松井の司会進行振りを大絶賛した。

「松井、よくやった。立派だったよ。これで極真会館は安泰だ。組織はうまくいくよ。これからも頑張れ」

もう一人の最高顧問である郷田や浜井識安《のりやす》（石川県支部長）、山田雅稔らも異口同音の言葉を松井に贈った。

だが、盧山たちの言葉とは裏腹に、すでにここから松井と大多数の支部長たちの認識のズレは始まっていた。松井にとってこの日は、自分を後継者として認めるか否かを、支部長たちに「確認」するための日であり、支部長たちから後継者に「選任」された日ではなかった。松井を後継者に選んだのは支部長たちではなく、大山倍達であるというのが松井の揺るがぬ思いだ。

松井の信念は、筋論として当然のものだった。極真会館館長の後継者を任命する権限は、極真会館創始者である大山倍達にしかない。支部長に館長の任命権はなく、五月一〇日の会議で支部長たちに募った松井二代目館長に対する賛否は、「任命」ではなく「確認」でしかなかった。

しかし、支部長たちの認識は違った。彼らにとっての一九九四年五月一〇日は、「我々が二代目館長として松井を選んだ日」だった。この認識のズレが、後の分裂騒動を引き起こす最大の要因となる。彼らは「確認」を「任命」とすり替えることで、「自分たちの意思で二代目館長を選んだのだから、松井の解任もまた、自分たちの意思で決定できる」という、暗黙の大義名分を作り上げた。極めて不可解ながらも、それが彼らにとっての「合議制」だった。

支部長たちが以上のように解釈するに至った原因が、反松井の感情を陰で煽った三瓶の故意にあるのか否かは、三瓶自身が現在、口を閉ざしている以上わからない。ただ、多くの支部長たちが、この日迫られた賛否の選択を、「任命」と受け止めたことに疑う余地はない。

同会議における問題点は、もうひとつあった。大山の遺した遺言書は、「危急時遺言」という特殊な形式で作成されたものだったが、その事実が支部長たちに伝えられなかったことである。それが後に大問題となり、遺言書自体の真偽問題にまで発展していく。

オブザーバーとして緊急会議に参加していたメディアエイトの社長・前田達雄も、「遺言書が危急時遺言ということを、支部長たちは知らなかったと思います。もちろん、私も知りませんでした。少なくとも、密葬後の会議と五月一〇日の会議では、それについての発表はなかったと記憶しています。五月一〇日の電通生協会館での会議で鮮明に覚えているのは、郷田さんや梅田さんが、『組織運営に遺族は立ち入らせない』と、しきりに言っていたことです」と話している。

会議の翌日、松井は東京都北区田端にある郷田の道場を訪ねた。

「師範、昨日はありがとうございました。館長になったからには私心を捨てて頑張りますので、よろしくお願いします」

松井はそう言って郷田に頭を下げた。郷田もそれに応える。

「引き受けた以上、船はもう岸から離れたんだ。何があっても絶対に戻るな。とにかく前に進め。いいな」

「師範も、一緒に船に乗ってくれますか?」

「俺は船酔いするから嫌だな」と冗談を言う郷田に、松井は真剣な表情で懇願した。

「師範、お願いします。一緒に乗ってください」

郷田は当然とばかりに言った。

「心配するな。お前が頑張る限り、俺は船に乗り続けるよ。だから、絶対に弱気になって引き返すなよ」

この日、郷田は松井に、どんなことがあっても二代目館長である松井を認め、支えていくと約束した。そこに打算はなかった。ところが、このときの二人のやり取りが、反松井の意思を持つ支部長たちの間には、なぜかまったく異なる形で伝わっていく。最終的には、「松井は郷田に土下座をして、二代目館長として認めてくれと涙ながらに訴えた」とか「郷田は、家の新築資金の寄付を条件に松井側についた」など、奇想天外な話にまで誇張されていった。

その後、郷田は松井を連れて、大山の妻・智弥子のもとに挨拶に出向いた。生前、大山が住居として使用していた極真会館総本部の四階を訪ねると、智弥子と三女の喜久子が在宅だった。郷田は智弥子に告げた。

「事務長（支部長たちは智弥子をこう呼んでいた）、松井が二代目館長になりましたので、どうかよろしくお願いいたします」

郷田と共に頭を下げる松井に対して、智弥子はなんの異論もなく、屈託のない笑顔で「あら、そう。私も総裁からそう聞いていたわよ」と答えた。喜久子も「二代目館長を継ぐのは松井さんしかいないわよね。松井さん、よろしくお願いします。頑張ってね」と智弥子同様、快く応じた。〈やっと新体制が整った。これで一致団結して極真会館の第二幕を開けることができる〉と郷田は安堵した。

だが、ことは簡単には進まなかった。消極的とはいえ、松井二代目館長に賛成したはずの三瓶が、早くも五月一〇日の会議の翌日、仲間内の支部長たちを集めて「絶対に松井では駄目だ」と決定を覆す発言を始めた。さらに二週間後、松井二代目館長に好意的だったはずの智弥子が、極真会館を根底から揺るがす行動に出る。

極真会館崩壊の予兆は、目に見えないところですでに進行していた。

分裂の序曲

五月末、全国の支部長のもとに、故大山倍達の妻・智弥子から手紙が届いた。支部長たちは手紙の内容に驚愕した。「大山の死に不審な点がある」「遺言書は偽物である」など、衝撃的な文面が綴られていたからだ。以下は抜粋である。

《大山倍達が、生前に遺言書を残していたと、先日、週刊誌等で一部報道されましたが、私大山智弥子はそのことを一切知りませんでしたし、ましてや、大山倍達が書いたという遺言書を見たこともありませんでした。

そこで、遺言書を管理しているという弁護士に問い合わせた結果、遺言書と称するところの書類の写しを手にいれることができました。そこには大山倍達の直筆の署名はありません。その書類をよく見ますと、米津という人間が平成六年四月十九日に筆記しているようですが、その書類が作成されたとされる当時は、まだ大山倍達はとても元気で、食事もトイレも自分で行っておりましたので、大山倍達が遺言書という重要な書類を第三者に代筆させなければいけないような状況にはありませんでした。また、そこに書かれている内容も、あいまいで、とても大山倍達本人の意思に基づくものとは思えません。

二十六日になり突然容体が急変し、あまりにもあっけなく逝ってしまい、その死亡についても、不審に思っておりました。

数人の弁護士や娘と協議した結果、右の遺言書と称する書類は偽物で大山倍達の意思に基づくものではないと判断するに至り、法的な相続人でもあり、かつ、大山倍達と五十年近く連れ添った私が、自分、家族、極真会館、そしてなによりも大山倍達という名を守るために、敢えて、こうして人の前に出ることを決意するに至りました。

大山倍達亡き今は大山倍達との契約は白紙とし、今後、極真会館、極真空手、カラテ極真という名称や極真のマークなどの使用に関しましては、相続人の私が管理し、新たに再契約を行いたいと考えております。

つきましては、平成六年六月一日午後一時三十分から、総本部総裁室にて、今後の問題を話し合いたいと思いますので、お忙しい中恐縮ですが、ご出席願います。極真会館にとって、重要な問題ですので、是非、ご出席下さい。ご出席いただけない場合は、極真会館を離れていくものと、考えさせていただきます》

支部長たちを納得させ、松井を館長とする組織が、ようやくまとまり始めた矢先の出来事だった。郷田は早急に手を打った。支部長一人一人に連絡を入れ、「事務長の呼びかけに応じる必要はない。応えなくとも『極真』の名称使用は保証するし、支部長の立場を失うこともない」と告げた。郷田は五月一〇日に行なった会議の席で、「遺族は大切にしなければならない存在ではあるが、組織運営とは一線を画す」と明言している。それは、生前の大山が常々公言していたことでもあった。

支部長たちが智弥子を「事務長」と呼んでいることからもわかるように、大山が健在だった頃、彼女が極真会館事務局・事務局長の任にあったことは事実だ。しかし、事務局長という役職は名目上のものでしかなく、税金対策以外の意味はなかったことも、多くの支部長にとっては周知の事実だった。確かに、智弥子は頻繁に事務室に顔を出していた。だが、事務員たちと雑談を交わすだけで、事務員同様に仕事をしていたわけではない。

郷田は大山の遺志（常日頃語っていた言葉）を重視し、遺族を組織運営に組み込むことをよしとはしなかった。仮に智弥子が運営に携わったとして、いったい彼女に何ができるのだろう。空手の技術も知らず、組織運営の基本もわからない。第一、極真会館という組織の全体像さえ、まったく把握していない。郷田には、名称はともかく、極真会館の象徴的存在として智弥子を敬っていくこと以外、考えられなかった。

支部長たちの大半は郷田の言葉に従い、智弥子の呼びかけに応えなかった。手紙の内容は衝撃的であったが、支部長たちは大山の死への疑問や遺言書の真偽よりも《大山倍達との契約は白紙とし、今後、極真会館、極真空手、カラテ極真という名称や極真のマークなどの使用に関しましては、相続人の私が管理し、新たに再契約を行いたいと考えております》という部分に反応した。

――再契約とは、いったいなんなのか？

――今後、極真のマークなどを自由に使えなくなるのか？

彼らは、これまで許されていた自分たちの利権が、智弥子によって侵害されるのではないかと身構えた。だからこそ、大半の支部長が郷田の「極真会館支部長の立場を保証する」という意味合いを含んだ説得に、簡単に応じたのだ。基本的に支部長は道場経営だけで生計を立てていた。一九七〇年代後半から続く極真空手人気も手伝い、経済的にうるおっている支部長は多かった。

一方で、少数ながらも「遺族の声に耳を傾けるべきだ」という意見もあった。そのほとんどは、後に極真会館分裂騒動の火つけ役となる「高木グループ」に属する支部長たちだった。高木グループのメンバーは、高木薫、岩手県支部長・小野寺勝美、福島県南支部長・安斎友吉、手塚暢人、福岡県支部長・林栄次郎の五名である。

大山の生前から年中の行動を共にしていたのは高木、小野寺、安斎の三名だった。手塚と林も比較的、彼らと親しくしていたが、高木グループの一員ではなかった。手塚、林を含めて高木グループと呼ばれるようになるのは、大山の死後である。三瓶グループが密かに会合を開いていたように、高木グループもまた、大山倍達が亡くなったまさにその日から、極真会館を掌握するべく、水面下で動き始めていた。立場や思惑は異なるが、「反松井」という点においては、両グループ共に共通していた。

そして、高木グループは、早くから大山の遺族に接近し、遺族を利用して二代目館長である「松井降ろし」を企てていた。その手始めが、大山の未亡人である智弥子が全国の支部長に送った手紙だった。この手紙を大義として、後に彼らは大山智弥子を館長に担ぎ上げ、高木と手塚を中心とする「遺族派」へと発展させていく。

高木薫と三瓶啓二は、ある意味、似た者同士だった。彼らは同じように、大山亡き後、自らが二代目館長の座に就くべき野望を抱いていた。だが、二人には決定的な違いがあった。松井から館長職を奪い、極真会館の実権を掌握するための方法論こそが、彼らの違いを如実に表している。

三瓶は大山の生前から、自らの派閥を拡大したり、百人組手に挑戦したり、後に予想される権力争いを有利にするための地固めを着々と進めていた。高木は直接、大山や智弥子に取り入り、自らをアピールすることで権力を手中にする策に出た。他の支部長にどう思われようと、大山にだけ気に入られればよいという考えが高木にはあった。間接的な三瓶のやり方と直接的な高木のやり方は、まさに彼らの性格そのものと言える。

　ある人物の性格を他者が評するとき、見る側それぞれの視点によって、人物の印象は多少なりとも変わるものだ。しかし、三瓶と高木に批判的な極真会館関係者が、彼らの人物像を表現するとき、不思議と皆、似通った言葉を発する。

　三瓶については、前述したように「自らは裏に回り、周囲を動かす狡猾な性格」という声が多い。一方、高木については「一本気で協調性がない」という意見で一致している。つまり、三瓶は陰で人を操る狡さはあるが、表面上は多くの支部長たちとの交友関係を保っており、高木は周囲と溶け込まず、独立的な存在と思われていた。それゆえに、高木は支部長のなかでも浮いた存在だった。ある時期まで高木を兄のように慕っていた安斎友吉でさえも、「高木師範は支部長たちと広くつき合おうとしないせいか、常に孤立していた」と認めている。高木は支部長たちとの融和を好まず、正面から相手かまわずまともにぶつかり過ぎるあまり、周囲から顰蹙を買ってしまうことが度々あった。表面を取り繕いながら、裏でうまく物事を進めていく三瓶とは、あまりにも対照的である。

　三瓶はあるとき、早稲田大学極真空手同好会の後輩たちにこう諭した。

「総裁の前では心を無心にしろ。俺はいつも総裁の前では何も考えないことにしている。よけいなことを考えたり頭のなかに何かがあったりすると、すぐに総裁に見抜かれるからだ。何も考えず頭のなかを空っぽにして、『押忍』と言って立っていればいいんだ」

　後輩たちは〈いったい、三瓶先輩は何を見抜かれないようにしているのだろう。大山総裁に悟られてはまずい考えとはなんなのだろう〉と思ったという。

　高木は三瓶のような計算高い小細工が苦手な、愚直な人間だった。極真会館の分裂後、長谷川一幸は「高木さんのやり方は露骨だった」と振り返っているが、大山に対しても高木は思ったことをそのまま口にした。

そんな高木が「東京本部総裁秘書室室長」の肩書きを有していた時期がある。一九八八年暮れ、高木は総本部に大山を訪ねた。そして、大山の肩を揉みながら懇願した。

「総裁、私はこれから総裁のおそばで、いろいろとお手伝いができればと思っています。ただ、北海道支部長の肩書きだけではそれも自由にできません。総本部の秘書室室長という肩書きをいただけないでしょうか。そうすれば、いろいろと総裁のお力になれると思います」

大山は、遠い北海道から上京しては、甲斐甲斐しく自分の世話を焼く高木に「わかった」と答えた。大山の返答に気分をよくした高木は、さらに「では総裁、総裁秘書室室長の名刺を作ってもよろしいですか?」と願い出た。もともと極真会館には秘書室室長という役職は存在しないが、大山はその申し出も了承した。

猜疑心の強い大山が、どこまで高木を信頼していたのかはわからない。だが、少なくとも大山にとって高木は、ある意味「便利な支部長」だった。頻繁に上京しては、何かと雑務をこなしてくれるし、妻・智弥子に対しても他の支部長以上に気を遣い、徹底して敬う姿勢を見せていた。

秘書室室長の肩書きをもらって以降、高木は日常的に総本部に出入りするようになった。そして一九九〇年、自らが北海道で主催した「第四回アジア選手権大会」の成功をきっかけに、大山の信頼を得る。高木はその後、大山に対してさまざまな助言をするようになるが、結果的にそれらはすべて形にならなかった。高木は自らの言葉によって逆に首を絞められ、大山および支部長たちの反感を買うことになる。

一例を挙げるなら、高木は一九九一年秋に開催予定の第五回世界選手権大会を東京ドームで開くよう大山に進言した。当時、全盛期を迎えていたプロレス団体・UWFが東京ドームでの興行を大成功させ、大きな話題になっていたこともあり、大山はその話に飛びついた。しかし、すでに大会日程が差し迫った時期だったため、会場を連日三日間押さえることができず、ドームでの大会開催はあっけなく頓挫した。高木の自信に満ちた提案に乗り気だった大山の落胆は大きく、その感情が明らかな不信感となって高木に向けられた。

同時期、小島一志に依頼する形で大山が進めていた書籍『空手百科（全科）』についても、高木は大山の怒りを買うことになる。彼は『空手百科』の制作において、大山の代理人という大役を任された。多忙な大山と出版社の学研（学習研究社）を仲介し、作業を円滑にすることが高木の重要な役割だった。だが、話が進んでいくなかで、細かい確認を取らずに高木が独断で学研と話を進めたと、大山は高木を痛烈に責め始めた。追い討ちをかけるように、第五回世界選手権大会の協賛を申し出た学研に対し、高木が途方もないことを強要したことが明るみに出る。大山の許可なく、自らが責任者を務める北海道支部の銀行口座に協賛金を振り込むよう、学研に指示したというのだ。当然、学研は高木に不信感を覚え、大山の知るところとなった。結局、それがもとでトラブルに発展したうえに、一度は出版が決定し、大会協賛まで取りつけた学研からの『空手百科』発売は、白紙撤回に終わった。

さらに決定的だったのは、「東京都内にある城東支部、城西支部、城南支部、城北支部を、すべて総本部直轄道場にするべき」と大山に提案したことだった。都内の四大支部が総本部直轄道場になれば、それだけ総本部の収入が増えるというのが高木の主張する大義名分だった。だが、その裏に、何かと影響力の強い首都圏の支部長たちから発言力を奪うという、高木なりの計算があった。そうすることで、自らの権限の増大をはかろうとしたのだ。

当然のように、当事者となる支部長たちは黙っていなかった。そうでなくとも、一支部長に過ぎないはずの高木のスタンドプレーに、以前から全国の支部長たちは反感を抱いていた。東京の支部長が中心となり、高木の言動について、総本部委員会に問題提議を行なうまでにことは発展した。総本部委員会とは、非公式なものではあったが、外部の後援者を中心に組織された大山の諮問機関である。総本部委員会から支部長たちの不満が飽和状態にある事実を聞いた大山は、一度は高木の提案を飲んだことを隠したまま、すべての責任を高木に押しつけた。

こうして一九九二年、度重なる失態を理由に、高木は秘書室室長の肩書きを剝奪された。それでも高木は、ことあるごとに大山に取り入り、最後まで大山に忠誠を尽くすことに全精力を傾けた。

前記したように、大山の生前から何かと智弥子をたててきた高木は、大山の死後も頻繁に智弥子と連絡を取り合っていた。「『松井さんと郷田さんが本部に乗り込んできて、勝手に部屋をかき回しているから助けてほしい』と智弥子夫人から連絡を受け、すぐに上京した。そこで、智弥子夫人が支部長たちに送った手紙と同様の内容を、直接、彼女の口から聞いた」というのが高木の証言であるが、彼の言い分を信じる支部長はほとんどいなかった。以前から、高木が大山と智弥子に取り入っていたことを知る支部長たちは、智弥子に手紙を送らせた黒幕は高木であると推測した。

郷田も高木が動いていると確信していた。だから、高木本人には連絡せずに、彼と行動を共にしていると噂のある手塚暢人に電話を入れた。

「事務長は高木に強制されて手紙を出したと言っている。自分の意思ではなかったって。手塚さんが高木と一緒に事務長や藤巻（淳子。智弥子の実妹）さんと面談したことが、松井館長に誤解されているみたいだから、今後は行動に注意してほしい」

しかし、手塚は郷田の話に聞く耳を持たなかった。

〈自分は「事務長から助けを求められた」と主張する高木さんと共に智弥子夫人に会いにいってい

るが、そのとき高木さんが強制して手紙を書かせた事実はない。間違いなく智弥子夫人の意思であると確信している。仮に智弥子夫人が郷田師範の言葉通りの話をしたのだとしたら、松井らに圧力をかけられたに違いない――〉

手塚にはそうとしか考えられなかった。後に「危急時遺言」を巡る裁判の陳述で、《どちらの味方に付こうというような片寄った気持ちは全くありません》と前置きしながらも、手塚はこう証言した。

《遺言書については、奥さんら遺族の疑問はもっともであり、大山総裁の真意に基づいて作られたものとは到底思えません。

それだけに、総裁の奥さんがこの遺言書の効力を争い、総裁の真意を無視したものとして黒澤・松井ら一派に対抗する態度を示しているのに同情した高木支部長の行動をとらえて、あたかも同支部長が遺族らを煽動したかの如くに言い掛かりをつけ、強行採決の上、除名・破門するという無法な処分を決定したことについて、危機感を募らせているのです》

手塚は「大義」のもとに高木、そして遺族と行動を共にしたと断言する。だが、手塚がどう証言し、どう理由づけしようとも、周囲には手塚の言動は感情論であるとしか映らなかった。松井におもしろくない感情を抱いているから、智弥子を前面にたてて、松井二代目館長に異論を唱えたとしか取られなかった。「自分の師は加藤重夫師範だ」と公言する松井の言葉に対して、郷田は「松井館長は手塚さんをコケにしたわけではないけれど、実際に空手の手ほどきをしたのは加藤さんだから、本人はそう思っちゃったんだろうし、仕方がないね」と言い、加藤本人は「手塚支部長には自分の弟子が館長になったのだから、大人の気持ちで、喜んで応援してやろうというくらいの気持ちがほしかった」と語った。

松井に対する根強い悪感情が、手塚の方向性を決定づけたことは間違いない。手塚は、松井が自分に対して犯した非礼の数々を忘れてはいなかった。支部長である自らを差し置いて、加藤重夫を師と言ってはばからなかったことに始まり、とても重要な総本部移籍についても、手塚には相談どころか事後報告さえもなかった。さらには、松井が浅草に道場を出した後、なんの断わりもなく手塚のテリトリーである千葉県流山市にも道場を新設した。それら一連の松井の態度を、手塚は決して許さなかった。そして、手塚の主張は勘違いでも思い込みでもなく事実だった。その意味では、手塚が松井を二代目館長と認められなかったのは、ある面、仕方のないことだったのかもしれない。

智弥子が呼びかけた招集は、あっけなく、そして常識では考えられない形で終わった。六月一日に支部長たちを招集したはずの智弥子が、五月末から千葉県に旅行に出かけてしまい、当日、東京にいなかったという、冗談にもならない馬鹿馬鹿しい結末だった。いったい、あの手紙はなんだったのか？　皆が不思議に思った。

高木や手塚は、五月二七日から智弥子と連絡が取れなくなった。彼らは「智弥子夫人は松井らに幽閉された」と主張している。また、大山の娘たちも「梅田氏や松井氏が、招集を阻止するために母を拉致した」と語る。智弥子に静養の話を持ちかけたのも、千葉県一宮町にある別荘に送り届けたのも、確かに松井の後見人であり、危急時遺言の証人として名を連ねている梅田嘉明だった。梅田は智弥子に言った。

「総裁が亡くなってからいろいろと大変だったと思いますので、一宮町にある別荘で療養なされたらいかがですか」

智弥子はあっさり「そうね。そうするわ」と答えた。変な話だが智弥子自身がそう証言している。

梅田に、智弥子の招集を阻止しようという目論見があったと推測する声は少なくない。もちろん、松井や最高顧問である郷田、盧山の意向を受けたうえでの話だ。しかし、実情はどうであれ、実際に車に乗り、千葉にいったのは、智弥子自身の意思である。無理矢理車に押し込められて、連れ去られたわけではない。その証拠に、六月一〇日に東京へ戻った智弥子の様子に、特別変わったところは見られなかった。むしろ、上機嫌だったという声もある。「自分の意思に反して、無理矢理連れていかれた」といった意味の言葉も一切口にしていない。遺族や高木グループは「母は拉致された」「智弥子夫人は幽閉された」と松井を非難するが、警察が介入する刑事事件に発展した事実はない。

遺族の記者会見

智弥子が手紙を出した目的はいったいなんだったのか、釈然としないまま六月一七日から一九日までの三日間、大阪府立体育会館において第一一回全日本ウエイト制選手権大会が開催された。組織がまとまらないなかでの大会開催は、表面的な成功の裏で、当然のように組織内の混乱を招いた。

まずは、支部長たちの松井に対する態度が尋常ではなかった。五月一〇日の会議同様、会場に姿を現した松井への対応は、あまりにも礼を欠くものだった。仮にも、公式会議の場で「二代目館長」と容認した人間に対して、支部長たちは席を立って迎える素振りも見せなかった。三好一男は足を組んで椅子に座ったまま、軽く手を上げて「おう」と言った。大半の支部長が三好と変わらない態度を示した。そのうえ、会場には松井が座る座席すら用意されていなかった。松井は戸惑いながら、最高顧問である盧山に訊ねた。

「師範、自分はどこに座ったらいいですか？」

盧山は支部長たちの態度に憤慨したが、会場担当のスタッフたちが開会準備に追われているなか、上の人間がもめ事を起こしている場合ではない。盧山は「お前は真ん中の席に座ればいいだろう」と言った後、近くにいた目下の支部長に、「おい、すぐに松井の席を用意しろ」と指示した。

諍いはそれだけではなかった。今大会は大山が逝去した直後の開催であり、大山自らが準備を進めていた最後の大会であったことから、遺影によって大山が入場するという演出が準備されていた。ところが、今度は誰が遺影を持って入場するかでもめた。「新館長である松井が持つべきだ」と主張する両最高顧問に異を唱えたのは津浦伸彦だった。

津浦は極真会館関西本部の責任者であり、全日本ウエイト制選手権大会の実行委員長でもある。また、彼は大山倍達の長女・留壹琴の夫、つまり大山の娘婿という立場の人間でもあった。実行委員長として、遺族として、自分が大山の遺影を持って入場するのが当然と津浦は譲らない。

「どうしても譲れというのなら、私はこの大会に協力できません」

津浦は大山の遺影を抱えたまま、頑な態度で郷田と盧山に言い放った。実は、松井の席を準備しなかったのも津浦の意向だった。生前、大山が津浦をどのような立場に置いていたかを支部長たちは理解していた。娘婿ということもあり、表向きは関西本部の責任者という役職を与えてはいたが、壮年部で形だけ空手の真似事を学んだに過ぎない津浦に対して、大山の態度は常に冷たかった。

本来、総本部直轄道場の責任者は、支部長と同格の権限を与えられている。だが、津浦だけは別だった。全国支部長会議において、津浦が支部長たちと並んで座ろうとすると、必ず大山の怒声が飛んだ。

「お前はなんでそこに座っているんだ。向こうに座れ」

会議の場には、大山が座る上座の席と支部長たちの座席（この席順にも支部長の経験年数や功績などによって序列が存在した）、そして報道関係者や後援者など、極真会館に関わる第三者的立場の人々が座るオブザーバー席が準備されていた。大山は常に津浦をオブザーバー席に座らせた。大山が示していた津浦の組織内での立場をとっても、遺族を組織に関わらせないという大山の遺志をとっても、津浦に遺影を持たせるわけにはいかないというのが、松井二代目館長を支持する支部長たちの立場だった。盧山は諭すように、ときに強い口調で津浦を説得した。

「いいか津浦、極真会館は松井を新館長として新しいスタートを切ったんだ。そのお披露目も含めて、松井が遺影を持つのは当然のことだろう。もう、会場にお客さんも入っているんだ。これ以上、開会を遅らせるわけにはいかない。津浦、今回は我慢しろ」

津浦が説得に応じたのは、すでに開会時間を三〇分近くも経過した頃だった。

ようやく大会は始まった。会場の照明が落とされ、ファンファーレが響き渡る。同時にアナウンサーが「それでは皆さま、大変長らくお待たせいたしました。今大会の最高審判長、大山倍達総裁の入場です」と告げた。『空手バカ一代』の主題歌が流れ始めると、真っ暗だった会場の一ヵ所にスポットライトが当たった。そこには、大山倍達の遺影を抱えた松井章圭が立っていた。観客の大歓声に包まれながら、松井は会場の中央へと歩み寄り、「最高審判長」と書かれた座席に大山の遺影を置いた。隣席には大会審議委員長の梅田が座り、松井がその隣に着席した。盧山の指示によって準備された松井の席には「総裁代行」と書かれた名札が飾られた。松井の横には、最高顧問である郷田勇三と盧山初雄が順番に座った。

この日、松井は「総裁代行」という立場で大会に臨んだが、最後までマイクを握り観客に挨拶することはなかった。六月二六日に行なわれる「国際空手道連盟極真会館本葬」が終わるまでは、喪に服したいという松井自身の意向からだ。

スタートこそもたついたものの、初日も二日目も大会自体は滞りなく進み、大山倍達のいない初めての全日本ウエイト制選手権大会は無事終了した。

しかし、盧山は一息つく間もなく、一部の支部長を宿泊中のホテルの一室に呼び出した。その相手は、松井に対して、あからさまな反発を見せていた三瓶グループの支部長たちである。再三にわたる彼らの不遜な態度に頭を抱えていた盧山は、「師範、もう一度話し合ったらいかがですか」と進言する廣重に従った。

実は初日の夜、廣重は秘密裏に三瓶たちと会合を開いていた。廣重は彼らに対して、「五月の会議で松井を二代目館長として認めた以上、それに準ずる態度で松井に接するべき」と説いた。正論を吐く廣重に対し、多少、感情的反発の声も上がったが、最終的に三瓶たちは廣重の説得に応じた。廣重の盧山への提案は、それを受けてのことだった。こうして、改めて松井、郷田、盧山、西田、長谷川、大石代悟（静岡県支部長）、ならびに三瓶グループの三瓶、三好、小林らを集めた話し合いの場が設けられた。

「お前ら、五月の会議で松井を館長として承認したよな。それなのになぜ、まだあんな態度を取るんだ。松井は館長なんだから、きちんと敬意を持って迎えないと駄目だろう。いったい、松井の何が問題なんだ?」

開口一番、盧山はこう切り出した。盧山の口調は穏やかだった。ざっくばらんに互いが意見を言い合えるよう、盧山は、あえて酒を飲みながらの席を選んだ。皆、酒好きの連中ばかりだったからだ。その場で松井に対する不満をすべて吐き出させようと思ったのだ。

支部長たちは、「松井の態度は生意気だ」と口を揃えて言った。その論調が五月の会議前とほとんど変わらないことに、盧山は強烈な違和感と同時に怒りを覚えた。だが、盧山は耐えた。どうしても、彼らは縦社会における凝り固まった年功序列の因習的思考を拭うことができないようだった。それゆえ、彼らには正論や理屈を受けつけない頑なさがあった。感情的な松井批判と盧山の説得が飛び交うなか、最後に盧山は言った。

「皆の言い分は十分にわかる。松井の態度が生意気だと感じてしまう理由もよくわかるよ。私から見ても足りない部分だらけだ。私だってそれは承知している。でも、総裁が松井を二代目館長に選んだのは、まぎれもない事実だ。松井はまだ若い。だから失敗することもたくさんあるだろう。だったら、松井の足りない部分は皆でフォローしてあげればいいじゃないか。もう少し長い目で見てやろう。そうやって、皆で極真会館を守っていくことが、総裁に対する恩返しだと私は思うよ。違うか？」

侃々諤々あったものの、盧山の言葉に異論をはさむ余地はなく、最終的に三瓶は他の支部長たちを代表する形で、盧山に非礼な振る舞いを詫びた。

「師範、すみませんでした。これからは松井を館長として、皆で頑張っていきましょう」

三瓶は謙虚に、しかしはっきりとそう口にした。三瓶の言葉を受け、〈今度こそ、本当に一致団結できるだろう。すべてのことが順調に動き出すに違いない〉と盧山は安堵した。

だが、三瓶は盧山に語った言葉をいとも容易く反故にする。翌日、三瓶が水面下で「松井では駄目だ」と、再び体制への反旗を翻したことを知るのは、数名の三瓶グループの支部長たちだけだった――。

大会が終了した翌二〇日、全国支部長会議が大阪パークホテルの会議室において行なわれた。夏の全日本ウエイト制選手権大会の翌日と、秋の全日本選手権大会の翌日は、全国支部長会議を開催するのが、大山存命中からの極真会館の習わしである。この席で、大山倍達亡き後の極真会館の新体制が決定した。

会長　福田赳夫
理事長　梅田嘉明
国際空手道連盟総裁および極真会館館長　松井章圭
主席師範および最高顧問　郷田勇三、盧山初雄
支部長協議会議長　西田幸夫
支部長協議会副議長　長谷川一幸、三瓶啓二
最高審判長　郷田勇三
審判長　松島良一
副審判長　桝田博

五月一〇日の会議ですでに決まっていた、館長および最高顧問以外の役員が新たに任命され、館長を松井とする新体制がようやく整った。また、翌一九九五年秋に開催する第六回世界選手権大会の日本代表監督を三瓶啓二が、コーチを緑健児が務めることも決定した。この人選が後に起こる分裂騒動において大きな意味を持ってくることを、このときは当の本人たちでさえ知るよしもなかった。その後、三瓶と行動を共にする機会が増えた緑は、師である廣重毅ではなく、三瓶の指示によって騒動に大きく関わっていくことになる。

しかし、極真会館は新体制の発足に安堵している場合ではなかった。まったく別のトラブルが、当事者以外、誰も予想できない形で巻き起ころうとしていたのである。

同日午後二時、大阪で全国支部長会議が開かれているちょうどその頃、東京の極真会館総本部道場では、遺族による記者会見が始まろうとしていた。

メディアへの記者会見の連絡は唐突だった。午後一時を回った頃、空手・格闘技専門誌をはじめとするマスメディア各社に一斉にファックスが届いた。大山智弥子の名前で送られてきた文書の内容は、「『大山倍達総裁の遺言状の疑義について』午後二時より極真会館総本部三階で記者会見を行なう」というものだった。急な連絡に各社は慌てるが、専門誌、一般誌、テレビ局二社を含む、約二〇名の報道陣が極真会館総本部に駆けつけた。彼らを迎えたのは、次女の恵喜と三女の喜久子だった。恵喜は、大山が逝去した日に誕生した、生後二ヵ月の娘・桃果林を胸に抱いて記者会見に臨んだ。

恵喜は記者たちに、《極真会館館長死去に伴う遺言状の疑義について》と書かれた声明文と遺言書のコピーを配る。大山智弥子、恵喜、喜久子の連名によるものだった。喜久子からは「母（智弥子）は体調を崩して自宅で静養しているため、記者会見には出席できない」との発表があった。

声明文の内容を読んだ記者たちからは、驚きの声がもれた。文は《遺言書は、内容はさておいても、その作成過程に疑義があり、今後の極真会館の発展のためにもとうてい容認できるものではありません。よってこの事実を広く知っていただくために、下記のことを明らかに致します》という書き出しで始まり、大山の遺言書への疑問が羅列されていた。以下は要約である。

◎父・大山倍達の自筆の署名もなければ、口授の際の録音テープも残っていない。

◎遺言書の証人には利害関係のない第三者が立つべきだが、立会人に誰一人として利害関係のない人間はいない。
◎遺言書作成時、母・智弥子が病室から退出させられた。
◎遺言書は本来、遺族立ち会いのもとに開封されるべきだが、それもなされておらず、だいぶ経ってからコピーを受け取った。いまだに原本は見ていない。
◎遺言書の公正さから考えて、遺言書で指名された人は真の後継者と言えない。

恵喜は報道陣に訴えた。

「皆さんに配ったプリントを見てもらえばわかるように、父の署名も捺印もないこの遺言状が、果たして信用できるものでしょうか」

突然のことに事態を飲み込めない記者もいるなか、質疑応答が始まった。質問に答えるのは恵喜一人であり、喜久子は終始うつむき加減で、黙って恵喜の隣に座っていた。

——遺言書作成に智弥子夫人は立ち会っていないのですか。

「病室の外にシャットアウトされました。それだけをとっても疑わしいと思います。それに、私たち二人は現在アメリカに住んでいますが、父の死の知らせや帰国手続の準備に会館側の不備があって、お通夜にも告別式にも参加できませんでした（著者注：当時の大山の秘書である渡辺泰子は、これを否定している）。これは作為的なものという疑いもあります」

——声明文は智弥子夫人と恵喜さん、喜久子さんの連名で書かれてありますが、長女の留壹琴さんはどういう意向なのですか。

「今日の会見には出席できませんでしたが、留壹琴さんも同様の考えを持っています」

――遺族の方々は、松井館長を認められないということなのでしょうか。

「遺言書に疑いがある以上、松井さんの後継が認められないのは当然です。でも、松井さんはすでに館長気取りで会館にいます。私たちは会館への出入りに制約を受けたり、母が六月一日に緊急全国支部長会議を招集しましたが、梅田さんや松井さんがストップをかけて、母を千葉に拉致してしまったり、彼らの遺族に対する扱いに不満を持っています。武道精神を持っているはずの人たちがこんなことをしてもいいのかと、本当に腹立たしい思いです」

二時間におよんだ会見は、「マスコミの皆さんの力を借りて、これらの疑惑を晴らしたいと思っています」という恵喜の言葉で終了した。

それから三日後の六月二三日、極真会館は東京都豊島区池袋にあるホテルメトロポリタンにおいて、空手・格闘技専門誌の記者のみを招いての「記者懇談会」を開いた。極真会館側の出席者は盧山初雄、西田幸夫、廣重毅、山田雅稔の四名である。

懇談会の表向きの主旨は、二〇日に行なわれた全国支部長会議で決定した新体制の報告だった。しかし、彼らの意図が、先日開かれた遺族の記者会見に対する、極真会館としての見解および対応にあるのは明らかだった。極真会館側は遺族と真っ向から対立する形を避け、また、事態が拡大しないよう細心の配慮に努めた。それは、あえて招くメディアを少人数にしぼり、懇談会という緩やかな形式をとったことからもうかがい知ることができる。

まずは山田より、大山死去後の二ヵ月間の経緯説明がなされた。密葬の日の夜に臨時全国支部長会議が開かれ、大山倍達の遺言書の全文が支部長たちに伝えられたこと。松井が即座に二代目館長を承けると答えたこと。五月一〇日にも臨時支部長会議を行ない、全会一致で松井二代目館長を承認したこと。そして、全日本ウエイト制選手権大会後の全国支部長会議で新体制が決定したことに併せ、各役職に任命された人物を発表した。さらには組織の運営方針や、翌年に開催予定の第六回世界選手権大会の選抜方法などを告げた後、遺族の記者会見についての質問を受けつけた。

山田が「遺言書は現在、家庭裁判所に提出していますが、手続が終わり次第、遺族に原本を返却する予定です。智弥子夫人には千葉の別荘へいって静養したらいかがですかと提案しただけで、他意はありません。遺族に対しては今後も大山総裁の生前と変わらぬ思いで接していきたいと思っています」と説明し、盧山からも遺族への思いが語られた。

「遺族の方々には誠意を尽くして理解していただくしかないと思っています。娘さんたちがアメリカに住んでいることもあり、コミュニケーションがしっかり取れていませんでした。ただ、遺族に対してというよりも、裏で遺族を焚きつけている一部の支部長がいることを、我々は突き止めています。今は具体的な話はできませんが、彼らに対しては謹慎処分を考えています」

遺族による記者会見は、大山死後の極真会館の内紛を公にする最初のきっかけとなった。各メディアは、会見の内容を紙面で取り上げた。『日刊スポーツ』（一九九四年六月二一日号）は《大山氏の遺言巡り　遺族と極真が争議》と題し、記者会見で遺族が語った疑義を掲載した。

だが、遺族の会見を記事にはしたものの、ほとんどのメディアは、今後の成り行きを静観する姿勢を見せた。『格闘技通信』（一九九四年七月二三日号）は、《ウェイト制の翌日、ショッキングな記者会見！　総裁遺族、遺言状の疑義を主張!!》という見出しの記事の最後を、《今回の記者会見はできるだけ主観を述べずに、内容だけを報道することにした》という言葉で締めくくっている。

高木グループの除名

六月二六日、東京都港区にある青山葬儀所で「故・大山倍達総裁　国際空手道連盟極真会館本葬」が営まれた。四月二七日の密葬とは異なり、世界各国から六〇〇〇名もの弔問客が訪れ、盛大に行なわれた。喪主は大山智弥子が務め、松井章圭は葬儀委員長（肩書きは総本部師範）として極真会館本葬を執り仕切った。

陽が射していた空が曇り、ぱらぱらと小雨が降り出した正午過ぎ、青山葬儀所に続々と弔問客が到着し始めた。元極真会館所属の大山茂（US大山空手総主）・泰彦（US大山空手最高師範）兄弟、中村忠（誠道塾塾長）、佐藤勝昭（佐藤塾塾長）、東孝（大道塾塾長）、プロレス界からは前田日明、坂口征二、政界からは福田赳夫、田中真紀子、大内啓伍など、錚々たるメンバーが参列した。すでに会場の外には、一般弔問客による長蛇の列ができていた。中・高生から年輩まで年齢を問わず、大山に最後の別れを告げるために多くの人々が駆けつけた。

午後一時、神式での極真会館本葬が厳かに始まった。葬儀委員長である松井は、大山の足跡を述べた後にこう続けた。

「大山総裁が蒔いた極真精神は、今後もますます世界の津々浦々にまで浸透していくことでしょう。残された私たちに与えられた使命を、全精根を傾けて働く以外はございません。総裁が欲してやまなかった武道空手の魂を、さらに磨き上げて、極真会館のさらなる発展と健全な青少年育成に邁進することを、私は大山倍達門下生を代表し、ご霊前に誓います。総裁、どうか安らかにおやすみください。ここに、心からのご冥福をお祈り申し上げます」

元内閣総理大臣・福田赳夫や、元韓国国務総理大臣・金鐘泌、財団法人極真奨学会理事長・塩次秀雄、海外支部長代表のボビー・ローなどが次々と弔辞を述べ、最後に「玉串奉奠」が行なわれた。玉串奉奠とは、仏式で言えば焼香に当たるものだ。榊の枝に紙をつけたものを玉串と言い、それを神前に捧げる。大山智弥子、松井章圭、津浦伸彦の三名が退場通路に並び、玉串奉奠を終えて帰る参列者を見送った。

　会場の外で長蛇の列をなして待っている一般弔問客の玉串奉奠が始まったのは、二時半を過ぎた頃だった。大山の祭壇が整えられている葬儀所内へと少しずつ列が動き出したとき、突然、一般弔問客の前で信じがたいことが起こった。次女の恵喜と三女の喜久子が、大山の遺骨と位牌を頭上に掲げて、抗議運動を始めたのだ。それは、弔問客が玉串を捧げ、手を合わせて大山の冥福を祈った祭壇に、大山倍達の遺骨が祀られていないことを意味していた。式典の最初から祭壇に祀られていなかったのか、それとも途中で持ち出されたのかはわからない。なぜなら、式典の前に骨壺のなかを確認した者はおらず、また恵喜と喜久子が遺骨を持ち出す姿を見た者もいなかったからだ。

「父の死には不審な点があります。遺言書についてもおかしな点がたくさんあります。皆さん、真実を知ってください」

　そう叫びながら、恵喜は二〇日の記者会見でマスメディアに配った声明文を、一般弔問客にも配り出した。恵喜は最初から式には出席しておらず、喜久子は大山ゆかりの弔問客が玉串奉奠を始めた頃に席を立っていた。

　異変に気づいた廬山初雄は、すぐさま支部長や分支部長など三〇〇名もの関係者を集め、恵喜と喜久子の周囲を取り囲ませた。異常事態に多くの弔問客は戸惑った。だが、廬山の迅速な対応によって、恵喜と喜久子の煽動行為はあっけなく押さえ込まれた。そのため、彼女たちの行為を実際に目にした弔問客は意外なほど少なかった。ところが、この「スキャンダル」は翌日のスポーツ新聞に載ってしまう。

《遺骨なき大山倍達氏会館葬　次女がボイコット　遺言書めぐり極真会館と対立

空手の普及に一生をかけ、世界最大の組織をつくり上げた大山氏の極真会館葬は、根深い会館と遺族側の確執を浮き彫りにし、後味の悪さを残してしまった》（『日刊スポーツ』一九九四年六月二七日号）

支部長たちに抗議活動を阻止された恵喜は「中には入りたくない」と、式が終了していないにもかかわらず、遺骨を持って帰ってしまった。祭壇に大山の遺骨が祀られないという異例の事態のなか、式典は最後まで続けられた。

『日刊スポーツ』の記事通り、極真会館本葬に後味の悪さが残ったことは事実である。しかし、松井と郷田、盧山の両最高顧問は、本葬における遺族の抗議行動について、「問題は遺族ではなく、裏で彼女たちをそそのかしている支部長にある」と捉えていた。それは、前述したように、極真会館本葬を直前に控えた六月二三日、盧山が記者懇談会の席で語った「裏で遺族を焚きつけている一部の支部長がいることを、我々は突き止めている」という言葉からもうかがえる。

極真会館本葬の夜、東京都港区元赤坂にある明治記念館において、国際支部長会議ならびに臨時全国支部長会議が開かれた。国際支部長会議の目的は、極真会館本葬に出席するため来日した海外の支部長たちに、松井二代目館長の承認を得ることであり、臨時全国支部長会議の目的は、遺族を裏で操っていると目される支部長の追及だった。前者の会議は滞りなく終わり、ケニー・ウーテンボガード（南アフリカ支部長）をはじめ、海外の支部長たちは、二代目館長・松井章圭を快く受け入れた。一方、後者の話し合いは、出席したすべての支部長たちに緊張感を強いる結果となった。

遺族を煽動した首謀者として名指しで非難されたのは高木薫だった。盧山は高木に問いただした。

「お前はいったい何をしているんだ。お前が事務長や娘さんたちをけしかけているんだろ」

高木は「違う」と言って認めない。盧山は「事務長に手紙を出させたり、娘たちに記者会見や抗議活動をさせたりしたのはお前じゃないのか。遺族を焚きつけた証拠は挙がっているんだぞ」とさらに詰め寄った。しかし、高木は頑として首を横に振る。

「私がけしかけたのではありません。師範、それは言いがかりですよ」

「あることないこと、週刊誌に暴露しようとしているじゃないか」

「総裁の死や遺言書におかしな点があるから相談にのってほしいと奥さんに言われたので、私は話を聞いただけです」

「お前が極真の商標権を取ろうと動いていることも知っているんだぞ。支部長たちが一丸となって極真を守り立てていかなければいけないときに、反組織的な行動を取ったり、ウエイト制大会では途中で帰ってしまったり、それが支部長のやることか。それぞれが勝手な行動を取っていたら、組織はまとまらないんだ」

郷田もまた、盧山と共に高木を厳しく追及した。会場には最高顧問である盧山と郷田の声のみが響いた。四十数名におよぶ他の支部長たちは沈黙を決め込みながら、ことの推移を見守っていた。

実際に六月一七日から開催された全日本ウエイト制選手権大会の最終日、なぜか高木は最後まで大会を見届けずに帰ってしまっていた。古くから高木グループのメンバーであり、高木の弟分的存在として常に行動を共にしていた安斎友吉は、慌てて高木を追いかけ、「師範、ここで抜け出したらまずいですよ。後で何を言われるかわかりませんよ」と引き止めた。だが、高木は安斎の説得に耳を貸すことなく会場を後にした。

盧山たちは高木の反組織的な言動を戒め、高木は事実無根だと突っぱねる。話し合いは平行線を辿りつつ、緊張の度合いを深めていった。押し問答は一時間以上にもおよんだ。

当初、盧山と郷田は高木が自らの非を認め、謝罪することを期待していた。もちろん、処罰は必要と考えていたが、謹慎という軽い処分で事態を収束させるつもりだった。しかし、彼らのやり取りを黙って聞いていたすべての支部長たちは、それは不可能だと感じた。そして両最高顧問も高木の説得を諦め、彼の処分を支部長全員に託す提案をした。結果的に「高木の一連の行動は、とうてい認められるものではない」として、過半数の支部長たちが高木を除名処分にする決断を下した。

このとき、一人の支部長が手を挙げ意見を述べた。群馬県支部長の松島良一である。松島は以前から比較的、高木と親しいつき合いをしていた人物だ。大山の死去直前にも、高木と共に大山の見舞いにいっている。

「ちょっと待ってください。長年一緒にやってきた仲間を、このような形で簡単に除名処分にするのはよくないと思います」

松島の言葉に勢いづいたのか、やはり高木と長く朋友関係にある茨城県支部長の桝田博も口をはさんだ。

「採決は採決として、もう一度、執行部と高木さんでよく話し合ってから、結論を出したほうがいいのではないですか」

彼らの言葉に、反対派の支部長のみならず、除名処分賛成派の支部長たちも同意の態度を表し始めた。会場は一転して、もう一度話し合いの場を持つべきという雰囲気になった。それは、高木にとっても好ましい流れだったはずだ。

ところが、当事者である高木が松島や桝田の提案を拒否した。

「いや、私はもう皆とは考え方が合わないし、一緒にもやりたくない」

それだけ言い放つと、高木は自ら席を立ってしまったのだ。高木がまさかそのような行動に出るとは思わず安斎は驚いたが、すぐに長年慕ってきた先輩である高木の後を追った。さらに、高木グループの一員である小野寺、手塚、林も彼らに続いた。五名の支部長が会場から姿を消すのを見届けると、松井は残った支部長たちに言った。

「話し合うも何も、自ら出ていってしまったのだから仕方がありません。改めて高木支部長は除名処分でよろしいですね」

異論を唱える者はいなかった。こうして、極真会館支部長のなかでも古参の一人だった高木薫は、自らが望んだ形で松井二代目極真会館館長のもとから離れていった。そして、一九九四年九月号の『パワー空手』に、高木の除名を伝える記事が掲載された。

《極真会館は、6月27日に（著者注：実際には二六日）緊急全国支部長会議を開催し、高木薫氏（前北海道支部長）の除名を決定した。

高木薫氏は、国際空手道連盟極真会館の規約に違反し、組織の統制を乱したため、除名となった》

また、各メディアにも同様の内容が記された通告書が送られ、その最後に《念のため、今後一切国際空手道連盟極真会館と高木薫は関係がございませんのでくれぐれも誤解なきようお願い申し上げます》と書かれていた。

高木を除名処分にした一方で、彼の後を追った安斎、小野寺、手塚、林の四名については処分を保留とし、極真会館はもう一度話し合いの場を持とうと、彼らに呼びかけを続けた。だが、彼らは「先日の会議で高木師範が言ったことがすべてであり、これ以上、話すことはない」と、一切、呼びかけに応じないまま時間だけが過ぎた。

そして、高木の除名処分から約三ヵ月が経過した九月二一日、臨時全国支部長会議において安斎、小野寺、手塚、林の除名処分が決定した。この日を境に五人の元支部長たちは、一気に遺族と密接な関係を築いていく。

　また、一貫して彼らに対する除名処分に慎重だった松島と桝田は、新体制に留まりながらも、引き続き高木グループと連絡を取り合っていた。そして、結果的には極真会館を離れ、遺族派として高木たちと歩調を合せることになる。


　九月二六日、高木グループは東京地方裁判所に、松井に対する「職務執行停止・地位保全」の仮処分を申し立てた。

「我々は最初から松井を二代目館長として認めていない。そもそも遺言書について、家庭裁判所の確認がおりていないにもかかわらず、松井が館長を名乗るのはおかしい。だから当然、松井に我々を除名処分する権利はない」

　これが高木グループの主張だった。

　五月一〇日の臨時全国支部長会議の場で、支部長たちは松井二代目館長を容認した。しかし、高木はこの会議に出席していない。彼はこの段階ですでに、会議を欠席することで松井二代目館長の否認表明をしていたことになる。それ以外の四名は出席したが、安斎は後にこう弁明した。

「会議はまとまったという感じではなく、皆、本意ではなかったはずだ。自分は反対だったが、どうせ言っても聞いてくれないだろうと思い、何も言わなかった」

　彼らは「最初から松井を二代目館長として認めていない」ことを理由に、仮処分を申し立てた。しかし、除名以前、公の場で松井の二代目館長就任に反対する発言を行なっていなかったのである。

　一九九四年も残すところわずかとなった一二月二六日、高木らが東京地方裁判所に申請していた松井に対する「職務執行停止・地位保全」の仮処分は却下された。落胆しながらも、彼らは以下のような通告書を関係者および各メディアに送っている。

《さて、私達は、国際空手道連盟・極真会館の二代目総裁・館長を自称する松井章圭こと文章圭（以下松井という）により、理不尽な理由で国際空手道連盟・極真会館から除名・破門の処分を受けたものです。

これに対し、私達は平成6年9月26日以降、東京地方裁判所に、松井に対する職務執行停止・地位保全の仮処分を申請いたしておりました。これは、国際空手道連盟・極真会館が、いずれも、団体ではあっても法人格を有せず、そのため後述する故大山倍達総裁・館長の遺言で後継者に指名されたと自称する松井が、ほしいままに連盟総裁・会館館長を僭称して、ご遺族の方々を一向に意に介せず巨大な組織を勝手に運用していることに疑義を持ったからです。（中略）

東京地方裁判所は、平成6年12月26日、国際空手道連盟・極真会館は、いずれも団体であることは認めるが、権利能力なき社団ではない（著者注：「権利能力なき社団である」の間違い）と判断いたしました。私達は、この判断には不服があるので、更に争います》

高木たちが通告書に記したように、彼らの訴えが認められなかった理由は、極真会館が「法人格のない社団」「権利能力なき社団」であったからなのは事実と言っていい。「極真会館は社団（組織）としての実質を備えてはいるが、法人登記がなされていないため、法律上は法で守るに値しない団体、組織内で起こったトラブルに法が介入する必要のない団体である」と東京地方裁判所は判断したことになる。つまり、極真会館は世界および国内に多くの支部を抱える巨大組織でありながら、法的には大山倍達の「個人商店」に過ぎなかったのだ。創始者である大山倍達が絶対的な独裁的君主として頂点に君臨していた極真会館は、彼の存命中は、法人格であろうがなかろうがなんら問題はなかった。なぜなら、極真会館において、大山こそが「法」であり「法の執行者」だったからだ。

しかし、代が替わり極真会館が法的に認められた一個の団体として存在していくためには、まず法人格に発展させる必要があった。青少年育成を掲げる武道団体にとってもっとも理想的な法人格は、営利を追求する「株式会社」や「有限会社」ではなく、慈善・学術・技芸などの公益事業を目的とする「財団法人」や「社団法人」であることは論を俟《ま》たない。だが、これらの法人格は公益法人であり、税法上で優遇を受けられる利点があるため、取得するには厳しい条件を満たさなければならない。特に財団法人の場合、設立時に「基本財産」と呼ばれる億単位の組織運用金が必要になる。財団法人化は容易なことではないのだ（現在では法律が改定され、利点が減った分、取得は容易な一般財団法人もできた）。

ちなみに、大山の存命中から極真会館が「極真奨学会」という財団法人を有していたことは広く知られている。ただ、この財団法人は名前が示す通り、基本的には「全日本選手権大会や世界選手権大会の上位入賞者に奨学金を与える」という目的のみを持つ団体だった。正確に言うならば、極真奨学会の事業目的は「優秀学生に対する学資金の給与」「学術研究の奨励助成」の二点である。説明するまでもなく、「国際空手道連盟極真会館」という組織の法人格を指すものではない。同財団法人は、法人格を有さない極真会館を補完するための「象徴的な存在」でしかなかった。

松井は二代目館長に就任した当初から、極真会館の法人化が急務であることも、財団法人取得の厳しさも理解していた。そこで、松井は当面の策として一九九四年一〇月三日、まずは自らを取締役とする「有限会社極真」を登記した（二〇〇〇年九月二五日、名称を株式会社国際空手道連盟極真会館に変更）。

有限会社の設立について、松井は以下のように語る。

「有限会社極真を設立した最大の理由は、財務管理をする会社が必要だったからです。大山総裁の存命中にも、極真会館はグレートマウンテンという、財務管理目的の株式会社を有していましたが、株主が総裁だったり、遺族に帰属する部分があったりと、権利関係の問題が複雑だったため、まっさらな状態で、我々が運用・処理できる法人を作る必要がありました。もともと空手団体を象徴するものとは考えていませんでした。空手団体である極真会館の法人化については、公益法人を考えていましたから。しかし、総裁が亡くなった時点で、極真会館は『権利能力なき社団』であり、これを代表するのは個人ですが、個人で財務管理をするわけにはいかないため、便宜的に法人を作ろうということで、有限会社極真を作ったのです」

ただ、それだけではない理由もあった。高木グループが総本部のある東京都豊島区池袋に有限会社を設立するという情報を耳にしたことも大きかった。法律上、ひとつの地域に同じ名称の有限会社、もしくは株式会社をふたつ以上登記することはできない。もし、高木たちが有限会社であれ株式会社であれ法人格を取得したならば、松井は「極真」という名称での法人登記ができなくなってしまう。松井が会社法人の登記を急いだのは、高木たちの計画への対抗策の意味もあったのだ。

話を高木グループが松井に対して行なった仮処分申請問題に戻す。高木グループの主張は法的には認められなかったものの、彼らの活動が、新たな事実を支部長たちに知らしめることとなる。それは大山が遺した「危急時遺言」についてだ。

前述したように、ほとんどの支部長は大山の遺した遺言書が、聞き慣れない「危急時遺言」という形式だったことを知らされていなかった。支部長たちがそれを知るのは、まさに遺族や高木グループの活動からだ。これが再び支部長たちに漠然とした不信感を抱かせることになる。ただ、危急時遺言と判明した後も、なぜか公の場で支部長たちから遺言書に対する問題提議がなされることはなかった。彼らが遺言書を理由に松井二代目館長を批判するようになるのは、組織の分裂後、遺言書が家庭裁判所で却下されてからのことである。

だが、高木グループは極真会館を離脱した当初から、遺言書に対する疑惑を掲げ、遺族と一体となって動き始めた。関係者やメディアに送った手紙には《今後、智弥子未亡人をはじめとする大山総裁の遺族の方々を前面に立てていく所存です》と、遺族と共に極真会館と闘っていく決意を表明し、松井を二代目館長の座から降ろすべく、本格的に行動を開始した。

高木グループの仮処分申請が却下されたと聞いた松井は、ひとまず安堵し、さっそく最高顧問の二人に連絡を入れた。郷田と盧山は「当たり前だ」と言いながらも、「よかった。松井、本当によかったな」と心から喜びの声を上げた。さらに、支部長協議会議長である西田幸夫にも伝えておくべきと考えた松井は、彼にも電話をかけた。

「西田師範、高木さんたちの仮処分の申立ては却下されたそうです」

松井は、郷田や盧山と同様の言葉が返ってくるとばかり思っていた。ところが、なぜか西田の反応は鈍かった。

「……そうか。却下されたか……。ふーん」

松井は西田の対応に一抹の不安を覚えた。だが、郷田や盧山同様、西田を信じ切っていた松井は、漠然とした不安感を打ち消し、西田の消極的な対応について、特に追及することなく電話を切った。

西田幸夫は支部長協議会議長として、松井新体制を支える重鎮の一人だった。彼は郷田や盧山に次ぐ古参支部長であり、選手としても輝かしい実績を残している（第一回大会から第六回大会まで連続出場、第六回大会四位)。選手時代から盧山を慕っていた西田は、盧山の「弟分」的存在だった。当時、盧山が個人的に開いていた稽古会の常連としても知られていた。また、郷田との関係も深かったため、盧山や郷田と共に、西田は極真会館における、いわゆる「主流派・松井擁護派」の一員というのが一般的な認識だった。松井自身、そういった事情から西田を支部長協議会議長に任命したのだ。

西田は三瓶や高木のように派閥を好むタイプではなかったが、同世代であることから、長谷川一幸や大石代悟と親交を結んでいた。長谷川と大石もまた、西田同様に古参支部長であり、主流派・松井擁護派に近い存在と思われていた。

六月に開催された第一一回全日本ウエイト制選手権大会終了後、盧山が松井への不満を抱き続ける三瓶グループを呼んで話し合いの場を設けたのは、前記した通りだ。このとき、西田や長谷川、大石も出席している。この会合は、表向きには和解した形で終了したが、最初に席についたときは、「松井擁護派」と「反松井派」に完全に分かれていた。前者は郷田や盧山であり、後者が三瓶を筆頭に三好や小林、柳渡などであることは明白だった。

そして郷田、盧山はもちろん、三瓶グループでさえ、西田は松井擁護派と思っていた。長谷川と大石についても同様だ。実際、話し合いのなかで、西田は一言も反松井に寄った発言をしていない。だが、そんな周囲の認識とは相反する思いを西田は心の奥に秘めていた。それは、松井が館長に就任して以来、ずっと持ち続けていた感情だった——。

高木グループの動きや遺族との関係、三瓶グループの不穏な活動など、多くの問題を抱えながらも、新生極真会館は松井章圭を館長として着実に組織固めを進めた。一〇月二九、三〇日には第二六回全日本選手権大会を開催。翌年に開かれる第六回世界選手権大会の選抜を兼ねていたこともあり、大会は大盛況のうちに幕を閉じた。

翌三一日には定例の全国支部長会議が行なわれ、組織図に新たな役職と担当者が加わった。技術部に松島良一、大石代悟、竹和也（鹿児島県支部長）、小林功、総務部に山田雅稔、河岡博實（山口県支部長）、前田政利（大阪北支部長）、長谷場譲（三重県支部長）、企画部に浜井識安、中村誠、川畑幸一、柳渡聖人、そして監事に山田雅稔、廣重毅が就任した。

年が明けた一九九五年一月一一日は、極真会館の鏡開きの日だった。毎年恒例の鏡開きは、稽古始めも兼ねており、総本部道場には早朝五時から全国の支部長および首都圏支部の道場生たち一四〇名が集まった。凍えるような寒さのなか、道場には気合いの入った号令が響き渡る。

稽古が終わり、道場で簡単な宴を催した後、場所をホテルメトロポリタンに移し、支部長たちは新年初の臨時全国支部長会議を行なった。その場で松井から新たな提案が出された。会員制度の導入である。松井は支部長たちに言った。

「ずっと考えていたことなのですが、今年から会員制度を実施したいと思っています。組織を発展させるためにも、総本部が道場生の末端組織まで一元管理することは必要不可欠です。本来、組織が道場生の実数を把握していないのはおかしな話ですからね。これは、どんな組織であれ、当たり前に行なっていることです。私は極真会館にも、この制度を導入したいと考えています」

裁判所から「権利能力なき社団」と認定されたように、大山倍達が組織を支配していた時代、極真会館は大山の「個人商店」に過ぎず、経営管理は極めて杜撰だった。全国の支部が抱える会員数はもちろん、それらの登録方法もあまりに前時代的手法によっていた。

だが、時代はコンピュータ社会に入っていた。コンピュータによって末端の支部（支局）や会員

（社員）まで把握することは、すでに常識と言ってもよかった。松井は、コンピュータ導入による会員制度の実施なくして、新時代における極真会館の発展は不可能だと確信していた。そして、これこそが新館長として着手すべき急務であると考えた。館長に就任してから会議で会員制度導入の提案をするまでの間、松井は多くの識者や実業家に相談を繰り返していた。

ただ、この提案が極真会館内において新たなトラブルの火種になることも松井自身、十分に予想していた。案の定、支部長たちはざわめいた。ある支部長は興奮気味に「それはどういうことですか」と言いながら、松井を睨んだ。松井は動ずることなく、毅然と答えた。

「入門者のすべてをコンピュータ登録し、全国の道場生の個人情報をすべて、総本部がオンラインで把握できるようにします。会員には会員カードや年に数回の会報を発行します。グッズの割引など、さまざまな特典もつけるつもりです。そして、会員全員から新たに年会費を徴収し、組織の運営資金に当てます。月会費についても、これまで支部単位で集めていたものを、まずは総本部が一括徴収し、組織全体の運営資金として数パーセントをいただいた後、道場生の数とそれぞれの支部の月謝に従って、入金されたお金を各支部に戻すという制度です」

ほぼ一〇〇パーセントの支部長が拒否反応を示した。特に三瓶グループの大濱博幸は、先頭に立って反論した。彼は大山の生前から、三好、柳渡と並ぶ三瓶グループの番頭格として支部長たちの間では広く知られていた。ときに三瓶の幇間と揶揄されるほど、三瓶に忠実な後輩である。

「会員制度を作る理由がわかりません。館長の話を聞いていると、得をするのは総本部だけじゃないですか。それに、なぜ総裁もしなかったことをするのですか」

他の支部長も感情的な態度をますますあらわにし、言葉を荒らげた。

「そうだよ。総裁もやっていなかったことを、なぜ松井がやるんだ。そんな権利があるのか」

もはや「館長」という敬称さえ消え、非難の罵声が嵐のように会場内を包み込んだ。だが、松井は相変わらず平静を装ったまま、丁寧なもの言いを崩すことなく、会員制度の意義とそれによるメリットについて説明した。

「会員制度導入の最大の目的は、会員数や会員の個人情報を総本部が把握することにあります。そういった情報を得ることで、今後の組織運営の方向性が見えてきます。また当然、極真会館の運営資金を確保する意味合いもあります。よりよい組織作り、組織の安定を考えた場合、どのように運営資金を集めるかは重要課題ですからね。大濱支部長は総本部だけが得をすると言いますが、総本部は支部とは違い、大規模な大会開催や海外視察など、やるべき仕事がたくさんあるため、支出も支部の比ではありません。総本部の活動イコール組織の活動なのだから、総本部云々という話ではないし、支部が協力するのは当然だと思います。それに、会員制度を導入することで、皆さんにもメリットはあります。会員の月会費は銀行引落しにするわけですが、国内に一〇〇万人以上の会員を有している極真会館は、銀行からすればかなり大口の顧客になるので、いろいろと便宜をはかってくれます。例えば、支部ごとに行なうよりも、間違いなく引落し手数料を低く設定できます。だから、たとえ数パーセントを総本部が徴収したとしても、安くなった手数料分で補える支部もあるでしょう。それに、道場を経営するにあたって、地元の人脈が広いに越したことはありません。大手の銀行と取引すれば、ほとんどの都道府県に支店があるので、支部長が直接、取引をしていなくても、地元の支店を通して後援者などを紹介してもらえたり、資金の融資も個人契約より便宜をはかってくれたりするでしょう。つまり、スケールメリットが高いということです」

だが、松井がいかに丁寧かつ論理的に説明をしても、感情的拒否感で飽和状態になった支部長たちは、もはや聞く耳を持たなかった。結局、これ以上の説得は無理と判断した松井は、いったんこの提案を保留扱いにすることにした。末端会員の一元管理だけは支部長たちの了承を取りつけたものの、月会費の一括徴収は先送りとしたのだ。後に大濱は『極真魂』(一九九八年一月号)誌上で次のように語っている。

《支部長たちはその裏にある危険な意図を敏感に感じとったわけです。いったん本部へ全部お金が入って、そこからという形のシステムにしたかったみたいですが、そうなると支部長は松井君の単なる雇われマダムになる危険性があるわけです。彼の人間性ならそれをやりかねないことをみんな感じてたので反対したのです。それでは駄目だと》

会議の場では「なぜ、総裁がしなかったことを松井がやるのか」ということを主な理由として、会員制導入に反対した支部長たちだったが、その裏には「松井の性格から考えて、絶対に自分たちの利権が侵される」という怖れがあったということになる。それは一九九四年五月、智弥子が支部長たちに送った手紙の内容を目にしたときと同様の怖れであり、懸念だった。

しかし、松井の思惑は、まさに支部長たちが懸念している「利権」の「侵害」にあった。前記したように大山倍達が健在だった頃、支部および会員の管理は極めて杜撰だった。例えば、新しい道場生が入門したら総本部に報告するのが支部長の義務だったが、総本部の作業と言えば、各支部から報告が上がってくるたびにノートに書き込むという、大企業並の人員を有する巨大組織としては、幼稚過ぎるものだった。このような、異常なほどに前時代的な管理手法が、支部長たちによる不正・汚職の温床となった。新たな入門者があっても総本部に届けない支部長の存在は少なくなく、大山の生前から極真会館内では公然の秘密とされてきた。

また、昇級・昇段審査も、支部長たちにとっては実にうま味のある利権だった。もともとすべての昇級・昇段審査は総本部において大山の審査のもとに開かれていたが、一九八〇年以降、二段までの昇級・昇段審査会は各支部で開き、支部長が合否を決定できるようになった（三段以降は総本部で受審）。当時は、道場生が昇級・昇段審査を受ける場合、受審料が一律一〇〇〇〇円かかった。また、審査の結果、昇段した者は、支部長を通して手続料を総本部に支払うことになっていた（昇段するごとに金額が上がる）。さらに、新しい帯を購入しなければならない。級（一〇級から一級）の場合は二級ごとに帯の色が変わるが、同色の帯でも一級昇級すると金線が入る。段の場合は黒帯のままであるが、昇段するごとに金線の数が増えていく。

本来、支部は受審料の一部と手続料を総本部に納めるのがルールであり、昇級・昇段した道場生に帯を発行する権利を有するのは総本部のみ、というのが建前だった。ところが、総本部に道場生の入門報告をしていなければ、受審料と手続料は全額支部の収入になる。帯も総本部を通さず支部が発行することで、より利益率を上げることができる。利権というより、まさしく不正行為であるのは疑いない。結局、大濱のもっともらしい主張は、大山時代に許されてきた（通用してきた）不正・汚職行為を守りたいがゆえの方便だったことになる。しかし、松井が提案する会員制度が実施されれば、以上のような行為は困難になる。

松井の新たな提案に、長年慣習化してきた支部長による不正行為を封じる目的が秘められていたことは、彼自身が認めている。だが、二代目館長松井による至極真っ当で非難の余地さえないはずの会員制導入の提案は、松井の予想を超えた支部長たちの反発を誘発することになった。松井に不満を抱いてきた三瓶グループだけでなく、これまでの八ヵ月間、松井二代目館長を受け入れ始めていた支部長たちまでもが、次々と松井批判の声をあらわにした。水面下で「松井降ろし」の画策を企てていた三瓶グループにとっては、願ってもないことだった。

三瓶グループは、この日の臨時全国支部長会議を契機に、松井二代目館長を認め始めていた支部長たちへの積極的な根回しを開始する。そうして、「同志」を着実に増やしていった。結果的に松井の会員制導入の提案は、数ヵ月後に起こる分裂騒動の引き金になってしまったのだ。

南アフリカ事件

会議から約一ヵ月後の二月初旬、松井は二週間の予定で南アフリカ遠征に旅立った。主な目的は二月一一、一二日にケープ・タウンで開催されるアフリカ選手権大会の視察だった。また、大会後は港町であるポート・エリザベス、イースト・ロンドンまでライトバンで移動しながら支部訪問およびセミナーを行ない、内陸にあるマボパネを経由して最終目的地ヨハネスバーグから帰途に着くといった、細かい予定が組まれていた。

実は、この南アフリカ遠征には重要な意味があった。前年の三月、大山倍達が病に倒れ、聖路加国際病院に入院を余儀なくされた前後、大山にアフリカ大会への臨席を請うため、南アフリカ支部長であるケニー・ウーテンボガードが来日し、大山に会見を求めていた。だが、大山の症状を一切口外することを禁じられていた秘書の渡辺泰子は、随時、大山と連絡を取りながらも、曖昧な返答を繰り返していた。結局、ケニーは大山の顔を見ることさえ叶わないまま、帰国せざるを得なかった。

大山の死後、当時の事情を知ったケニーは、文句ひとつ言わずに松井の二代目館長就任に積極的な支持を表明した。第三回世界選手権大会での活躍により、世界的な知名度を有するケニーの言動が、海外の支部長たちに大きな影響を与えたことは想像にかたくない。松井は自らが南アフリカに足を運び、各支部道場を回りながら指導することで、ケニーの恩に報いようとしたのだ。

ケニー・ウーテンボガードや近国の支部長たちは、松井の訪問を大歓迎した。わざわざヨーロッパから駆けつけたハワード・コリンズ（スウェーデン支部長）も松井の手を取り、「館長、頑張ってください」と激励した。

日本から松井に同行したのは、三瓶啓二、緑健児、五来克仁（国際秘書、ニューヨーク支部長）、極真会館の公認契約カメラマンである小林洋の四名だった。大山亡き後、最高顧問の郷田や盧山らの説得に応じつつも、幾度も約束を反故にし、何かと水面下で松井体制の転覆を企ててきた三瓶だ。松井自身、南アフリカ遠征が平穏無事に終了するとは考えていなかった。

南アフリカに到着して四日目、早くも松井と三瓶の間に不穏な空気が流れ始める。不遜な振る舞いを繰り返す三瓶に、松井は夕食の席で言った。

「僕は先輩として三瓶師範を尊敬しています。ただ、僕は館長という立場でここにきているのです。ですから、公的な場では僕をたててください。お願いします」

三瓶は松井のほうを見ずに、「わかった」とだけ答えた。しかし、松井の懇願も虚しく、その後も三瓶の態度に変化は見られなかった。この期におよんでも、三瓶にとって松井は「館長」ではなく、ただの「後輩」でしかなかった。そもそも彼には、松井を館長としてたてる意識さえなかったのだ。通訳を務める五来は松井に従って行動したが、緑は三瓶の非礼な行動に加担する態度を取った。

彼らが行なった不遜な態度とは、例えば、アフリカの支部長たちは皆が例外なく、松井の姿が見えると立ち上がって迎え、敬意を表すが、三瓶は椅子に座ったまま松井を無視し、挨拶もしない。組織の長としての立場では、松井自らが謙遜して三瓶に頭を下げるわけにはいかず、三瓶の前をただ通り過ぎるしかなかった。すると、三瓶は先輩である自分を無視するような松井の態度に憤慨する。さすがに緑は着席したまま松井を迎えることはなかったものの、三瓶に対する松井の態度に不満の表情をあらわにした。遠征中、同様の光景は幾度となく繰り返された。

また、こんなこともあった。車での移動の際、アフリカの支部長たちは自ら率先して用意した車のドアを開け、松井を後部座席へと招いてくれる。松井は「館長の立場とはいえ、大先輩にこのような対応を受け、大変恐縮しています。皆さんの好意に恥じないよう頑張ります」と通訳の五来を通して謝意を述べた。ところが、松井が支部長と会話をしている前を平気で通り過ぎた三瓶と緑は、別の車に乗り込むや否や、我先にと出発してしまった。松井の乗った車が出発するのを皆が待っているというのにである。

アフリカの支部長たちを交えた国際会議において、松井に対する三瓶の不遜な振る舞いはさらにエスカレートした。議事の進行を担う松井の肩をわざと鷹揚に叩きながら、「松井、その点はこうしろ」などと、平気で指示を出してくる。支部長協議会副議長の立場にあるとはいえ、居並ぶ海外の支部長たちの前で組織の長である館長に対して、許される行為でないことは言うまでもない。

最初のうちは、三瓶の言動を無視していた松井だったが、あまりの執拗さに「おとなしく座っていてください」とジェスチャーで訴えた。それでも、三瓶の態度は変わらない。仕方なく松井は三瓶に向かって口を開いた。

「会議中なので、今は黙っていてください。話があるなら後で聞きますから」

毎日続く、三瓶の非常識かつ非礼な態度に、松井の我慢は限界にきていた。松井は同行していたカメラマンの小林に愚痴をこぼした。

「三瓶先輩がまったく僕の立場を理解してくれない。もうそろそろ爆発するかもしれません」

一方、三瓶と緑も小林に不満をもらす。

「松井は何をカリカリしているんだ」

「松井先輩、館長だからって気取っていますよね。なんですか、あの三瓶師範に対する態度は……」

遠征に随行した四人のなかで唯一、組織的に部外者であった小林は、松井にとっても三瓶にとっても本音を言いやすい存在だった。

不穏な空気が色濃くなるなか、一行はポート・エリザベスでのセミナーを終え、次の目的地イースト・ロンドンに到着した。松井を見下すような三瓶の態度は相変わらずだった。とうとう松井の堪忍袋の緒が切れた。

「三瓶師範、ちょっとお話がありますので僕の部屋にきてもらえますか。緑君も一緒に。もしよろしければ、小林さんも立ち会ってください」

五来も加わり、南アフリカ遠征に参加した五名全員が松井の部屋に集まった。松井はベッドの上に座っていた。三瓶は松井からもっとも離れたソファに腰をおろし、松井に一瞥さえ投げようとしなかった。おもむろに松井が切り出した。

「三瓶師範、僕は極真会館の館長としてアフリカにきているので、立場上、師範に対して僭越な態度を取ったかもしれません。それについては、まず謝ります。失礼しました」

三瓶は「いや、別にそんなことはどうでもいいよ」と返すが、顔には若干、満足気な色が浮かんだ。しかし、松井の話はここからが本題だった。

「いいえ三瓶先輩、これからはあえて『先輩』と呼ばせてもらいますが、言いたいことはまだあります。三瓶先輩が先輩として後輩の僕の態度に気に入らない部分があったとしても、僕は館長という立場でここにきているのです。アフリカの支部長たちも、館長として僕を招いてくれている。それなのに、先輩の態度はおかしいのではないですか。なぜ、皆が館長として対応してくれているのに先輩はそうできないのですか。ケープ・タウンでもお願いしましたよね。表面上だけでも僕をたてててくださいと。アフリカの支部長たちは日本の支部長が、どのように館長と接しているのかを見ているのですよ。館長として示しがつかないし、秩序を乱されては困ります。僕は三瓶先輩を先輩と思わない日は一日もありません。だから、先輩が僕を館長としてたててくれれば、僕だって先輩にきちんと対応します。先輩が『館長、お先にどうぞ』と言ってくれれば、僕は『師範のほうが先輩なので先にどうぞ』と言えるんです。そうやってお互いを尊重し合うことが、どうして先輩にはできないんですか」

松井は溜まりに溜まった不満を、一気にぶちまけた。自然と語気も強くなっていた。縦社会の慣習のみを拠り所にする三瓶も怒気をにじませながら、「今日は直接打撃制でいこう」と本音で対応する姿勢を見せた。こうして二時間程度、激しいやり取りが続いた。しかし、一貫して正論を貫く松井の前に、感情論で対抗する三瓶の形勢は次第に悪くなっていった。とうとう三瓶は音をあげた。

「わかったよ。今回は俺の負けだよ。これからはちゃんと館長としてたてるよ」

松井はその言葉を聞いて、素早く態度を改めた。

「わかってくれたのなら、僕はそれで十分です。この話はこれで終わりにしましょう」

小林が音頭を取る形で、全員が各々のグラスにワインを注ぎ乾杯した。しばらくワインを飲みながらの談笑が続いた。

ところが、そんな和気あいあいとした雰囲気は長くは続かなかった。「でもさ……」で始まった三瓶の不用意な一言は、決着したはずの議論を一瞬で無にした。二時間もかけて話し合い、「わかった」と松井の主張を承諾しながらも、三瓶の本音は何も変わっていなかったのだ。逆に松井によって持論を論破されたことに、三瓶の心の奥にくすぶる不満、屈辱感は、アルコールの力を借りなながら澱のように膨れ上がってきたと言えるだろう。そんな三瓶に対して、松井は言いようのない怒りを覚えた。

「三瓶先輩、いい加減にしてください。こっちは腹をくくって言いにくいことも話しているんですよ。館長とはいえ、僕は後輩ですからね。一歩も二歩も下がって気を遣って話しているんです。これだけ言ってもわからないなら仕方がありません。先輩、さっき直接打撃制でいこうと言いましたよね。それなら外に出ましょうよ。自分がそれくらいの覚悟で話しているのがわからないんですか。外に出る気があるなら、先輩も覚悟してください」

　松井と三瓶の睨み合いが続く。他の三人が口出しさえできないくらいの緊迫した空気が流れた。松井と三瓶の出方をうかがう同席者三人にとって、それはとても長い時間に思えた。先に目をそらしたのは三瓶だった。

「俺が悪かった。ちゃんとお前をたてるよ」

　松井は再び火がついた議論が確実に収束したと感じたが、すぐには硬い表情を崩さなかった。全員が固唾を呑んで松井の言葉を待った。一呼吸置いた後、松井は南アフリカにきて以来、終始三瓶の援護役を務めていた緑に視線を移した。

「緑君もずっと僕に対して反発的な態度を取り続けていましたが、それは、三瓶先輩への僕の態度が気に入らなかったということだけが理由ですか？」

　突然、自分に向けられた松井の問いかけに、緑は多少の戸惑いをにじませながら、それでも自らを鼓舞するように答えた。

「それだけじゃありません。自分たちはまったく英語がわからないんです。それなのに、通訳としてきた五来さんは館長につきっきりで、自分たちのケアをしてくれない。何を言っているのかわからないし、こちらの気持ちを伝えることもできませんでした」

緑の言葉に松井は表情を和らげ、言った。

「そうでしたか。それじゃ、次はもう一人通訳をつけます。三瓶先輩も、わかってくれたのなら僕はそれでいいですから、今までのことは全部水に流しましょう」

松井に促されるように、改めて小林は乾杯の音頭を取った。こうして、数時間にもわたった重苦しい話し合いは穏やかに幕を閉じた。杯を重ねながら、いつしか話題はどうでもいいような笑いを交えた雑談へと変わった。大山の生前から長年、極真会館関連の写真を撮り続けてきたカメラマンの小林は、「最初はどうなることかと思ったが、最後は空手家らしくきれいに終わった。これが極真だね」と感極まるようにつぶやいた。

翌日、三瓶は朝食をとるため緑と共にレストランへいった。松井はまだきていない。ブュッフェ形式の朝食だったが、三瓶は料理を取りにいかず、ただ椅子に座っていた。「三瓶師範、取りにいかないんですか?」と緑が訊ねると、三瓶は「俺は館長を待っているから、いきたかったらお前は先にいけ」と答えた。大先輩の三瓶を差し置いて料理を取りにいくわけにはいかず、緑も三瓶と一緒に松井を待った。しばらくして、松井がレストランに姿を現した。三瓶は松井を見るや否や立ち上がり、「おはようございます」と頭を下げた。彼の姿に松井は安堵し、丁寧な挨拶を返した。松井はこのときはじめて、昨晩の議論が功を奏したことを実感した。

そして、松井たちは内陸にある貧民街マボパネに移動し、道着を買うことさえできない子供たちと一緒に汗を流した後、最終目的地であるヨハネスバーグへと向かった。帰国の前日、宿泊していたホテルの近くにあるレストランで最後の宴が開かれた。誰ともなく「これからは松井館長を支えて頑張ってやっていきましょう」という声が上がり、乾杯によって食事の席は盛り上がった。松井は三瓶に言った。

「先輩、僕はまだ若いのでうまくいかないことや失敗も多々あると思います。だから、ぜひ先輩が支部長たちをまとめてください。お願いします」

三瓶は先の議論のこともあってか、心持ち目を伏せながらも、快く松井の言葉を受けたように見えた。だが、このとき松井に対する従順な態度とは裏腹な思いが、三瓶の心に渦巻いていたことを知る者は誰もいなかった。松井はもちろん、三瓶の忠実な下僕であった緑でさえ、三瓶の真意に気づいてはいなかった。今回の一件は、三瓶にとって生涯拭い去ることのできない、屈辱以外の何ものでもなかった。表面的には改心した素振りを見せながらも、結局、南アフリカでの一夜のトラブルこそが、本当の意味で三瓶が松井二代目館長降ろしを固く決意する最大の要因となる。彼のその後の言動が如実に物語っている。

また、四六時中、大先輩である三瓶と寝食を共にしていた緑にとっても、南アフリカ遠征はその後の人生の大きな分岐点となった。世界選手権大会の監督とコーチに就任して以来、二人は一緒に行動する機会が増えた。三瓶は緑をかわいがり、緑は三瓶を慕い、二人の距離は急激に近づいていった。選手を引退し、地元・奄美大島瀬戸内分支部長を務めていた緑を北九州支部長に推したのも、本来の緑の師匠・廣重毅ではなく三瓶だった。

現在、このときの三瓶の緑への偏愛、または肩入れについて、三瓶が生来持つ、打算ゆえのものだったと断言する関係者は少なくない。ある支部長は、匿名を条件に以下のように語った。

「かつて岩崎達也（第二二回全日本大会三位）が高校生の頃、三瓶さんは突然のように岩崎に急接近し、あらん限りのコネクションを使って、岩崎を早稲田大学に入れようと奔走したことがありました。つまり、裏口入学です。そのとき、三瓶さんは『岩崎を早稲田に入学させれば、岩崎の家に恩を売ることができる。岩崎の家の莫大な金が大きなパワーを生む』と言っていました。岩崎家はかなりの資産家です。緑の実家もまた、同様の家柄であることは有名ですから、経済的支援を目的に、執拗なくらい緑をかわいがったのだと思います。現に、今の新極真会が緑の資産で運営されているのは事実ですからね」

岩崎の早稲田大学入学を巡る三瓶の言動については、当時、三瓶と知己のあった白鳥金丸（元早稲田大学教授）も同様の証言をしている。さらに、所属支部の違う岩崎に、三瓶が特別目をかけていた事実は、岩崎の師である廣重も認めるところだ。だが、その後の三瓶と緑の二人三脚的な行動だけをとって、三瓶が資産目当てに緑に近づいたと断定するには根拠が乏しい。ただ、そのような噂が一部で囁かれていたことだけは、まぎれもない事実である。

そうして、南アフリカ遠征後、緑は三瓶の傀儡的存在として、自らの師匠である廣重を分裂劇の最前線へと祭り上げる、重要な役割を演じることになる。

第二章　分裂騒動の勃発

大山智弥子の二代目館長就任

松井章圭が南アフリカに滞在しているちょうどその頃、日本では信じがたいことが起きていた。遺族と極真会館の全面対決の火蓋が切られたのだ。

一九九五年二月一五日、新宿京王プラザホテル四二階にある武蔵の間において、「大山智弥子・極真会館二代目館長就任」記者会見が開かれた。中央の席に座る智弥子の周りを固めていたのは、極真会館を除名処分になった高木薫、手塚暢人、安斎友吉、小野寺勝美、林栄次郎の五名だった。

前述したように前年の九月、高木らは東京地方裁判所に、松井に対する「職務執行停止・地位保全」の仮処分を申請した。同年一二月に却下されたが、この日の記者会見に至るまでの二ヵ月間、彼らは二代目館長・松井章圭を否定する内容の「通告書」や「催告書」などを、内容証明で松井やぴいぷる社（機関誌『パワー空手』発行元）宛に送っていた。この前後、高木グループと遺族たちは、極真会館の内実に詳しい家高康彦と、ライター兼オブザーバー契約を交わしていた。家高がこれらの文書作成において大きな戦力となった。以下は、高木たちが送った文書の概要だ。

《「通告書」（一九九四年一二月二九日付）

通告人／大山智弥子
被通告人／松井章圭
概要／松井の勝手な行動を甘受できないため、大山智弥子は国際空手道連盟極真会館の館長に就任する。松井が館長を自称し極真会館に自由に出入りすることと、智弥子が館長に就任し会館を占有することとは利害が相反する。本書到達以降、相続財産の一部である極真会館に出入りしないよう通告する》
《「通告書」（一九九四年一二月二九日付）
通告人／高木薫、手塚暢、安斎友吉、小野寺勝美、林栄次郎
被通告人／松井章圭
概要／危急時遺言の確認が終わっていない段階で、相当な理由もなしに一方的に除名を決定したのは不当極まりない。松井の決定・行動（除名処分や新支部の設置）は、我々の生活を侵害するばかりでなく、名誉をも侵害するものだ。我々の支部設置地区において新たに設置した支部の即時撤退と、今後の支部設置予定の撤回を要求する》
《「催告書」（一九九五年一月二一日付）
催告人／大山智弥子
被催告人／松井章圭、長谷川匠子（秘書）
概要／大山倍達の国際空手道連盟総本部極真会館代表名義、国際空手道連盟代表名義、極真会館寮代表名義、個人名義などの通帳および実印、土地建物の登記済権利証、ドル紙幣が入った黒のアタッシュケース、大山の私物（日記や写真、コイン貯金など）など、松井と長谷川が極真会館から持ち出したものを、本書到達の日より三日間以内に返還するよう催告する。大山倍達の密葬、本葬の際

の参列者名簿ならびに香典明細書を、本書到達の日より三日間以内に送付するよう催告する。平成六年一二月三〇日に到達した同年同月二九日付内容証明郵便による通告書で、極真会館に出入りしないよう通告したが、まだ出入りしている。本書到達後、出入りしないよう通告する》

《「通知書」（一九九五年一月二一日付）

通告人／大山智弥子

被通告人／株式会社ぴいぷる社　代表取締役恩田貢

概要／大山智弥子は『月刊パワー空手』の出版権を有している。現在、『月刊パワー空手』は智弥子の意向に反し、松井章圭の意向に従った記事を多々掲載している。本書到達後に発行する『月刊パワー空手』において、松井らの意向による記事を一切掲載しないよう通告する。それが守られない場合、ぴいぷる社への委託契約を解除し独自に発行するか、休刊、または廃刊にする。高木薫、手塚暢、安斎友吉、小野寺勝美、林栄次郎に対し、各支部の存続設置を許可した。それらの地区において、松井らの意向による新支部設置の記事などは絶対に掲載しないよう付記する》

高木ら五名は松井に内容証明を送付した後、今度は極真会館の支部長を含めた関係者に、二通の報告書を提出する（一九九五年一月二六日付と二月八日付）。そこには彼らが松井に内容証明を送った告知と共に、松井に対する痛烈な批判が綴られていた。だが、その内容はいずれも憶測の域を出ない誹謗中傷であり、客観的な物証や証人のないものばかりだった。一月二六日付の報告書には、明確な理由がないまま、以下のような文を書いている。

《あたかも極真会の組織化、発展のために心血を注いでいるかのようにアピールしながら、その裏では、特定の国、特定の思想、宗教、そして特殊な連中との関係を優先していることは、皆様も十分ご承知のはずです。

極真空手が、ひいては皆様の支部活動が、そうした松井の個人的利害、偏った価値判断に利用されているのです》

《松井は故大山総裁に対し、生前も現在も「裏切り者」呼ばわりをしています。これは大山総裁が国籍を韓国から日本へと移し、しかも大会等では「君が代」のもとに平伏していることに対する非難です。そして今、松井は「自分の活動を通じて、日本を従属させ、北と南の統一に貢献する」と誠しやかに語っているとか》

《松井と申しましても、もちろん「極真会乗っ取り」を企てているのは松井一人ではありません。松井と利害をともにする、ごく一部の連中が互いに互いを利用するかのように手を組んでいます。たとえば、その一部の者の中には、我々の攻勢に焦ってか、遺族に対して「この事件をおおごとにしたら殺されるよ」「みんな松井館長のために死ぬ気でやっているんだから、殺されちゃうよ」などと脅迫じみたことまで発している者がいる始末です》

そして、《大山智弥子総裁のもと、我々五支部長とともに立ち上がってくださる有志からのご連絡を待ち望んでおります。（中略）偉大なる師、大山倍達亡き後、健全なる組織として極真会をいっそう躍進させるために…》という言葉で報告書の最後を結んだ。

大山と松井の国籍などに関する民族問題や、暗に松井の背後に裏社会が絡んでいると主張する文面は、刺激的ゆえに、高木たちの意図とは相反する結果を招く。賛同者を募るはずが逆に反発を買ってしまったのだ。実際に「反松井」の立場を取る支部長たちでさえ、これらの手紙を読んだ当初は、高木グループの言い分に疑問を抱かざるを得なかった。ところが彼らは後に、高木たちが主張した憶測を、松井否定の理由のひとつにすり替えていくことになる。

二月八日付の報告書には、智弥子が内容証明で松井に命じた金品などの返還について、高木らの見解が書かれている。

《大山総裁の通帳数冊はじめ、密葬および本葬における香典など紛失物はあまたにのぼっており、それらを持ち出した、もしくは隠し持っているのが松井と長谷川であるからです。

ちなみに大山総裁死亡後、本部に乗り込んだ松井が「札束を持って歩いている」姿は幾人にも目撃されており、すでにそれらの一部は使い込まれている可能性が大という状況です》

これが事実であるならば、松井は横領罪や窃盗罪の疑いで、即、刑事告訴されるべき犯罪者である。大山智弥子が極真会館および大山倍達個人の全財産の相続人ならば、松井は智弥子の財産を窃盗横領したことになるからだ。だが、松井が法的に訴えられた事実はない。一九九四年五月、智弥子が自ら支部長に招集状を送りながら、当日、何事もなかったかのように千葉の別荘に保養滞在していたという騒動のときも、高木らは「智弥子夫人は拉致された。幽閉された」と大騒ぎしたにもかかわらず、刑事告訴することはなかった。これがいかに不自然な行為であるかは自明と言うしかない。

松井ならびに極真会館は、遺族と高木グループの通達に一切応じなかった。高木たちは松井の対応についても、関係者への報告書のなかで不満をもらした。

《法的に正当な勧告を伝える内容証明を我々は松井に送付しております。しかし、一切は無視されており、回答さえ得られておりません。もっとも、それも当然、松井にはもはや時間を延ばすことくらいしか、闘う術がないからです。

ですが、どんなに無視されようと、我々が松井に数々の内容証明を送付したという事実は歴然と残り、水面下における形勢は我々にとってますます有利となっております》（一九九五年一月二六日付）

《今回の二通の内容証明においても、先方からは確たる回答は得られず、ナシのツブテですが、松井側のいい加減さはとどまることを知らず、裁きの日は刻一刻と近づいていると断言できます》

（一九九五年二月八日付）

彼らは必死に自分たちの優勢を主張した。だが、彼らの報告書に心を動かされて極真会館を離れ、遺族および高木グループと行動を共にする道を選んだ支部長は、この時点では誰一人いなかった。

こうして二月一五日、智弥子と高木らは記者会見の日を迎えた。会見の主な内容は以下の四点である。

一、大山智弥子の極真会館館長就任の報告
二、松井章圭による極真会館乗っ取りの概要
三、現在進行している裁判について
四、今後の活動について

午後一時、「定刻になりましたので、これより記者会見を行ないたいと思います」という手塚暢人の言葉で会見は始まった。手塚は続けた。

「このたび、私たちは極真会館の創始者である大山倍達未亡人・大山智弥子さんに新しく館長になっていただくようお願いしました。大山総裁が築き上げた組織を健全な形で継承していくことに、私たちは今、一丸となっております。つきましては、大山智弥子館長誕生の経緯、これからの国際空手道連盟極真会館について皆さまにご報告したく、このような席を設けさせていただきました。それでは新館長を紹介します。国際空手道連盟極真会館館長・大山智弥子です」

手塚に促されるように、スーツに身を包んだ大山智弥子が立ち上がった。だが、智弥子は周囲が拍子抜けするほど緊張感のない、そして抑揚のない口調で記者に向かって挨拶をした。

「あまり役に立ちそうにない館長ですけど、役に立ちたいと思っています。私はね、館長という名をいただくほどの立場ではないんですよ。でも、やっぱり自分の気持ちを偽ってまで仏さんをお守りできないので、お仲間に入れさせてもらいました。よろしくお願いします」

再びマイクを握った手塚は、智弥子とは対照的に毅然とした態度で「では、順次発表に移らせてもらいます。なお、皆さまからの質問は発表が済んだ後にまとめてお受けいたしますので、ご協力のほどよろしくお願いいたします」と言うと、打ち合わせ通りといった感じで高木にマイクを渡した。高木の口からは報告書に書いてあった内容を含め、驚くべき言葉が次々と発せられた。

「あまりにも、松井たちのやり方が子供じみているというか、簡単に言えば乗っ取りですが、私は総裁の亡くなる前からそのことに気がついていました。総裁にいろいろ話したことがあります。それは許永中が、イトマン事件（戦後最大と言われる経済不正経理事件）の首謀者として捕まった許永中ですが、彼が総裁の娘婿の津浦さんと親しくなりまして、許永中がイトマン事件で不動産などを押さえられる直前に、大阪のコスモポリタンという建物を極真に貸したことがあるんですけど、今も借りていますが、そのへんが私はヤクザの乗っ取りの方法だと思っています。青少年育成を掲げる団体に建物を貸して、税務署に押さえられないようにする、という方法があるのだと聞いたことがあります。そのへんからすでに、許永中らの極真乗っ取りの仕掛けが始まっていたのではないかと思っとるんですが」

「遺言書にしても、例えば、総裁が死んだ日に遺言書の仕掛人である梅田（嘉明）先生が、遺族を前にして話があると。内容は『二代目館長は松井でなくてもいい、経営は私がやる』ということだったらしいのです。そのへんから考えて、もしかしたら遺言書も総裁が死んだ後に作られた可能性もあるなと。次の日に二代目館長は松井であると発表するのですが、その遺言書なるものをその日に見せたわけではなく、しばらくしてから見せたわけですので、もしかすると大山総裁の遺志ではなくて、その後に起きた現象なのかもしれないという気がします」

「我々が、なぜ大山智弥子夫人を二代目館長にしたかというと、松井たちが先に会館に踏み込んで預金通帳、現金、実印、それから土地と建物の権利証だとかを奪ってしまったのです。それで智弥子夫人に対して『給料をあげるから安心しなさい』と。総裁が死んでから一ヵ月以上、遺骨が会館にあったのに、一度たりとも遺骨・位牌に手を合わせることがなく、それなのに『大山家を大事にしていきます』と偉そうに雑誌に書いていますが、奥さんや娘さんたちを見ると避けて通る。人に言われると変に挨拶をしておべんちゃらを言ったり、そんな状態が続いたそうです。松井が支払っているという給料らしきものも減らされて、生活に困っているという状態です」

「松井は昇段状や会員証から大山倍達の名前を外してしまいました。これは一番やってはいけないことです。極真空手は大山総裁が作ったものです。松井が極真会館のために何かしたかと言えば、何もしていないじゃないかと。ただ単に偶然にというか、全日本チャンピオン、世界チャンピオンになったかもしれない。でも、それは、私は偶然なんじゃないかと。そう考えると、やはり二代目館長に相応しいのは大山智弥子夫人なのかなと思い、ここに座っていただきました」

にわかには信じがたい言葉を次々と吐く高木に、記者たちはただ唖然とするばかりだった。内容の激しさのわりには、それを裏づけるに足る証拠が一切示されない。次第に記者の間からは苦笑さえもれ始めた。その後、小野寺や安斎より、松井に送った内容証明の詳細や今後の活動についての発表があった。彼らの発言もまた、高木同様に憶測の羅列だった。

「遺言書も私たちは偽物、いわゆる偽造ではないかと思っています」
「松井さんを責めても一人の思惑で物事が進むとは思いませんが、誰か裏にいると思うんです」
「この事件はですね、反社会的な宗教団体や組織の影がちらついております」
「死亡前夜に夕食をとっていた人が肺癌で急死すると思いますか？　急死だったのに葬儀の段取りが異様に早かったのも不審です」

そして、最後に「松井一派の極真会館乗っ取りについての真相を雑誌、書簡において世論一般に声を大にして訴えていきたいと思っています。マスコミの皆さまには社会的正義において、正しい報道をよろしくお願いします」という林の言葉で、記者会見は質疑応答に移った。質疑応答ではさまざまな質問が上がった。法的な質問への回答は、会見に同席した弁護士・上原豊が答えた。

――許永中や暴力団と松井さんの関係とは、いったいどういうものなのですか。

手塚「許永中については先ほど申し上げたように、大阪の津浦さんが許永中から道場を借りていたことと、松井が以前、許永中の会社の社員だったということです。暴力団については、本当の意味で松井とどういうつながりがあったのかはわかりません。しかし、大阪で許永中と元暴力団幹部である黒澤明さんという人の間につながりがあったことは間違いない事実です」

――現段階では、誰が極真会館を名乗れるのですか。

上原「極真会館が法人登録されていない以上、極真会館はイコール大山倍達であり、個人の財産になる。遺言書本来の性質からいって、新館長の指名は財産の問題も絡まってきます。しかも、こんなに長く家庭裁判所の裁定がおりてくれない。とすれば、やはり奥さんに象徴的な立場に立っていただいて、それで支部長一致のうえでやっていこうじゃないかということになったわけです。遺言書が確認できないと裁判所が判断すれば、それは向こうが勝手にやったということにつながってくるわけです。いずれにせよ、まだ確認中です」

――現段階では、松井さんを館長として世界大会を開くことになっていますが。

高木「彼らがどう主張しようと、我々は正しい道をいこうと。世界大会は一〇月か一一月に開催する予定です。世界各国の支部から『松井はおかしいのではないか』という問い合わせがきています。遺言書はどうなっているのか見せてくれと頼むと『そんなことを言うならお前クビにするぞ』と言われたとか聞いたこともあるので、『松井のことは信用できない』とかいった外国の支部長たちの手紙もいただいている状況です」

――後継者問題で争っているにもかかわらず、なぜここで新館長の発表をしたのですか。

上原「現在は成り行きと言いますか、先にきっかけを作って俺が正統だと言っている人たちが事実上、動いている。『それはおかしい』という人たちがまたいるかもしれない。裁判の結果が出るまでは、こちらが正しいという第三者がいれば、それでいいと判断しております」

そして、今後、智弥子を含め高木たちが本部を拠点に活動していくことはあるのかという記者の質問に対し、「裁判で正しい判断が下されれば、松井たちは出ていくしかないでしょう」と高木が答えた後、最後に智弥子が再び口を開いた。

「私にかかってくる電話ですけれど、一切、取り次いでくれません。そういうのがこじれた原因かもしれませんね。いろいろ不満はあるけれど、お客さんがきても皆、帰しちゃう。『奥さんたちはいない』って。そういうちょっとひどいことがありまして。私の気持ちとしては、皆さんが松井さんともっと話し合ってほしいなという思いはあります。夢にまで見ますもん。皆がニコニコしながら話し合っているから、何か解決したのかな、うれしいことだなと思っても、実際に下（会館の事務室）へ降りるともう嫌になっちゃう」

言葉の真偽は別にして、智弥子が松井に対して不満を抱いているのは明らかだった。しかし、智弥子の言葉は単なる愚痴の域を出ず、この言葉を含め、会見における智弥子の言動からは、自らが極真会館二代目館長に就任したという自覚はまったく感じられなかった。

智弥子の話を最後に、一時間三〇分におよぶ会見は終了した。席を立ち会場を後にする直前、ある記者が「誰が二代目館長にふさわしいと思いますか？」と智弥子に訊ねた。すると、智弥子はおっとりとした口調で答えた。

「遺言書の内容がはっきりしないので、それをすべて明らかにしてくれて、私たち家族を大切にしてくれるなら、私は松井さんが館長でもいいのよ。皆さん、極真が仲良く、素晴らしい団体になるようによろしくお願いしますね」

記者たちは一瞬唖然とした。これだけの会見を開いておきながら、「私は松井さんでもいいのよ」と言ってしまう智弥子には呆れるが、彼女のこの一言によって、智弥子の意識が高木たちと大きく乖離している事実が明白になった。

一方、高木らの言い分も極めて説得力に欠けていた。松井を批判する発言のほとんどが憶測の域を出ず、客観性に乏しい内容に終始した。大半は「思う」「気がする」「可能性がある」という言葉で説明され、具体的な裏づけが語られたものは少ない。また、例を挙げて松井を批判した内容についても、何が非常識なことなのか、皆目理解できないことばかりだった。

例えば、高木は「松井は昇段状や会員証から大山倍達の名前を外してしまいました。これは一番やってはいけないことです」と怒りをあらわにした。だが、昇段状や会員証には「発行人」の名前が記載されるのが社会的な常識である。大山亡き後、昇段状や会員証を発行していたのは二代目館長となった松井章圭だ。大山が若き日に学び、極真会館の母体、または原点と言ってもいい空手流派・剛柔会が発行している昇段状に、流派の創始者である山口剛玄の名前がないように、松濤館の昇段状に船越義珍の名前がないように、大山倍達が逝った今、昇段状に彼の名が記されていなくとも、本来非難されることではない。この事実をもって「乗っ取り」の証拠とするのは軽率以前の問題だろう。また、松井がチャンピオンになったのは「偶然」と断言した高木の発言は、松井だけでなく、大会を目指すすべての選手たちへの侮辱であり、当然、多くの極真会館関係者から反感を買った。

いずれにせよ、この日を境に大山智弥子を館長に掲げた高木グループは、「遺族派」としての活動を公的に開始し、ふたつの極真会館を誕生させてしまう。

大山智弥子の館長就任について、極真会館は怒りを隠さなかった。最高顧問である郷田勇三は、高木らのやり方に遺憾の意を表した。

「高木さんたちが何をしようと自由だが、何も知らない奥さんを担ぎ上げて利用するのは許せない。総裁の遺志にも反している。彼らが名前を挙げている許永中さんや黒澤明さんは、総裁の何十年来の友人。総裁の友人を弟子が悪く言うのはおかしい。同じ名前のふたつの団体が競合することはあり得ない。こちらは極真会館の名前やシンボルマークなどを商標登録しているので、当然、法的な手段を取ることになるだろう。もちろん、大山家は大切にしていかなければならない。ただ、極真を除名になった人間と一緒になっていては、ケアのしようがない」

前述したように、日本国内で奇想天外なトラブルが起こっていた頃、松井は松井で南アフリカの空の下、「反松井」のもう一人のシンボル的存在である三瓶との軋轢に頭を悩ませていた。

二月二〇日に帰国した松井は帰国するや否や、素早く遺族派への対応について、郷田や盧山初雄ら幹部たちと検討会議を開く。しかし、あえて公式表明は行なわなかった。真っ向から遺族と対立構図を作らないための配慮からだ。これまで同様、粛々と遺族への歩み寄りの努力と、金銭的なケアを続けていく方針になんら変わりはなかった。

ただ、松井は内心で遺族派が記者会見で主張した「遺族は松井が支払っているという給料らしきものも減らされて、生活に困っているという状態だ」との発言に、大きな不満を持っていた。なぜなら、松井は極真会館として、遺族に可能な限りの金銭的ケアを続けていたからだ。松井は極真会館の顧問税理士と相談のうえ、生前の大山が手にしていた帳簿上の給与、事務局長として智弥子が得ていた給与、会館の賃貸料、光熱費などの維持費を含め、毎月、約二〇〇万円を遺族に支払っていた。そこには、遺族が所得税として納税すべき税金までも含まれていた。税理士が税務申告時に作成した書類など、これらを証明する記録も現存している。極真会館が遺族に支払っていた金額が、遺言書に記されている額を満たしていなかったのは事実だ。だが、そもそも遺言書に記載された遺族四名（智弥子および三人の娘）に毎月一〇〇万円ずつ支払うという金額が、いかに破天荒な額だったか、当時の極真会館の財務記録を見れば一目瞭然である。

ちなみに、高木たちは遺言書の立会人の一人である梅田が「二代目館長は松井でなくてもいい、経営は私がやる」と発言したと主張しているが、梅田は一貫して否定している。

遺族の関係

「大山智弥子二代目館長就任」記者会見に、遺族からは妻の智弥子のみが参加したが、次女の恵喜と三女の喜久子は、基本的には母である智弥子と足並を揃えていた。だが、長女の留壹琴だけは自らの立場を異にしていた。智弥子と共に極真会館との折衝の場に出向くことはあったものの、恵喜や喜久子が行なった記者会見や抗議活動に留壹琴の影は一切見えない。少なくとも彼女は妹二人とは一線を画し、夫である津浦伸彦と二人、独自に危急時遺言に対する疑惑を訴えていた。遺族とはいっても、決して一枚岩ではなかった。

初めて遺族が記者会見を開いた一九九四年六月二〇日、会見に出席したのは恵喜と喜久子だった。そのとき記者に配った声明文には智弥子、恵喜、喜久子、三名の名前が記されていた。それを見た記者が、長女の名前がないことを指摘すると、恵喜は「留壹琴さんも同様の考えを持っている」と答えている。

しかし、実は遺族の声明文に留壹琴が名前を連ねなかったのは、留壹琴自身の強い意思だった。留壹琴には最初から、妹たちと一体になって父の遺志を真相糾明しようという思いはなかった。姉妹でありながら、かなり以前から彼女たちの間には複雑な感情が交錯していた。近親憎悪的な反発を繰り返すことが多く、特に留壹琴は二人の妹に対してまったくと言っていいほど親近感を抱いていなかった。さらに言えば、彼女は母である智弥子とも距離を置いていた。

一九四七年生まれの留壹琴は姉妹のなかで唯一、極真会館設立以前の「大山道場」時代から父の姿を見ていた。梶原一騎原作による劇画『空手バカ一代』の雑誌掲載を機に、急成長していく極真会館と英雄視される父を見守る過程で、留壹琴は父の配下にある支部長たちに対して、侮辱にも似た偏見を抱くようになった。大山の前では卑屈に頭を下げながら、裏では大山の悪口を平気で口にし、「先生」と呼ばれては横柄に振る舞う支部長たち――、現実はどうあれ、留壹琴の目にはそのようにしか映らなかった。彼女にとって支部長は、そもそも信じるに足る存在ではなかったのだ。

にもかかわらず、母の智弥子は大山の弟子は自分にとってもかわいい弟子であるという感情を持ち続けた。そして、足の引っ張り合いを繰り返し、挙げ句の果てには、極真会館を分裂させようと目論む支部長たちに助けを求められれば簡単に受け入れてしまう。そんな母の態度が留壹琴はどうしても納得できなかった。高木らのオブザーバーであり、遺族とも親しい関係にあった家高康彦は、大山家についてこう語っている。

「私は総裁が亡くなってからの数年間、遺族の方々と親しくしてきましたが、決してまとまっているわけではなく、バラバラな印象を受けました。長女の留壹琴さんと、次女、三女はほとんど交流がなかったように思います。留壹琴さんは極真会館ができるずっと以前に生まれており、大変貧しい幼少期を過ごしました。しかし、次女の恵喜さんと三女の喜久子さんは、極真会館ができて大山家がかなり裕福になった時期に生まれ育っています。大人になってからも海外で好き勝手に暮らしている二人の妹に対して、留壹琴さんは複雑な感情を抱いていたようです。特に末っ子の喜久子さんについては、『生まれながらのお嬢さまで、内弟子や支部長たちにチヤホヤされて育ったせいか、なんでも自分の思い通りになると思っている』と話していたのを覚えています。私が留壹琴さんと接するなかで感じたことですが、留壹琴さんは誰一人として家族を信じていなかったような気がします」

さらに、家高は大山が聖路加国際病院に入院中、毎日のように大山を見舞っていた智弥子に対し、留壹琴が「母はただ病院にいるだけ。看護らしい看護はまったくしなかったし、やろうと思ってもできない人」と批判したことが特に印象的だったと語る。

留壹琴が公的に行動を起こしたのは、大山の死から八ヵ月後の一九九四年一二月末だった。二六日付で極真会館関係者に手紙を送付したのだ。時候の挨拶、大山亡き後に起こった騒動のお詫びに続き《私共遺族が遭っておりますこの状態は、ほとんど「乗っ取り」といってもよい事態であります》と書き記した手紙には、次のような概要が綴られている。

《そもそも「遺言」という言葉を聞いたのは、父が死去した当日、梅田氏の話からです。私たち遺族は父の口からは何も聞かされていなかったので不思議に思いました。ただ、出棺に気を取られて説明を求める間もありませんでした（著者注：出棺は死去した当日ではなく翌日に行なわれた）。後で知ったことですが、第三者（米津稜威雄）が数日かけて仕上げ、五人の方々が署名捺印した後、「危急時遺言」として家庭裁判所に提出したと言います。「遺言書」に対して異議申立てを行なって裁判の場で争いたくとも、家庭裁判所の確認手続が終了していないため、異議申立てはまだできない状況です。確認が終了次第、法的な手段に訴える意向ですが、「遺言書」なるものに記してある内容は、私たち遺族は絶対に納得できません。

私はいたずらに騒ぎを大きくするよりも、家庭裁判所の審判の結果、この「遺言書」が却下されれば、混乱している弟子の方たちと話し合えばいいと思っていたし、不本意な結果となったら、起訴して真実を知りたいと思っていました。ところが、「遺言書」で指名されたとして「二代目館長」を名乗る松井一派は、あたかも「遺言書」が正当なものであると、法的に認知されたかのごとく行動しています。なぜ、家庭裁判所の手続が終了するまで待てなかったのか。彼らの既成事実の積み上げをただ黙認すれば、より大きな混乱の原因となると思い、手紙を書きました》

留壹琴が関係者に二回目の手紙を送ったのは年が明けた一九九五年二月初旬だった（二月三日付）。「遺言書」の疑惑について、当初、母の智弥子は信じなかったという文章で始まっている。以下は概略だ。

《私が「遺言書」についての疑惑を説明すると、母は「乗っ取りがあるとしても、弟子がそれに加担するとは信じられない。そんな弟子がいたとしても、他の弟子・支部長がそんなひどいことを許すはずはない」と言って、松井氏の本部への出入りを認めていました。しかし、松井氏は稽古だけでなく、事務・経理まで自分のほしいままにするようになったため、そういうやり方はおかしいと、文書や口頭で会館に出入りしないでほしいという内容の申し込みをしました。でも「弁護士に言ってほしい」などと、なんら誠実な対応を見せず、しまいには「今の生活もできなくなりますよ」と経済的圧迫をし、その言動は恫喝とも言えるようになったのです。その一方で、対外的には「後継者」として行動し、既成事実を作り続けています。

一月二六日に松井側（松井、郷田、盧山、米津等）と会いましたが、そのときの彼らの言葉をまとめると「遺言書と言われているものの真偽はすでに問題ではなく、現在、組織はこの体制で動いているのだから、今さら何を言っても駄目だ」というものでした。「遺言書」の真偽問題や、少なくとも家庭裁判所の確認手続が終わるまでは、父が亡くなる前の状態を維持するべきという私たちの主張に一切答えることなく、トラブルの非がすべて私たち遺族にあるという彼らの盗人たけだけしい態度に、何を言っても無駄だと思い諦めました。この一連の事件の本質は「内輪もめ」や「後継者争い」ではありません。「遺言書」の証人たちが仕組んだ「犯罪行為」です。

また、一九九四年五月一〇日に行なわれた支部長会議で、松井氏が館長に「選ばれた」というのはおかしな話です。そのときに、松井一派は「遺言書」が正式ではない（自筆・署名・捺印もなく、公証人の立会いもない）ことも、「危急時遺言」として家庭裁判所に提出して確認手続を待たなければならないことも伝えていません。さらに、本来支部長会議は父の演説を支部長たちが聞いたり、父が支部長たちの道場行事や要望を聞いたりするだけの場で、組織の重要な事項を決定していたわけではありません。すべての決定は父がしていました。そのような会議で「選出された」といって、本当の意味で「選ばれた」と言えるのでしょうか》

母・智弥子の突然の館長就任や、次女・恵喜と三女・喜久子が行なった記者会見、極真会館本葬での遺骨を掲げた抗議活動とは対照的に、長女・留壹琴の行動は一見、理性的であり、本人が表立って極真会館関係者やメディアの前に姿を現すことはなかった。だが、留壹琴のやり方は実に執拗で粘着質に富んでいた。関係者に送り続けた手紙もそうだが、顕著な例が雑誌『極真空手』の休刊にまつわる彼女の行動だ。

一九九五年七月、学習研究社より『極真空手』が出版された。松井章圭を館長とする極真会館の機関誌として誕生したが、そもそも大山倍達の存命中から出版計画は進んでいた。極真会館にはすでに『パワー空手』という機関誌が存在していたにもかかわらず、大山は二冊目の機関誌の制作に乗り出していたのだ。

当時、広告業界が新たに打ち出した企業戦略、「コーポレート・アイデンティティ（CI戦略）」に大山はいち早く注目した。CI戦略とはアメリカから入ってきた概念であり、企業自体の社会貢献性や理念を外部にアピールし、広く認知させるイメージ戦略を言う。それまでの販売戦略と言えば、企業が販売する商品そのものの売上増を目的とした広告などが主流だった。新商品が出た際、商品の機能の優秀性を訴え、消費者に「この商品がほしい」という購買意欲をかき立たせる手法だ。一方、CI戦略は企業に対する好感度を向上させることを目的とする。企業への信頼度のアップが訴求効果を生み、商品の売上げにつながるのだ。

大山は、このCI戦略に基づく新雑誌の創刊を目指した。既存の『パワー空手』はある意味、「極真空手」という商品の特徴を訴える商品広告的役割を担っていた。大会を含めたイベントの速報や、極真会館支部道場などの情報を提供し、極真空手自体を広く知らしめるための存在だ。対して新雑誌では、人物ドキュメントや技術論、空手理念などを紹介し、「極真会館」の組織イメージをアップさせるための媒体にしようと、大山は考えたのである。プロデュースの才に長けた大山ならではの発想と言える。大山の死去によってこの話は、いったん頓挫するが、二代目館長・松井章圭の働きかけで大山の願いは実を結び、一九九五年、『極真空手』は誕生した。

『極真空手』は一九九五年七月の創刊以降も、九月に第二号、一一月に第三号、年が明けて一九九六年二月に第四号と、ほぼ隔月のペースで定期的に出版された。だが、第五号が制作されることはなかった。大山留壹琴が学研の代表取締役をはじめ、幹部さらには現場の編集関係者に送った、何通にもおよぶ手紙が原因だった。

後に松井に反旗を翻し、極真会館を分裂させる直接的な原因を作った三瓶啓二を中心とする大多数の支部長グループも、留壹琴とは別に分裂前から『極真空手』に対する妨害行為を行なっていた。その反対運動の先頭に立っていた三瓶は、「『極真空手』は、会議で支部長たちの了承も得ず、松井と山田が勝手に進めた。これは独断専行の表れだ」と他の支部長たちを煽った。松井はそれに対し、「まず郷田師範と盧山師範の両最高顧問の了承を得、さらには支部長協議会議長の西田（幸夫）師範にも内諾を得ている。一刻も早い発売を目指すためには、まず幹部の了承のもとに、制作を依頼した編集者に早急に作業に入ってもらう必要があった。もちろん、定例の支部長会議で改めて報告するつもりだった。しかし、極真を宣伝してくれる雑誌の発行について、なぜそこまで頑に反対するのか理解できない」と応じた。

だが、三瓶グループが行なった『極真空手』の発行反対活動は、留壹琴が取った手段に比べれば極めて幼稚なものだった。編集部に抗議のファックスを連日連夜送り続けるという、現場レベルの、単なる嫌がらせに過ぎなかった。当時の学研関係者によると、三瓶たちの抗議は大した問題ではなかったが、留壹琴が上層部宛に再三にわたって送付した手紙が致命的だったという。

学習研究社は名前が示す通り、主に児童図書や教育図書を扱う出版社だ。また出版界には珍しい東証一部上場企業であり、株主の反応にも常に気を配らなければならない立場にあった。堅く、真面目な企業イメージを固持する宿命を負った学研にとって、勝ち負けや正義云々以前に、裁判沙汰になることだけでも会社の大きな損害につながる。それを懸念しての『極真空手』休刊だった。休刊決定を受けて、留壹琴が夫や支援者と共に盛大な祝勝会を開いたことは、公然となっている。

その後も留壹琴は、遺族派と行動を共にすることはあったものの、完全に一体となることはなかった。「館長代行」として第一二回全日本ウエイト制選手権大会を開催したり、「国際空手道連盟極真大山空手　極真会大山道場」を設立し、自ら館長を名乗ったり、大阪を中心に道場経営にも乗り出していく。ただ、相変わらず留壹琴が公的に記者会見を開くことはなく、新聞や雑誌の取材に答えることもなかった。

留壹琴が母や妹、遺族派と一線を画していた理由について、特筆しておかねばならない点がある。彼女には家族や遺族派とは異なる強い信念があった。それは、極真会館の支部長格であり、また、大山の長女である自分の夫・津浦伸彦こそが、極真会館の後継者であると疑わなかったことだ。前述したように、すべての支部長を格下に見ていた留壹琴にとって、誰であろうと支部長が極真会館二代目館長を継ぐことは考えられなかった。津浦こそが大山倍達の後継者であるという頑な思いが、留壹琴を独自の道へと突き進ませたのである。

ちなみに、留壹琴の働きかけによって休刊に追い込まれた『極真空手』の創刊時、極真会館の機関誌『パワー空手』は『ワールド空手』に名称を変更し、ぴいぷる社より月刊誌として発行されていた。もともと『パワー空手』は大山が代表取締役社長を務める有限会社パワー空手出版社が発行権を有し、制作のみをぴいぷる社に委託していた。大山の死後、妻の智弥子がパワー空手出版社の代表に就任する。松井二代目館長に対して反対の姿勢を明らかにした智弥子は、前述したように、松井を館長とする極真会館の記事を『パワー空手』誌上に掲載することを禁じる旨の通達をぴいぷる社に送った。だが、ぴいぷる社は智弥子の要請を拒否し、パワー空手出版社との委託制作に関する契約を解除する手段に出た。そして、新たに極真会館と出版契約を結び、一九九五年四月、新機関誌『ワールド空手』（五月号）を創刊する運びとなった。内容が過去の『パワー空手』と瓜ふたつであることは言うまでもない。

一方、ぴいぷる社の手を離れた『パワー空手』も、大山智弥子を発行人として、やはり一九九五年四月に臨時増刊号を発行する。その編集制作の一切を担ったのが、前述した家高康彦である。表紙には《家裁の審判、下る！「遺言書は無効」。》という大きな見出しを囲むように、家庭裁判所が下した判決文の一部が、細かい文字でそのまま載せられていた。総ページ数三二ページということからもわかるように、雑誌自体の作りは以前の『パワー空手』には、とうていおよばないものだった。内容は家庭裁判所の判決と松井批判に終始している。

その後、『パワー空手』の後続誌は発行されず、誰もが休刊、もしくは廃刊したと理解した。ところが、臨時増刊から二年半後の一九九七年一一月、《大山倍達総裁が残した極真唯一の機関誌が復活!!》と銘打たれた一八ページの『パワー空手』が発行された。大山が存命中に連載していた「拳の眼」や「読者質問箱　マス大山の正拳一撃」を再収録したものだ。さらに半年後の一九九八年五月、六月と立て続けに復活第二号、第三号を出版した後、『パワー空手』は事実上の廃刊に追い込まれた。何よりも資金不足が最大の原因だった。

二日間の会議

大山智弥子の館長就任によって、「極真会館」を名乗る団体はふたつになった。それだけをとっても、スポーツ新聞や格闘技専門誌を賑わせる大騒動であったが、この事態さえ吹き飛ばしてしまうほどの計画が、極真会館内部で密かに進行していた。大多数の支部長たちによる、「松井二代目館長解任劇」である。

三月八日、郷田勇三のもとに、突然、支部長協議会議長である西田幸夫が訪ねてきた。郷田と西田は古く「大山道場」時代からの兄弟弟子であり、極めて親しい関係を築いていた。だが、事前の約束もなく、西田が郷田の道場に顔を出すことはまれだった。いつも通りに笑顔で西田を迎えた郷田に対し、西田の表情はこれまでにないほど硬く、緊張感がみなぎっていた。西田は逸るように言った。

「師範、全員そのつもりですから。師範もどうか自分たちに協力してください。皆、待っていますから。明後日です。お願いします」

郷田は腑に落ちない表情で「本当かよ。全員って、本当に全員なのか？　それは支部長協議会という名目でやるのか？　それとも支部長会議なのか？」と西田に訊ねる。西田は一瞬、躊躇いの表情を見せ、「一応、支部長協議会です」と口ごもるように答えた。だが、すぐにもとの口調に戻り、「師範、全員ですから。全員、そのつもりですから」と念を押すように言い足すと、慌てて帰ろうとする。

「西田、そんなにすげなく帰るなよ。今日はいい鰹が手に入ったから、一緒に飯でも食いながら話そう」

そう言って引き止める郷田の言葉を振り払うように、「師範、申し訳ありません。今日はこれで失礼します」と答えると、西田は郷田に背を向けた。その間、たったの一五分程度であった。

この日の西田は多くを語らなかったが、郷田は西田の言葉の意味を理解していた。数日前、西田から電話連絡を受けていたからだ。支部長たちが松井に対して、我慢できないほどに不満を抱いているという内容だった。同時に支部長協議会か、できれば全国支部長会議を開き、それについて全員で話し合いたいと言う。多少狼狽しながらも、郷田は「支部長協議会ならば議長であるお前にも開く権利はあるが、支部長会議となれば館長の要請か了承がないと開けないのは知っているな?」と、西田に釘をさした。


そもそも西田が以上の話を郷田に伝えるきっかけとなったのは、廣重毅から西田にかかってきた一本の電話だった。それは一九九五年二月の初旬にまで遡る——。

廣重は、「自分のところに多くの支部長から松井に対する苦情が入っている。かなり深刻な内容なので、支部長協議会議長である先輩にも話を聞いてほしい。彼らに会ってくれないか」と西田に相談を持ちかけた。「多くの支部長」とは、基本的に三好一男や柳渡聖人、小林功など三瓶グループの支部長を指していた。

前述したように、松井が会員制の導入を打診した一月一一日の会議以降、三瓶は自らのグループの支部長たちと共に、松井を二代目館長から引きずり降ろす計画に賛同する「同志」を、着実に増やしていた。手応えを感じ始めた三瓶は、さらに多くの有力選手を抱え組織内における発言力と影響力を持つ廣重を味方に引き入れようと画策した。廣重を神輿に担ぐことができれば、松井降ろしの成功率はより高くなる。そして、三瓶にとって廣重を味方にすることはそれほど難しいことではなかった。廣重が松井に批判的なことは疑いようのない事実だったからだ。それに加えて、廣重の一徹で一本気な性格も懐柔するには打ってつけだった。

廣重自身は、松井を館長から引きずり降ろすことまでは考えていなかった。「松井に反省を促し、独走を食い止めたい」というのが、一貫した彼の意思だった。しかし、廣重は自らが意識しないままに、三瓶の手練手管の懐柔策に引きずり込まれていく。三瓶は第三者を使い、廣重が松井に対して不信感を抱くよう巧妙に誘導した。廣重は三瓶の陰謀に完全に踊らされ、結果的に松井降ろしの旗手的立場に立たされることになる。

実は、廣重が西田に話を持っていくよう仕向けたのも三瓶だった。西田は支部長協議会議長として松井を支えてきた有力支部長の一人だ。また、普段から寡黙な西田は、あまり自らの意思を表に出す人間ではなかった。だから、少なくとも周囲は、西田を「松井を支える重鎮」と見ていた。そのため、三瓶は西田を仲間に引き入れることは難しいと踏んでいた。とはいえ、松井を二代目館長から降ろすために、西田は欠くことのできない重要な存在だった。

そこで、三瓶は廣重が西田と親しい関係にあることに目をつけ、廣重を動かした。もちろん、三瓶自らが動いたわけではない。三瓶が直接、廣重に話を持ちかけたり、具体的な指示を出すことは皆無に等しかった。廣重に西田を説得するよう働きかけたのは、三好や柳渡など三瓶グループの支部長たちである。彼らは松井に対する不満を廣重に訴えた。その結果、廣重は自分一人で解決できる問題ではないと判断し、支部長協議会議長である西田に相談することにした。廣重は自分が好むと好まざるとにかかわらず、西田と三瓶を結びつける役割を担うことになったのだ。ただ、廣重も例にもれず、西田は松井二代目館長を肯定していると見ていたため、理解を得るにはそれなりの時間が必要と考えていた。ところが、西田から思いがけない言葉が返ってきた。

「私も以前から松井では駄目だと思っていた。長谷川（一幸）師範と大石（代悟）師範と三人で何度か話をしている。彼らも松井に館長を任せておくことはできないと言っている」

　西田は、支部長たちになんの相談もなく密葬時に松井二代目館長の発表がなされたことと、商標権登録の経緯に対して、何よりも不信感を抱いていた。また、何人もの大先輩を抜いて、松井が館長になるのはどう考えても納得できないという感情的な抵抗もあった。長谷川や大石も同様に、後継者発表の経緯に加え、古参支部長である自分たちを差し置いて松井が二代目館長をあっさりと引き受けたことがどうしても許せなかった。廣重からもたらされた「反松井勢力の動向」に関する情報は、西田にとっても渡りに船の話だったのだ。

　西田の言葉に廣重は驚いた。自分以上に西田は松井に対して不信感を抱いている。後に西田は多くの支部長は遺言書があるという理由だけで彼をたててしまったが、私は最後まで反対した」と語っている。しかし、西田がそのような発言をしたことを記憶している者はおらず、二代目館長松井に対して疑問符を持ち続けていたことを、廣重をはじめ周囲の人間はまったく気づかなかった。聡い松井でさえも、西田が自分を館長の座から引きずり降ろしたいと思うほどの悪感情を抱いているとは知らなかった。多少、疑問に感じたことがあるとするならば、高木らが起こした訴えが却下されたとき、西田があまり喜んでいなかったことだけだ。それこそが、西田の胸の内を如実に物語っていたことになる。

　さっそく、廣重の仲介によって、西田、長谷川、大石らは、もう一方の反松井勢力である三瓶グループと会合を開くことになった。廣重は三瓶にその旨を伝えるが、三瓶は前記した南アフリカ遠征を控えていることを理由に、自らはその会合に臨席することを拒んだ。そこに三瓶なりの「決して矢面には立たない」という計算が働いていたことは否定できない。ただ、三瓶は廣重に「帰国したら会合の内容を教えてほしい」と言って電話を切った。

二月中旬の某日、廣重の音頭により、西田、長谷川、大石、小林、大濱博幸の六名が東京都港区新橋にある第一ホテルで密会した。全国支部長会議や支部長協議会など、公の場で集まることはあったものの、反松井という立場の彼らだけが一堂に顔を揃えたのは、この日が初めてだった。そこで、松井に対する不満が爆発した。大濱は西田たちにわけ知り顔で言った。

「松井さんたちのやり方はヤクザの乗っ取りの手法だと、後援会の人が言っていました。許永中が極真会館を乗っ取ろうとしているみたいですよ。遺言書の裁判が続いていますけど、裁判の調書によれば、総裁が遺言書にサインしようとしたら、米津弁護士が止めたらしいじゃないですか」

長谷川もうなずきながら「それは俺も聞いている。松井はヤクザの襲名披露のようなことをしようとしているらしい」と、したり顔で答えた。高木たちの主張と寸分違わぬ、確証のない憶測や伝聞がほとんどと言っていい松井批判が次々に飛び出し、まるで予定調和のごとく、話の内容は「松井が館長では駄目だ」という方向に流れていった。この日の密会により、西田グループと三瓶グループは合体してひとつの勢力となった。

そして、三瓶が南アフリカから帰国した二月下旬、二度目の会合がもたれた。最初の会合に出席した六名に、三瓶、七戸康博、田畑繁（山形県支部長）、藤原康晴なども加わった。七戸、田畑、藤原も三瓶の「子飼い」の後輩であり、支部長である。彼らは東京駅に隣接するホテル国際観光（現在は東京都港区芝に移転し、名称もセレスティンホテルに変更）において顔を合わせた。以後、大山倍達が東京都豊島区池袋にあるホテルメトロポリタンを愛用したように、彼らはホテル国際観光を常用するようになる。

「もう松井では駄目だ。松井の独占にしてはいけない。我々が極真を守っていくべきだ」

西田が口火を切ると、参加者の大半が同調した。ところが、意外にも三瓶が難色を示したのだ。

「先輩、どういうことですか。自分はアフリカで、これからは松井をたてて頑張っていくと、松井本人と話してきたんです。いろいろと不満もあったけど、そういうことも全部話して、経理を公開するという言質も取って、自分は松井と和解したんですよ。それなのに戻ってきたら、松井を降ろすという話になっている」

三瓶から松井への不満をさんざん聞かされていた廣重は、怪訝な表情を浮かべた。松井批判にもっとも積極的だったのは、三瓶ではなかったのか……。しかし、三瓶の話は反論だけでは終わらなかった。

「でも、先輩たちがそういうのなら自分は協力せざるを得ないですよね。自分は松井と頑張っていこうと話してきたけれど、そういうことであれば先輩たちの考えに従いますよ」

三瓶は極真空手界における縦社会の重要性を強調し、目上の人の意見には逆らえないとばかりに、しぶしぶ納得した様子を見せた。松井と三瓶が南アフリカで「協力して頑張っていこう」と話し合ったのは事実だが、そんな約束など簡単に反故にしてしまえるほど、三瓶の心の内には松井への憎しみが渦巻いていた。にもかかわらず、西田の言葉に対して、いったん反対の姿勢を示すことで、三瓶は、松井降ろしを主導しているのは自分でないことを会合の参加者に印象づけたのである。

全員の意見が一致し、彼らは本題に入った。皆で松井に対する不満を挙げていったところ、その数は五〇にもおよんだ。松井の問題点の列挙にもっとも積極的だったのは、当然のごとく三瓶だった。三瓶は「そういえば……」と、今思い出したかのように「密葬のときに梅田先生に後継者を発表させたのは、山田（雅稔）先輩だと浜井（識安）さんが言っていました」と言い出した。

西田、長谷川、大石、廣重にとっては寝耳に水の話だった。だが、よく考えれば不審な点はいくつもあると、皆が山田に対する疑念を口にし始めた。

一九九四年四月二六日、通夜の日の夜、記者会見を開いたときに、なぜ山田が同席し、しかも司会という大役を務めていたのか？　当時の山田はなんら役職に就いていなかったはずだ。それに、記者会見で後継者の名前は六月の全日本ウエイト制大会前に発表すると言いながら、密葬の席で梅田が発表してしまった。梅田は記者会見に出席しておらず、六月に発表する旨を知らなかったのかもしれない。浜井が言うように、山田が記者会見での発表を反故にし、梅田をそそのかして言わせたのではないか？　遺言書の立会人といい、ニューヨーク支部長であり、国際秘書でもある五来克仁といい、松井の脇を固めているのは山田の弟子ばかりという事実もある。松井の黒幕は山田に違いない――。

実際には梅田も記者会見に臨席していた。大山の私設秘書的立場にあった米津等が、同会見で「後継者は六月頃に発表する」と言った言葉を、梅田はその場で直接聞いている。にもかかわらず、翌日の密葬の際に後継者を発表してしまったことについて、梅田自身、「大山総裁が骨になる前に、故人の遺志を伝えたかった」と語っている。だが、三瓶の誘導により、山田が黒幕だと信じ切ってしまった反松井グループの支部長たちは、記者会見に梅田は出席していなかったと思い込んでしまう。そうして、山田への疑惑を確信に変えてしまった。

ところで、この密会の場で山田への不信感が爆発した遠因に、大山の生前から存在した城西支部と城南支部の確執が、少なからず影響していた。山田が支部長を務める城西支部と、廣重が支部長を務める城南支部は、ある意味、ライバル関係にあった。

支部の設立は城南支部が一九七八年六月、その二ヵ月後である八月に城西支部というように、ほぼ同時期である。当初、両支部が管轄する地域（テリトリー）は曖昧だった。新興発展が著しい東京南西部は、JR中央線と東海道線の間に東急東横線や小田急線など、複数の私鉄が放射線状に伸びていた。そのため、両支部の管轄地区の区分けは難しく、過去、幾度となくテリトリーを巡るトラブルが起きていた。それがひとつの原因となり、互いの支部に所属する道場生や選手たちは、強い対抗心を燃やしていた。

そんなライバル意識が功を奏したのか、一九八〇年代から大山が逝った一九九四年までの約一五年間、両支部からは多くのトップ選手が誕生した。この間、全日本選手権大会のベスト8の半数以上を城西支部と城南支部の選手で占めた回数は五回にもおよぶ。一九九四年に開催された第二六回全日本選手権大会では、ベスト8のうち、実に七名が両支部所属の選手だった。名門である両支部だが、そのカラーは正反対と言えた。

山田は道場経営者だけでなく、公認会計士という顔も持っていた。そのせいか、総本部はおろか、すべての支部に先駆けて稽古体系、道場運営の合理化をはかった。稽古体系については、現在でも極真空手の世界にあって「城西スタイル」という言葉が生き続けているように、「相手を倒す」「試合に勝つ」ためのひとつの公式として受け継がれている。また、早い段階から道場経営を実力・実績のある弟子たちに委ね、「分支部制度」を確立させた。一九八〇年代後半を境に、山田が直接指導することは少なくなったが、分支部長を集めた二週間に一度のミーティングや特別稽古は欠かさず、定期的に支部内交流会を行なった。その結果、前述したように、城西支部からは数多くの全日本チャンピオンが誕生し、「チャンピオン製造工場」と呼ばれるまでになる。道場の雰囲気やカラーは指導者の人間性が表れるというが、城西支部は山田の性格が影響し、稽古が厳しいことで有名ながらも、どこかあか抜けた都会的な明るさのある支部だった。

対して城南支部も、やはり支部長である廣重の職人的な気質が大きく反映していた。日常的な合同稽古にも廣重独特の空手観が生きており、中国拳法の要素を加えた組手スタイルが特徴的だった。さらに、廣重は見込みのありそうな道場生には、それぞれの個性や体格に合った練習方法を考えて、マンツーマン方式で育てていく方針をとった。一人一人と真正面からぶつかり合うように指導する廣重と道場生の間には、自ずと強い信頼関係が生まれる。それはまさに、「空手職人」と異名をとる廣重らしい固い絆の「師弟関係」と言えた。手塩にかけて育て上げた選手が優勝すると、廣重は涙を流して歓喜し、選手たちは誰よりも先に師である廣重のもとへと走り寄った。城南支部のカラーは、廣重毅の性格そのものだった。だが、弟子たちに分支部を任せ、一本立ちさせたならば、廣重は彼らのやり方にほとんど口出しすることなく、すべて分支部長の裁量に任せた。これもまた、廣重の職人気質ゆえのものだった。分支部を任せるということは、職人の世界で言う「暖簾分け」に値するものと廣重は理解していた。山田の組織観とは対極にあるのが、分支部に対する廣重の考えだった。

選手の育成法や支部の運営方法の違いなどを含め、トップ選手を幾人も抱える支部同士のライバル心は、一九九〇年を境にますます強くなっていく。また、両支部に対する他の支部長たちの嫉妬も激しくなっていった。だが、封建的な縦社会を根幹とする武道団体・極真会館においては、合理的かつ科学的、またはビジネス的な志向を持つ山田のような存在は、ある意味異質であった。むしろ、昔の「徒弟制度」的な支部運営をする廣重のほうが受け入れられやすかったと言える。そういった他の支部長たちの意識が、次第に山田への反発心を強めていった。西田、三瓶両グループの密談のなかで、山田への猜疑心や否定論が急激に高まった一因はそこにもあったのだ。

さらにもうひとつ、山田を批判する材料となったのが、やはり城西支部と城南支部のテリトリー問題の一環とも言える「Jネットワーク事件」である。もちろん、そこには廣重も当事者として関わっていた。

「Jネットワーク事件」とは、山田の弟子である大賀雅裕が城南支部のテリトリーに、Jネットワークというキックボクシングのジムを設立するという噂が流れたことから始まったトラブルである。Jネットワークに関する情報を最初に廣重に伝えたのは緑健児だった。廣重は緑から次のような報告を受けた。

「師範、城西支部の大賀さんが城南のテリトリーにJネットワークのジムを出そうとしています。これはルール違反だから抗議したほうがいいと思います。それに、極真の分支部長がキックボクシングのジムを出すことそのものがおかしいし、指導員のほとんどが城西の人間だそうですよ。Jネットワークが城西のダミー道場であることは間違いありません。もし、ジムを出すことを認めてしまったら、結果的に全国どこにでもJネットワークという名前で、城西の道場ができることになってしまいます。しかも、松井さんがJネットワークの役員になっているらしいじゃないですか。つまり、松井さんも容認しているということです」

自らの弟子であり、厚い信頼を寄せていた緑の言葉を、廣重はそのまま鵜呑みにした。さっそく廣重は松井と山田に抗議する。彼らは誤解だと説明するが、廣重は納得しなかった。その背景に、前述したような発足当時からの城西支部との確執があり、さらには緑との固い絆があったことは言うまでもない。

そこで、郷田を交えて廣重と山田の三人で話し合いの場がもたれることになった。山田は、改めて廣重の聞いた情報がまったくの誤報であることを告げた。第一に、Ｊネットワークのジムは城南支部のテリトリーではなく、城西支部の管轄下にあるという事実。第二に、大賀は総裁の存命中である一九九四年三月に退会届を提出し、すでに極真会館所属ではなくなっていること。第三に、松井がＪネットワークの役員ではないこと。それらを、明確な理由と共に懇切丁寧に説明した。山田の釈明に廣重は納得せざるを得なかった。そして、最終的には「ジムを出すときは、必ずその地域の支部長に了解を得る」という約束事項を取り交わし、昔から兄のように慕っている郷田の顔を立てる形で、廣重は矛を納めることにした。

Ｊネットワーク事件は解決を見せたものの、廣重は反松井グループの会合で山田に対する愚痴をこぼすことも少なくなかった。過去の経緯はともかく、Ｊネットワークについての第一報をもたらした愛弟子・緑を、廣重はどうしても疑うことができなかったのだ。三瓶や西田たちも廣重の怒りを煽るように山田への罵倒を繰り返した。そんななか、柳渡がある提案をする。

「密葬のときに後継者の名前を梅田先生に発表させたのが山田師範なら、松井よりも松井の取巻きが悪いのではないですか。だったら、山田師範を落とせばいいんですよ。梅田先生に二代目館長を発表させたのは山田師範だということが明らかになれば、他の支部長たちも黙っていないでしょう。山田師範の責任を問うはずです。山田師範を極真から追放すれば、松井もおとなしくなりますよ」

全員、柳渡の案に賛意を示した。彼らは早急に全国の支部長たちを集め、松井、そして彼の「取巻き」である山田を弾劾するための会議を開くことを決定した。表面上の理由は、松井が二代目館長に就任して一年弱が経過し、改めて松井に対する評価や意見を出し合うというものだった。松井がいると正直な意見を言えない支部長も多いという理由から、松井欠席のもとで会議を行なう旨もこの場で了承された。これは支部長会議としては極めて異例であったが、誰一人異論をはさむ者はいなかった。そして、彼ら「反松井派」による密談は、「浜井さんにその話（密葬で山田が梅田に後継者を発表させたこと）を聞いたとき、いずれ必ず証言してもらう日がくると思うから、そのときは絶対に知らないと言わないでほしい、と頼んだら了解してくれた。だから、俺が会議の場で浜井さんから改めて言質を取り、責任を持って山田先輩を追及する」という三瓶の豪語で終了した。

廣重を仲介にして、かねてから松井降ろしを企んでいた三瓶と、内心では常に松井二代目館長に批判的だった西田の利害は一致した。過去、決して親しい関係とは言えなかった二人だが、支部長協議会議長と副議長の肩書きを持つ彼らが組むことで、「反松井勢力」の拡大は一気に進むことになる。後に西田と三瓶を中心に結成される「支部長協議会派」の出発点が、まさにこのときだった。

全国の支部長たちは西田や三瓶、廣重の積極的な呼びかけで、松井の問題点について臨時全国支部長会議を開くことに賛成した。一月一一日の会議で松井が提案した会員制度の導入に懸念を抱いた支部長は多かったが、三瓶たちが煽るように繰り返す松井批判を聞いて、より危機感を募らせていったのも事実だ。ただ、この時点で、松井の進退問題まで追及しようと考えていた支部長はほとんどいなかった。大多数の支部長はそこまで深刻な問題とは捉えておらず、「一度、松井に釘をさしておけば、自分たちの既得権益を守りやすくなるだろう」という程度にしか考えていなかった。

だが、西田と三瓶は違っていた。一般的に、その組織に関する問題が浮上した場合、まずは組織の重鎮、または管理的立場の人間たちが、客観的かつ建設的な解決方法を模索するのは正しい在り方と言える。組織の長に問題が生じたのなら、立場が下の者であっても公的な場で問いただすのは当然のことだ。結果的に組織の長が辞任、もしくは解任されることも多々ある。ただし、法律、または組織内の規範・会則に則った手順が必要不可欠なことは言うまでもない。正規の手順を踏まずに水面下で話を進め、非合法的手法で突然のように最高責任者の解任を強行することは本来許されることではなく、このような行為は、俗に「クーデター」と呼ばれる。

西田と三瓶は、まさにその手順を踏み外そうとしていた。反松井の彼らにとっては、「一年近くも松井の横暴に耐えてきた。もう限界だ」という思いが強かった。しかし、それはあくまでも親しい支部長たちの間で開いた密会の場、もしくは酒の席で浮上し、身内だけで合意を得たというだけの話だ。にもかかわらず、西田と三瓶、ならびに彼らのグループの支部長は、松井不在のもとに開催される「非公式の全国支部長会議」において（極真会館には、正規の支部長会議は館長の指示、もしくは了承がないと開催できない不文律が存在する）、松井の欠席裁判を敢行しようと目論んでいた。

そんななか、廣重だけは複雑な立場にいた。会合の数日後、「松井では駄目だ」という西田の言葉に、一瞬でも難色を示した三瓶に違和感を覚えた廣重は、アフリカに同行した緑に連絡を入れた。そして、「三瓶さんは松井と仲直りしたのか？」と訊ねた。すると緑は、これまで師である廣重に見せたことのないような怒気をあらわにした激しい口調で答えた。

「とんでもないですよ。師範、館長がアフリカで三瓶師範に何をしたのか知っていますか？　侮辱したんですよ。帰りの飛行機でも三瓶師範は『絶対に松井を許さない』と言っていました。自分も三瓶師範に対する松井館長の態度は絶対に許せません」

廣重は、少なくとも表面上の三瓶の言葉と緑の言葉にかなりの温度差を感じざるを得なかった。確かに、三瓶が松井降ろしに尋常ならぬ闘志を燃やしていたのは事実であり、南アフリカ遠征から帰国した緑は、あたかも三瓶の参謀のように、至るところで松井ならびに山田を批判するようになる。そんな緑を、廣重はただ見守るしかなかった。自らの愛弟子とはいえ、すでに緑は支部長であり、組織内では同格の立場になっていた。さらに世界チャンピオン、城南支部の古参として多大な発言力を持つに至った緑に対し、廣重は無力感を抱き始めていた。

西田が郷田を訪ね、会議の件を伝えて帰った直後、郷田は松井、盧山に電話を入れ、早急に対応策を練った。そして翌三月九日、郷田はホテルメトロポリタンに松井、盧山、西田、廣重の四名を呼び出して、話し合いの席を設けた。改めて、西田から支部長たちの言い分の概要を聞いた盧山は松井に言った。

「やはり、お前は明日の会議には出ないほうがいい」

松井は反論する。

「師範、それはおかしいでしょう。僕の問題で話し合いをするのに、どうして僕が欠席しなければならないのですか。第一、極真会館の支部長会議に館長が出席しないこと自体会則違反ですよ。まるで欠席裁判みたいで僕は嫌です。それに、僕に対して誤解があるならば、当事者である自分が話さなければなんの解決にもならないじゃないですか。それでもお前は何も話すなというのなら、僕は発言しませんし、何を言われてもかまいません。だから出席させてください」

すると、廣重がやや突き放すような口調で「いや、お前がいたら、皆、何も言えないんだよ」と反論した。

「そんなことでは、意思の疎通がはかれないじゃないですか」

松井はどうしても会議に出席したいと訴えるが、盧山は「とにかく、まずは私たちが支部長たちの意見を聞いてくるから……」と、興奮気味の松井をなだめながらも、最後まで首を縦に振らなかった。想像以上に事態が深刻化している現状を、西田や廣重の言葉から思い知らされた盧山は、まずは支部長たちの意見を尊重することが得策だと判断したのだ。そこには、盧山の西田や廣重に対する信頼も影響していた。廣重はともかく、西田が陰で三瓶一派と共に「松井降ろし」を画策する首謀者の一人とは想像さえしていなかった。西田は長年、盧山の「弟分」として、機会あるごとに稽古のパートナーを務めてきた。盧山と西田の二人の関係は郷田と西田以上に深かった。

盧山の説得に、松井は諦めたように言った。

「わかりました。そこまで言うなら僕は出席しませんよ。支部長たちにガス抜きさせることも、長である僕の役目ですから。その代わり、一〇日の会議で出た内容を踏まえて、翌日、もう一度会議を開いてください。その会議には僕も出席します。ただ師範、これだけは認めてください。僕はこの一〇ヵ月間、極真のためを思って前向きにやってきたんです。それだけは認めてください」

郷田と盧山は当然のごとく、「わかっているよ」と答えたが、西田と廣重は沈黙を通した。

こうして翌三月一〇日、全国の支部長がホテルメトロポリタンに集結した。会議は支部長協議会議長である西田を中心に進められていった。そして、会議の終盤、これまで一切表に出ず、水面下でのみ反松井発言を続けていた三瓶が、初めて公の場で松井を批判する言葉を口にすることになる。

まずは支部長たちから、松井に対する疑問が提議される。以下が代表的な意見だ。

◎支部長たちになんの相談もなく、密葬のときに後継者を発表してしまったことに、何よりも不信感を抱いている。

◎前年の六月二六日に営まれた大山倍達の極真会館本葬時、香典は銀行が管理することになっていたのに、松井が持ち帰ってしまった。

◎極真会館に関する名称のみならず、マークやロゴまで松井の個人名義で商標登録した。

◎「総裁」という呼称は永久欠番と決定したにもかかわらず、松井は総裁を名乗っている。
◎松井の独断で型を変えた。

さらに、「松井は館長になったからと調子に乗って、先輩に対する態度が横柄だ」「松井の話し方は相手を小馬鹿にしている」など、相変わらず年功序列の思考を拭えない、単なる感情論でしかない意見も多々あった。また、「松井は統一教会の信者である」とか「ヤクザとのつながりがある」など、噂話の域を出ない意見も挙げられた。約五〇にものぼる疑問や批判が次々と発せられたが、高木らの記者会見同様、確証や具体的証拠が示されないものが多かった。翌日、松井自身が直接、支部長たちの疑問に答えることになるが、事実無根のものがほとんどだった。

郷田と盧山は支部長たちの意見に耳を傾けた。あくまでも松井を館長としてたてる立場を崩さずに、たとえ感情論や憶測に過ぎないものであっても、納得できる意見にはうなずき、納得できない意見には冷静に反論を加えながら会議を続けた。とはいうものの、意見を述べるのは西田や廣重、三瓶グループの支部長がほとんどと言ってもいい状況だった。陰では三瓶の主張に追従しながらも、公式の場になると発言をしない支部長が大多数を占めていた。そんななか、満を持したように柳渡が山田に質問をぶつけた。以下の追及がすでに三瓶一派と西田たちの密会の場で決定していた戦略であることは、前述した通りだ。

「密葬のときに梅田先生に二代目を発表させたのは、山田師範と聞いたのですが本当ですか？」

山田は意外な表情で「言っていません。あれは梅田先生の意志でやったことでしょう？　それに、梅田先生が他人の指図を簡単に受け入れるような性格でないことは、皆知っているでしょう」と答えた。確かに、この一件については、梅田自身が「総裁が荼毘に付される前に、総裁の遺志を伝えておきたいという気持ちから、よかれと思い、出棺の前に発表した」と明言している。

しかし、この梅田の主張さえも、山田が言わせたと三瓶グループの支部長たちは曲解する。それゆえに、柳渡、否、三瓶、西田にとっては想定通りの山田の返答だった。そして、いよいよ三瓶がその質疑に加わった。そして、まさに切り札を出すがごとく、語気を強めて言った。

「でも浜井先輩、山田師範が梅田先生を説得して、密葬の場で発表させたって自分にそう言いましたよね」

だが、浜井は表情を変えることなく、一言「知らないよ」と答えた。西田や長谷川は〈浜井さんはしらばくれるつもりか〉と内心呆れたが、三瓶がさらに厳しく浜井に迫ってくれるだろうと成り行きを静観した。反松井の支部長たちのシナリオでは、この「切り札」を出した時点で会議は終わるはずだった。三瓶が山田を追及し、山田が自らの非を認め責任を問われる。さらに、山田と一体だった松井にも責任問題がおよぶ。そして、責任をとって山田は除名、松井は館長を辞任せざるを得なくなる——。すべてが思い通りになるはずだった。

ところが、先ほどの威勢のよさはどこへいったのか、三瓶は腑甲斐ないほどあっけなく「そうですか」とうなずいて、簡単に引き下がってしまった。反松井グループはまるで肩透かしを食ったように、ただ途方に暮れるだけだった。

実は会議の数日前、三瓶は念のため「山田師範が言わせたんでしょう?」と、真偽のほどを浜井に確かめていた。浜井は何をおかしなことを言っているのだと言わんばかりに、「そんなことあるはずないだろう。梅田先生も自分の意思だったと言っているぞ」と答えた。会議で訊ねるまでもなく、浜井に否定されてしまっていたのだ。三瓶は一人、密談で描いたシナリオが失敗に終わることを、すでに悟っていたことになる。しかし、支部長たちには密談で発した自分の言葉が間違いだったとは言えず、三瓶は予定通り問いただす姿勢だけを見せた。三瓶の対応に、先の密談に参加した支部長たちは当惑した。この件については、浜井の同意なくしては何も始まらないからだ。

それでも気を取り直した西田は、次の手段に出ることにした。それは、支部長たちに「松井二代目館長」の賛否を挙手によって迫るものだった。最終的に次の三つの結論のもと、票決することになった。

一、絶対に松井体制を支持できない。
二、松井が支部長たちの意見を真摯に受け止めて、改めるべきところを改めるならば、松井体制を支持する。
三、無条件で松井体制を支持する。

結果は大多数の支部長が「松井が支部長たちの意見を真摯に受け止めて、改めるべきところを改めるならば、松井体制を支持する」と答えた。「絶対に松井体制を支持できない」に手を挙げたのは、会議の発起人である西田、長谷川、大石、三瓶、三好、小林、大濱、藤原、七戸など十数名に過ぎず、「松井体制を無条件で支持する」に手を挙げたのは山田雅稔ただ一人だった。盧山と郷田は、信頼していたはずの西田が、反松井の姿勢をあらわにしたことに驚きを隠せなかった。

結局この日、西田と三瓶の思惑は完全に失敗に終わった。そして翌日、松井に反論の場を与えることになってしまった。

三月一一日、改めて松井を交えた全国支部長会議が開かれた。松井という「敵」が目の前に現れたせいか、前日とは打って変わって会議は紛糾の度合いを増していった。会議をリードするのは、相変わらず「反松井」の立場を鮮明にしている三瓶・西田グループだった。開始直後は互いに冷静に問題提議、そして提議への返答を繰り返した。松井は支部長らの疑問に対し、自らが誤っていたと認めたことには謝罪し、誤解が生じていると感じたものについては、ひとつひとつ回答していった。会議の中盤、三好が明らかに今までとは異なる攻撃的な口調で、松井を問い詰め始めた。

「大山総裁の極真会館本葬で弔問客から集まった香典は、銀行に預けるという約束になっていたはずだよね。支部長会議でそう決まって。それなのに、なぜ松井が持ち帰ってしまったのか。我々はそれにものすごく不信感を抱いているんだ」

興奮気味の三好とは対照的に、松井は冷静な態度で応じた。

「銀行は、集まったお金の合計額は出してくれても、誰がいくら包んでくれたのかという詳細までは出してくれません。それではお礼の際に困ると思い、私が持ち帰って事務員たちと一緒にその明細を作ったのです。その後、お金は銀行に預けました。ただ、そのときに事情をきちんと説明するべきでしたし、皆さんに不信感を与えたことは申し訳なかったと思っています」

しかし、三好は松井の釈明を無視するように論点を変えていく。

「いったん会議で決まったことも、勝手に変更したよね。それでは会議を開く意味がないし、独断でしょう。極真会館は松井の私物じゃない。例えば、会議で『総裁』の呼称は今後、誰も使用しないと決まったのに、どうして『総裁』と名乗っているんだ」

「私は『総裁』と名乗ったことはありません」

「封筒に総裁・松井章圭と書いてあるじゃないか」

松井はやや呆れたような表情を浮かべながらも、冷静な口調はそのままに三好に向かって言った。

「それは、そもそも会則に、『国際空手道連盟総裁は極真会館の館長を兼ねる』、という明文がありますよね。皆さんも知っているでしょう？　だから、従来の書式にならって、封筒には『国際空手道連盟総裁　極真会館館長　松井章圭』とは書いてありますよ。これはひとつの規定ですから。でも、私は『国際空手道連盟総裁の松井です』と名乗ったことは一度もありません」

三好は自ら疑問を投げかけたにもかかわらず、松井の説明には一切応じない。納得したのかしていないのかも表明せずに、論点を変えては松井に対して別の疑問を突きつけることを繰り返した。

「独断と言えば、極真の商標権を松井の個人名義で登録したことも、自分らは何も聞かされていなかった。個人の名義で登録なんておかしいし、そんな話は聞いたこともない。極真を私物化している証拠だろう」

「大山総裁が存命中ならまだしも、亡くなられたことで『極真』というブランドがどのような形で悪用されるかわかりません。そうならないためにも商標登録は、館長としての急務だと私は考えていました。ただ、極真会館は法人としての登記がなされていません。つまり、法的には組織としてみなされていないのです。商標を登録する法人格がないため、まずは長である私の名前で登録しました。私が独占するつもりは毛頭ありませんし、いずれ財団法人などの法人格を取得した際には、そちらに移行させるつもりです」

浜井が口をはさむ。

「皆さんから挙がった問題点を見ると、とても細かい内容まで書いてあるけど、基本的に支部長会議は年に二回しかないわけでしょう。全支部長の許可を得ないと何も進まないのでは、組織は円滑に動かない。ようは、館長の権限をどこまで認めるかという部分が重要であって、それについては支部長たちの間にかなり認識の差がある気がするよね」

三好は浜井にも挑むような態度で迫った。

「でも、商標権の登録は大きなことですよ。それを支部長たちの意見をまったく聞かずに個人の名前で登録するのはおかしいでしょう。しかも、総裁が亡くなった直後に動いているなんて、納得できるはずがないじゃないですか」

反松井グループを中心に、多くの支部長からも三好の言葉に同意する声が上がった。徐々に会場のざわめきが増していく。

「皆さんの意見を聞かずに話を進めてしまったことは謝ります。ただ、迅速に、かつ個人名義で登録せざるを得なかった状況についてはわかっていただきたい」

松井は三好の疑問に対して、論理的に答えを返していく。議論で松井に追い詰められた三好は焦りの色を隠せないまま、突然、追及の鉾先を松井から山田へと切り替えた。

「山田師範にも腑に落ちない点が多々あります。例えば、ニューヨーク支部長になった五来っていますよね。いつの間にかニューヨーク支部長になっていた五来ですよ。彼はもともと山田師範の弟子でしたが、極真をやめてUS大山に入門した人間でしょう。それを総裁が亡くなってすぐに極真に戻して、しかも、支部長どころか国際秘書にまでしてしまった。これも自分たちは何も知らされていないんですよ。おかしいですよね」

すかさず柳渡や小林たち、三瓶派の支部長たちが「自分もそう思います」と三好を援護する。彼らの疑問に対し、山田は松井同様、冷静に答えを返した。

「いや、それは誤解だよ。総裁がまだ生きていらしたときに、総裁自身が五来を支部長に任命したんですよ。ちゃんと認可状もあるから確認してください」

しかし、三好は山田への追及をやめない。

「大西（靖人。大山の危急時遺言の証人の一人）もそうですよね。彼も元城西支部じゃないですか。しかも大西は極真を離れて、極真に対抗するような団体を勝手に作った。言わば極真を裏切った人間ですよ」

相変わらず、まったく人の話を聞こうとしない三好に、多少うんざりしながらも、山田は答えた。

「大西は極真に戻ってないでしょう。『極真に戻って支部長になれと、総裁に言われたけど断った』と大西は言っていたよ。組織の人間ではなく、違った形で極真を応援していきたいと言ったら総裁は喜んでくれたと。その場にいて、二人のやり取りを実際に聞いていた証人もいるから、これは間違いない事実です。私とはまったく関係ない人脈で大西は総裁と再会した。けれど、もともと私の弟子だったこともあるので、総裁と会ってこういう話をしましたと、わざわざ報告してくれただけの話です。私が大西と総裁を会わせたのではありません。それに、大西はすでに自流派を解散しているはずです」

山田の言葉に、今度は柳渡が反論を加えた。

「Jネットワークについても、廣重師範の許可もなく城南のテリトリーにジムを出すっていうのはおかしいでしょう。しかも、分支部長をやりながらキックボクシングのジムを出すなんて、何を考えているんですか。松井がJネットワークの役員になっているとも聞いているし」

柳渡の発言に、三好と小林は声を荒らげるように同意の言葉を吐いた。すると、問題の当事者である廣重は、彼らをなだめるようにゆっくりとした口調で口をはさんだ。

「ちょっと待て。確かにその話はしたけど、Jネットワークについてはもう終わったから。俺はちゃんと説明を受けたから問題ないんだよ。皆にも連絡がいったでしょう?」

廣重の言葉に「そうですか、じゃあJネットワークについてはいいですけど……」と、よけいなことを言うなと言わんばかりに不満の表情をあらわにしながらも、柳渡はJネットワークの話を引っ込めた。ところが、今度は緑が立ち上がり「よくないですよ。終わっていません。それも含めて全部、山田師範が仕組んだのではないですか」と話を蒸し返した。明らかに師である廣重の面目を潰した言い方に、廣重だけでなく、松井や山田も眉をひそめた。

廣重の言葉通り、Jネットワークの問題は解決していた。前述したように、大賀がジムを出すときは、その地域の支部長の許可を得るという条件が取り決められ、その旨は全国の支部長にもすでに報告されていた。北九州支部長の緑にも、当然、その話は伝わっていた。ただ後日、廣重が多少不満気に緑に次のような話をしたのは事実だった。

「大賀が神泉（東京都渋谷区）にジムを出すらしいぞ。松井から連絡がきたよ。もうすでに不動産なんかの契約はしたんだけどいいかって。もし駄目ならやめさせると言っていたけど了承したよ」

しかし、緑は廣重に反論した。

「師範、それはおかしいですよ。賃貸契約をした後に電話してくるというのは筋が通っていません。絶対やめさせるべきです。これを認めたら城西のダミー道場を全国に作られてしまうんですよ」

なぜか、緑は執拗に食い下がった。だが、よく調べてみると、神泉は城西支部の管轄区域であることが判明した。城西支部と城南支部の区分けが区や町といった行政地域ではなく、JR、私鉄を含めた路線によってなされているため、極めて複雑であり、それゆえに廣重は勘違いしてしまったのだ。廣重は一人、あのときの緑とのやり取りを思い出していた。

しかし、緑は廣重の説明に納得してはいなかった。そんな緑の不満が、会議の場において噴出したのだ。緑に呼応するように、再び三好や柳渡の山田攻撃がエスカレートしていく。彼らの勢いに、廣重はなす術なく沈黙した。

三好たちの追及は激しさを増すばかりだった。執拗な追及に次第に追い詰められた山田は、精神的混乱に陥った。そして思わず、「じゃあ、私が責任をとって支部長をやめればいいんでしょう」と口をすべらせた。

そのときだった。突然、松井が拳で机を叩き、「皆さんは何をやっているんですか」と大声を張り上げた。その声色と松井の表情は、威圧的な迫力に満ちていた。松井は語気を荒らげたまま、支部長たちを指差しながら、「いいですか、皆さん。今回の会議の論点は僕のはずです。山田支部長を集中攻撃するようなことはやめてください」と言い放った。怒声が飛び交っていた会議室は、一瞬にして静かになった。重苦しい空気のまま再び本題に戻るが、机を拳で叩き大先輩たちをたしなめた松井の行為は、支部長たちにより大きな反感を植えつけることになる。三瓶と西田の思惑とは外れた形で会議は進行されたものの、結果的に山田攻撃が松井降ろしにプラス的作用をもたらした。まさに、怪我の功名と言ってよかった。

話し合いは一向にまとまらず、会議は混迷の度合いを増していくばかりだった。そんなとき、突然、廣重がある提案をする。

「そもそも、密葬のときに二代目を発表してしまったことが大きな問題だと思うんだよね、自分は。だから、いったん松井は館長を降りて、それで公平かつ公正に皆で館長を選任すればいいんじゃないですか。高木さんたちが事務長（智弥子）の館長就任を発表したことも踏まえて、事務長にもいったん館長を降りてもらって、どっちが館長として相応しいかを選んだらいいのではないですか。それなら、皆が納得すると思うんだけど」

間髪を容れずに「ちょっと待ってよ、廣重さん」という浜井の反論が飛んだ。

「それはあり得ないでしょう。皆の言い分に納得できないのに松井が館長を降りるのはおかしいよ。

それに、奥さんと松井を天秤にかけて館長を選任するというのも筋が通らない。そもそも奥さんを神輿に担いだ高木さんたちは、極真を除名された人たちですよ」

盧山も廣重の提案は飲めないと突っぱねた。

「廣重、それじゃ大山総裁の遺志はどうなるんだ。松井を二代目館長に選んだのは大山総裁だろう。後継者を選ぶ権利は大山総裁にしかないんだよ。松井が気に入らないからという理由で総裁の遺志を反故にして、弟子が勝手に二代目館長を決めてもいいのか」

あちこちでざわめきが起こる。廣重は「松井がいったん降りても、俺が必ず松井を再任させる。もしそうならなかったら俺が腹を切る」と言い切った。廣重としては、この場をうまく収めるための最善の解決方法だと思った。前日に行なった松井を館長として認めるか否かを問う採決の結果を考えれば、過半数の支部長が松井に票を入れるだろうと踏んでの発言だった。ちなみに、このときの発言に松井降ろしの意図はなかったと、廣重は後に語る。

しかし、廣重の提案は、松井擁護派（体制派）の、彼に対する警戒意識をさらに強めることになる。盧山や浜井をはじめ、体制派の支部長は廣重の言葉を信じなかった。以前から廣重が三瓶と連絡を取り合っているのは事実であり、またJネットワークに関する緑の異常な発言や態度も、廣重と三瓶が松井降ろしで通じ合っているという疑惑を大きくした。廣重の提案を受ければ、松井が館長の座に戻ることは、もはやあり得ない。そもそも再選が確かなら、松井がいったん館長を降りる意味はどこにあるのか？　そして、何よりも廣重の言葉は極真会館の会則を一切無視したものだった。盧山が言うように、総裁であった大山倍達にのみ、極真会館二代目館長を指名する権限があり、支部長たちがいかに民主制や合議制を訴えようが、少なくともこの時点では、彼らに大山の後継者を選任する権利も罷免権もなかった。廣重はその基本的な不文律を見失っていた。

結局、廣重の提案を含め、すべてがうやむやのまま、会議はもの別れに終わった。

こうして、反松井勢力が企てた「松井二代目館長降ろし計画」は失敗した。だが、彼らにとってこの会議を開いたことは決して無駄ではなかった。松井を館長として認めるか否かの採決によって、「敵」と「味方」がはっきりしたからだ。会議後、西田と三瓶は同会議で明確になった「同志」を集め、松井降ろしを一大方針とする「支部長協議会派」として結束を固めていく。彼らは「敵」に勝つことのみを目的に、地下に潜伏しながら密会を重ね、より活発な行動に移っていった。

それぞれの画策

会議によって事態の重大さを認識した松井もまた、最悪の結果を想定して動き始めた。会議後、多少弱気になったこともあったが、すぐに松井は腹をくくった。たとえ一人になっても、徹底的に「反体制派（支部長協議会派）」と闘い続ける決心をしたのだ。とはいえ、もちろん自分を支持してくれる人がいるのなら、それに越したことはない。松井と共に支部長たちの槍玉に挙げられた山田は、大山が逝ったその日から、松井支持を公言してくれていた。最高顧問である郷田もまた、前年五月一〇日の臨時支部長会議において「全支部長」から公式に館長としての賛同を受けた際、いかなることがあっても松井と共に闘うと約束してくれた。いまだ確約を取りつけていないのは、もう一人の最高顧問であり、郷田に次ぐ古参支部長である盧山だった。松井は山田と相談し、早急に盧山の意思を確認することにした。

いつものように、ホテルメトロポリタンのラウンジで松井と山田は盧山に会った。もともと松井と盧山の関係は極めて深かった。単なる先輩・後輩の間柄だけではなく、松井にとってある意味、盧山は大山倍達に次ぐ「空手の師」的存在であった。私生活においても長年、兄弟のようなつき合いをしてきた。松井は盧山が自らの敵になるとは微塵も想像していなかったが、真剣な表情で盧山に問いかけた。

「師範は僕を支持してくれますか?」

盧山は松井の心中を察していた。そして、笑みを浮かべながら静かに答えた。

「お前が二代目館長になったのは大山総裁の遺志だ。それは間違いないと私は確信している。私は弟子として大山総裁の遺志をしっかり守っていかなければならないと思う。だから、私はこれからも松井を支えるよ」

盧山自身、松井を二代目館長としてたてていくことに、一切の不安がなかったわけではない。松井に問題点があるのは事実だった。その点については、三瓶や西田グループの発言にも一理あると思っていた。だが、大山の遺志である以上、松井を守らなくてはいけない。もちろん、松井が大山の遺志に反することをした場合は別であるが、館長を継いでから約一〇ヵ月の間、支部長たちが言うほどの致命的な失態を、松井が犯したとは思えない。最終的な判断を下すにはまだ早過ぎるのではないか。大山が逝ってからまだ一年も経っていないのだ。さらに言えば、松井の問題点も彼の若さゆえの気負いが招いたものに違いない――。それが、盧山の偽らざる思いだった。もちろん、松井が盧山を先輩、ときには師として慕ってくれたことに対する情もあった。

盧山の言葉を聞いた松井は安堵した。たとえ大半の支部長たちが離れていったとしても、最高顧問である郷田と盧山がいてくれれば大丈夫だ。また、松井は以前から、公認会計士である山田の合理的な思考法や経営哲学について、多大な信頼を寄せていた。さらに松井には後継者発表直後から、松井支持を確約してくれたメディア関係の友人がいた。格闘技・空手メディアにおいては圧倒的な影響力を持つ人物であり、彼の力を借りれば、メディアを通した情報戦でも、決して反体制派に遅れを取ることはないと思った。これで万全の布陣が整ったと確信した。

会議から数日が経過したある日、またもや廣重が血相を変えて郷田の道場にやってきた。会議で松井を擁護するような発言をしていた廣重とは思えない激しさで、郷田に迫った。

「師範、松井は百人組手で八巻を潰そうとしています。許せません」

郷田は興奮する廣重をなだめ、ことの経緯を説明するよう促した。発端は、緑が廣重に伝えた「松井が八巻を潰そうとしている」という言葉だったという。八巻建志は城南支部所属の筆頭選手であり、廣重の愛弟子の一人だ。城南支部溝の口道場の分支部長を任されていた八巻は、一九九四年一〇月に行なわれた第二六回全日本選手権大会の覇者でもあった。そして、一九九五年一一月に開催される世界選手権大会を前に、「百人組手」に挑戦することが決まっていた。

「百人組手」は通常、一人当たり二分ずつで行なうことになっている。だが、松井と廣重の間で、今回は、一回の組手時間を一分三〇秒に短縮することで合意がなされていた。ところが、緑の話によれば、松井は廣重に嘘をついており、当日は二分で戦わせて八巻を潰す算段をしているという。またもや緑の言葉を真に受けた廣重は、松井への疑念を募らせた。松井の策略でかわいい弟子を潰されることは、当然、容認できる事態ではない。廣重は即座に総本部の事務局に連絡を入れ、事務員の黒田都士に百人組手の時間を訊ねた。すると、黒田は「二分です」と答えた。緑からの情報が正しいことを確信した廣重は、松井の陰湿な謀略に許しがたい思いを抱き、その怒りを郷田にぶつけた。郷田は廣重の訴えを半信半疑で聞いていたが、とりあえず廣重の顔を立てるためにも、その場ですぐに松井に電話をして問いただした。

「松井、廣重が八巻の百人組手の時間について怒っているぞ。松井は一人当たり一分三〇秒と約束したのに、実際には二分で戦わせて八巻を潰そうとしているって。時間は何分なんだ」

松井は狐につままれたような当惑をにじませながら、「一分三〇秒ですけど……」と答えた。

「廣重が黒田に確認したら、二分だって言っていたらしいぞ」

「ちょっと待ってください」

松井は電話を保留にし、すぐ目の前で執務中の黒田に「百人組手の時間について、廣重師範に何分と言ったんだ」と訊いた。ちなみに当時、極真会館総本部三階の館長室（もとの総裁室）は、遺族が鍵をかけて封鎖していた。松井を館長室に入れないための方策である。そこで、松井は館長の立場にありながら、他の職員と共に事務室に机を置いて業務を行なっていた。

黒田は普段通りの態度で「二分です」と答えた。「なんでそんなことを言ったんだ」と語気を強めた松井に、黒田は「修了証に二分と書いてあったので……」と、急に慌てた様子で返答する。黒田の言葉からすべての事情を察した松井は再び冷静さを取り戻すと、怯える黒田に向かって「ああそうだったのか。それなら仕方ないな。でも、それは間違いだから」と訂正した後、すぐに受話器を取った。そして、郷田に経緯を説明した。理路整然とした松井の言葉に、郷田は納得した旨を伝えた。松井も誤解が解けたことに安堵の声をもらしたが、最後にいつもの毅然としたもの言いで郷田に言った。

「しかし師範、誤解だったのならいいですけど、どうして僕が八巻君を潰さなくてはいけないんですかね。潰す理由なんてないじゃないですか」

電話を切った郷田は松井から聞いた話をそのまま廣重に伝えるが、廣重の松井に対する疑いは完全には払拭されなかった。どうしても緑の訴えを否定する気になれなかったからだ。そして、廣重はこの件を三瓶にも伝えた。三瓶は「私が審判をするから大丈夫ですよ。任せてください」と太鼓判を押した。廣重は三瓶の言葉にようやく安心した。実際、三月一八日に総本部道場において行なわれた八巻の百人組手は、当初の約束通り一人一分三〇秒で実施された。

実は八巻の「百人組手」における一回の組手時間について、緑が廣重に吹き込んだ言葉には、廣重の松井に対する猜疑心を煽る意図が込められていた。廣重は三月一一日の会議以降、空虚な孤独感に打ちひしがれていた。廣重としては極真会館分裂という最悪の事態に陥ることを避けようと、自分なりによかれと思って提案した方法を無下に非難され、挙げ句の果てに、松井を擁護する体制派の支部長からは、「反松井」の疑惑さえ持たれてしまった。自らの善意が逆の形になってしまったことに、廣重はとてつもない無力感を感じていたのだ。廣重は、支部長や後輩など、極真関係者からの連絡を一切受けない日々を送った。

しかし廣重を担ぎ、彼を前面にたてることで松井降ろし計画に拍車をかけようと目論んでいた三瓶にとって、廣重の沈黙は決して望ましい事態ではなかった。そこで、三瓶は一計を巡らせた。今や完全に三瓶の配下にある緑を使い、一波乱起こさせようと考えたのだ。それが、百人組手に関して緑を焚きつけた嘘の情報であり、廣重の心を揺さぶるのにかなりの効果をもたらした。つまり、緑の電話から始まった八巻の「百人組手」を巡るトラブルは、すべて三瓶が描いたシナリオだったのだ。この百人組手にまつわる出来事は、廣重の心に改めて三瓶への信頼感を取り戻させると同時に、松井に対する漠然とした疑問を残すことになる。

議長の西田と副議長の三瓶を中心とする支部長協議会派は、急速に「松井二代目館長降ろし計画」を進めていった。

百人組手の翌日、三月一九日に開催された「第三回全関東空手道選手権大会」(茨城県武道館)と「第一三回全四国空手道選手権大会」(高知県民体育館)のふたつの大会においても、三瓶を陰のリーダーとする支部長協議会派による、各支部長への「反松井勧誘」は実行された。八巻の百人組手で、三瓶の思惑通り、松井への疑念を再燃させた廣重は、ここでも結果的に三瓶に与する役割を演じさせられることになる。関東大会には廣重が、四国大会には三瓶が出向き、分支部長や主要選手たちに声をかけた。

関東大会に足を運んだ城西支部分支部長の黒澤浩樹は、大会終了後に開かれるレセプション会場に到着するや否や、先輩である三和純に「話がある」と呼び止められた。黒澤が三和に従って別室へ入ると、そこには増田章がいた。増田は三和に何か耳打ちをしただけで部屋を出ていってしまうが、黒澤は彼らの態度に違和感を覚えた。三和は言った。

「廣重師範が黒澤と会いたがっているから、これから会ってくれないか」

黒澤は三和の言葉を聞いて呆気にとられる。城西支部と城南支部は互いにライバル意識が強いうえに、Jネットワーク問題など、諍いの絶えない時期だったからだ。さらに、過去の種々の事情から、黒澤は廣重に反感に近い感情を抱いていた。同時に、廣重が黒澤に悪感情を持っていることも黒澤は知っていた。黒澤は釈然としないものを感じながら、逆に三和に問いかけた。

「どうして自分が廣重師範に会わないといけないんですか。なんの用事があるんですか。それに、なぜ三和先輩が廣重師範の代理で自分にそんなことを言うんですか。おかしいじゃないですか」

三和は先輩としての態度を崩さず、黒澤への説得を試みる。

「自分と増田は、三瓶師範からいろいろと極真の現状を聞かされた後、三瓶師範に言われて廣重師範に会いにいった。廣重師範からも話を聞いて、このままではいけないと思ったんだ。松井さんを館長に仰いでいたら極真は潰れる。三瓶師範と西田師範は支部長協議会のトップとして、松井さんを館長から降ろして民主的な合議制で極真を運営していかないといけないとおっしゃっている。支部長協議会を中心に、合議制でやっていかなくちゃいけないんだ。そうしないと極真は松井さんの独裁になって、ヤバイ連中に乗っ取られてしまうんだぞ。だから自分は増田と、支部長協議会の一員として極真を守っていこうと思う。それで、廣重師範が黒澤を呼んでくれと言うのでお前に話をしているんだよ。山田師範は松井さんと一心同体なんだ。今、山田師範のもとから離れないと大変なことになるぞ」

しかし、黒澤は「会いたくありません。自分は廣重師範が嫌いですから」と率直に断った。それでも三和は、「もう個人的な感情を優先している段階じゃないんだよ」と黒澤を諭し、「皆、松井館長の下ではやっていけないと言っているんだ」と、三瓶から吹き込まれた松井の誹謗中傷を並べ立てた。

「松井さんのところにいたら、極真ではなくなる。松井さんは郷田師範に土下座までして頼み込んで、館長をやらせてもらっているんだ。郷田師範が松井館長では駄目だと言えば、いつでも降ろされてしまう。実際に郷田師範はこちらについてくれるそうだ。このままでは、いずれ極真は分裂する。間違いなく近々分裂するから、その前に自分たちは抜ける。だから、お前たち選手がまとまらなきゃ駄目なんだ。黒澤にも間違った道を進んでほしくない。廣重師範が三瓶師範との間を取り持ってくれるから、まずは廣重師範に会ってくれ」

そして、三和は最後にこう念を押した。

「山田師範のもとにいたら、自分たちは皆、飼い殺しだよ。絶対に支部長にはなれない」

それでも、黒澤は三和の話に納得できず、こそこそと耳打ちして出ていった増田の態度も気に入らず、レセプションには出席せずに帰宅してしまう。家に帰ると、今度は廣重が直々に電話をかけてきた。話す気になれなかった黒澤は居留守を使った。翌日もまた、廣重から連絡が入った。さすがに大先輩の電話を何度も拒否することはできず、諦めて受話器を取った。廣重は三和と同様のことを言った。

「松井への反発がもの凄く大きくなっている。このままでは松井はやっていけなくなるだろう。今はなんとしても選手を中心にまとまらなければならないんだ。だから、黒澤君も私たちと一緒に動いてくれ」

組織的なゴタゴタに巻き込まれるのは面倒臭いという気持ちや、廣重に対する個人的な感情、そして、何よりも自分の師である山田が松井をたてている以上、山田についていくのが筋だと思った黒澤は「自分は結構です」ときっぱりと答えた。すると、廣重は説得に応じない黒澤に苛立ちながら「君はそんないい加減なことでいいのか」と説教を始めた。黒澤は「押忍」と返事をしながらも、廣重の話を右から左に聞き流した。廣重の言葉によって黒澤の気持ちが動くことはなかった。

三和と増田が廣重に会ったのは、八巻の百人組手の日だった。ホテルメトロポリタンで廣重の話を聞いた二人は黒澤とは異なり、師である山田に反旗を翻すことを承知で、その場で支部長協議会側につく決断を下した。

三和は城西支部分支部長のなかでも、極めて優秀な指導者と評判だった。古参の黒帯であり、城西支部の本部である代田橋道場を任され、長く城西支部を引っ張ってきた功労者でもある。当の本人も指導員としての能力に自負心を抱いていた。だからこそ、自らの環境に三和は不満と不安を抱えていた。実際は代田橋本部道場だけでなく、町田市を中心とする東京西部の広範囲を管轄する分支部長でもあったが、三和は常々周囲の人間に「山田師範はこんな辺鄙で人口密度が低い町田しか任せてくれない」と不満を口にしていた。そんな山田への反発心が、黒澤に対して「山田師範のもとにいたら、自分たちは皆、飼い殺しだよ。絶対に支部長にはなれない」と言わせた。三和の心理を見抜いていた三瓶ら支部長協議会派の支部長は、「こちらにつけば支部長にしてやる」という条件を提示し、三和はその言葉に乗った。

一方、増田は三和とは大きく異なる感情を持っていた。増田は城西支部所属の分支部長であり、また選手でありながら、日頃から「山田師範には何も教えてもらっていない」と公言していた。石川県出身の彼は、もともと石川支部の浜井識安のもとで選手として頭角を現した。その後、上京して城西支部に移籍した後、トップクラスの選手へと成長した。これはまぎれもない事実である。だが、増田は浜井についても、「浜井師範から学んだものはない」と豪語してきた。つまり、異様なほど自尊心の強い増田にとって、縦社会独特の忠誠心を誓うべき師は存在しなかった。また増田には、松井、黒澤と共に「三強時代」の一翼を担ったという自負心がある。増田にとって、松井は常にライバル的存在であった。過去、何度か松井と対戦し、すべて敗北を喫していながらも、増田は自らの負けを認めなかった。「自分は松井よりも強い」という信念に凝り固まった増田には、極真会館の長として松井を受け入れることに大きな抵抗感があった。

こうして支部長協議会派に賛同した増田は、若手の先鋒として積極的に選手たちの勧誘や懐柔に乗り出した。しかし、黒澤だけは何度連絡しても話を聞こうとしない。焦れた増田は黒澤と親しい、あるメディア関係者に説得を依頼した。

「黒澤君を支部長協議会側に誘えないでしょうか。自分は大会をしっかり開きたい思いで行動しました。ほとんどの選手がこちら側についており、自分たちは多くの選手を抱えています。選手のためにちゃんとした大会を開催できるのは支部長協議会だけなんです」

だが、そのメディア関係者は増田の申し出を断った。彼は黒澤と親しいだけでなく、いち早く松井体制支持を公言していたからだ。増田もそのことは十分に理解していたはずだった。何事にも猪突猛進の増田は、「反松井」勢力拡大のために、無謀とも言える積極的な行動を繰り返していく。

ところで、増田や三和は廣重に説得されて、「松井降ろし」の目的で一致団結した支部長協議会派と行動を共にしたと公言している。だが、後に廣重は、彼らを説得した事実も、ましてや組織を分裂させるつもりも毛頭なかったと語っている。

「八巻の百人組手の日、ホテルメトロポリタンで増田君と三和君に会ったのは事実です。増田君たちは、三瓶さんに説得されて会いにきたと言っていました。私と三瓶さんの間では、『世界大会を無事成功させるためにも、今は松井について妥協するしかないだろう』という話でまとまり、自分は関東大会、三瓶さんは四国大会にいって極真が分裂しないように、皆を説得することになりました。増田君たちには、そのためにも選手クラスの人間が極真会館を守るために結束しなければならないと話したんです。増田君が『支部長たちの個人的な感情論で組織が割れたら、選手や道場生はいい迷惑だ』と言ったので、私は『それはもっともだ。増田君の意見は正しい』と答えました。それで、『館長は松井で協力してやっていくから、山田師範にもそう伝えてくれ』と増田君に頼みました。しかしその直後、なぜか松井君と山田師範は、突然『より混乱を招く人事』（著者注：これについては後述する）を発表してしまいました。それで支部長協議会の枠を越えて、また松井降ろしの気運が支部長たちの間で高まってしまい、収束困難な事態に発展していったのです。こうして、分裂が決定的なものになってしまった。後で聞いた話では、増田君は山田師範に私の伝言を伝えなかったようです。あのとき増田君がきちんと伝えてくれていれば、状況は変わっていたかもしれません。私は増田君や三和君、黒澤君を支部長協議会側につけと説得した覚えはありません。ただ結局、三瓶さんは私との約束を反故にして、四国大会終了後に集まった支部長たちとの飲み会の席で、松井解任の方向で結束を固めてしまった。いつもそうですが、三瓶さんたちには、重要なことを酒の席で決めるというよくない傾向があります。このときもそうでした。その場にいた何人もの支部長が証言しています。酒を飲みながら『松井は解任だ』という話で盛り上がってしまったんですね」

増田や三和の言い分と、廣重の主張の齟齬の真偽は問わない。ただ、廣重は常に「松井体制派」と「反松井体制派（支部長協議会派）」の狭間に身を置き、本人の意思はどうであれ、互いのグループから疑われるような言動を繰り返していたことは間違いない。

ところで、一般社会においても仲間内の了解事項を酒の席で決定する場合は多々ある。宴席において互いの警戒心を解きほぐし、相手の腹をさぐり合い、酒の勢いを借りて発言をする――。自らの意思を常に曖昧にし、物事をはっきりさせることを嫌う日本人の気質に合った方法であるのは確かだ。極真会館でもこれを「ノミュニケーション」と呼んでいる。だが、酒席での談合は極めて深刻な危険を伴う。噂や憶測でしかないことがまことしやかに囁かれ、酒の勢いを借りて、いつの間にか、単なる噂が真実であるかのように語られ始める。関東大会における廣重の言動は別にして、四国大会に出向いた三瓶も「ノミュニケーション」によって、後輩や弟子たちと松井の誹謗中傷で盛り上がり、「松井解任」の意思を固めてしまった。組織分裂の危機を回避する名目で四国大会に臨んだはずが、三瓶は「皆が松井では駄目だと言っているから仕方がない。自分もその方向で動く」と、あくまでも自分は支部長たちの総論に従ったという体裁を取りつつも、廣重に分裂を後押しする結論を報告した。三瓶の言葉に、またしても絶望感と無力感に陥った廣重は、再び表舞台から降りる覚悟を決めた。

それぞれが互いに相反する動きをしながらも、水面下では、松井ら体制派と支部長協議会派との和解に向けた交渉が続いていた。だが、当然のように松井には館長を辞任する意思はなく、この一点を譲るつもりは一切ない旨を公言した。松井の堅固な姿勢を知った支部長協議会派は妥協案を持ちかけた。

「松井が館長の座を降りる気がないのならそれでもいい。でも、松井は今までとは違い神輿に乗るだけだ。決定権はすべて支部長協議会にあることを認めるならそれでもかまわない」

これもまた、とうてい松井には飲めない提案だった。館長とは名ばかりでなんの実権もないのなら、いっそ辞任するほうがましだ。郷田、盧山も松井と同じ意見だった。

一方で、松井たちは、支部長協議会派への対抗案として全支部長に新人事を通達する。

「相談役に黒澤明、理事長に梅田嘉明、理事に米津等と大西靖人を任命する。また、新たに統括本部を設置し、山田雅稔を本部長に、浜井識安と廣重毅を副本部長に命ずる」

松井が提示した新人事は、全支部長に対する「踏み絵」的な意味合いが含まれていた。この新人事を受け入れた支部長は松井体制派につく意思を持っており、受け入れない支部長は反松井で結束した支部長協議会派につく意図を持っているという判断の基準としたのだ。先に廣重が語った「より混乱を招く人事」とは、これを指している。

松井体制派の思惑通り、今度は支部長協議会派が混乱状態に陥った。もちろん、彼らには飲める話ではなかった。松井の館長職を容認するという妥協点を提案したにもかかわらず、松井はさらに自らの権力を固める組織図を提示してきたと、西田と三瓶は強い危機感を持った。

「山田支部長は、先日の会議で支部長をやめると言っていたではないか。それなのに、なぜ新たに統括本部長という役職に就くことになるんだ」

「わけのわからない怪しい人間を役職に就けることは認めない」

支部長協議会派は真っ向から反論した。そこで、三瓶は次の手に打って出た。新たに支部長たちの不安を煽る噂を流したのである。

「海外支部の重鎮であるミッシェル・ウェーデルが、松井が館長では駄目だと言っている」

これもまた裏づけのない、「単なる噂」を越えるものではなかった。だが、三瓶の発言は彼の期待以上の効果を生んだ。海外の支部長も松井に批判的であることを知った支部長たちは、三瓶の思惑通り、一気に松井への反感を募らせた。

――このまま松井を館長にしていたら、本当に極真会館は割れてしまう。

一一日の会議で「松井が支部長たちからの意見を真摯に受け止め、改めるべきところを改めるならば、松井体制を支持する」と答えた支部長たちまでもが、会議を開いてから二週間足らずのうちに、急激に「絶対に松井体制を支持できない」という姿勢に傾いていった。

陰に潜んだ三瓶が松井に不利な情報の発信元となり、松井降ろしの策略を次々と実行に移す。そして、三瓶の参謀を自任する緑や増田、柳渡、三好らが、積極的に若手支部長たちへの懐柔役を務めた。なかでも、支部長である廣重にとって代わり、城南支部や若い支部長たちに絶大な影響力を持つ緑の活躍は、目覚ましかった。また、西田と行動を共にしてきた長谷川や大石たちは、松井のはるか先輩に当たる古参支部長たちへの接触を続けた。こうして、あっという間に形勢は逆転し、西田と三瓶が企てた「松井二代目館長降ろし計画」は間もなく成就されようとしていた。

クーデターの勃発

松井側の新人事発表を受け、西田と三瓶を中心とする支部長協議会派は、さっそく密会の場を設けた。そして、その場で彼らは、松井の館長解任決議の日程まで決定してしまう。その日時とは、松井に対する不満が提議された初の会議から、わずか二五日後の四月五日だった――。

この日は以前から支部長協議会が予定されていた。同会議は各ブロックの代表者が幹事役となり、持ち回りで日時と場所を決めることになっている。今回は浜井識安が幹事役だった。面倒だなと思いながらも浜井が重い腰を上げようとしたとき、三瓶啓二から連絡が入る。「今回の支部長協議会の招集は、自分がやります」と言うのだ。浜井は三瓶の申し出を、これ幸いとばかりに聞き入れ、三瓶に委ねた。自らの利発さを自任する浜井だったが、一方で彼が持つ鷹揚な性格が災いした。本来ならこのとき、突然の三瓶からの申し出を疑うべきであったが、浜井はまったく違和感を持たなかった。

さっそく、三瓶は準備に取りかかった。前述したように、極真会館は大山の生前から、東京都豊島区池袋の総本部近くにあるホテルメトロポリタンを利用することが多かった。会議はもちろん、簡単な会合や記者会見の会場として使用することもあった。だが今回、三瓶はなぜか東京駅に隣接するホテル国際観光を選んだ。そうしなければいけない理由が三瓶にはあったからだ。浜井は言う。

「私も迂闊でした。三瓶さんは最初から解任決議をするために招集役を買って出たのだと思います。会場がホテル国際観光だったのでおかしいなと、このときはじめて三瓶さんに対して疑念を抱きました。急遽、全国から上京してくる支部長たちの便宜をはかったのでしょうね。それと、三瓶さん

かもしれません」

たちが秘密裏に動いていたことですから、総本部の近くでは事前に計画がばれてしまうと考えたの
　三瓶はホテル国際観光の大会議室を押さえると、間髪を容れず全国の支部長に、四月五日に支部長協議会ではなく全国支部長会議を開き、その場で松井の館長解任決議を行なう旨を通達した。この時点ですでに、三瓶と西田の各支部長への説得工作は水面下で成功していた。互いが疑心暗鬼になり、牽制し合う状況において、これらの活動がまったく松井体制派にもれなかったのは奇跡的ではあったが、誰に邪魔されることなく、支部長協議会派の計画は万事整った。

　そして、ついにその日はやってきた。大山倍達が人生をかけて創り上げた極真会館は、弟子たちの思惑によって、未曾有の分裂劇へと飲み込まれることになる――。

　一九九五年四月五日、松井、郷田、盧山、浜井の四名は「支部長協議会」に出席するため、ホテル国際観光へと向かった。再び館長の権限や進退問題を提議されると予想した松井は、事前に最高顧問らと打ち合わせをしてから会議場へと急いだ。彼らは私服で会議に臨もうとしていた。極真会館では、全国の支部長が参加する支部長会議には、正装である黄色いブレザーを着用する義務があったが、支部長協議会においては私服も可とする慣習があった。

　ところが、ホテル国際観光に到着し会議室に入ると、なぜか黄色いブレザーを着用した大勢の支部長たちが席に座っている。その光景を見た瞬間、松井はすべてを悟った。単に「支部長協議会」が「全国支部長会議」にすり替えられただけではない。必ずここで館長解任の決議が取られるに違いない……。松井に同行していた浜井が、血相を変えて支部長たちに迫った。

「どうして皆、ブレザーを着ているんだ？　それに支部長協議会には出席しなくてもいい支部長たちの顔も見えるけど、いったいどういうことだ？」

誰も浜井の質問には答えない。浜井と目を合わせようともしない。硬い表情で口をつぐむ支部長もいれば、不安そうに松井の表情をうかがう支部長もいる。松井が覚悟を決めて着席すると、急くように西田が議事進行を始めた。

「これから支部長会議を始めます。議題のある支部長は挙手願います」

するると、すかさず三瓶が手を挙げ、「議長、館長の解任を議案します」と告げた。西田はもちろん、大多数の支部長にとっても予定通りの三瓶の発言だった。異議を唱える者は誰もいない。西田は「では、館長解任の議案が出たので、決議を行ないます。館長解任に賛成の人は立ってください」と続けた。大半の支部長が立ち上がった。彼らの行動に驚くと同時に、怒りを覚えた郷田と盧山が「お前ら、これはどういうことだ」と支部長たちに詰め寄る。西田、三瓶と盧山たちの押し問答が続くが、松井だけは動揺した様子を見せずに、黙って支部長たちの顔を眺めていた。だが皆、下を向いてしまい、松井と目を合わせようとしない。松井はなんらかの議論は覚悟していたものの、会議に臨む寸前まで、まさか解任決議が敢行されるとは予想していなかった。しかし、鋭い直感力を備えた松井は、会場に入るなり、三瓶ら支部長協議会派の陰謀を読み取った。腹をくくった松井は、各支部長の態度から彼らの本音を見抜こうとしていた。しばらく経ってから、松井は怒りも焦りもない、ただ淡々とした口調で支部長たちに問いかけた。

「皆さんは僕の何が、そこまで気に入らないのですか？」

すると柳渡が立ち上がり、冷たく言い放った。

「俺はお前の話し方も歩き方も、お前の全部が嫌いなんだ」

ちなみに、柳渡はその後も「松井では絶対に極真は潰れていた。自分たちは三瓶先輩の口車に乗せられたのではない。自分たちが松井では駄目だと思ったから解任に賛成をした。それは今でも間違っていたとは思わない」と言い続けている。

西田は盧山や浜井たちの抗議を無視して、「では、これで支部長会議を終わりにします」と強引に閉会を宣言した。支部長たちは我先にと会場を出ていく。会議が始まってからわずか二〇分後のことだ。盧山は逃げるように去っていく支部長たちに視線を向けたまま、松井に言った。

「松井、絶対に立つなよ。堂々と座っていろ。いいか松井、我々ではなく、あいつらが出ていくんだからな」

会場に残ったのは松井章圭、郷田勇三、盧山初雄、浜井識安、浜井良明（富山県支部長）、湖山彰夫（鳥取・島根県支部長）の六名だけだった。山田は所用で会議を欠席していた。廣重もまた、所用で会場到着が遅れていた。廣重が会議場に到着したのは、すでに解任決議が終了した後だった。

大多数の支部長たちが会場を去った後、盧山は清々しい表情で「よかったな松井。皆、出ていってくれたよ。これで本当の空手ができるな。私たちを支持してくれる人間だけで、精一杯極真を守っていこう」と松井に握手を求めた。内心では怒りに震えているに違いないはずなのに、厄介払いができたとばかりに笑顔で言ってのける盧山に、松井は熱いものを感じずにはいられなかった。

松井たちは今後の対策を練るために、総本部へ戻ることにした。ホテルの入り口を出ると、顔見知りの雑誌記者と出くわした。記者は松井に訊ねた。

「重要な発表があるというファックスが届いたのですが、なんの記者会見ですか？」

松井は一瞬、表情を強ばらせて、「記者会見？　そうですか。そういうことですか……。最悪の事態になってしまいました。極真会館は分裂です」と答えた。今度は記者が顔を強ばらせる番だった。支部長たちはすでに「館長解任」の記者会見を行なう手はずを整えていた。

記者会見は支部長会議が行なわれたホテル国際観光・寿の間において、三時四五分から始まった。正面席には向かって左から緑健児、松島良一、三瓶啓二、西田幸夫、長谷川一幸、桝田博が座り、その向かいに記者席が設けられていた。記者席を囲むように、部屋の壁沿いにその他の支部長たちが座っている。彼らの表情には、緊張感がありありと浮かんでいた。一方の記者たちも、支部長たちのただならぬ様子を、固唾を呑んで見つめていた。

中央に着席していた西田の「極真会館の緊急支部長会議、それに基づく発表がございますので、よろしくお願いいたします。声明文がございますので、副議長のほうからお聞きください」という言葉を受け、三瓶が松井の解任理由の書かれた声明文を読み上げた。

《声明文

一、極真会館支部長協議会は、本日午後二時より緊急支部長会議を開き、松井章圭君を極真会館館長から解任することを決定いたしました。

二、私ども極真会館支部長会議は、極真会館の最高決議機関として平成六年五月一〇日に松井章圭君を極真会館の新館長として選任しておりますが、以来およそ一〇か月にわたり松井君の新館長としての対応、仕事ぶりを目にするにつけ、松井君に館長としての能力・資格のないことが明々白々となり、本日の解任決議になったものであります。

三、松井君解任の理由は

1、極真会の私物化

2、独断専行

3、不透明な経理処理

の三点であります。

松井君は館長就任早々、何ら我々支部長会議に諮ることなく「極真会」の名称やマークを松井個人で商標登録しておりますし、支部長会議における館長選任の際に、「総裁」という名称は大山総裁の他には永久に使わないことを取り決め、松井君を「館長」として選任したにもかかわらず、松井君はいたるところで自ら極真会館「総裁」を名乗り、極真会館を私物化するとともに、支部長会議の取り決め、即ち約束を独断で反古にし、また経理処理についても、独断専行の処理をしております。

四、かような松井君の姿勢は、極真空手を体現することを通して、真（まこと）の人格を形成する極真空手の本道と相容れないものであります。

上に立つ者は、下の者の意見に耳を傾け、これを吸い上げ、これを具現化し、それによって下の者は上に立つ者を敬い、強固な信頼関係ができあがるものであります。そして、師と弟子、上に立つ者と下の者との間にこのような信頼関係があるからこそ、極真空手という厳しい稽古が何の疑いもなく継続できるのであり、このような信頼関係があるからこそ極真空手を通して人格を磨くことができるのであります。

しかしながら、松井君自らがその信頼関係を破壊してしまい、我々極真会館の屋台骨を支える支部長の大多数が、松井君を信頼できないと立ち上がったのが、本日の松井君解任決議であります。

五、我々が極真空手を正統に承継する者として、西田幸夫支部長協議会議長を中心とする新体制で、極真会館を支える各支部長・指導員・生徒たちと汗を流し、厳しい稽古の中から極真空手を広め、極めて参りたいと考えております。

六、したがって松井君は、極真会館における館長としての信を失ったわけですから、速やかに極真会館総本部から身を退き、これを明け渡すべきでありますし、松井君が一刻も早く、自らの行動の非に気づき、その反省の上に一支部長として、我々とともに汗を流したいというのであれば、いつでも我々はこれを受け入れる用意があります。

七、また最後になりますが、我々としては、常に大山総裁のご遺族の方々については心配をいたしております。

今回は緊急のこととして、以上の声明となりましたが、今後のことにつきましては、ご遺族の方々と、時間をかけて、お話をしてまいりたいと考えております。　以上

平成七年四月五日

極真会館支部長協議会議長　西田幸夫

右同副議長　長谷川巨気（著者注：一幸）

右同　三瓶啓二

ほか極真会館支部長　名（　支部）》

三瓶が声明文を読み終えると、質疑応答に入った。

――「独断専行」「不透明な経理処理」について詳しくお聞かせください。

三瓶「『独断専行』というのは、会議で松井君を館長とした際に、『総裁』という名称は使わないと決まりました。松井君はあくまでも『館長』だと。しかし、文章や封筒を見ていただければわかると思いますが、総裁という名称がついている。これはおかしいじゃないかと。これは一例でしかありません。『不透明な経理処理』については、ひとつだけ挙げるなら、総裁の葬儀が青山でありました。その前の会議では何千人くるかわからないし、多額の香典が集まるわけだから銀行に入れる

ますよね。でも、当日になったら銀行に入れず、彼が管理した。だから、出る金額はわかっても、入った金額がわからない。銀行に入れていればそれは違ったと思います」

——解任の票決数が記入されていませんが、どのような数字になったのですか。

三瓶「支部長協議会議長、副議長二名の三名と三五支部の支部長です。つまり、三八支部が解任決議に賛成ということになります。残りの一〇支部は、まあわからないですけど。連絡が取れない支部長もいますし」

西田「一〇支部全部が松井君についたということではありません」

——西田議長を中心とする新体制と書いてありますが、すでに館長を名乗っている大山智弥子さんとは、また違う形で館長をたてるのですか。

三瓶「当分の間は支部長協議会の議長を中心にやっていきます。館長という名称は使いません。権力闘争と思われたくないためです」

——一〇支部とはどこですか。

三瓶「今日欠席されている方もいますし、ここではちょっと……」

——反対は松井館長一人なのでしょうか。

西田「三人です。盧山支部長、郷田支部長、浜井識安支部長です。山田支部長は今日の会議は欠席されております」

——票決されたときの松井館長の様子はどうでしたか。何か発言はあったのですか。

三瓶「まあ、ちょっとわからないんですけれど。一応、会議はそれで閉会しました」

——今後、大山智弥子館長の遺族派とはどのような関係でやっていくつもりですか。

三瓶「遺族派というところがちょっとわからないんですけど。今も館長という形がありますが、名称は別にして、智弥子未亡人にはできれば組織に入ってもらいたいと思っています」
西田「あくまでも、これからの話し合いということで認識していただきたいのですが。声明文にも書いたように、我々は受け入れ態勢がありますというレベルの話です」
——松井さんの館長解任は、いつ頃に出た話なのですか。
三瓶「まあ身内の会議ですから。ただ、一〇ヵ月間見てきて、実際のところこれでいいのかと、信頼関係というのはいっぺんで崩れるものではありません。長い時間をかけて、彼は僕らの世代から見るとひとつ下の世代なんですけど、支えてきたなかでの信頼関係がだんだんなくなってきた。いつからと言われると漠然とした状態です」
——公式な会議の場でこの問題が出たのはいつですか。
三瓶「最初に出たのは三月の一〇日、一一日の二日間にわたって会議がありまして、その後の結果として信頼関係が崩れたのかなと思います」
——遺言書を巡る裁判の決着がついていませんが……。
三瓶「松井君は僕らが会議で選んだわけですよ。若いけれど頑張っていこうと。遺言書があったということもありますが、皆で支えていこうと。それを一〇ヵ月やってきて、遺憾ではありますが、こういうことになってしまった。信頼関係が崩れたらやっていけないわけです。お金以上に大切なのが信頼関係ですから」
——商標権については、今後どのようにするつもりなのですか。
三瓶「極真会館という組織そのものに登録してもらうつもりです。社団なり公益法人という形をもう一度目指して、そのうえで商標登録できればと思います」

西田「現段階ではまだ松井君が取得したわけではなく、申請している段階です。ただ、商標権は先に申請した者が優先的に取得できるので、おそらく松井君個人のものになってしまうだろうと思います。ただし、大山総裁の遺志が極真の商標を個人が持ったほうがいいのか、あるいは組織に持たせるほうがいいのか。つまり、支部長協議会とか、極真会館という法人みたいな形で持ったほうがいいのかと言えば、当然、皆が使えるように組織が持つべきだろうと誰もが思うわけです。それを個人で登録すること自体がおかしいと、それが私物化という意味です。登録の方法も、我々に承諾があればまだ独断専行と言われなかったかもしれませんが。申請したことについても我々は最近まで知りませんでした」

――今後、極真会館を財団法人化する方針なのですか。

三瓶「ひとつの例として公益法人化を考えています。空手は社会教育的な責任を担っていると思います。ただ強い弱いだけでなく、社会に有益であることを訴えていきたい。大山総裁も、そうお考えでした。公益法人というか、社団法人なら意外と簡単に取れるかなど、それもひとつの案であって、これは支部長の皆さんにはかっているわけじゃありません。それが何かというのは、これから皆さんと勉強していきたいと思っています」

――解任された松井館長を、今後、一支部長としてなら受け入れるということですが、本人が嫌だと言ったら極真会館を出ることになるのですか。

三瓶「自分らもそうじゃないですか。一支部長ですから。それが嫌なら自分も極真を離れなきゃならない。だから、それは松井君の問題です。支部長であれば応援していくと思います。除名云々じゃありませんから。館長としてはちょっと不適任かと。支部長としては十分やっていけるんじゃないですか」

記者会見は約一時間続いたが、最後を議長である西田が締めくくった。

「私どもは松井君との信頼関係は失いましたが、生徒あるいは後援者、あるいはファンの皆さんとの信頼関係は、今後とも、今まで以上に我々がこの組織を盛り上げるような形で引き継いでいきたいと思っておりますので、どうかその旨をご理解いただきたいと思います」


館長解任決議によって、松井体制を支持する者と支部長協議会を支持する者が明らかになった。会議に参加した四四支部のうち三八支部が支部長協議会を支持し、数の論理で言えば、松井体制は圧倒的に不利だった。支部長協議会についた支部長たちは会議後、それぞれが自らの心境を語った。三瓶グループの一人である高知県支部長・三好一男は「松井君が館長になることについては、あまり納得のいかないままに決定してしまいました。それでも自分たちは一〇ヵ月の間、組織を割らないようになんとか松井君を盛り上げていく努力を続けてきました。しかし、このままでは極真はどんどん悪い方向へ進んでいくと思い、西田議長や三瓶副議長が中心となって立ち上がったのです。何かを決定するとき、松井君と山田先輩はすべて『こう決まったから』という事後報告ばかりでした。常識では考えられないことですよ。もし、松井君たちと和解することがあるならば、彼がもとの通り、一番下の支部長として出直すときだけですね」と強気な姿勢を崩さない。

また、普段は口数の少ない沖縄県支部長・七戸康博も「松井館長は、あまり他の支部長のことや会議で決まったことなどを優先せずに、物事を決めていました。当然、不信感は募っていきます。松井館長としては、極真のためを思ってやったことかもしれませんが、すべてが裏目に出てしまった。今後は新しい組織作りを目指さなければいけないと思っています。極真が社会的に認められる組織になるために、自分が今何をするべきなのかを考えていきます」と、早くも松井を除いた新体制に思いを向けていた。
　和歌山県支部長・黒岡八寿裕も「自分は松井先輩を公私にわたり尊敬してきました。しかし、館長に就任してから人が変わったように仕切りたがるようになった。『総裁』の名称を使ったり、総裁もやらなかった商標権を登録したり、あまりにも自分の好きなようにやってしまうことが多く、不信感が募っていきました」と、松井への不満をあらわにした。
　ただ、一〇〇パーセント自らの信念に則って、身の処し方を選択した支部長ばかりではなかった。松井解任に向けての話が急激に進むなか、それぞれが短期間のうちに厳しい決断を強いられた。支部長協議会派に与した多くの支部長たちは、正しい判断ができるだけの十分な情報も与えられず、松井体制派の弁明を聞くことなく、三瓶たちが語る「松井批判」のみを信じてしまったり、縦社会の掟とも言える自らの師の意思に従ったり――。緊急の支部長会議で松井館長解任決議が採決された後も、支部長たちは少なからず複雑な心境を抱えていた。支部長協議会を支持した京都府支部長・川畑幸一と、松井体制を支持した千葉県北支部長・柿沼英明は、相反する立場に身を置きながら、はからずもそんな支部長たちの本音を吐露した。
「具体的な話はあまりよく知らないまま、会議に出席してしまいました。松井君からは何も聞いていなかったし……。西田議長や三瓶副議長、山田師範とは共に本部で汗を流した仲間なので気持ちは複雑です」（川畑幸一）
「自分は松井館長が解任されたという支部長会議は所用で欠席したし、これまでも一方的な話ばかりで詳しい事情はほとんど聞かされていません」（柿沼英明）
　支部長協議会派の異常な性急さについて疑問を提示したのは、解任決議を欠席した大阪南・兵庫県支部長である中村誠と鹿児島県支部長・竹和也だった。大山が死去する直前に病床に呼ばれた中村は、「二代目館長は松井で間違いない」と断言したうえで、「あっちが正しいとか、こっちが悪いとか、松井館長を相手に支部長たちが喧嘩を仕掛けてなんの意味があるのか。こんなことで大会を開催できるのか心配です。選手のことを考えて、なぜ一緒にできないのかと思う。自分はあくまでも選手や生徒のことを考えて大会を開催するほうを応援します。東京ではずいぶん前から松井館長を批判して、三瓶君たちがゴタゴタやっていたみたいだけど、結局はひとつの極真会なんだよ」と憤りを見せた。

竹は「松井君とは直接つき合いがないからよくわからないけど、ワンマンという部分はあった気がする」と松井に対する不満を抱きながらも、「田舎の支部で情報もまた聞きだったので、それほど切迫した状況だとは思いもしませんでした。皆、急ぎ過ぎていますよ。私個人としては、今は静観するしかないと思っています」と語った。ちなみに、中村と竹は、後に松井体制を支持することになる。

迷いながらも、支部長たちは大きなふたつの波のどちらに乗るか、選択せざるを得ない状況に追い込まれていった。巨大組織・極真会館は、もはや先の見えない長いトンネルへと迷い込んでいくしかなかった――。

突然の解任決議を受けた後、総本部に戻った松井たちに、意外にも動揺はなかった。記者に対しては硬い表情で答えたものの、盧山の「必ずあいつらは本部にやってくるから、今夜はここに籠城するしかないぞ。本部は守らなきゃな」という言葉に笑いがもれる。

すると予想通り、記者会見を終えた支部長たちが極真会館総本部に押し寄せてきた。

「松井は解任されたのだから本部から出ていけ」と、西田や三瓶が松井に迫る。西田と三瓶の後ろで、柳渡や三好が「そうだ、そうだ」とアジテーションを演じる。にわかに総本部のロビーは喧騒と緊張感に包まれた。彼らの行動に対し、堂々と対抗したのは盧山だった。盧山は支部長たちを威圧するように、ドスをきかせた声で言った。

「なぜ松井が出ていかなければならないんだ。我々はあんな茶番劇は認めない。そもそも支部長会議にも支部長協議会にも館長を解任する権限はないはずだ。お前らがやったことはクーデター以外の何ものでもない。それに、松井が気に入らないと極真から出ていったのは、お前らのほうだろう。勘違いするな」

大先輩である盧山を相手に、三瓶はやや気圧され気味になりながらも、同志たちの勢いを借りて強気な態度を崩さない。

「三八名もの支部長が松井では駄目だと言っているんです。それを認めるべきでしょう。松井解任に異論がある人も会館から出ていってくださいよ」

今度は盧山に代わり、普段は温厚な郷田が怒りをあらわにした。

「お前ら上等じゃないか。ふざけるな。そこまで言うなら、俺はその喧嘩を買うぞ」

「出ていけ」「出ていかない」の押し問答がしばらく続いたが、盧山と郷田の威厳の前に、徐々に支部長協議会派の支部長たちから威勢のいい罵声が消えていった。結局、支部長協議会派は、誰が発したかわからない「もう疲れたから今日は帰ろう」という一言に大勢がうなずき、帰り支度を始めた。そして、三瓶の「また出直してきます」という言葉だけを残して引き上げてしまった。

一方、松井たちも嵐のようだった一日に疲れ切っていた。松井の館長解任決議に賛同し、三瓶と西田に率いられるように総本部になだれ込んできた支部長たちの姿が完全に見えなくなるのを確認すると、さすがに今日は支部長たちも戻ってはこないだろうからと、松井たちは総本部に籠城することなく、それぞれが帰路についた。

家に到着した郷田は、妻に「極真が分裂した」と告げると、すぐに寝てしまった。次の日の朝、いつも通りの時間に起き出した郷田に向かって、妻が急くように訊いた。

「本当に極真は分裂したの？」

郷田は、昨日話したではないかと言わんばかりに、「本当だよ。何を慌てているんだ」と逆に問い返す。今度は呆れたように妻は言った。

「それが本当なら普通は眠れないでしょう。こんなときによく寝られるわね」

郷田は「これは負ける喧嘩じゃない。負ける喧嘩を買ったのなら不安で眠れないかもしれないけれど、一〇〇パーセント勝つ喧嘩だから何も心配することはない。俺たちは間違ったことはしていない。それなのに何を焦ることがあるんだ」と何食わぬ顔で答えた。


翌六日、松井たち体制派はホテルメトロポリタンの初風の間において「マスコミ懇談会」を開いた。自由な雰囲気のなかでメディア関係者とやり取りができるよう、あえて記者会見とは打たず懇談会とした。言うまでもなく、懇談会の意図は、前日の支部長協議会派強行による支部長会議と、その後の「松井館長解任」を伝える記者会見が巻き起こした騒ぎを鎮静化することだった。

出席したのは館長・松井章圭と最高顧問の郷田勇三、盧山初雄、支部長の山田雅稔、浜井識安、湖山彰夫の六名である。さらに、城西支部の分支部長たちも、彼らに従うように列席していた。分支部長らはマスコミ懇談会が始まる数時間前、山田から招集の連絡を受けて、城西支部代田橋本部道場に集合していた。山田は彼らに言った。

「一昨日の朝、突然、三和と増田が家にきて、『自分たちは松井をたてることはできないから、向こうの組織にいくことに決めた』と言って帰っていった。お前たちも彼らと一緒に支部長協議会派でやっていきたいのならいってもいいぞ。私は君たちを強引にしばるつもりはないから」

分支部長のなかには、招集理由もわからず代田橋道場にやってきた者もいた。黒澤浩樹は、先輩である中江辰美から電話をもらい、ただ一緒にいこうと言われてついてきただけだった。だが分支部長たちは全員、まるで事前に打ち合わせをしていたかのように、即座に「山田師範についていきます」と声を揃えた。

山田はうれしかった。三和が支部長協議会派についたことは、思いのほか山田にショックを与えた。三和を信頼していたからだ。だからこそ、城西支部にとって本拠地とも言える代田橋本部道場を三和に任せたし、管轄区域の広い町田市に分支部を出させた。

話は四月四日に遡るが、その日の朝早く、増田と三和は山田の自宅を訪ねた。なんとなく悪い予感を感じながらも、山田は笑顔で二人を家に招き入れた。

「こんな早くからどうした？」

山田は精一杯の気軽さを装いながら彼らに話しかけるが、二人の表情は硬かった。最初に口を開いたのは増田だった。彼は身を乗り出すようにして、組織の在り方など持論を語り出した。「組織というものを考えた場合……」と大仰な言い方をするものの、理屈屋で偏狭な持論を押しつける増田の癖を知り尽くしている山田は、少々うんざり気味に途中で彼の言葉をさえぎった。

「わかった。ようは三瓶さんたちと一緒にやりたいということだろう？　もうわかったから、お前は好きにやればいいよ」

早々に増田を見切った山田は、三和に視線を移した。三和は山田から目をそらさずにきっぱりと言った。

「自分は支部長協議会派でやっていくことにしました」

「岡本はどうするんだ？」

岡本徹は第二六回全日本選手権大会で四位に入賞した城西支部の有力選手であり、三和が特別に目をかけ、育てた選手だ。

「岡本は自分についてきてくれると言っています」

語気を強めて断言する三和を、山田はしばらく黙って見ていたが、やがて「そうか。お前はいい弟子を持ったな」と、明らかに皮肉とわかる口調で言った。増田が口をはさんできたが、山田は「もういいよ」と増田を無視するように話を打ち切ってしまった。結局、三〇分も経たずして、二人は山田の家を後にした。

だが、山田は三和に対しては諦め切れない気持ちがあった。まさか裏切られるとは思っていなかったからだ。また、次のような経緯があったことも、山田の三和に対する思いを複雑にした。

三月一一日の臨時支部長会議の後、山田は城西支部の分支部長である黒澤浩樹、小笠原和彦、三和純、江口芳治、田口恭一の五名を、東京都渋谷区の焼肉屋に招集している。まだ、支部長協議会派による松井館長解任決議はなされていなかったが、遅かれ早かれなんらかの形で彼らが「松井降ろし」に動くことは確実と山田は考えていた。そこで先手を打ち、彼らの意思を確認した。

「先日、会議でいろいろな話が出た。もしかしたら、極真は割れるかもしれない。そうなったら、お前たちはどうする？」

分支部長たちは、多少驚きはしたものの、「自分は山田師範についていきます」と皆、はっきりと答えた。誰一人、迷った様子はうかがえなかった。三和も例外ではなかった。とりあえず安堵した山田は食事会の散会後、すぐに松井に電話を入れ、「館長、城西は全員、松井館長をたてていくという意思で固まりました」と伝えている。だからこそ、山田は三和の豹変が納得できなかった。誰かが後ろで糸を引いているのではないかという疑惑さえ抱いたほどだった。

翌日、どうしても諦め切れない山田は一人、三和の道場に出向いた。そして、説得を試みた。

「この喧嘩は絶対に松井が勝つ。何よりも支部長協議会派は筋を通していないんだ。彼らのやったことはクーデターそのものなんだよ。もう一度考え直したらどうだ」

しかし、三和は「三瓶師範がヨーロッパなど世界も皆、こっちについていると言っています。勢力は支部長協議会派のほうが大きいんです。選手や生徒のためにも支部長協議会派でやっていく気持ちは変わりません」と頑に山田の申し出を拒否した。それでも山田は「三瓶の話を信じるのはいいけれど、生徒のためと言うのであれば、もし、やはり松井側がいいと思ったときはいつでも戻ってこいよ」と精一杯優しい声をかけて道場を後にした。

三和の裏切りと彼を翻意させられなかった事実は、山田に大きな悔いを残した。後に山田は、三和が日頃から「廣重師範は道着を着て教えているけれど、山田師範は教えていない」「城西に一番尽くしているのは自分なのに、あんな辺鄙な町田に追いやられた」などと、周囲に不満をもらしていたことを知る。確かに、公認会計士の仕事が忙しくて空手着に袖を通す機会は減っていた。だが、山田は師として彼らにそれぞれ採算性の高い道場を任せ、一国一城の主としての権利を与えた。三和の「本音」を知った山田は、彼とは縁がなかったのだと自らを納得させるしかなかった。

話を戻すが、松井派のマスコミ懇談会は午後七時から始まった。統括本部長となった山田から、新人事と新たに任命された支部長たちの発表がなされた。

「昨日、記者会見が行なわれたこともあり、私共としましてもお話ししたいことがありますので、お聞きいただければと思います。今後の体制ですが、新執行部という形で統括本部を置き、私が本部長を務めることになりました。副本部長は浜井識安支部長です。また、城西支部の分支部長だった五名が、今後はそれぞれ支部長として活動します。城西中野支部長に黒澤浩樹、城西吉祥寺支部長に小笠原和彦、城西田無支部長に中江辰美、城西三軒茶屋支部長に田口恭一、城西国分寺支部長に江口芳治が就任しました。

次に昨日、支部長協議会名で出された文書に関して、館長の松井から話をさせていただきます。併せて両最高顧問の話の後に、質疑応答とさせていただきます。支部長協議会として招集されたものがいきなり支部長会議となって、緊急動議で解任ということでしたが、大山総裁の遺志が二代目館長は松井ということでしたので、私共は総裁の遺志を継いでいく所存です」

山田の言葉を受け、松井は「極真会の問題で皆さまにはご迷惑、ご心配をおかけいたしました。お騒がせしていますことを、この場を借りてお詫び申し上げます」と謝辞を述べた後に、支部長協議会派が松井解任の理由として挙げている「極真会の私物化」「独断専行」「不透明な経理処理」について、具体的な説明を始めた。

「商標権を個人名義で申請したのは事実ですが、極真会館が法的な団体ではないため、現段階ではそうするしかありませんでした。今後、公益法人を得た場合はすみやかにそちらに移すつもりです。支部長たちに個人で登録する旨の確認をしなかったことが、『極真会の私物化』『独断専行』の文書につながっているようです。もちろん、密に連絡を取り合って意思の疎通をはかるのは大切ですが、緊急に判断すべき事項が多いことも事実です。館長としての職務のなかで、責任を持って物事を決定して進めてきたことが、支部長協議会派の方々には『独断専行』と解釈されてしまった。『不透明な経理処理』についても、会議で香典は銀行に入れると決定したのに入れなかったという疑問がありますす。その理由は、葬儀には六〇〇〇人以上の方が参列されましたが、金額の合計は出すけれど、一人一人の明細は取れないと銀行から断られました。それなら我々でやろうと会館に持ち帰りました。事務員たちが手分けして名簿をつけた後、お金は銀行に預けています。その報告をしなかったことが不透明と言われてしまった原因です。この一〇ヵ月の間、私が常に的を射た正しい行動を取ってきたとは言い切れません。反省するべき点は多々あると思います。もちろん、改めるべきところは改めるつもりですが、声明文には事実誤認が甚だしい部分があります。昨年来の高木氏らもそうですが、私の名誉を著しく傷つける文書だと思っております」

会場に詰めかけたメディア関係者たちは淡々と語られる松井の言葉を静かに聞いていた。

次に郷田が、松井の一〇ヵ月間の仕事振りを評価する内容の発言を行なう。

「松井館長の仕事振りは自分が一番近くで見てきました。この一〇ヵ月間、三二歳でこれだけの大きな組織の長になり、彼なりに戸惑いながらも頑張ってきたと思います。私は館長が重大なミスを犯したとは思えない。だから、ここまでこじれる要因はないはずです。支部長たちの言い分にも正しい部分はあるでしょう。ただ、それはあくまでも話し合いで解決できる範囲の問題です。総裁が松井君を二代目館長にしたいから頼むと言われた以上は、長い目で一人前の館長に育てていくのが、先輩支部長である我々の役目です。こうなってしまったことは残念ですが、関係改善の可能性がある限り話し合いをして、これからも松井館長を支持していきたいと思います」

そして、盧山はこれまでも支部長たちに言い続けてきた大山の遺志について語った。

「巨大な組織を運営するというのは大変なことです。また、館長職というのは実際に皆さんや我々が考える以上に激務な要職です。確かに、松井館長のやる気と若さが、ときには空回りしたこともあったかもしれません。それが支部長協議会派の言う『独断専行』という言葉になったのでしょう。パーフェクトな仕事はできなかったと松井館長本人も認めていますが、我々はあくまでも大山総裁の遺言を尊重したいと思います。わずか一〇ヵ月の間に、総裁の遺志を支部長が覆すのはおかしな話です。亡くなる前、総裁は最近の支部長は腹にぜい肉がたまって守りに入ってしまったと盛んに言っておられました。松井館長を指名したのは、松井君を中心として守りではない覇気のある、攻撃的な組織にお前たちの力で生まれ変われ、そういう期待があったように思えてなりません。大山総裁の遺志を謙虚に受け止め、今後も極真会館の発展のために努力を惜しまないつもりです」

館長である松井と両最高顧問の挨拶が終わると、質疑応答に入った。静かだった場内が、にわかにざわめき出した。

――支部長協議会と支部長会議は別のものなのですか。

松井「支部長会議は支部長全員が揃って行なう、通常年二回の会議です。支部長協議会は各ブロックの代表である支部長が集まって月に一回、経過報告や今後の方向性を話し合う場です。ただ、それらが最高決議機関ではありません」

――一九九四年五月に松井さんが館長として認められたのは支部長会議なのでしょうか。

松井「支部長会議によって認められたというか……」

すかさず盧山が松井の言葉を継いだ。

盧山「いや、後継者を指名する権利を持つのは、あくまで大山総裁であって我々支部長ではありません。支部長会議は、総裁の遺言を確認するための場だったというのが正確だと思います」

松井「全員の意思表示を仰いだという感じでしょうか。声明文では『選任された』となっていますが、私のなかでは支部長会議をもって選ばれたという認識はありません。総裁の遺志でなければ私がしゃしゃり出る意向はなかったので。総裁の遺志ならばと、今までやってきました」

――支部長協議会側は、松井さんが海外向けの封筒などで総裁という呼称を使っていると言っていますが。

松井「それはあります。規約に『国際空手道連盟の総裁は極真会館の館長を兼ねる』という一文がありますので。今後、見直していくことが必要だとしても、現段階では国際空手道連盟と極真会館は別個という扱いになっております。国際空手道連盟の長は『総裁』、極真会館は『館長』、私は自らの呼称を館長としています。総裁と名乗ったことは一度たりともありませんが、規約に則って封筒などの印刷物には総裁という言葉が入っています。それをとって、会議の決定を反故にしたと彼らは言っているわけですが、以上のような規約があるのと同時に、総裁の存命中から支部長会議は決定機関ではありません。つまり、支部長会議自体には、極真会館の運営に関する決定権はないのです。会議で出た意見を参考に、最終的には総裁の決定で物事が動いてきました。もちろん、総裁と同じようにいかないことはわかっていますが、館長はどの程度の権限を持っているのか、彼らの言動を見ていると逆に私は疑問を持たざるを得ません。館長の職務は支部長会議ですべてを確認したうえで決定しなくてはいけないのか。そんな事例はかつてなかったことです。ただ、今の私の言葉をとって、すべてを私の独断でやっていいと受け取られては困りますが……。館長職にはそれなりの権限が認められてしかるべきではないのか、そう私は思います」

――極真会館はこのまま分裂してしまうのでしょうか。

松井「支部長協議会側の解任理由や、悔い改めて共に汗を流すなら、一支部長として認めるという条件は受け入れられません。そもそも支部長協議会にはそのような権限はないですし、彼らの主張そのものが事実誤認ですから。両最高顧問も同意見です。もちろん筋が通った大義があり、それが正論であれば私は降りるべきだと思います」

盧山「昨日の記者会見や声明文から、彼らに大義を感じられたのか、逆に皆さんにお聞きしたい。

総裁の遺志を弟子である我々が守って当然なのに、わずか一〇ヵ月の間に支部長たち個人の感情や立場によって引っ繰り返してしまう。私は彼らの声明文に大義を感じられません。総裁の遺志を踏みにじった支部長たちが、本当の正当性を主張できるのか。総裁が亡くなって遺言や遺志はどうでもいいという言葉を発した支部長もいましたが、私にはまったく理解できません」

盧山の言葉が終わるのを待ちかまえていたかのように、浜井は一際大きな声で話し始めた。

浜井「昨日の支部長会議でも、急に三瓶支部長が立ち上がって解任動議をすると、西田議長が仕切って解任を決定し、我々の意見を一切聞かず勝手に会議を終わらせてしまった。総裁の遺志に関係なく、我々支部長が松井館長を多数決で降ろすことができるのか。そんな権利はありません。支部長協議会側を非難するわけではなく、いろいろと行き違いもあると思います。つまり、決裂したというのではなく、支部長たちにはいつでも帰ってきてほしいと、本部の門を開けて待っていると言いたいですね」

松井「たとえ遺言で指名されたとしても、私が取り返しのつかない失敗を犯した、あるいは対外的に極真会館や支部長の皆さんの名誉を著しく傷つけるようなことがあったならば、総裁の遺志にかかわらず、その時点で館長職を降りるのは当然だと思います。ところが、支部長たちが提示した三つの解任理由は事実ではないということが問題なのです」

——極真会館に関わる重大事項がすべて事後報告では、なかなか支部長たちの合意は得られないとも思われます。松井館長の言う大義名分はわかりますが、大山総裁が亡くなった時点で、もっとも末席の支部長であり、年齢的にも若い松井さんが次期館長職を引き継ぐことで、こういう事態が起こり得るとは考えなかったのでしょうか。

松井「もっと考えるべきだったと反省する点はあります。ただ、細かい部分のひとつひとつを月一回の支部長協議会、もしくは年に二回の支部長会議で報告できたのかという問題はあります。確かに、商標権など重要なことは報告すべきだったと思います。至らなかった点は反省し、それを踏まえたうえで、今後どのように極真会館としての意思決定システムを改善するべきかを検討する会議であれば建設的だと思います。しかし、事後報告ということのみを問題視して解任というのは性急過ぎるし、それをもって私物化とされるのは心外です」

再び浜井が、乗り出すように松井の言葉を継いだ。

浜井「松井君は館長としてまだ若葉マークをつけているんですよ。初心者マークだから小さなミスはあります。だからといって『お前は駄目だ、降りろ』というのは早急な決断ではないかと思います。総裁の遺志として我々が松井館長を見守り、悪いところを直していくのが筋であって、皆で足を引っ張って降ろすというのはどう考えてもおかしい。もちろん、彼らが一方的に悪いと言っているのではなく、この認識のズレには互いの行き違い、ボタンのかけ違いがあるのだと思います」

最後に盧山が話をまとめた。

盧山「昨日の彼らの行動を見ても、勇み足ではなかったかというのが実感です。声明文の内容について、何点かこちらから追及したのですが、答えは抽象的で明確さに欠けていました。彼らは感情だけで行動を起こしてしまったのだと思います」

約一時間におよぶ懇談会は終了した。「マスコミ懇談会」という名称のせいというわけではないだろうが、会場は終始和やかな雰囲気だった。

約一週間後の四月一二日、再び支部長協議会派はホテル国際観光・竹の間にメディア関係者を招集した。今回は記者会見ではなく、松井側同様「記者懇談会」と銘打って行なわれた。出席者は西田幸夫、三瓶啓二、長谷川一幸、廣重毅、そして選手代表として増田章と八巻建志も同席した。この懇談会によって、廣重が支部長協議会派についたことが判明した。また、増田が師である山田と袂を分ち、支部長協議会派の一員として動いていたことは、内部にこそ知れ渡っていたものの、対外的に彼の立場が明らかになったのはこの日が初めてである。同懇談会において、城西支部の内部分裂が公になった。増田は遺族への対応や組織の在り方の理想論など、積極的に発言した。一方、八巻は一切組織的なことは口にせず、「自分は選手なので、今まで以上にしっかり練習して、頑張ってまとまっていきたいと思います」という言葉に留めた。懇談会は質疑応答で進められた。

──松井館長も記者会見を開きましたが、内容は知っていますか。

三瓶「あまり知りません。やったという事実は知っていますが、僕らとしては彼を解任しているわけですから」

──松井館長側の懇談会で、声明文に書かれている解任理由について、ひとつひとつ説明がありました。支部長協議会派の支部長たちにも聞いてほしいと言っていましたが。

三瓶「声明文のなかで一番大事なことは、信頼関係が崩れたということ。その理由づけとしてひとつふたつ挙げさせてもらっただけですから、それは彼らも説明くらいできるでしょう。でも、会館から送られてくる封筒に総裁って使っていませんか？　使っていますよね。ただ、そんなことは枝葉の問題で、一番大事なのは信頼ですよね」

──松井館長の独裁になっていたのですか。

三瓶「商標登録にしても、去年の五月には申請しているのに、我々が知ったのは年が明けた一月の支部長会議です。皆に詰問されれば言い訳はできるでしょう。でも、そういう問題ではありません。葬儀の件もそうです。香典を松井君が持ち帰ったことを知ったのも最近です」

――郷田、盧山両最高顧問には相談していたのでは。

三瓶「支部長会議の場で約束したのにできなかったのなら、やはり支部長会議の場で全員の支部長の前で直接、説明するべきだと思います」

西田「松井側の言い繕いはあると思いますが、彼自身が我々に抱かせてしまった不安感、信頼関係を危惧するようなものが一番大前提です」

――声明文を見たとき、正直、解任するに足るものかと感じました。松井館長側は大山総裁の遺志が基盤になっています。大山総裁が生前、二代目館長は松井さんと言っていたのは事実ではないのですか。

三瓶「遺言状という形で僕らは聞いていました。生前というと、一〇年前とか、いろいろな人の名前が出ていますから。正式文書があるということで会議にかけたんです。でも、僕らは支部長会議で松井君を館長に選任した瞬間からは遺言から離れてやってきて、一〇ヵ月やったら信頼関係がちょっと崩れちゃったなという部分はあります。信頼はどうやって作るのか。僕は松井君に、こう言いました。『年は下だけれど今の状況は、俺は支部長でお前は館長だ。どちらに力があるんだ。お前がこちらを信用しろ。そうしたら間違いなく俺も信用するから』と。僕が信用するのではなく、彼がまず我々を信用するべきです。そういう関係を築かなければいけないんです。僕らは彼を除名にしていません。心を入れ替えてくれたら、いつでも一緒にやれるわけですから」

――いきなり解任という形ではなく、いちいち報告をするように決めるなど、話し合いで解決できなかったのですか。

三瓶「いろいろ会議でやってきました。ひとつひとつ挙げるときりがありませんが、それができなくなってこうなったのです」

――かなり前から何度も話し合ったのか。

三瓶「そうです。三月にも会議がありましたから。そのなかでいろいろ詰めてきました」

――それを松井館長が認めなかったのですか。

三瓶「会議で決まったことを、後で引っ繰り返されたこともあります。議長、副議長というのがいるのに、違った組織図がとっくにでき上がっていたんです。そういうことを、松井君と一部の人間の間で決めてしまうわけですよ。会議ではそういう話が出ない」

――ならば、「今までどういう支部長会議が何月何日にあって、その段階ではこういう話し合いをしたのにうまくいかなかった」と松井さんとの信頼関係が崩れていった過程を説明するべきなのでは。

三瓶「そうすると個人攻撃しなくてはならなくなるので。公職的にやめていただくのが一番と思ったわけです。会議ひとつひとつの、例えばやめるやめないという、下世話な話になってしまうというか……。三月一〇日、一一日に会議を開いて妥協点もあったのですが、その後に新しい組織図が作られているると。それを聞いて郷田師範に、この組織図を出したら問題があると言ったところ、『それでもいい』と……」

これまで三瓶や西田の話を黙って聞いていた廣重が、突然、話に加わった。

廣重「それを出したら支部長たちは了承しないだろうと言ったら、郷田師範がこの案に賛成できない支部長は、全員やめてもらって結構だと言うんですよ」

三瓶「統括本部長・山田雅稔という組織図があるわけですよ。僕らはどこにも入る余地がない。会議で決まったことがすべて否定されてしまうんです。僕はまったく知らされていないんですから。一〇日、一一日の会議で、松井君がベストではないけれど、世界大会までは様子を見るという意識はありました。お互い譲り合う部分は譲り、話し合ったんです。今、彼を館長職から降ろすことは適当ではないと」

廣重「支部長たちのなかには彼を降ろすという気持ちはなかったと思います。とにかく、物事を決めるうえで見えない部分が多過ぎる。もう少し見える形にしてくれないか、という話し合いだったんです」

――極真全体のことを考えると、もとに戻ることが最善だと思いますが。

廣重「極真全体のことを考えるなら、もとに戻る必要はないでしょう。我々は最初から割れるべきではないと思っていましたから。極真というのはひとつにまとまっているから力がある。割れてはいけないと言い続けてきた結果がこれです。松井君が反省するべきところは反省し、浅草で支部長として極真のために力を出して一緒にやろうと言ってくれるのなら、極真はまたひとつにまとまります。自分たちがどうするのかではなく、松井君の問題なんです」

――松井館長は先日の会見でも反省していると言っていたし、声明文の内容についても詳しく説明していました。それに、「館長としてはまだ若葉マーク」という表現を使っていた。支部長たちは、なぜ松井館長を許せないのですか。

三瓶「いくら若葉マークであっても、交通事故で人を殺したらどうしますか。許されることではないでしょう。もうそこまで松井君との信頼関係は崩れているんです。彼は声明文に対して大雑把な部分で言っていますが、細かいことを言ったら、非常に醜い部分まで表に出さなくてはならないので、我々は公表を控えたつもりです」

三瓶の発言に「人を殺すという例えは少し言い過ぎではないか」といった、やや反発めいた言葉が記者たちの間にもれた。そんな空気を案じたのか、慌てるように増田が口をはさんだ。

増田「まだ自分たちのなかにも、彼らと一緒にやりたい、仲間という意識があるんですよ。だから、極真会館の恥部を、あえて外にさらしたくないと思っています。ただ、ひとつだけ言えることは、大山総裁から任命された全国の支部長たちが判断して会議で結論を下したというのはどういうことなのか、それを理解していただきたい。この解任を認めないということは三十数名の支部長の考え、判断力をまったく認めないことにつながります。これは我々が組織のなかで任命した支部長たちをすべて否定することになります。マスコミの方々に、それら支部長たちのことを認めていただけるのであれば、そういう人たちが判断したことであると考えていただきたいと思います。これ以上言ってしまうと、非常に醜い争いになってしまうような気がします」

二度目の支部長協議会派の会見は、前回の会見の内容と大きく変わるものではなかった。ただ、一回目の会見では松井に対し、「極真会の私物化」「独断専行」「不透明な経理処理」という具体的な疑惑や問題点を提示していたが、松井派によってそれらを明確に否定されてしまったからか、今回は先の三つは一例に過ぎないとして、事実上、撤回した形になった。代わりに、極めて抽象的な「信頼関係が崩れた」という理由を強調した。会見に臨んだメディア関係者は、この論点のすり替えを見逃さなかった。事実、記者会見において、彼らが、特に三瓶啓二が発した言葉に多くの矛盾が含まれていたことは、誰の目にも明らかだった。そして、その矛盾こそが、「松井館長解任劇」が正当性のない支部長協議会派の「クーデター」であることを、はからずもさらけ出すことになる。

改めて、この一連の、メディアに向けたそれぞれの会見について振り返ってみる。

松井派は懇談会の席で、支部長協議会派が解任理由として挙げた三点について、具体例を示しながら論理的な説明を行なった。それに対して支部長協議会派は、本来であれば二度目の会見の場で、松井派の主張を論破する説明が必要だった。記者たちもそれを期待していた。しかし、彼らは松井派の懇談会を「やったという事実は知っているが、内容は知らない」と言ったうえに、「声明文の三つの解任理由は理由づけとして二、三挙げただけで、それらは枝葉に過ぎない。重要なのは一〇ヵ月の間に、徐々に信頼関係が崩れたことだ」と反論どころか問題をすり替えた。たとえ、彼らにとって枝葉に過ぎないことであろうと、松井派が理にかなった説明をしたのならば、それは松井解任理由として成立しなくなる。さらに言うならば、彼らは「枝葉に過ぎない」ことを理由に、松井を解任したと言っていることになるのだ。

そもそも信頼関係が崩れた理由は、三瓶たちの言う、枝葉に過ぎないことが積もりに積もった結果であり、逆に言えばそれら枝葉が解決されれば、信頼関係は再構築できるという理屈になる。ならば、その枝葉の説明こそが重要なのではないか。当然、記者たちはそう思った。会見の席で、記者たちは幹となる具体的理由の開示を要求した。「いつ頃から松井館長への不満の声が上がったのか」「それについていつどのような場で、どういった話し合いがなされたのか」「そもそも声明文の内容が、松井館長を解任するに足るものなのか」――。

三瓶を中心に支部長協議会派は「内部のこと」「個人攻撃になってしまう」「恥部をさらけ出したくない」という説得力に乏しい言葉で明言を避けた。ただ、明言を避けながらも彼らの主張の端々に、矛盾点が露見していた。そこから見えてくるのは、実は松井の解任理由が「徐々に信頼関係が崩れた」ことでも、「何度も話し合いをした結果」でもないという事実だ。

記者会見の席で三瓶は、「一〇ヵ月間、松井君を見てきて、これでいいのかと疑問を持っていた。信頼関係とはいっぺんに崩れるものではない。彼を支えてきたなかで、だんだんと信頼関係が崩れていった」と答えている。だが、その直後、記者から「公的な場でこの問題が提議されたのはいつか」という質問が投げかけられると、三瓶ははっきりと答えた。

「公的な会議の場で松井君の問題が出てきたのは三月一〇日と一一日に行なった会議です。その後の結果として信頼関係が崩れた」

先の言葉とは明らかに食い違う弁明である。ようは、「一〇ヵ月かけて信頼関係が崩れた」のではなく、「三月の会議の結果、信頼関係が崩れた」と、三瓶は自らの言葉で前言を否定したことになる。

また、「商標登録についても、去年の五月に申請していたことを我々が知ったのは一月の支部長会議だし、極真会館葬の香典の件を知ったのも最近だ」と語っている。つまり解任決議がなされるわずか三ヵ月前のことだ。確かに、支部長たちへの相談も事後報告もなく進めた松井の行動は、十分に非難されるものではある。そして、それが松井に対する不信感につながるのはごく自然なことだろう。ただ、彼らが松井の「独断専行」を知ったという時期が事実であるならば、三瓶の言う「徐々に信頼関係が崩れた」という言葉自体が正確でないことの証明になってしまう。

大山の死去直後に行なわれた臨時支部長会議の席で、「総裁」の名称は永久欠番にすることを決めたにもかかわらず、松井は総裁と名乗っていると支部長協議会派は非難し続けた。事実、松井は関係者に送る文書や封筒に「国際空手道連盟総裁　極真会館館長　松井章圭」と記していた。この件についての松井の弁明は前述したが、支部長協議会派が同じ非難を続けるたびに、松井も以下の説明を幾度も繰り返した。

「極真会館の規約には『国際空手道連盟の総裁は極真会館の館長を兼ねる』という一文があります。今後、見直していく必要があるとしても、現段階では国際空手道連盟と極真会館は別個のものであり、国際空手道連盟の長は『総裁』、極真会館の長は『館長』となっている。私は呼称を館長としていますが、規約上では総裁という立場にもあります。ただ、総裁と名乗ったことはありません。館長就任直後から文書にはそう記してきましたが、特に支部長の皆さんから苦情がきたことはありませんでした。三月の会議ではじめて、『去年の五月の会議の席で総裁と名乗らないと決めたのに、松井は反故にした』と非難されました」

松井と大多数の支部長たちの認識には、出発地点から大きなズレがあった。松井の館長就任の経緯、ならびに根本的な組織というものの捉え方についてだ。互いの会見にそれらは如実に表れている。三瓶は「松井君は僕らが支部長会議で館長として選んだ」と言い、松井は「総裁の遺志だからこそ、自分は館長の任を受けた。会議の場では全員の意思を仰いだだけ」と主張する。また、支部長協議会派は「支部長会議は極真会館の最高決議機関」と位置づけるが、松井はそうではないと言う。この点については、反松井の立場をとる大山の長女・留壹琴自身が、極真会館関係者ならびにメディアに送った手紙に《本来支部長会議という場は、父の演説を支部長たちが聞き、また、父が支部長たちの道場行事や要望を聞くだけで、組織の重要な事項を決定していた訳ではありませんでした》と記している。

一般的な組織論に当てはめるならば、松井の主張に筋が通っているのは明白だ。支部長会議が極真会館の最高決議機関であるという規約はどこにも存在しない。また、それが慣例となっていた事実もない。大山の生前、極真会館に関するすべての案件は、大山の一存で決まっていたからだ。実際、留壹琴が言うように、支部長会議も支部長協議会も単なる形式に過ぎず、大山からの指令を受ける以外は、支部長たちが多少の意見を述べる場でしかなかった。大山存命中は言わずもがなであるが、松井の代になってからも、そのような規約が作られた経緯はない。それどころか、支部長たちの意思によって、会議の議題に上げられたことすらない。

総裁の呼称の件についても、逆の意味で同様だった。極真会館規約に「国際空手道連盟の総裁は極真会館の館長を兼ねる」と明文化されている以上、松井が国際空手道連盟の総裁であることは否定しようのない事実だ。公的な文書に国際空手道連盟総裁と記すことは当然であり、逆に記さなければ国際空手道連盟の長は不在ということになる。支部長たちが文書や封筒に総裁と記すなと言うならば、松井が言うように、まずは極真会館の規約を見直すことを、支部長たちが公的な会議の場で議案として提示するのが道理である。それが組織というものだ。

三瓶は松井新体制のスタート時点から「総裁のときのように独裁ではいけない。合議制を取り入れ、なんでも全員で話し合って決めるべきだ」と主張してきた。ならば、そのためにするべき急務は、大山の時代に不文律となっていた慣習も含め、極真会館の規約の見直しに努めることだった。ところが、三瓶は非公式な場で「合議制じゃなくてはいけない。松井の独裁にしてはいけない」と支部長たちを煽るばかりで、公的な場で具体的な案を提議したことは一度もなかった。また、仮に三瓶を含め、松井に不満を持つ支部長たちが問題提議を行なっていたとしても、大山の死後、たった一〇ヵ月の間に組織の体制を一変させることは常識的に考えてあり得ない。組織内に生じた問題は、あくまでも公式な場で、ひとつひとつ議論を重ねながら解決していくのが、まさに三瓶が主張する合議制というものである。

一方で、極真会館は一般的な会社組織の範疇でははかれない側面を持っていることも忘れてはいけない。武道団体であるがゆえに、縦社会、年功序列による人間関係が当たり前にまかり通っている世界だ。ときには、「規約」よりも「情」が優先される世界なのだ。だからこそ、全国の支部長のなかで、もっとも後輩であり、末席だった松井が館長になることに、拒否感を抱く支部長が少なくなかった。南アフリカ遠征の際に見せたように、三瓶が公的な場でも松井を館長としてたてることができなかった背景には、体に染みついた縦社会の因習的思考があったことは明らかである。

だが、逆に縦社会であるならば、反松井勢力は、なぜ松井を二代目館長から降ろす画策を、水面下で進めなければならなかったのか。結果的にクーデターを起こすほど、松井に対して不満があったのなら、事態が深刻化する前に忌憚のないなかで、松井に苦言を呈することのできる支部長は大勢いたはずだ。増田章は「三八名もの支部長が松井君を否定した事実をわかってほしい」とメディア関係者に訴えたが、それ以前に三八名の支部長のうち、いったい何人が松井に直談判をしたのか。松井の問題点を指摘し、よりよく導こうと働きかけたのか。大山道場時代のOBであり、元出版社社長の松永秀夫は『フルコンタクトKARATE』（一九九五年六月号）誌上でこう語った。

《松井館長が悪いって、本当に思ったら後輩なんだから見えないところで叩きのめしてでもいいから「お前、こうじゃないか」とやりゃあいいんだよ。松井館長が本当に不正を働いているんだったら「貴様、不正を働いて本当に極真が持つのか」って引っぱたけばいいじゃない。（中略）館長かも知れないけど、先に入った先輩なんだから、間違いは正せばいいことであって、それは極真会のためだよね》

大山倍達の遺志は「後継者・松井」にあると確信し、分裂劇のなかで常に松井を擁護し続けた盧山初雄も同じように言った。

「支部長協議会派の支部長たちが松井館長の先輩であるならば、信頼関係が失われたのなら、その疑問を直接松井館長に投げかけ、失われた信頼関係を取り戻そうとするべきでした。でも、残念ながら、そのような努力をした人間は誰一人いませんでした。大山総裁が亡くなって最初に開催した全日本ウエイト制大会で、彼らにどれだけ新館長をたてようという気持ちがあったのか。館長が会場入りしても挨拶もせず、顔を背けて冷ややかな態度を取っていました。会場内には館長が座る席も用意されていなかったのです。それは、信頼関係があるない以前の問題です。彼らは最初から、若い新館長を支えていくという努力すらしなかったのです。というより、そもそも支えるつもりがなかったのです」

盧山のこの言葉がすべてを物語っているのかもしれない。

支部長協議会派による分裂騒動から、すでに一五年以上が過ぎた今、当時、三瓶たちに追従しながらも彼らのもとを離れていった多くの元支部長たちは、声を揃える。

「結局、三瓶さんたちがどんなに真っ当な正義を並べ立てようが、数の論理を主張しようが、支部長協議会派のやり方は『クーデター』以外の何ものでもなかった——」

クーデター直後の記者会見の席で、三瓶は「権力闘争と見られたくないので、我々は館長をたてずに議長を中心に活動していく」と語ったが、このクーデター事件以降に繰り広げられる泥沼劇は、権力闘争としか言い表せない、ひどい様相を呈していくことになる。

ちなみに、支部長協議会派が記者懇談会を開いた翌日の四月一三日、遺族より大山倍達が遺したとされる「危急時遺言」が家庭裁判所で無効とされた旨の発表がなされた。「遺言は遺言者の真意に出たものであると認めることが困難である」との理由からだ。すでに序章で説明しているが、遺言書の棄却が裁判所で正式決定されたのは三月三一日、遺族へ通達が届いたのは四月七日である。

支部長協議会派は、四月五日の記者会見でも、四月一二日の記者懇談会でも、松井館長解任の理由に遺言書の存在を挙げることはなかったが、これ以降、遺言書の却下を理由のひとつに掲げ、松井館長解任の妥当性を訴えることになる。一方、松井は遺言書の無効判決を受け、さっそく四月一四日、遺言書の立会人たちと共に、東京高等裁判所に抗告を行なった。

第三章　極真「帝国」の崩壊

二度行なわれた一年祭

松井派と支部長協議会派は、真っ向から対立する内容の記者会見を開いた。松井派は話し合いで解決する問題だと言い、支部長協議会派はすでに信頼関係の修復が不可能なところまできてしまったと主張する。だが、二週間後には大山倍達の一周忌が控えていた。それまでになんとか関係を改善し、もとの鞘に収めることはできないものか――。一部の強硬的な支部長協議会派メンバーを除き、極真関係者のほとんどがそう願っていた。

そして、極真会館全支部長の「長兄」的存在である郷田勇三が動いた。全国の支部長宛に四月一九日付で手紙を送ったのだ。「すべての支部長に呼びかける」という見出しのついた手紙には、「大山倍達総裁の弟子であるならば、師の遺志を尊重するべきだ」「大山総裁が後継者に松井を指名したのは事実だ」「皆、大山総裁を信じ、極真空手の道を信じて、日夜稽古をした仲間ではないか。原点に帰って冷静に話し合いをしたい」という旨の文章の後に、具体的な提案が記されていた。以下が要約だ。

《1、お互いに、過ぎたことの責任は一切問わないで、明日からのことを前向きに話し合いたい。

2、松井館長になってからの組織図や役員人事などは、「松井章圭館長」を除いて全て白紙に戻し、みんなの合意で改めて決定したい。
3、大山智弥子夫人の呼び掛けで、4月25日に総本部において、故・大山倍達総裁の「一年祭」が執り行なわれます。これには、全支部長が出席するよう呼び掛けます。
4、「一年祭」に上京する機会を生かして、4月24日に全支部長による話し合いを行ないたい。場所は私が設定します》

郷田の呼びかけに応じる形で四月二四日、東京都豊島区池袋にあるハナシンビルの一室に支部長たちが集結した。会場には最初から重苦しい空気が漂っていた。そんな、緊張感に満ちた暗い雰囲気を打ち払うかのように、郷田が進行役として話し始めると、三瓶啓二が即座に口をはさんだ。

「師範、もう話し合いの時期ではないでしょう」

三瓶の言葉に眉をひそめ、不快感をあらわにしながら、郷田は答えた。

「わかった。じゃあ、今日は話し合いではなく、こちらの話を聞いてほしい。支部長たちは我々と支部長協議会、双方の話を聞いて、その後で判断してくれればいい。ただ、聞くか聞かないかはお前たちの自由だ」

すると、すかさず三瓶は「それじゃ皆、帰ろう」と支部長たちを促した。三瓶の煽動に困惑の表情を浮かべ、右往左往する支部長も少なくなかった。しかし、「寄らば大樹の蔭」ということわざ通り、数の原理で優っている支部長協議会派を選び、部屋を後にする支部長の流れは止まらない。大半の支部長が部屋を出ていってしまった。戸惑いは見せたものの、結局、彼らは「長兄」である郷田の面子を潰すこともいとわなかったのである。

最終的にその場に残ったのは、四月五日の会議を欠席した中村誠や、いったんは松井の館長解任に賛同したが、昔から郷田を慕ってきた河岡博實など、十数名の支部長のみだった。徒労感と虚無感を感じると同時に、郷田たちが内心、強い怒りを覚えたであろうことは想像にかたくない。

そして、事態はさらに深刻な様相を呈し、最悪の結果を招いてしまう。大山倍達の一年祭は、同じ極真会館総本部において、四月二五日と二六日の二日間にわたり、松井派と支部長協議会派が別々に執り行なうことになってしまったのだ。

まず四月二五日、午後一時。総本部二階道場において、大山智弥子主催による大山倍達の一年祭が行なわれた。式に列席したのは松井派を支持する郷田勇三、盧山初雄、山田雅稔、中村誠、河岡博實など、前日、三瓶の誘いに従わなかった国内の支部長たち、さらに磯部清次（ブラジル支部長）をはじめとする海外の支部長たち、そして田村悦宏、青木英憲ら城西支部所属の選手や総本部所属の道場生など約二〇〇名だった。また、元極真会館ニューヨーク支部長・中村忠や元総本部師範代・加藤重夫、プロレスラーの前田日明ら、極真会館または大山倍達とゆかりのある者たち数名が参列した。ただ、そこには松井章圭の姿はなかった。主催者である大山智弥子の姿もない。遺族からは唯一、次女の恵喜だけが出席した。支部長協議会派の支部長はもちろん、高木ら遺族派が訪れることもなかった。一種、異様な光景であった。

実は、この式典が大山智弥子の名前で開催されるまでにも侃々諤々あった。そもそも遺族は高木らと共に、二三日に遺族派として一年祭を開催する予定だった。彼らはすでに雑誌などで告知していたのだが、当日の二三日、極真会館入口には以下の張り紙が貼られた。

「お知らせ
故大山倍達総裁の一年祭を4／23（日）に行う予定と雑誌に掲載しておりましたが、急遽4／25（火）に変更になりました。ファンの皆様、関係者の方々にはご迷惑をおかけ致しますが、何卒御了承の程、宜しくお願い致します。事務局」

遺族たちが一年祭の日程を変更した裏には、一週間前にもたれた松井派との話し合いがあった。その結果、大山智弥子個人を主催者に掲げて一年祭を行なうことを条件に、遺族と松井側が共同で一年祭を催すことで、一度は決着がついていた。各関係者には大山智弥子の名前で予定変更を伝える招待状を送っていた。

ところが、二三日の夜になって突然、遺族たちは出席しないと言い出す。その旨が記された手紙が、事務員の机の上に置かれていたのだ。理由は、遺族との話し合いの直後、郷田が全国の支部長宛に送った手紙の内容にあるという。そこに書かれていた《松井館長になってからの組織図や役員人事などは、「松井章圭館長」を除いて全て白紙に戻し、みんなの合意で改めて決定したい》という一文を挙げて、「一年祭に出席すれば、松井さんを館長として容認することになってしまう」というのが遺族たちの言い分だった。挙句の果てに、主催者であるはずの智弥子は、前日の二四日から姿を消してしまい、連絡が取れなくなっていた。後に、智弥子は三瓶らの説得に応じて雲隠れしていたことが判明するが、この時点で二五日の一年祭の混乱は決定的となった。結局、事態の悪化を懸念した松井も、式典への参列を自粛することにしたのである。ただ、松井は三階の事務室に待機しており、玉串奉奠にのみ顔を出した。しかし、そんな松井の配慮も虚しく、一年祭にはさらなる波乱が待ち受けていた。

玉串奉奠が終わり、斎主が退席した後、次女の恵喜が立ち上がって「皆さんにどうしても聞いていただきたいことがある」とマイクを握った。遺族のなかで、長女の留壹琴とは別に反松井色を強めていた恵喜が一年祭に参列すると聞いた時点で、なんらかの騒動が起こるであろうことは、松井らも予想していた。

「遺言書却下による内部分裂のなかで、一年祭は三度行なわれる予定でした。しかし、松井さんたちと話し合った結果、松井さんが主催を降りるということで、智弥子夫人の名前で執り行なうことになりました。でも、郷田さんからの手紙を見ると、一年祭に出席することは松井政権を認めると取れる。弁護士に郷田さんの手紙を見せたところ『馬鹿にした内容だ』と言っていました。遺族は欠席の意を表しましたが、招待状は母の名前で送っているため、私は非難を覚悟で出席しました」

また、恵喜は極真会館本葬で問題になった香典についても、三瓶たちが主張したように、「松井さんに『持ち逃げ』される懸念があるため、一年祭では自らが受付に立つつもりだった」とまで口にした。すでに、松井が八十二銀行に香典の管理を依頼していたが、当日、恵喜が断わりの電話を銀行に入れたという。しかし、松井派はあえて反論を控え、沈黙を通した。極めて後味の悪い一年祭になったことは言うまでもない。

式典が終了した後、ホテルメトロポリタン四階にある桜の間において、レセプションが開催された。松井は途中から参加したが、遺族は誰一人出席しなかった。松井は「本来、大山智弥子夫人が挨拶をするべきところですが、万全な状況で一年祭を迎えられずに申し訳ありませんでした」と、出席者に向かって謝辞を述べた。そして、「総裁の遺志を継いで、これからも真摯な姿勢で頑張っていきたいと思います」と殊勝さもあらわに語り、レセプションは終了した。数百名の人たちを招待して盛大に行なわれたが、これをとって恵喜は、「松井さんの襲名式でもやるつもりなのか。こういうやり方にはもう、うんざりだ」と松井を非難した。

翌二六日、極真会館総本部は殺伐とした空気に包まれていた。この日、支部長協議会派が独自に大山の一年祭を執り行なう手はずを整えているという情報を入手した松井派は、朝から会館に控えていた。郷田は、心のどこかで「まさか、あいつらもそこまではしないだろう」と思っていた。それは郷田の願望でもあった。もう一人の最高顧問である盧山も同様の思いを秘めていた。

だが、午前一一時過ぎ、黄色いブレザーに身を包んだ支部長たちが、続々と極真会館に姿を現した。その光景を目の当たりにした郷田は、これまでにない怒りを覚えた。

「お前ら、ふざけるな」

郷田の怒声が響き渡る。

「松井館長を外してまでこっちは譲歩したにもかかわらず、昨日の式典にこなかったくせに、また同じ一年祭をやるのか。だいたい、総裁が松井を指名したのだから、その通りにやっていくべきだろう。総裁の遺言をお前らはそこまで無視するのか」

郷田の声は三階の事務室にいた松井の耳にも届いた。階下での小競り合いが心配になった松井は、三階から一階へと降りていった。大先輩である郷田にはやはり反論しにくいのか、松井の姿を見つけた支部長協議会派の支部長たちは、すぐさま矛先を松井に向けた。彼らは松井に向かって次々と怒号を浴びせる。郷田は松井をかばおうとするものの、支部長協議会派への怒りがあまりにも強かったため、つい松井に対しても激しい口調で大声を上げてしまった。

「お前がくるとややこしくなるから、お前は上にいろ」

松井は、いったん事務室へと戻るが、やはり心配でまた様子を見に降りる。すると、郷田は、支部長協議会派が会館前に飾るつもりで準備した花輪を、怒鳴りながら支部長たちに投げつけていた。郷田がこれほどまで強く感情をむき出しにするのは極めてまれなことだった。郷田は、絶対に支部長協議会派の一年祭を阻止したかったのだ。

郷田と正反対の対応をしたのが盧山だった。盧山は「もっと気持ちを大きく持って、じっくり話し合おうじゃないか」と笑顔で言いながら、支部長たち一人一人に優しい声をかけていった。これも盧山なりの戦略だった。反松井派の「総大将」である三瓶に対しても、肩を叩いて「同じ釜の飯を食った仲じゃないか。なあ、三瓶」と穏やかな顔を向けた。三瓶は硬い表情のまま直立不動で盧山に対するが、盧山独特の冗談口調が徐々に全員の緊張感をほぐしていった。いつしか、三瓶だけでなく、他の支部長たちにも笑顔がこぼれ始めた。興奮が収まり、いつもの柔らかい表情に戻った郷田が、長谷川一幸ら古参の支部長たちと笑顔で話す場面も見られるようになる。こうして一触即発の危機は回避された。

最終的には、松井派が譲歩する形で、支部長協議会主催による一年祭が執り行なわれることになった。予定より大幅に遅れた午後一時三〇分頃、遺族派と支部長協議会派の支部長たちに周りを囲まれるようにして大山智弥子が姿を現した。智弥子は、自らが主催したはずの一年祭を欠席し、支部長協議会派が取り仕切った一年祭に出席したのだ。支部長たちは正装していたが、なぜか智弥子は喪服ではなく、セーターの上にカーディガンを羽織っただけという普段着姿で亡き夫の祭事に臨んだ。

式に参列したのは、国内支部長や分支部長を筆頭に、第六回世界選手権大会に日本代表選手として出場が決定している八巻建志、数見肇、市村直樹など数名の選手、さらには前日の一年祭にも出席した海外の支部長たちだった。本家日本で勃発している分裂騒動の全貌がまったく見えない海外の極真関係者らは、可能な限り内情を理解しようと、松井派と支部長協議会派のどちらの一年祭にも出席し、それぞれの意向を聞く姿勢を明らかにしていた。ただ一人、ブラジル支部長の磯部だけは当初から松井派支持を表明し、二六日の式には出席しなかった。

式が終わると、支部長協議会派の西田幸夫、三瓶啓二、遺族派の手塚暢人が中心となり、智弥子を囲んでの歓談が始まった。

「今日、こうして西田さんや三瓶さん、支部長の方たちがたくさん私についてくれているんですけど、とてもうれしい。総裁が生きていたときに一生懸命に周りをちょろちょろしていた人たちが、一番大事だと思います」

前日に松井派の協力のもと、自らの名前で一年祭を予定していた事実などなかったかのように、智弥子は彼女特有の緊張感のないもの言いで語った。

前述したように、智弥子は大山の死後に勃発した極真会館の一大騒動に関して、常に一貫性のない、そして矛盾をはらんだ、ある意味無責任とも取れる言動を続けていた。松井二代目館長について、当初は「総裁から聞いていた」と肯定的な発言をしていたにもかかわらず、高木一派と関わることで、突然、「二代目館長就任会見」を開き、真っ先に極真会館の分裂を誘発させる役割を演じた。だが、その記者会見の席においても、「二代目館長には誰がふさわしいと思うか」という記者の質問に対して、なんの屈託もなく、「私たち遺族を大切にしてくれるのなら、松井さんでもいいのよ」と答えてしまう。それ以前にも、智弥子は全国の支部長たちに自らの名前で書簡を送り、今後のことについて話し合いの場を持ちたいと招集をかけるが、指定した当日、大山の遺言書の立会人の一人、梅田嘉明と共に、千葉県に療養を兼ねた旅行に出かけてしまった。結果的に会合は宙に浮いたまま、集まった少なからぬ支部長たちに徒労感だけを与えた。そして、一年祭についても同様に、大山智弥子の名で行なった式典をなんの連絡もなくすっぽかした。そんな智弥子に対して、「奥さんがもっとちゃんとしていれば、極真の分裂は防げたはずだ」という非難の声は極めて多い。

智弥子の一貫性のなさは、社会性が欠如した彼女の性格に最大の原因があることは否定できない。何事も深く考えない稚気さゆえに、破天荒な人生を送った大山の妻として五〇年近くも添い遂げることができたと、古くから大山夫妻を知る作家・平岡正明は語る。また、智弥子自身も同様の言葉を口にしている。ただ、それだけでは説明できない、智弥子だからこその思いもあった。長女の留壹琴が語った母への不満が、それを如実に物語っている。

「母は、支部長たちは皆、父の弟子という感覚を持ち続けている。松井さんもかわいい弟子、三瓶さんもかわいい弟子、母にとっては皆、同じくかわいい弟子なのです。だから、分裂問題をきちんと把握しようとしない」

以上の理由から、智弥子は「大山総裁が作り上げた極真会館を守るため」という言葉で協力を求めてくる支部長たちの話を、ほとんど相手の真の意思や思惑を詮索したり、忖度したりすることなく、また相手を選ぶ意思さえもなく、簡単に受け入れてきた。その結果が、二代目館長就任会見であり、二五日の一年祭の欠席と二六日の一年祭への出席だった。そんな智弥子の性格や性向を熟知する反松井派の支部長たちは、手を替え品を替え、彼女を利用しようと巧妙に接近していった。生前の大山が常々公言していた「私の死後、極真会館の運営に家族は決して関わらせない」という、ある意味で大山の遺志とも言える方針を、彼らはいとも簡単に無視したことになる。

一方、支部長協議会派による「松井館長解任決議」の直後から、支部長協議会派と遺族派は、「反松井」と「智弥子を館長にたてる」という方針・戦略の一致を理由に、互いに協力体制を取るべく動いていた。その第一歩が一年祭だった。支部長協議会派が仕切った一年祭に、遺族派は智弥子を伴って出席した。

しかし、彼らはそもそも相反する立場にいた者たちだ。極真会館を除名した側と除名された側という過去の経緯は、根深いしこりとなって残っていた。また、人一倍権力志向が強く、古くから犬猿の仲だった高木薫と三瓶啓二がうまくいくはずもなく、さらに支部のテリトリー問題では、大山の生前から高木グループの安斎友吉と三瓶の間に不協和音が流れていた。そんな確執を抱える支部長協議会派と遺族派だ。結局、彼らは協力体制を取るどころか、逆に権力闘争で優位に立つための「武器」である智弥子の引っ張り合いを始めることになる――。

水面下での歩み寄り

一年祭以後、極真会館はまさに泥沼状態に陥っていた。支部長協議会派と遺族派は、松井に対する誹謗中傷を繰り返し、それに松井派が反論する形で三派が入り乱れ、自らの組織こそが「正統な極真会館」であると主張し合った。そして、最初に組織混乱の犠牲になったのは少年部の子供たちだった。

四月二九日、埼玉県戸田市にある戸田スポーツセンターにおいて、第一回全日本少年大会が開催された。盧山率いる埼玉県支部の主管（名目上は極真会館総本部主催）で行なわれた同大会は、もともと埼玉県支部が独自に開いていた少年大会である。少年部の育成に力を注いでいた盧山は、年々大会の規模を拡大し、埼玉県大会から関東大会、そして念願だった全日本大会へと昇格させた。大会は小学一、二年生の部、三、四年生の部、五、六年生の部、中学生の部、高校生の部に分かれており、五〇〇名にのぼる選手が参加していた。

ところが、松井の館長解任決議を決行した支部長協議会派に属する支部は、一斉に少年大会への出場を、急遽、取りやめるという行動に出た。理由は単純だ。大会の主催者が、松井を支持する盧山だったからである。申し込みを開始したのは四月五日の会議以前だったため、当然、全国の支部から少年たちが大会出場の申し込みをしていた。選手である以上、たとえ子供といえども一般部の選手と変わらない。子供たちがこの日のために、何ヵ月も前から毎日辛い稽古に励んできたことは想像にかたくない。だが、権力闘争に明け暮れる支部長たちの身勝手さが、子供たちの努力を無にした。支部長協議会派に属する支部道場に通う少年選手やその親たちは、なんとか大会にだけは出られないものかと支部長に直談判した。なかには、所属は関係なく個人の立場で出場したいと申し出る者もいたが、支部長協議会派の問答無用の措置により、出場は叶わなかった。

子供たちの犠牲など気にも止めないかのように、大多数の支部長たちに支持された支部長協議会派は、一致団結して理想とする組織運営を始めたことを、メディアを通して積極的にアピールした。しかし、もとを正せば正規の手続を踏まず、強引なクーデターによって出発した組織である。いかに高邁な建前論を前面に押し出そうとも、ことは簡単に進まなかった。

五月中旬、古参支部長である松島良一と桝田博、さらに彼らを慕う高橋康夫（福井県支部長）、渡辺十也（神奈川県西支部長）、真壁忠（秋田県支部長）の五名が、支部長協議会派を離脱した。松島らは高木たちの除名の経緯に疑問を持ちながらも、極真会館を脱退することなく、しかし水面下では高木たちとの交流を続けていた。そして、松井館長解任決議に臨んでは、三瓶たちの行動に賛同し、支部長協議会派を選択するが、松井解任記者会見以降はほとんど行動を共にせず、ほどなく遺族派に合流する。だが松島は、決して支部長協議会派に賛同して松井たちと袂を分かったわけではないという。

「私はずっと手塚さんと連絡を取り合っていました。だから、三瓶君や西田君たちよりも遺言書の問題や商標権、それに遺族の状況など、さまざまな情報を知っていました。そういった情報を聞くなかで、我々も遺族をサポートしていかなければならないと思い始めました。だから、最初から三瓶君たちとは主義も主張も立場も違うのです。三瓶君たちは、自分たちが主導権を握って極真を運営したかったのだと思います。松井君は自分が教えた後輩だと。それが館長になるのはおかしいということだったのでしょう」

　また、組織分裂から約一ヵ月が経過し、多少の冷静さを取り戻した支部長や分支部長の一部が、「支部長協議会派についたのはいいが、本当にこれでよかったのか……」と考え始めていた。松井たちは、西田や三瓶との話し合いの継続を提案しつつ、支部長協議会派を選んだ支部長や分支部長への説得工作にも精力的に動いていた。松井は、彼らから打診があれば自ら足を運び、直接会って状況を説明した。

　五月一一日、郷田は三瓶と会うが、議論は進展のないまま平行線を辿った。

　翌一二日。この日は郷田と三瓶だけでなく、盧山、西田、長谷川も加わって会談が行なわれる。しかし、やはり前日同様、なんら解決の糸口は見えない。支部長協議会派の態度は頑だった。郷田は徒労に終わった二日間の交渉後、失望の思いを側近に吐露した。

「つい数ヵ月前まで盟友だった西田までも、否、西田こそが三瓶と一体になり、まともに話もできない。腑甲斐ないが、すべてが以前のままもとに戻ることは、もはや不可能だろう……」

　郷田と盧山が積極的に古参支部長たちとの会談に臨む一方で、松井は緑健児と会っていた。ちなみに、大山の生前、松井と緑は極めて親しい関係にあった。松井は緑の両親だけでなく、姉や姉の夫とも知己の間柄で、言わば家族的なつき合いをしていた。元世界チャンピオン同士でもあり、選手時代の緑は稽古やトレーニングについて、松井によく相談を持ちかけていた。だから、松井には緑が支部長協議会派に与すること自体が納得できなかった。

〈師である廣重師範に言いくるめられているに違いない。自分が直接説得すればきっとわかってもらえる〉

　松井はそんな気持ちで緑との直談判に臨んだ。東京都中央区銀座にある料亭に緑を招待した松井は、率直に思いの丈をぶつけた。

「なぜ、緑君は僕についていけないと思ったの?」

「理由はいろいろありますけど、八巻の百人組手とか……」

緑は若干、口ごもりながらも冷たく言い放った。以前とは打って変わって他人行儀な緑の態度に、さすがの松井も当惑せざるを得なかった。それでも松井は精一杯、柔らかな表情で緑に接した。

「八巻君の百人組手が何?」

「一人一分三〇秒と言っておきながら、二分にして八巻を潰そうとしたじゃないですか」

「そんなことしてないよ。だいたい日本のエースである八巻君を、なんで僕が潰す必要があるの。なんのメリットもないでしょう」

そう言って松井は以前、廣重に説明したように、彼らの勘違いの経緯を話して聞かせた。しかし、緑の表情は硬いままだった。

「百人組手についてはわかりました。でもそれだけじゃないですから……。許永中から流れてきたアングラマネーが極真の運営に使われているとか、山口組や韓国ルートの話とか、いろいろよくない話も聞こえてきます」

「許永中先生については、個人的に恩義を感じているのは事実だよ。でも、僕より総裁が先に許永中先生と知り合って、大阪の本部事務所や津浦さんの自宅などを無償で貸してもらっていた。それだけ極真に貢献してくれた人であることは、緑君も知っているでしょう? それに、これだけははっきり言っておくけど、僕が許永中先生と出会ったとき、先生が経済犯罪に手を染めているなんてまったく知らなかった。知っていれば深いつき合いはできないよ。先生にはいろいろとお世話になり、恩義を感じるようになった後、マスコミや先生の周辺の人たちからイトマン事件の話を聞かされた。だからといって、恩のある人を簡単に犯罪者扱いして縁を切れないでしょう。僕は人間として、自分から先生と絶縁するようなことはできない。罪は罪、恩は恩、それが筋だと僕は思う。それにアングラマネーって言うけれど、表に出せないからアングラマネーって言うのであって、それを公的な組織である極真会館の運営に使ったら大変なことになるよ。第一そんな話、なんの証拠もなければ証人もいない、ただの噂に過ぎないじゃないか。僕は断言するけど、そんなことは絶対にしていない。山口組についても、総裁の遺言書の立会人になった黒澤明さんとか、黒澤さんの親分だった柳川次郎さんとか、二人とも、もともとあちらの関係の人だということは皆が知っていることじゃないか。総裁が生きていた頃、誰一人、柳川さんが向こうの人だとか、文句や疑問の言葉を口にした人はいないだろう？　総裁が親しくしていた人たちを、僕の代になったからといって、もうつき合いませんとは言えないでしょう。韓国もそうだよ。韓国ルートだなんて、まるで闇組織みたいな口振りで言うけど、それも悪意からくる憶測以外の何ものでもない。あえて韓国ルートと言うならば、ずっと極真会館や大山総裁を応援してくれている人たちと総裁の交友関係であって、僕の代になってから突然、始まった関係でないことは緑君だって知っているはずだよ。何もかも僕を陥れるための悪意ある噂じゃないか。もし確証があるならば、僕こそ教えてほしいくらいだよ」

松井の熱心な弁明に、緑は「そうだったんですか。それじゃ、自分が誤解していたみたいです」と素直に答えた。だが、そんな言葉とは裏腹に緑は相変わらず怪訝な表情を崩さなかった。それでも、松井は説得を諦めなかった。

「誤解が解けたなら、支部長協議会派にいく必要はないじゃないか。まあ、向こうのほうが知り合いも多いだろうし、こっちにくるとなるとそういう人脈も断ち切る覚悟が必要だからね。それが難しいなら、緑君は独立して緑道場でも作って、あくまで中立的な立場で向こうともこっちともつき合えばいいんじゃないのか」

そう提案する松井に対して、緑は「いえ、自分はそんな大それたことは考えていません」と慇懃無礼な態度で否定した。そして緑は、すでに松井が覚悟していた言葉を口にした。

「だから、自分は新体制で頑張ります」

松井は緑の言葉を聞いて、完全に吹っ切れた。それでも松井は、緑の意外な変貌のわけを知りたいと思った。

「そうか。まあ、どこにつこうがいいけどね。お互いにえげつないことをするのはよそうな。ところで、緑君はいつから僕に反感を持ち始めたの？」

「南アフリカ遠征からです」

緑はさらりと言ってのけた。

「南アフリカ？　だってあのとき、皆で水に流そうって言って終わったはずじゃないか。僕はそう理解していたけど。それなのに、なぜそれが理由になっているの？」

緑はなんやかんやと三瓶の影響を大きく受けたと思える理屈を言い始めるが、もはや話しても仕方がないと感じた松井は、反論も説得も諦めた。結局、緑はこの日の松井の言葉を理解することも受け入れることもなく、支部長協議会派の尖兵のごとく、反松井活動に力を注いでいく。

五月一七日、和歌山県支部で指導員を務めていた、総本部内弟子出身の北本久也が、支部長である黒岡八寿裕の選択に納得できず、松井派に戻る。大石代悟のもとで指導員をしていた石黒康之もまた、北本同様の思いで松井派を選んだ。後に北本は松井を館長とする極真会館の和歌山県支部長に、石黒は静岡県西遠支部長に就任することになる。

六月初旬、松井は滋賀県支部長の河西泰宏と会談し、松井派に戻りたい旨を相談された。また、

「長谷場（譲）や田畑たちも戻りたいと言っているが、三瓶師範が必死で引き止めている」と告げられた。結局、河西は松井派に復帰するが、長谷場や田畑は支部長協議会派に残った。そして、田畑は若手の旗手として支部長協議会派の組織運営に大きく関わっていくことになる。

六月一〇日、松井と郷田が廣重と会合の場を持った。実は、この時点で廣重はかなり微妙な立場にいた。三月の会議のときもそうだったように、廣重自身よかれと思って取った行動が、松井派からも支部長協議会派からも反感を買う結果を招いてしまった。

ここで、改めて三月以降の廣重の言動を振り返ってみる。

――三月一〇日、一一日の会議後、人間不信に陥り、誰からの連絡も拒否し続けた廣重だが、松井が打ち出した新人事案を知って驚く。廣重は郷田に連絡し、「こんな人事を発表したら、反発されるのは目に見えている」と訴えるが、郷田は「気に入らない者はやめてくれて結構だ」と取り合ってくれない。再び松井派のやり方に不信感を覚えた廣重は、最終的に悩みながらも支部長協議会派を選び、松井館長解任決議後、三瓶に促されるまま記者会見に臨んだ。しかし、支部長協議会派に身を置きながらも、日に日に廣重の不安は募っていった。そして、廣重はやはりこのままではいけないと結論づけた。

四月半ばの某日、廣重は郷田に連絡を入れ、「一、松井を館長と認める。二、松井側に戻る人間の過去の言動はすべて不問にする。三、増田章と三和純を支部長にする」という、三つの和解案を提案した。

「郷田師範、とにかく、四月二六日の総裁の命日までに、なんとか和解しましょうよ」と廣重は必死で説得するが、郷田から芳しい返答は得られなかった。

「どう考えても三瓶と三好を不問にするわけにはいかないだろう」

これは郷田の一存ではなく、すでに松井たちと合意を得ていたことだった。彼らは「一本化が実現するとしても、クーデターの首謀者であると結論づけた三瓶と三好だけは戻すわけにはいかない」という意思を固めていた。廣重は言う。

「でも師範、こいつはよくてこいつは駄目と線引きをしていたら、まとまるものもまとまりませんよ。郷田師範、どうか全員不問でお願いします」

すると、郷田は苛立ちを隠さずに廣重を責めた。

「だいたい、若いやつらを引っ張っていったのはお前だろう。今さら何を言っているんだ」

郷田はその場では廣重を罵倒したものの、廣重の気持ちを斟酌し、和解案のうち、一と二を記した手紙を、四月一九日付で支部長協議会派を含む全国の支部長たちに送った。

一方で、廣重は西田や三瓶にも同じ提案をした。だが、当然のように猛反発を食らう。同席していた緑が師である廣重に詰め寄った。

「師範、皆で頑張っていこうとしているときに、こんな提案は裏切りですよ」

西田と三瓶にも「廣重さん、遺言書が却下になって我々に有利な形で進んでいるのに、なぜこんな案を松井側に出す必要があるのですか。勝手なことをしないでください」と厳しい口調で言われ、検討すら拒否された。廣重は支部長協議会派のなかで次第に浮いた存在になっていくが、それでも廣重は三瓶たちを説得し続けた。

「こんな争いを続けているのはよくない。もう極真の看板をおろそう」

廣重は繰り返し三瓶を説得しようとした。だが、三瓶は「そんなことをしたら、自分たちが正統ではないと言っているようなものでしょう」と呆れ返った顔で言い放つだけだった。多くの支部長たちも三瓶と同意見だった。大阪府北支部長の前田政利は「そんなことしたら生徒がこなくなりますよ」と反論した。そして、誰よりも厳しい言葉を廣重に浴びせたのは緑だった。

「師範、何を言っているんですか。とんでもないですよ。そんな馬鹿みたいな話はもうやめてください」

愛弟子だったはずの緑の態度に廣重はいたく傷ついた。廣重に対する支部長協議会派の支部長たちの視線は、ますます冷たくなっていった。「私用のため、会議への参加は途中からになる」と前もって通告したにもかかわらず、会議場にいってみると廣重の席が用意されていなかったこともある。仕方なく後方の空いた席に座るが、皆に配られた会議のレジュメを廣重に差し出す人間は誰一人いなかった。どんなに非難されようが「極真会館をもとに戻すためなら」と、自ら覚悟して憎まれ役、仲介役を買ってきた廣重だったが、さすがに三瓶ら支部長協議会派幹部のやり方に、不安や疑念を通り越して怒りの感情さえ抱くようになった。そして、支部長協議会派において、自分が敵視され、不必要な存在となっていることを廣重は悟った。

そんな状況のなか、廣重は再び郷田を訪ね訴えた。

「自分はこっちに戻りたいけど、人質を取られているから戻れないんです」

人質とは八巻建志や数見肇など、手塩にかけて育ててきた選手たちのことを指していた。郷田は「俺がなんとかするから。俺に一任してくれ」と応えた。郷田は廣重とのやり取りをありのまま松井に伝えた――。

こうして六月一〇日、松井と郷田、廣重の三名が集まっての会合の場がもたれたのだ。松井は廣重に対し、個人的にいろいろなわだかまりがあったのは確かだが、組織を第一に考え、有力選手を抱える廣重の復帰を認めた。

松井との会談を終えると、廣重はさっそく分支部長を集めて会議を開いた。開口一番に放たれた

「松井側に戻ろうと思う」という廣重の言葉に、弟子たちは皆、唖然とした。

「松井館長の問題点をあれこれ挙げて、支部長協議会を選んだのは師範じゃないですか。それなのに、なぜ松井側に戻るのですか」

異口同音の非難の言葉が、次々と弟子たちの口から飛び出す。だが、そんな混乱状態のなか、突然、選手として活躍している岩崎達也が、松井派の全日本ウエイト制選手権に出場したいと言い出した。岩崎の言葉に追従するように、世界選手権大会に出場が決定している八巻と数見も「自分も松井側の世界大会に出たい」と本音をもらす。彼らにはフランシスコ・フィリォと戦いたいという思いがあった。フランシスコ・フィリォはブラジル支部所属の選手で、今世界大会の優勝候補筆頭との前評判が高かった。ブラジル支部は支部長である磯部の意思のもと、当初から松井派を支持していた。

ところが、一度は松井派への復帰を決意したものの、それに反発する分支部長たちと、松井派の大会に出場したいという選手の間にはさまれて、またもや廣重は懊悩することになる。苦渋の表情を隠せない廣重に、緑は語気強く言った。

「師範、松井側には戻らないでください。せめて中立という立場でお願いします」

結局、廣重は緑の主張を受け入れ、松井派と支部長協議会派の双方に対して中立宣言を行なった。六月二三日のことである。しかし、弟子たちの思いを尊重した結果である決断もまた、さらなる混乱を招くと同時に、廣重に対する内外からの批判を強めた。いったい、中立とはどういう意味なのか？　すでに松井派と支部長協議会派は別々に動いている。どちらにも属さないということは、廣重は独立して個人道場を旗揚げしたということなのか——。

廣重自身にとっての中立とは、「松井派と支部長協議会派のどちらともつき合う、もしくはどちらともつき合わない」ことを意味していた。だが、廣重の本音が前者の道を模索することを望んでいたことは言うまでもない。廣重の本心を知り、それに納得できない分支部長たちは、公然と廣重の前で松井に対する批判的な行動を取り続けた。城南支部の内部混乱は、まったく収まる気配がなかった。最終的に廣重は、松井派もしくは支部長協議会派のどちらかの選択を強いられることになるが、その結論を待たずして、数ヵ月後の一一月中旬、城南支部は分裂を余儀なくされる。

六月一二日、郷田は再び支部長たちの「長兄」という立場で、支部長協議会派に和解勧告書を通達した。「二二日に総本部に集合。こなければ除名」という、かなり切羽詰まった内容だった。支部長協議会派との水面下での話し合いは、相変わらず平行線を辿っていた。だが、いつまでもこの状態を続けていくわけにはいかない。全日本ウエイト制選手権を直前に控えていたし、何よりも四年に一度の祭典である世界選手権が秋に迫っていた。どこかで思い切った決断が必要だった。だが、やはり和解勧告書が新たな結果を生み出すことはなかった。

六月二二日、東京都豊島区にある東洋モーターズコーポレーションにおいて、両者の話し合いの場がもたれた。しかし、結果的には、この会合が松井派と支部長協議会派の最後の「顔合わせ」となった。

会議の開始時間は午後二時だった。予定時刻の数分前に支部長協議会派の面々、そして松井、郷田が姿を現した。予定より一〇分遅れて盧山もやってくるが、相変わらず話はまったく折り合わない。会議に同席した大山の古い弟子である俳優の待田京介が、松井派の立場で「先輩として一言、言いたい」と立ち上がったが、「先輩、後輩は関係ありません」と三瓶に冷たく一蹴された。結局、「松井が降りないのなら、もう話すことはない」という三瓶の言葉で、支部長協議会派の支部長たちは中座してしまった。三好一男は、三月一〇日の会議の際に柳渡が松井に言ったのと同じ言葉を残して出ていった。

「俺はお前の話し方も歩き方も、全部嫌いなんだよ」

わずか二〇分、ただ顔を合わせた程度で会場の外に出てきた三瓶は、誰に言うでもなく怒りの言葉を放った。

「松井は降りてないじゃないか」

また、松井に辛辣な言葉を投げた三好は、会場の入口で待機していたメディア関係者に向かって「今日は郷田師範にお別れを言いにきただけですから……」と告げると、早々に会場を後にした。

新支部設置とスキャンダル報道

松井派は、会合が決裂に終わった直後から、全国的に新支部を設立する動きを開始した。その先駆けが前述した北本を支部長とする和歌山県支部であり、石黒を支部長とする静岡県西遠支部だった。支部長協議会派の中心人物・三瓶が支部長を務める福島県や西田の神奈川県、遺族派に合流した松島の群馬県や桝田の茨城県などにも、新たに支部を設置する計画を積極的に進めていった。この動きに対して、支部長協議会派は格闘技専門誌で松井を非難した。以下は『格闘技通信』一九九五年八月二三日号で増田章が語った言葉だ。

《郷田師範なり松井君が、一本化したほうがいいと働きかけてはいるのですが、その裏では海外には例えば、彼ら（支部長協議会派）はもう辞めていった人間だというようなファックスを送っている事実もあるんです。（中略）例えば既存の支部がありますね、そこの分支部長の立場の人間を松井サイドの支部長にならないかと言って、引き抜いてみたり、今まであんまりみなさんに知られていないような人を、支部長に任命したりしている。一本化とか口にしながら、裏ではこのようなことをやっている事実を、僕たちはひじょうに寂しく、残念に思います》

だが、この声明が矛盾をはらんでいることは一目瞭然だった。「一本化」のための話し合いを一方的に拒み続けたのは支部長協議会派だからである。

「『一本化』を拒否した側が、我々松井体制の新支部展開計画を批判するのは、明らかに筋違いだ」

松井を支持する浜井は、そう声を荒らげた。そして、支部長協議会派は、別な形で松井派を貶める行動を起こしていた。それは、今回の分裂騒動を「スキャンダル」としてメディアに売り込むという作戦だった。

五月下旬、月刊誌『噂の真相』（一九九五年六月七日号）が発売された。そこには《大山倍達死去で揺れる極真会館をめぐる　すさまじき〝暗闘〟二代目館長を名乗る自称〝文鮮明の血縁者〟や、何とあの許永中まで登場……》と、スキャンダル誌ならではの煽情的な見出しが躍っている。大山死去後に勃発した分裂騒動、遺族が訴える遺言書の疑惑、それに伴う松井の悪評や、松井を支持する盧山と山田についての誹謗中傷とも取れる文章が掲載されていた。記事には松井自身の反論も記されてはいるが、全体的に松井に好意的な内容ではない。そして、もっとも重要なことは、これらスキャンダルについて、証拠や第三者である証人の証言が一切ない点である。何もかもが「噂」の域を出ていなかった。松井派の関係者の多くが「『噂の真相』に話を持ちかけたのは支部長協議会派である」と断言する。浜井は言った。

「三瓶らがリークしたライターがいかなる人物か、どういう経緯で『噂の真相』の記事になったのか、その証拠を我々はつかんでいる」

浜井の言葉の真偽はさておき、支部長協議会派が『噂の真相』で取り上げられた特集記事を、最大限に利用しようとしたことは事実である。

三瓶らは、さっそく『噂の真相』に書かれた松井のスキャンダル記事を大量にコピーし、各メディアをはじめとする空手・格闘技関係者に配った。日本国内だけに留まらず、海外の極真関係者にも可能な限り配布した。翻訳を担当したのは、ベルギー人である七戸康博の妻・ベラである。

ちょうどその頃、ルーマニアでヨーロッパ大会が開催された。松井は館長として大会に招待されていた。同行したのは郷田と山田、そして国際秘書の五来克仁である。また、あるメディアの記者も松井と全行程を共にした。大会自体は五月二七日だったが、ヨーロッパ視察を兼ねていたため、松井ら一行は五月九日に日本を出発した。途中、ロシアの各支部を訪問し、イギリス滞在を経て、大会開催地であるルーマニアに到着したのは前日の五月二六日だった。ちなみに、ロシアやイギリスの各支部は、松井を大山の後継者と認め、手厚い接待で迎え入れた。

ルーマニアでの最初の夜、松井はボビー・ロー（国際空手道連盟国際委員長、ハワイ支部長）、ルック・ホランダー（国際空手道連盟相談役、オランダ支部長）、アントニオ・ピネロ（ヨーロッパ空手道連盟委員長、スペイン支部長）、ジャック・サンダレスク（国際空手道連盟相談役）ら重鎮と会食の席についた。

和気あいあいと近況を報告し合っていた松井たちだったが、その和やかな雰囲気をぶち壊すかのように、ルーマニア支部の道場生が慌てた様子でやってきた。大会に出場する選手や関係者が宿泊している「ドロバンティ」というホテルに緑健児が現れたというのである。松井たちが対策を講ずる暇もなく、今度は別の道場生が三瓶や増田、七戸も一緒だと報告しにきた。今後の三瓶らの行動をある程度予想できた松井は、重鎮たちに向かい泰然自若な姿勢を崩さずに言った。

「ルーマニアで何か混乱が起こりそうなときは、私がきちんと対処しますので安心してください」

ルーマニアに姿を現した支部長協議会派のメンバーは、西田、三瓶、増田、七戸、七戸の妻・ベラ、柚井知志（東京都立川支部責任者）の妻・ウルリカの六名だった。彼らがヨーロッパ各地の支部に、松井を貶める『噂の真相』の特集記事のコピーを配っているのを知っていた松井は、その場で国際委員たちに記事の内容について釈明を行なった。統一教会の会員ではないこと、極真を離れていたときに世話になった財界人や非合法組織（通訳の五来は「ジャパニーズマフィア」と訳した）とのつながりがあるのは事実であること、ただスポーツ界や財界にいれば非合法組織とのつき合いができるのは必然であり、師である大山も彼らとの交際を公然としていたことなどである。松井の弁明に納得したルック・ホランダーやアントニオ・ピネロは、「ヨーロッパは松井館長を支持する」とその場で断言した。また、同席していたジャック・サンダレスクは豪快に笑いながら、彼特有のユーモアある表現で言い放った。

「私もヨーロッパやアメリカでは名の知れたマフィアの人間だ。それを知ってマス大山は私を認めてくれた。マフィアだろうが公私を分ければノープロブレムだ」

会食の場は最初よりも和やかな空気に包まれた。ただ、このときの彼らの言葉によって、ヨーロッパのすべての支部が一本化したかと言えば、ことはそう簡単ではなかった。日本人とは違い、合理性、個人主義意識の強い欧米人は、武道特有の「縦社会」への理解が低く、「師弟関係の結びつき」も弱いという特性がある。この後、日本国内の分裂による権力闘争が激しさを増していくなか、自らの損得勘定で極真系列の各団体を渡り歩く支部長が急増し、ヨーロッパにおける「極真地図」が混沌としていくことになる。

五月二七日、ヨーロッパ大会が開催された。秋に開かれる第六回世界選手権大会の選考会を兼ねた同大会は、満員の観客を集め大盛況に終わった。ちなみに、この大会でも三瓶ら支部長協議会派の一行は、大量にコピーした『噂の真相』の特集記事の翻訳を、関係者や観客に熱心に配り続けていた。

その日の夜に行なわれたレセプションの席で、ヨーロッパ空手道連盟委員長であるアントニオ・ピネロはヨーロッパ各国の支部長・責任者を前に演説を行なった。

「大山総裁が蒔いた種によってヨーロッパには大きな極真の組織、勢力が形成された。運営的にも、一個の統制のとれた団体として成熟を見せている。ただ、それも本家日本あっての極真空手であり、ヨーロッパであることを忘れてはならない。その本家日本が大山総裁亡き後、未曾有の組織的混乱をきたしている。我々としては、総裁の遺志で選ばれた松井館長を守り立てて、一刻も早く事態が収束するよう応援したい」

会場に大きな拍手が響き渡った。

翌二八日、ドロバンティホテル二階にある会議場において、ヨーロッパ支部長会議が行なわれた。松井は会議への出席を打診されるが、「ヨーロッパ会議なのだから、ヨーロッパの支部長のみで開くべきです。私がしゃしゃり出ることで、皆さんに迷惑をかけたくありません」と申し出を辞退する。それでも「松井館長自身の言葉で、日本国内の状況を説明してほしい」というピネロの強い要請に従い、松井はヨーロッパ支部長会議の前に臨時国際会議の開催を要求した。松井は急遽、臨時国際会議の壇上に立ち、ヨーロッパ各国の支部長たちに向かって言った。

「日本の組織的混乱によって、心配をかけている面があると思います。しかし、我々極真会館、国際空手道連盟は立ち止まっていられません。目の前の障害にはきちんと対処していきながらも、常に前進あってこそ、健全で魅力ある組織作りにつながると信じています。日本国内の問題については、早急にしかるべき収束をはかるので、理解を持って見守っていただきたい」

ヨーロッパの極真空手界において多大な影響力を持つルック・ホランダーが、松井の言葉に応えた。

「我々は大山総裁が築いた極真会館のもと、日本の総本部を中心とした世界組織の一員として活動することになんら変わりはない。ここに出席している幾人かの支部長、また私自身も、総裁の一年祭でこの四月に日本を訪れている。その場で日本の状況について、すべてを把握することができた。今回の混乱の根幹でもある支部長協議会派とは、我々なりの立場で接触の機会を持ち、彼らの主張にも耳を貸した。そのうえで松井館長を守り立てていくべきであると我々の意思を伝えた。支部長協議会派に事態の早期収拾を要求したが、現在でも問題は解決していない。ヨーロッパとして確実に言えることはただひとつ、松井館長を後継者として認め、引き立てていくということだ。このことをあえてこの場で確認したい」

その後、支部長協議会派によってばら蒔かれた『噂の真相』について、松井は約一五分にわたる釈明を行なった後、深々と頭を下げて退席した。続いて、ヨーロッパ支部長だけによる会議が始まった。松井が二階の会議場から一階のロビーへ下りると、すぐさま支部長協議会派の六名が会議場へと駆け上がっていった。声をかけようとする松井を、彼らは完全に無視した。松井に同行していた記者は、彼らの性急ぶりに唖然とするしかなかったと語る。しかし、五分も経たないうちに彼らは階段を下りてきた。今度は、なぜか彼らの足取りは重そうだった。再び階下で松井は彼らと顔を合わせたが、やはり三瓶一行は松井を無視し、一切言葉を交わさずホテルを去っていった。

約二時間にわたるヨーロッパ支部長会議終了後、ピネロは待機していた松井に対して、会議の報告を行なった。

「突然、支部長協議会派の人たちが会議場に入ってきた。彼らは松井館長の意を受けておらず、オフィシャルなメンバーではない。極真会館の正式なメンバーとして認められないため、完全にシャットアウトした」
ピネロのこの言葉もそうだが、ジャック・サンダレスクの「彼ら（三瓶たち）は六人でここまできたけど、一五〇万円を捨てにきたようなもの」という言葉を聞いて、松井は安堵すると同時に、彼らへの感謝の気持ちでいっぱいになった。
繰り返すが、この日の臨時国際会議、そして三瓶ら支部長協議会派六名の行動は、松井に同行した第三者的立場の記者によって、すべて明らかにされている。ところが帰国後、三瓶や西田が日本の支部長たちに報告した内容は、まったく事実とは異なるものだった。
「ヨーロッパは話がついた。まとめてきたから大丈夫。三分の二は支部長協議会派の味方についた」（三瓶啓二）
「我々が会議に出してくれと言ったとき、ヨーロッパ連盟の委員長（ピネロ）が会議を取り仕切っていて断られたが、会議が終わった後で話を聞いてくれた。三時間かけて事情説明をし、理解を示してくれた。私の感覚ではヨーロッパの七割は、我々と一緒にやりたいと言っている」（西田幸夫）
スウェーデン支部長であり、外国人ながら総本部での内弟子経験のあるハワード・コリンズは、雑誌のインタビューで三瓶たちの言葉を裏づける発言を行なった。
「ヨーロッパ会議での松井館長は、質問は一切受けつけてくれなかった。一方的に説明をし、一〇分か一五分程度で退席してしまった。だが、支部長協議会派はきちんと説明をしてくれたし、我々の質問にも答えてくれた。ヨーロッパの半分は支部長協議会派についたと思う。また、オーストラリアにはオフィシャルな支部長が一〇名いるが、うち七名が支部長協議会派を支持し、三名が松井側についている」

ハワード・コリンズは、外国人支部長のなかで、真っ先に支部長協議会派を支持した人物だ。実は大山倍達の生前から、三瓶はハワード・コリンズと、ミッシェル・ウェーデルに急接近していた。三瓶にとって、将来を見すえた地盤固めのひとつだったことは言うまでもない。事実、三瓶は側近の人間に自らそう語っている。だが、極真会館という組織において、総裁である大山の指示もなく、海外の極真関係者と隠密に個人的な交流を持つことは固く禁じられていた。折しも一九九〇年前後、大山に内緒で元イギリス支部長のスティーブ・アニールが、独自にイギリスにおける極真関係の商標権を取得したことが大問題に発展していた。大山が、ヨーロッパの動向に対して神経質になっていた時期である。もし、大山に知られたら除名処分もあり得る三瓶の独断行為だが、それは三瓶自身も重々承知のうえだった。だからこそ、頻繁にヨーロッパを訪問し、コリンズやウェーデルと内通していることを、大山には絶対に知られてはいけなかった。

渡欧する際、三瓶は幾度も城西支部の黒澤浩樹を福島に呼び寄せ、指導を任せた。無口で義理堅い黒澤を、三瓶は安心できる後輩であり、シンパであると信じていた。一方、黒澤の心は複雑だった。黒澤は空手家としても人間としても決して三瓶を評価してはいなかった。しかし、大先輩の頼みを無下に断るわけにはいかず、納得いかないまま三瓶からの依頼を引き受けた。そのたびに、三瓶は念を押すように黒澤に言った。

「俺がヨーロッパにいくことは、絶対に誰にも言うなよ」

度重なる指導要請のうえに、それを秘密にしろと命じる三瓶に、黒澤は不信感を募らせていった。そして、黒澤は親しい知人に相談し、後に三瓶からの依頼を拒否することになる。

以上のような経緯の延長に、ハワード・コリンズの支部長協議会派支持があった。松井に同行した記者は、「西田さんやコリンズの証言はあり得ない」と断言する。もし、百歩譲って会議らしいことが催されたとするならば、コリンズら数名の支部長のみが集まって行なわれた、あくまでも非公式な会合に違いない、というのが記者の主張である。

ルーマニアから帰国した三瓶と西田は、極真会館の機関誌『ワールド空手』の発売元であるぴいぷる社を訪問する。雑誌の内容が松井派に偏向していることに抗議するためだ。彼らは一九九五年七月号をとって、松井側に比べ支部長協議会側の記事の割合が低いことを指摘した。「監修　極真会館」になっている以上、松井派、支部長協議会派、遺族派を公平に扱うべきと訴える。そして、ぴいぷる社の態度と方針を明確にすることを強く要求し、帰っていった。このような支部長協議会派の強硬な干渉に対し、当時の編集長・井上良一は、「機関誌とはいえ、言論・出版の自由を脅かすものだ」と反発した。

六月二六日、結局、支部長協議会派は『ワールド空手』に取材拒否の通達を送ることになる。

《「月刊ワールド空手」御中

御社の報道、編集には明らかに偏りがあり編集方針には作為的な意図が推察されます。ワールド空手誌を除く、全ての格闘技雑誌は事実を事実通り報道しています。松井氏の機関誌となった御社とは正式な契約も取り交わしてはいません。

したがって、極真会館はこれ以上協力しなければならない道理は全くなく御社とは今後一切関係をもたないことと決定いたしました。

平成7年6月26日

国際空手道連盟　極真会館

代表　西田幸夫》

支部長協議会派は、この通達文を他の格闘技・空手関係メディアにも送付している。井上は「他のマスコミに送ったのは半分脅しのつもりだったのだろうが、マスコミを威圧することが、結果的に自分たちの首を絞めることにつながるということに、彼らは気づいていない」と親しいメディア関係者に語った。

ところで、支部長協議会派は四月五日の松井館長解任決議直後に開いた記者会見の席で、「今後は支部長協議会の議長を中心にやっていく」と表明した。ところが、ぴいぷる社への通達文以降、組織の中心的人物の肩書きを「支部長協議会・議長」ではなく「国際空手道連盟極真会館・代表」と表記するようになる。

同日の六月二六日、松井派は恒例の全国支部長会議を行なっていた。前日と前々日には有明コロシアムにおいて、第一二回全日本ウエイト制選手権大会を開催。同大会で第六回世界選手権の代表選手が数名選抜された。大会会場には、中立宣言した城南支部の道場生たちの姿もあった。同門である岩崎達也の応援にやってきたのだ。

ちなみに、全日本ウエイト制選手権は大阪府立体育会館で開催するのが恒例だったが、同会場は大山倍達の長女・留壹琴の夫である津浦伸彦が押さえていたため、松井派は使用することができなかった。前述した通り、第一回大会から全日本ウエイト制選手権は、津浦が主管として大山の一任を受けていた。この措置は、留壹琴の経済状態を思う大山の意向だったと言われている。

同会議において、松井は支部長たちに支部長協議会派との和解を事実上断念したことを告げる。六月二二日の会合が決裂したことと、支部長協議会派が活動の拠点として東京都千代田区九段に事務所を設けたことが大きな理由だった。新たな支部の設立に向けて本格的に動き出す旨を発表した後、松井は言った。

「今日、一五名の新支部長を承認しました。諸事情によって支部長協議会派に属する古参の方々との軋轢が生じる支部もあるかもしれませんが、大山総裁の遺志を継いで頑張ってください」

また、郷田より「廣重支部長は支部長協議会派に脱退届を出しました。八巻君と数見君をこちらの世界大会に出場させたいという意向を受けています」という城南支部に関する説明がなされた。松井は「郷田最高顧問と廣重支部長との話し合いで、城南支部は支部長協議会派を脱退して、中立の立場をとる旨の意思表示をされたようです。それに対して、我々は一貫した姿勢を通す必要があると思います。門戸を閉ざさず、選手の出場を受け入れる方向で対応しようと思っています」と補足した。


それからしばらく経った七月一九日、信じられない出来事が起こった。

夜中の午前三時を過ぎた頃である。三瓶啓二が十数名の支部長と警備員を引き連れて極真会館総本部に乗り込み、会館を「占拠」する行動に出たのだ。後に「第一次ロックアウト事件」と呼ばれる騒動である。玄関の鍵を開け、三瓶らを会館内に招き入れたのは、次女の恵喜だった。当時、支部長協議会派に属し、同事件に関わった支部長たちは次のように語る。

「遺言書が却下になったにもかかわらず、極真会館に居座る松井一派から、力ずくでも総本部を奪回することが目的だった」

実は、三ヵ月前の四月一二日にも同じような事件が起きていた。遺族派が智弥子の手引きで夜中に会館に潜入し、ガードマンを二人残して帰っていった。だが、内弟子から連絡を受けた松井が警察に通報し、警官を伴って会館に向かうと、インターホンの呼び出しに出た智弥子が簡単に鍵を開けたため、大事にはならなかった。ガードマンのみを残して帰ったことについて、後に高木はこう語っている。

「自分たちが残れば、会館は血の海になる……」

このときの高木たちの中途半端な行動は、多くの極真関係者の嘲笑を買うことになった。遺族派の動向に詳しいライター・家高康彦も「あの事件で彼らは男を下げました。極真空手という力の世界にあって、自ら行動を起こしながら、逃げるように去ってしまった彼らが軽蔑されたとしても仕方がありません。せめて会館に残って松井さんと直談判でもしていたら、彼らの支持者も少しは増えたと思うのですが」と語る。

そして、七月になって「本部を占拠する」と書かれた怪文書が海外に流布されていることを知った松井は、万が一の事態に備えて、内弟子だけではなく数名の支部長たちを、交代で会館に宿直させることにした。七月一九日の当番は、中江辰美（城西田無支部長）と青木英憲（横浜東支部長）だった。日付が変わっても何も起こらないことに安堵した彼らは、一階の道場でしばし仮眠をとることにした。また、稽古終了後、外出していた総本部の指導員たちも会館に戻り、指導員室で寝ていた。

中江たちがうとうとし始めた午前三時過ぎ、突然の騒音と共に会館内に誰かが入ってくる足音が聞こえた。その数は、明らかに一人や二人ではなかった。慌てて二人が廊下に出ると、真っ先に目に飛び込んできたのは増田章の姿だった。青木はまず「なぜ、増田先輩がいるんだ？」と不思議に思った。四月の一件を考えると、怪文書を流したのは遺族派に違いないと青木たちは考えていた。松井ら幹部たちも同様の見方をしていた。にもかかわらず、会館にやってきたのは支部長協議会派の面々だった。

増田や緑など若手支部長に続いて、三瓶や小林なども大挙して押しかけてきたため、一時、会館内は騒然となった。中江は携帯電話を取り出し、師である山田に電話をかけようとした。それを見とがめた三瓶は両手を挙げ、なかば威嚇するように「まあまあ」と言いながら中江に歩み寄り、強引に携帯電話の電源を切らせた。三瓶たちは努めて平静さを装っていたが、暴力行為も辞さない威圧感をちらつかせているのは明らかだった。それでも怯むことなく、中江と青木は「どういうことですか」と彼らを問い詰めた。だが、中江らの質問を一切無視して小林が言い放った。

「お前ら、なんで松井のほうにいるの？　遺言書は却下されたんだよ。知らないのか？」

中江は「自分は山田先生についていくだけです」と言い、青木は「松井館長を尊敬していますから」と答えた。そして、再び彼らに「いったい、何をしにきたのですか」と問いただした。多勢を背景に、余裕を誇示しながら小林は説教を始めた。一方、総本部指導員の杉村多一郎は三好に食い下がっていた。しかし、三好もまた小林同様、杉村ら指導員に向かって、松井を罵倒する言葉を繰り返すだけだった。

しばらく押し問答が続いたが、支部長協議会派は中江と青木に加え、総本部の指導員たちを包囲し、会館内の一室に軟禁した。中江らの監視役を担ったのは、岡山県支部長である水口敏夫だった。自由を奪われながらも善後策を講じていた中江がふと窓の外を見ると、部屋のなかを覗いている増田と目が合った。彼は中江たちに向かって「すまない」というように両手を合わせた。その横にいた三和純は、ニヤニヤと笑いながら彼らを見ていた。

中江たちが軟禁されている間に、会館入口の鍵が交換された。作業が終わると、三瓶たちは意気揚々と帰っていった。同時に中江と青木、総本部の指導員たちは会館の外に解放された。帰り際、緑は中江たちに向かって慇懃無礼な態度で頭を下げた。その行為が、「総本部占拠」という常識を欠いた強硬手段に対する謝罪なのか、それとも自分たちへの決別の意味が込められていたのか、中江にはわからなかった。

会館から閉め出された中江は、すぐさま山田に電話をかけた。所用で福岡県に出張中だった山田は、中江からの電話を切るや否や、松井と両最高顧問に連絡を取った。

午前五時頃、松井が刑事を伴い会館に到着した。時間を置かずに郷田、盧山もやってきた。会館入口には「当分の間、会館を封鎖します」と書かれた張り紙が貼ってあった。まずは刑事がなかに入り、智弥子と話をした。だが、智弥子は「あと二時間もすれば代理人がくる」と言うだけで、まったく話にならない。その後、互いの弁護士も顔を揃えるが、三瓶たち支部長協議会派の面々が戻ってくることはなかった。

結局、松井が手配した業者によって、会館入口の鍵は再び交換された。午前九時から始まる一般稽古にはなんら支障をきたさず、松井らも通常業務を開始した。

支部長協議会派の代表である西田はメディアに対し、総本部の占拠におよんだ理由を次のように語った。

「本部は奥さまの持ち物なので出ていってください、と言葉でさんざん言ったのに松井君たちは出ていかない。それで、奥さまから『出ていくようにしていただけませんか』という依頼があったのです。もう、奥さまが限界にきているんですよ、一年以上も経って……」

もはや実力行使しかないと思い会館をロックアウトした、と自らの正当性を訴える支部長協議会派だったが、この日は目的を達成できず、彼らは二ヵ月後、再び同じ行動を起こすことになる。

「第一次ロックアウト事件」後、支部長協議会派に対するメディアおよび極真空手ファンの目は、彼らの思惑とは逆に極めて冷たかった。これまで支部長協議会派の動向を比較的、肯定的に見ていた人々も、非常識な行為におよんだ支部長協議会派に大きな失望感をあらわにした。

この頃から、緑や増田のみならず、支部長協議会派の若手支部長たちが組織運営の前面に出てくるようになる。「第一次ロックアウト事件」に非難の声が集まると、中堅または古参支部長の陰に隠れてほとんど表舞台に出なかった七戸康博や桑島保浩（香川県支部長）らも、公然と松井への誹謗を口にし始めた。

彼ら四名は、一九九五年八月八日号と八月二三日号の『格闘技通信』で座談会を行なっている。《今回の分裂騒動の中で若い指導者の人はどう考えているのか。（中略）松井さんと年齢が近い人の意見を聞きたいんです》という記者の言葉で座談会は始まった。組織の在り方についての彼らの発言は、実に的を射たものだった。

《七戸　総裁がおられる時は、一人で決められていた。でも、次に誰がなっても、この極真をどうやって進めていくのかというのは、みつめないとダメだと思うんですよ。会議で進めていくのでも何でもいいんですけども。そういうのがまずなかったことですね。松井先輩もまずかっただろうし、支部長方も曖昧にしてしまった》

《桑島　トップが間違いを起こしたときにチェックする機能、もしくは審議制とか、任期がないと…》

《増田　我々は社会に公明正大な形で立ちたいと。そのためには、定款、規約、要するに、ルールを作って、それを一つの軸に運営していこうと考えています。そういう一つの方向性はあります。で、そういうものを作るんであれば、トップというのは、桑島支部長が言われたように、チェックされなければならない。そういう機能も必要だと思います。その一つとして任期とかが必要だと思うんですよ》

公的な組織である以上、規約が必要なことは至極当然のことだ。七戸たちの組織論は、理想論などではなく、道理にかなった発言と言える。にもかかわらず、なぜ、それを松井体制ではできなかったのか。七戸はいろいろなことが曖昧なままだったと認めながらも、一方では矛盾する言葉を発した。

《松井先輩は実質的に10ヵ月しかって言ってますけど、逆に10ヵ月でこういう問題が出てきたわけです。(中略)任期がなければ合議でもいいですよ。やっぱり力は集中しますよ。それでもうまく回転すればいいけど、実際は回転しなかったわけでしょ》

問題が出てきたからこそ、彼らが主張する組織の在り方を松井自身に説くべきであったことは、一般常識に照らし合わせれば明らかである。だが、彼らはそういった道理を無視し、問題が浮上した時点で松井を降ろす選択をした。そうせざるを得なかった理由について、桑島は《支部長会議を最高決定機関と、もし認識してくれるなら、半数以上の人が認められない、としとるわけですよね。それだったら、筋からしたら一度降りて、もう一回一緒に頑張りましょう、と僕たちは言いたいわけですよ》と解釈不明な言葉で答えた。繰り返すが、松井の認識如何に関係なく、極真会館には「支部長会議が最高決定機関である」という明文も慣例も存在しない。

また、増田は《(著者注:三月の)会議の席で松井君は感情的に対処して、明解な答弁もせず、各支部長たちにしても、納得するような回答が得られなかったわけです》と答えた。しかし、前項で記したように、三月一一日の会議で終始感情的だったのは、分裂後、支部長協議会派に与した支部長たちだった。増田の主張とは逆に、支部長協議会派の質問に対して、松井はすべて論理的に答えていた。増田の言葉は完全に事実誤認、または事実の歪曲であると断言する極真関係者は少なくない。緑に至っては、三瓶が記者会見で述べた回答とまったく同じ言葉を告げるだけだった。

《あの3点は(著者注:解任理由)形式上のもので、根っこの部分ではですね、一言で言えば人間関

係の崩壊なんですよ》

三瓶をはじめ、西田や長谷川、高木薫など、松井よりも年齢が上であり、極真空手に関わってきた年月も比べものにならないほど長い支部長たちにとって、松井の二代目館長就任を簡単に受け入れられなかったことは十分に理解できるだろう。また、彼らが主張するように、業務上、非難される問題が松井にあったことも事実である。遺言書の形態や商標権申請の経緯について、なんら支部長たちに報告をしなかったのは、間違いなく松井の過失と言える。だが、結局そういった松井の勇み足に対して、わずか一〇ヵ月で「すでに話し合いで解決できる問題ではない」と、早々に解任という結論を出してしまった根底に、「松井憎し」の感情があったことは否めない。郷田は「すべては松井が嫌いだ、憎いという感情から始まった。何もかも感情だけが先行した結果に過ぎない」と喝破する。

増田や緑、七戸など、松井と同世代の支部長たちにもまた、「独断専行」「私物化」などといった、理性的な理由だけでは片づけられない複雑な思いがあった。会員制度導入の提案が一例だが、松井によって利権を奪われることへの怖れ、そして、同世代だからこその嫉妬……。

「結局、増田も緑も、若い連中は同じ釜の飯を食ったと言いながら、内心では相当なライバル心を持っていたのです。それが嫉妬となり、松井憎しに発展していったのでしょうね」

浜井の指摘は正鵠を射ていると言える。それらの感情が、三瓶が煽動する松井の誹謗中傷を簡単に受け入れ、松井をたった一〇ヵ月で館長の座から降ろすことに賛同する下地となった。

ただ、若手支部長と三瓶の意識の間には大きな違いがあった。それは「権力志向」の有無だ。三瓶は大山亡き後、自らが極真会館のトップの座に君臨し、実権を握るという野望を抱いていた。それは、大山生前からの三瓶の言動に如実に表れている。しかし、彼ら若い支部長たちには、松井に対する否定的な感情とは別に、極真会館をよりよく導きたいという純粋な思いもあった。だからこそ、「松井では極真会館が駄目になる。『我々』が立て直さなくてはいけない」という三瓶の言葉に立ち上がり、彼らはその裏にある三瓶の野望に気づかなかった。実際に座談会の席で、桑島はこう語っている。

《マスコミも含めて、松井先輩と三瓶師範の対立構図みたいに思われている人に言っておきたいことなんですが、そんなことは決してないということです。僕らみたいな若い支部長の意見も取り上げていこう、ということからもこの一件は起きているんです》

数年後、若手支部長たちは松井館長解任を主導した三瓶がいかなる思惑で動いていたのか、また組織の運営がいかに難しいものであるか、身をもって知ることになる。彼らが語っていた組織論は、一般社会でこそ通用する「正義」ではあるが、縦社会にどっぷりと浸かった極真会館においては、やはり「理想」でしかない現実に、直面せざるを得なくなるのだ。

支部長協議会派についた若手支部長たちによる誌上での座談会を受けて、松井派に属する浜井が同じく『格闘技通信』（一九九五年九月八日号）誌上で反論を行なった。

《支部長協議会派座談会（8月8日号、8月23日号に掲載）で、増田（章）君たちが勘違いしているようなので、説明したいと思います。（中略）

最近になって分かってきたのですが、松井降ろしは今、起こったことではなく、松井館長就任直後から、「任期は何年だ」「支部長に館長の解任権を持たせろ」という形で始まっていたんです。もっと言えば、松井でまとまられては困るという一部のグループがあり、それに中間派の支部長たちが情報操作され、引きずられてしまったということです》

以上の言葉で始まった独白形式の記事で、浜井は三月一〇日と一一日に行なわれた会議の経緯や四月五日の松井解任決議の流れ、七月一九日に起こった「第一次ロックアウト事件」のあらましなどについて、支部長協議会派の活動を非難した。

《彼らはやることすべてが〝ゲリラ〟的なんです。4月の解任動議の時だって、協議会と銘打って始めようとしたのが、ブレザーを持ってきてる人もいたりして、支部長会議にすり変わっていたのは、みんながみんな知らないわけです。意思の疎通を図れるグループだけで、横の連絡を取って物事を企てたというか。

先日のヨーロッパ大会にだって、松井館長はオフィシャルとして呼ばれているにもかかわらず、横ヤリを入れるようなことをしてくる。彼らは大会にはチケットを買って入っていたんですよね。それなのに、大会後には、無理やり人を集めてミーティングみたいなことをやったらしいですけど……。

彼らに言いたいのは、なんで、怪文書めいたものを配ったりして、内輪揉めをわざわざ見せつけるようなことをするのか、ということ。本当に恥ずかしいことですよ》

一九九五年九月に、支部長協議会派は自らの機関誌『月刊　極真魂』を創刊する。第一号では《ドキュメント　解任理由あり！　松井館長解任のいきさつとその後》と題し、大山倍達が死去する前後から遺言書が却下されるまでを、時系列で追った記事を掲載した。

さらに、《松井氏が自ら招いたこの混乱を、責任をとらず、それどころか居直って、遺族の再三の要求にもかかわらず、会館から出ていこうともしない。また、大山記念館として会館を運営したいと望んでいる遺族に対して、このようなハレンチな居座り行為をもって、大山総裁の後継者と称する資格が本当にあるのだろうか？　常識のある人ならば、誰にでもわかるはずである》と、松井を糾弾した。

　極真会館の分裂劇は、常に支部長協議会派による松井派批判と、それに対する松井派の応戦という形を取りながら泥沼化していく。しかし、総本部占拠事件など、支部長協議会派の異常なまでの過激な攻撃手段は、外部だけでなく内部にも波紋を広げていった。結果的に三瓶の言動に疑問を覚えた者たちが、続々と支部長協議会派から松井派に復帰することになる。竹和也（鹿児島県支部長）や川畑幸一（京都府支部長）、三村恭司（熊本県支部長）、三村忠司（大分県支部長）、水口敏夫（岡山県支部長）などである。

遺族派と支部長協議会派の合流

　松井派と支部長協議会派の醜い抗争が続くなか、遺族派と支部長協議会派の合流に向けた調整が、水面下で動き出そうとしていた。支部長協議会派としては、六月に予定している全日本ウエイト制選手権（実際に開催したのは九月）を、なんとしても成功させたかった。そのためには、第一回大会から会場としていた大阪府立体育会館での開催が絶対条件であった。これについては遺族派も同じ思惑を抱いていた。

　大阪府立体育会館の使用権利は、大山の生前から主管を任されていた留壹琴の夫・津浦が有していた。津浦は遺族派、支部長協議会派のどちらにも与せず、留壹琴と独自の活動を続けており、全日本ウエイト制選手権は六月一八日に開催する予定になっていた。遺族派と支部長協議会派は当初、それぞれが個別に留壹琴たちとの合同開催を模索していた。だが、大山の一年祭を共に行なったことから、まずは互いが協力体制を敷き、そのうえで留壹琴と津浦を説得、懐柔する意見で一致した。

遺族派の手塚と支部長協議会派の三瓶が中心となり、津浦と留壹琴に共同開催を打診する。

だが、この話は頓挫する。理由については、それぞれが正反対のことを語っている。津浦は、「三瓶さんはウエイト制に協力するから上納金を入れろ。その代わり支部長は手弁当でくると言った。そのときに提示された金額は二〇〇〇万円」と語り、支部長協議会派のある支部長は「津浦さんからウエイト制に協力させてやる代わりに二〇〇〇万円を要求されたから断った、と三瓶さんから聞いている」と答えた。なぜか、双方の要求額は二〇〇〇万円で一致している。また、留壹琴・津浦との共催を諦めた西田が「それなりの金額を出すから、大阪府立体育会館での大会開催の権利を譲ってもらえないか」と津浦に直接、相談を持ちかけたという証言もある。

金銭にまつわる噂はさておき、長女の留壹琴が支部長協議会派との共催を頑として認めなかったのは事実だ。説得に当たった手塚は、留壹琴の態度に頭を抱えた。反松井である遺族派と支部長協議会派が共同歩調を取り、共催という形で大会を開催することが、松井派への対抗策になると必死で訴えても、留壹琴から芳しい答えは返ってこない。

結局、留壹琴は遺族派との共同開催のみを受け入れた。そうこうしているうちに、業を煮やした支部長協議会派は、九月に独自の全日本ウエイト制選手権大会を開くことを発表してしまう。この時点で、第一二回全日本ウエイト制選手権と銘打つ、「極真会館主催」の大会が三ヵ所で行なわれることが決定した。この事実はメディアや極真空手ファンに、分裂騒動のさらなる混迷を印象づけることになる。

六月一八日、大阪府立体育会館において津浦夫妻と遺族派合同の、第一二回全日本ウエイト制選手権が開催された。主催者席には「館長・大山智弥子」の名前があったが、智弥子は体調不良を理由に姿を現さなかった。智弥子に代わって大会挨拶を行なったのは留壹琴だった。この日、留壹琴は「館長補佐」という肩書きで大会に臨席した。審判を務めたのは、高木、手塚、松島ら遺族派の支部長たちだった。

同大会は出場選手数五二名、観客数公称五〇〇名と、過去一一回を数えるどの大会とも比較にならないほど寂しいものとなった。しかし、それは留壹琴にとってさほど問題ではなく、恒例の大阪府立体育会館を会場として大会を開催できたことが、何よりも重要だった。留壹琴はマイクを持ち、観客席に向かって堂々と挨拶の言葉を述べた。

「父の死後、捏造された遺言書を巡り、支部長たちが主導権争いを始め、収拾のつかない状況にあります。私たちは協力してくれる支部長がいれば協力していただき、どんなに小さくなっても、父に言いつけられた大会を、ここ大阪府立体育会館において続けてまいります」

この大会後、留壹琴は自らが館長となり「極真大山空手」を創立する。そして、機関誌『季刊キョクシン大山カラテ』を創刊するなど、支部長協議会派はもちろん、遺族派とも一線を画しながら、夫・津浦と二人、精力的に独自の活動を続けていく。翌一九九六年九月二一日に父・倍達と同じ肺癌でこの世を去るまで、留壹琴は夫と共に行動し、ついに母・智弥子とも妹・恵喜、喜久子とも、心を通わせることはなかった。

結果的に反松井派が結託しての大会開催は叶わなかったが、手塚は雑誌のインタビュー（『格闘技通信』一九九五年八月八日号）で以下のように語っている。

《留壹琴さん、津浦氏夫妻は、遺族の一員ですから、当然、津浦氏たちと一緒にやって行こうという考えは持っています。もちろん、大山智弥子館長の承認のもとですが、それにはまだまだ調整を要する問題もあると思います》

《例えば、今回のウェイト制開催にしても、パンフレット作成に関しても、大山留壹琴さんが館長じゃないとダメと主張される。実際、大山智弥子館長がいるんですから、それを許すことができないし、かえって話がこじれてしまう原因にもなる。仕方なく、館長補佐になっていただきました。それに、いくらこの大会だけのためとはいえ、西日本総本部という名称を使っていたので、総本部という名称は一つでいいということも言ったんです》
《大山道場を作って、その館長を留壹琴さんにするとか、共同歩調が感じられません。もっともっと細分化されてしまう。これじゃ、進展がない》
《支部長協議会派が開催する9月のウェイト制大会はいい形になってもらいたい。それに遺族派がうまく協力できれば、なおさらいいですね》
手塚は支部長協議会派との合流を諦めてはいなかった。

七月二五日、マスコミ各社に一通のファックスが届く。差出人は大山智弥子だった。
《記者会見のご案内
報道関係者各位殿
謹啓
盛夏の候、御社皆様に於かれましてはいよいよ御清祥の段、大慶に存じ上げます。また、平素よりの御厚誼に深謝申し上げます。
御承知の通り現在、国際空手道連盟・極真会館は分裂、混沌を極め、周囲の皆様に多大なる御迷惑をおかけ致しておりますとともに、故大山倍達も無念の胸中は如何ばかりかと、私自身心を痛めております。
そこで此の度、極真会館を再度一本化するための提唱を致したく、現在、賛同しております全国の支部長方も同席の上、下記の通り記者会見を予定致しております。
何卒御参集賜りたく宜しくお願い申し上げます。
暑さの折柄、御慈《ママ》愛の程をお祈り申し上げます。　敬具

国際空手道連盟・極真会館
　館長　大山智弥子

記

日時：平成7年7月26日（水曜日）　午後1時より
場所：国際空手道連盟・極真会館総本部　2階
　豊島区西池袋3─3─9》

智弥子の名前で届いたファックスは、会見予定の前日、東京都千代田区九段にある、支部長協議会派の事務所から送られてきた。会見の主旨は、支部長協議会派と遺族派が合流に至った旨の報告だった。

七月二六日、各メディア関係者が予想した通り、会見は予定時刻には始まらなかった。松井と一悶着あったからだ。館長として会館で業務を続けている松井は、当然「そんな記者会見は認められない」と、三瓶たちが会館に入ることを拒絶した。三〇分程度の言い合いが続くなか、会館四階の自宅から降りてきた智弥子が松井に言った。それはいつもの智弥子らしくない、感情をあらわにした言葉だった。

「私のお客さんを、自分の家に招いて何がいけないのですか？」

松井は毅然とした態度を崩さないまま、しかし智弥子の言葉を受け、「一階から三階は私が運営しているし、道場生の稽古もあります。どうしても記者会見をするというのなら、四階のご自宅でやってください」と妥協案を提示し、その場の収拾をはかった。
こうして午後一時一五分過ぎ、支部長協議会派と遺族派は四階の智弥子の自宅において記者会見を開始する。口火を切ったのは手塚暢人だった。
手塚「思うような状況で記者会見ができないため、こういった場所での会見となり、誠に申し訳ございません。とりあえず始めたいと思います」
西田「メディアの皆さんからの見方で言いますと、今までは支部長協議会派とか遺族派というような、俗にいう派閥争い的な形で捉えられていたと思いますが、我々の目的というのはあくまでも組織を一本化していくことにあります。健全な組織運営をはかるために試行錯誤をしてきましたが、このたび、大山智弥子総裁夫人を極真会館館長および名誉会長という形で、定款に基づいて支持をいたしました。遺族派、支部長協議会派の支部長合意のもとに決定したことです」
手塚「今日まではマスコミの方も便宜上、雑誌などに遺族派、支部長協議会派と書かれていたと思いますが、このように合流できましたので、今後は派閥ではなく、我々が正統な極真会館という形で捉えていただきたいと思います」
三瓶「従来から言っていた一本化になったということですよね。規則、規約に従って、今後は活動していきます」
西田「今日の主旨は一本化できたということで、細かい話し合いはこれからです」
手塚「今後はいろいろな行事を合同で行なっていくことになると思います」
――遺言書の却下は法的な問題としてありますが、松井二代目館長は大山総裁の遺志だったと……。

記者からの質問に即座に反応したのは、三瓶だった。
三瓶「正式な遺言書があるのなら認めると、松井君を信任したのです。それが正式でないとなったのなら、館長を降りるしかないですよ。それを正式でなくなった途端に、遺言書ではなく総裁の遺志があったというのは論理のすり替えでしょう。遺志と言えば、いろんな人が、『僕は総裁から、君が二代目館長だと言われた』と言うかもしれませんよ。だからこそ、こういう大きな組織には正式なものが必要なんです」
三瓶の発言を後押しするように手塚が言う。
手塚「松井君は一度、会館を出るべきです。出たうえで、法的な争いをするべきなのです。しかし、彼はそうではなく、会館の三階までは自分が運営していると言う。では、それを認めているのは誰なのか。ここの持ち主である智弥子館長が認めていないのに、なぜ居座ることができるのか、私には理解できません」
三瓶「昨日、松井君の弁護士から智弥子館長に対して、生活費云々の話を出されました」
智弥子「こちら（著者注：支部長協議会派）とおつき合いしたら、月々の生活費の供給を中止しますと書いてありました」
手塚「正式な書類として今回出てきましたが、過去一年間に同じようなことを彼は度々繰り返しています。館長の生活を脅かすことで、自分たちの言う通りにしてしまおうということがありました」
——現実問題、松井さんには会館から出ていく意思がないのでは。
三瓶「いろいろな方法で彼に出ていってもらうことを考えています。法的な手続も行ないます。仮にいつまでも松井君が出ないということであれば、館長の決定次第では、この建物を壊してしまうこともできるんですよね。世界大会に向けて一本化を見せなければならない場合は、館長に承諾していただければ、会館を壊すこともあるということです」

三瓶の口調は相変わらず過激だった。三瓶の発言で硬くなった空気をほぐすように、手塚は紳士的な柔らかい言葉で続けた。

手塚「派閥単位では松井派と言われる支部の方もいます。松井側に属している支部長たちだってこちらに結集することがあれば、当然それは一本化になると思います」

三瓶「細かい話し合いはこれからですが、規則、規約があって、館長は智弥子夫人と決定しているわけですよ。こういったしっかりしたものがあって、これに賛同する支部長には、ぜひ集まってほしいと思います」

智弥子はおっとりと口を開いた。

智弥子「どう見ても松井さんのやっていることは見当違いだと思います。もう少し遠慮というか、余所さまの家という感覚があってもいいのではないかと思うんですよね」

手塚「今日はとにかく、遺族派、支部長協議会派と呼ばれた派閥が解消されて一本になった。ふたつが合流して今後、同じ道を歩んでいくことになった報告をさせていただきます」

手塚の言葉で一時間に満たない記者会見が終了し、メディア関係者は会館を後にした。会見に臨んだ支部長たちも彼らに続いた。

ところが午後三時頃、三瓶、柳渡、三好など約二〇名の支部長協議会派の面々が、配管や電気工事関係の業者を連れて、再び会館に戻ってきた。そして、松井の業務を阻止すべく、当然、松井にはなんら断わりもないままに電話線や電気、水道を遮断した。翌二七日には、電話の名義変更手続を行なう暴挙に出た。智弥子の指示、または許諾を受けたという大義名分のもとにである。松井は即座に対応し、電話回線などを復旧させるが、今後、再び同じことが繰り返され、業務に支障をきたす可能性もあり得るため、会館の近くに事務所を借りる手はずを整えた。

ところで、「一本化」の記者会見において主に発言を行なったのは三瓶と手塚だった。遺族派の中心人物だったはずの高木薫は、記者会見に参列したものの、ほとんど発言することなく、終始黙って三瓶たちの言葉を聞いていた。

実は、高木は支部長協議会派との合流に難色を示していた。「反松井」という共通意思があるとはいえ、支部長協議会派は一度、松井を館長と認めた者たちだ。高木グループが除名になったとき、当然、彼らは松井体制側に籍を置いていた。つまり、もともと支部長協議会派の支部長たちも、高木らにとっては「敵」だったのである。その松井派のもと、彼らは第一一回全日本ウエイト制選手権と第二六回全日本選手権を開催している。一方、高木は大山が逝ったその日から「遺言書は偽物」と断言し、松井二代目館長を認めなかった。だから、合流するのであれば、自分たちが除名された時点まで戻り、大会を含めて、その後の出来事をすべて白紙に戻すべき、と高木は主張した。

しかし、支部長協議会派は高木の言い分を認めるわけにはいかなかった。第二六回全日本選手権で世界大会の切符を手に入れたベスト8の選手が、すべて自分たちの側にいるというのが、松井への対抗手段のひとつになっていたからだ。このような基本的な両者の立場や主義の相違を、どう解決するのか？　そもそも解決などできるのか？　高木は、三瓶をはじめとする支部長協議会派と歩調を合わせるのは不可能だと最初から諦めていた。それは三瓶とて同じだった。

そして、やはり三瓶と高木の手法は違っていた。支部長協議会派との合流を拒む高木に対し、三瓶は率先して遺族派との一本化を進めた。彼なりの策略があったからであることは言うまでもない。三瓶は「合流するための条件は、後でなんとでもなる。まずは『反松井勢力』が集結し、それを公に発表することが先決だ」と考え、合流に積極的な手塚と共に、一本化に向けて動き出した。その結果が、七月二六日の記者会見であり、西田が記者会見で語った「今日の主旨は一本化できたということで、細かい話し合いはこれからです」という言葉だった。

しかし、それからほどなくして、手塚ら遺族派は支部長協議会派との合流が見切り発車であったことを思い知らされる。数ヵ月後、彼らは再び支部長協議会派と決裂することになるが、それは三瓶にとっては既定の路線だった。三瓶にとって「一本化」は建前に過ぎず、彼の真の目的は遺族派から大山智弥子を奪うことにあった。遺族派と支部長協議会派が「合流一本化」することで、それまで遺族派が館長として担いできた智弥子を、支部長協議会派としても館長に仰ぐことが可能になる。それが実現したら遺族派を切ればいい――。まさに三瓶らしい謀略だった。

七月二六日の記者会見以前から、三瓶は自らの策を実現するために、智弥子のみならず恵喜、喜久子らにも接近していた。後で触れるが、水面下で繰り広げられた三瓶の遺族懐柔戦略は、非常識極まりないものだった。三瓶自身、内心ではそれを感じていたからなのか、一部の側近を除き、西田たち幹部にさえ、遺族への接近の詳細を明かすことはなかった。三瓶の策略が成功した後、西田は三瓶と遺族の関係を知ることになるが、この三瓶の策略の埒外に置かれた西田は、やがて三瓶に対して不信感を抱くようになる。

結局、支部長協議会派との合流が主要因となり、遺族派は混乱状態に陥っていく。遺族派は支部長協議会派に翻弄され、空中分解することになるのだ。実質的に智弥子を支部長協議会派に奪われ、誰を中心として組織を運営していくのか、わずか数名の、組織とも言えない集団のなかでも権力闘争は避けられず、次第に高木は孤立していく。ライターの家高康彦は語る。

「遺族派の言動に誤りや否定される部分があったとしても、彼らの主張は終始一貫していました。

それは認めるべきだと思います。それに比べて、支部長協議会派のやり方はあまりにもご都合主義で身勝手でした。このときの一本化に向けた動きのなか、常に三瓶ら支部長協議会派は遺族派を騙し、裏切り続けたのです」

いずれにせよ七月二六日の記者会見を機に、表向きには支部長協議会派と遺族派がひとつになり、智弥子を館長とする「大山派」が誕生することになる。

二度目の総本部占拠事件

九月一六、一七日、東京ベイNKホールにおいて、大山派主催の第一二回全日本ウエイト制選手権が開催された。だが、七月の記者会見で手塚が語った言葉は実現せず、同大会に旧遺族派が協力することはなかった。にもかかわらず、二日目の一七日、館長として大山智弥子が会場に現れた。会見からわずか二ヵ月で、すでに大山派の旧遺族派と旧支部長協議会派の間には、深刻な不協和音が流れていた。

大会から四日後の二一日、再び事件は起きた。大山派がまたしても総本部を占拠するという暴挙におよんだのだ。それも、松井たちの留守を狙ってのことだった。実質的な行動は旧支部長協議会派の面々によってなされ、旧遺族派は絡んでいない。この出来事は、後に「第二次ロックアウト事件」と呼ばれるようになる。

早朝六時三〇分頃、総本部の内弟子が会館の掃除をしていると、数台の車が会館入口の前に停まった。車から降りてきたのは大山派の若手支部長たち二十数名だった。彼らは内弟子を軟禁すると、玄関を封鎖し、会館に籠城を始めた。前回の事件と、ほぼ同じ手法である。だが、そこに西田や三瓶の姿はなかった。後輩支部長たちに籠城を任せ、しかし、松井たちの動きに即座に対応できるよう、彼らは会館の近くで待機していた。

午前一一時から一二時にかけて、格闘技・空手関係のメディア各社に四種類の文書がファックスで送られる。「国際空手道連盟・極真会館事務局」より「ご報告」が一通、「国際空手道連盟極真会館　議長　西田幸夫」より「警告」と「声明文」計二通、「大山倍達遺族代表　大山智弥子」より「告」が一通だ。

まずは、国際空手道連盟・極真会館事務局名義で、以下の文書が送られた。

《1995年9月21日（木）午前7時10分、大山智弥子館長を始めとする遺族の依頼により、我々西田幸夫を議長とする極真会館の支部長によって、国際空手道連盟・極真会館総本部道場ビルを閉鎖致しました。今後、しばらくの間、混乱を避けるため閉館となります》

他の三通は、いずれも異口同音ながら、《会館は遺族が相続したものであり、西田幸夫を議長とする国際空手道連盟極真会館が借り受けているため、それ以外の使用を認めない》という内容だった。

この日、松井派は千葉県にある清澄山で開いた、世界選手権に向けた強化合宿最終日を迎えていた。松井は所用で東京に戻っていたが、郷田はまだ選手たちと共に合宿所にいた。大山派による総本部占拠の一報を受けた松井は、すぐに最高顧問である郷田と盧山に電話を入れた。そして、とりあえず郷田が戻ってくるまで様子を見ようという結論に落ち着いた。だが、総本部に居座る大山派・支部長たちの行動が気になった盧山は、ひとまず会館にいってみることにした。盧山から連絡を受けた山田と浜井も彼に同行した。

正午を過ぎた頃、盧山たちが会館に到着すると、ドアには鍵がかかっているだけでなく、なかからチェーンが巻かれていた。盧山がガラス越しになかを覗くと、黒岡八寿裕と小林功の姿が見える。その他にも数名の人影が見えるが、誰なのかは確認できない。そのとき、黒岡がドアのほうを振り返った。盧山は黒岡と目が合ったと確信するが、黒岡は気づかぬ振りをして奥にいってしまった。それを見た盧山は突然、「郷田師範を待っている場合ではない。今やらなければ駄目だ」と思った。本能的にそう感じたのだ。とてつもない怒りを覚えた盧山は、地を這うような声で怒鳴った。

「こらー、貴様らここを開けろ」

ガンガンとドアを叩いた。そして、「正拳」でガラスを割ろうとする盧山を浜井が必死で止める。

「先輩、素手で叩いたら怪我しますよ。それより、こっちの窓が開きますよ」

指導員室の窓だった。盧山一行はそこからなかに入るが、まだ鍵のかかったドアにはばまれている。そのドアにはまったガラスを蹴破ろうとする盧山を、再び浜井が止めながら叫んだ。

「盧先輩、ここにバットがあります」

盧山は浜井からバットを受け取ると、ガラス戸を打ち破った。驚いた支部長が道場内から素足のまま飛び出し、慌てて会館の外へ逃げようとするが、ガラスの破片が四方に散らばっているため、右往左往している。盧山は「お前ら、ちょっと待て。怪我でもして訴えられたらたまったもんじゃない」と語気荒く、彼らの動きを制した。

一方、浜井は威嚇するような声で「お前ら逃げるのか。卑怯者」と追い討ちをかけた。それでも、支部長たちは蜘蛛の子を散らすように外へ飛び出していった。浜井と山田は彼らの異様な怯え方に苦笑いしながら、逃げ遅れて身動きも取れずに、その場に固まっている大山派の若手支部長に目をやった。そして、今度は先ほどとは逆に、追い立てるように怒声を浴びせた。

「お前らやばいぞ。盧先輩が本気で怒っている。早くいけ」

　支部長たちが全員出ていってからしばらくして、三瓶や西田、緑らが会館にやってきた。盧山は三瓶に向かって怒鳴った。

「てめえら、この野郎、お前は館長になりたいんだろう。このガキが。お前らもっとおとなしくせんか」

　盧山の剣幕に怯んだ三瓶は「そんなつもりはありません」などと、ブツブツ言い訳を繰り返した。そんな険悪な雰囲気のなか、松井が会館に駆けつけた。松井は怒り心頭の盧山をなだめながら、三瓶に話し合いによる解決を提案した。盧山の怒りを沈めるためには松井の要求に応じるしかないと思ったのか、三瓶らは意外に従順に松井の言葉に耳を貸す姿勢を見せた。四月五日の会議で館長解任の理由となった事柄に対し、改めて松井は三月一一日の会議のときと同様の弁明を行なった。しかし、三瓶ら大山派一行の頑さは相変わらずだった。結局、大山派は「話にならない」という態度を崩さず、ついに帰り支度を始めた。

　帰り際、柳渡は捨て台詞を吐くように松井に言った。

「松井、俺は本部時代、お前の面倒をずっと見てやったじゃないか」

　松井は正面を切って言い返した。

「面倒を見てくれた人が、どうしてこんなことまでするのですか」

　感情的になった柳渡が、つかみかからんばかりに松井に詰め寄ったが、浜井と山田によって柳渡は押さえ込まれた。

　こうして、三瓶らが画策した「第二次ロックアウト事件」は、盧山の強行突破をきっかけに、予想外に早い解決をみた。支部長協議会派は智弥子を館長に担ぎ、大山派へと変わったものの、再び総本部の奪回に失敗する。この事件が松井派と大山派の間に、より複雑な感情的しこりを残したことは想像にかたくない。

同時期、極真会館の分裂騒動に心を痛めた総本部所属の古参道場生（師範代）が、自分たちの力で問題解決の糸口を探るべく、動き出した。三宅進、斉藤英毅、松尾悟の三名である。彼らは以下の文書を全国の支部長に送った。

《私達は極真会館総本部壮年部にて、大山倍達総裁を師と仰ぎ、長年に亘り直接のご薫陶、指導を頂戴したものであります。（中略）今日、社会的評価を広く低落させているこの憂慮すべき極真の危機をみるにつけ、私達の黙視は許されません。時機を逸し、遅きに失しましたが私達は重大な責任を感じ、一大決意をもって糾合、立ち上りました。（中略）総裁が私達に言われた数々のお話しの中から一つの玉詞が心に浮かんでまいります。「己を滅して他を益せよ。切磋琢磨して和合せよ」これは極真道精神の真髄を顕わす象徴的な言葉であります。（中略）怨讐を越え、謙虚の美徳を実践する時ではありませんか。再び歩み寄り、譲りあい、許しあい、和合によって大同団結をしようではありませんか》

大山智弥子のサインと印鑑が押された「委任状」と具体的な解決策を記した「極真改革原案」も同封されていた。そして、和解調停および極真の改革を、以上の三名に委任するかどうかを、至急、連絡してほしいとつけ加えた。智弥子は大山派の館長として大会に顔を出す一方で、松井派に属する総本部の古参道場生が、「和合と大同団結の実現のために協力をお願いします」と差し出した委任状に、快く判を押した。相変わらず智弥子の行動は一貫性を欠いていた。

その後、彼らは経過報告の文書を各派に送付する。以下が報告書の内容だ。

《●和解調停状況報告書
高木派――条件つきで総論賛成。支部長より和解要望の声あり。
松井派――総論賛成。和解には協力するが改革一部修正希望あり。
協議会派――極めて愚劣な手法で和解調停を妨害した。度重なる会館封鎖という強硬手段を遂行した。今後、我々は協議会派に対しては支持しない。
●各派分析
高木派――大山家や有力支部長の支持がない。松井、協議会派との連係もない。極真を継承する根拠もない。極真全体を引っ張っていく力量に欠ける。
松井派――有力支部長が支持し、一致団結して極真再建に取り組んでいる。
協議会派――強硬派は三分の一以下。内部は分裂している。善意の和解案を不穏当な手段で妨害するなど、極真を引っ張っていく資格なし。三分の二は良識、穏健派。多くの支部長より和解の要望があった。

我々長老有志は、松井館長支持を決定しました。松井派は、極真再建のため、支部開設プランがありますが、和解の時は中止になりますので、早急に和解行動されますようご連絡お待ちしております。また、新支部開設した競合地区は、問題が有るかと思いますが、和解・調整・努力いたしますので、和解下さいますようお願い申し上げます》

結局、彼らは松井を支持するという結論を出すだけに留まり、この努力が功を奏することはなかった。

世界大会の成功と城南支部の分裂

一一月三、四、五日、松井派は東京体育館において、第六回世界選手権大会を開催した。分裂騒動の影響など感じさせないほどに、会場は満員の観客で埋め尽くされた。その盛況振りは、過去の大会を上回っていたと言っても過言ではなかった。

日本からは、六月の全日本ウエイト制選手権および、八月に行なわれた最終選考会で選ばれた一一名と支部長推薦枠の二名に、前年の全日本選手権でベスト3に入った八巻建志、数見肇、市村直樹を加えた一六名が出場した。師範である廣重が、支部長協議会派を離れ「中立」という立場を選んだことによって、八巻と数見は「フィリォと戦いたい」という願いが叶う。市村は所属していた増田道場から江口道場に移籍しての出場となった。

観客席を揺るがせるほどの激戦に次ぐ激戦が繰り広げられるなか、第六回世界選手権の頂点に立ったのは八巻建志だった。

翌六日、ホテルメトロポリタン・桜の間において、恒例の全国支部長会議が行なわれた。会議は松井の挨拶から始まった。

「おはようございます。皆さんのおかげで、大会は大成功に終わりました。観客数は最終日が一万二〇〇〇人の超満員で、この日は会場に入り切れない人が相当数出るという盛況振りでした。三日間を通して、二万四〇〇〇人の入場者数です。この大会がいかに大きな注目を浴びていたか、ということだと思います。皆さん、本当にご苦労さまでした」

続いて、最高顧問である郷田と盧山からも、支部長たちにねぎらいの言葉がかけられた。

そして、大山派からの復帰が決定していた数名の支部長たちより、これまでの経緯と今後の決意が述べられ、会議は各支部長が自由に意見や提案を出し合う場へと移る。これから復帰してくる支部長への対応や、新体制における方向性を確認し合うなど、会議は明るく自由な雰囲気のなかで進行した。

大会から数日後、「中立」の立場を取っていた城南支部長・廣重毅が、松井派への完全復帰を決意する。だが、それは城南支部の分裂を意味していた。

廣重が松井派に戻る決心をしたのは、腎臓癌を患ったことが大きかった。

「いつまでも中途半端なままでいれば、心労は増すばかりだ。体に良いはずがない。また、中立と言いながら、一部の分支部長や指導員たちは公然と分派活動を行なっている。自分が態度を決めなければ、より混乱を招くことになる」

入院中、見舞いに訪れた郷田からかけられた「廣重、戻ってこいよ」という言葉も廣重の心を大きく動かした。

廣重は信頼を寄せる、ある古参の弟子に相談を持ちかけた。弟子は言った。

「師範、迷っている人間もいると思います。なるべく皆が一緒にできるように、師範の意見をきちんと話したほうがいいのではないですか」

その場にいた八巻や岩崎も、「自分たちもそうするべきだと思います」と、率直な意見を述べた。そこに、たまたま有力選手の一人である木浪利紀が現れた。廣重としては、特に隠す話でもないし、コソコソしていた覚えもないが、なぜか木浪はいぶかし気な顔をあらわにした。後にこの「現場」がとんでもない話へと飛躍する——。

一一月中旬、廣重は以前に相談した弟子の助言に従い、城南支部蒲田道場において分支部長や選手クラスの弟子を集め、会議を開いた。廣重は自分の思いの丈を彼らに話し、松井派に戻ると告げる。「一週間後に各自の結論を出してくれ」と言って会議を終了しようとした廣重に、即座に答えを返したのは八巻や岩崎、数見、塚本徳臣《のりちか》など、主に現役で活躍している選手たちだった。

「自分は師範についていきます」

誰一人ついてきてくれなくても、たとえ自分一人になっても、松井派に戻る決意だった廣重にとって、彼らの言葉は心底うれしかった。

数日後、入来武久ら分支部長たちが集まり、酒宴を開いた。そこに臨席していた木浪は、「道場で廣重師範や岩崎先輩たちが密談をしていた」と口にする。何気なく言った木浪の言葉に、入来と坂本恵義《しげのり》が敏感に反応した。そして、彼らは会議にはシナリオがあったと邪推した。廣重がこう切り出したら、岩崎たちが「師範についていく」と発言する筋書きが、すでにでき上がっていた、と入来と坂本は勝手に結論づけた。酒の席だったこともあり、次第に話は飛躍していった。廣重が相談した弟子が在日韓国人であったことから、彼は松井の手先で、廣重を脅していたという奇想天外な発言まで飛び出す始末だった。

入来や坂本のこうした動きを知らない廣重は、約束通り一週間後、再び集結した弟子たちに問いただした。

「皆、態度は決めたか？　では、別れる者は別れよう」

すると、入来は即座に「師範、長い間お世話になりました」と一礼して道場を後にした。廣重はうなずいただけで、引き止めようとはしなかった。大山派の世界選手権に出場することが決まっていた塚本は、「自分は師範についていきます。でも、世界大会には出場させてください。大会が終わったら必ず戻ります」と真剣な表情で廣重に告げた。だが、大山派の世界選手権で頂点に立った塚本が、廣重のもとに戻ることはなかった。廣重はその理由を以下のように語る。

「塚本は毎日のように電話で緑に説得されていたようです。昼夜問わずにかかってくる電話に、一時期、頭がおかしくなりそうだと、もらしていました。しかし、結局は電話攻撃に耐え切れず、緑の説得に応じてしまったのです」

年が明けた一九九六年一月、『ワールド空手』（一九九六年年二月号）に廣重の松井派復帰を伝える記事が掲載された。

《廣重毅・東京城南・川崎支部長は、〝分裂騒動〟の後、しばらくして「中立」の立場を取っていたが、このほど国際空手道連盟極真会館に復帰し、松井章圭館長の体制のもとで、活動をすることになった。

廣重支部長は、11月中旬、第6回全世界大会に出場した八巻建志選手（優勝）、数見肇選手（準優勝）、岩崎達也選手、高久昌義選手の4人選手と共に、極真会館本部に松井館長を訪問し、正式復帰の意志を表明、松井館長も了承した》

結果的に城南支部から入来や坂本など、廣重の片腕とも言うべき弟子たちが離れていった。それは、早々に分裂した城西支部よりも大きな崩壊と言ってもよく、その後、彼らの口から語られることになる城南支部の分裂経緯には、多くの相違が見られる。

坂本は「師範はウエイト制（一九九五年九月に大山派が開催した大会）の日程が決定した頃から言動がぶれ出しました。急に支部長協議会派の人たちを否定するようになったのです。そして、突然『松井とやる』と言い出しました。自分たちは師範に従って支部長協議会派についたのに、結局、師範に梯子を外された形になってしまいました」と語る。

また、入来は『極真魂』（一九九八年三月号）誌上で次のように述べている。

《岩崎が松井派の大会に出場した前後から師範の様子がおかしくなってきたのだ。

これも朝練の後だった。

「このまま組織が分裂状態ではいけない。私は極真一本化に向けて動こうかと思う」と廣重師範。

「押忍　おっしゃることは良く分かりますが…どうしても1つになることが出来なくて松井館長を解任して分裂状態になったのではないですか？」と私。

「その通りだ。それは針の穴を通すよりも遥かに難しいことだ。しかし、私はあえてそれに挑戦し、そして…そして失敗したら松井派へ行こうと思う…」

エ――　なんとムチャクチャな理屈なんだ～》

だが、廣重は坂本が語った言葉も入来が『極真魂』で書いている内容も、すべて事実ではないと断言する。

「要所要所で分支部長や指導員には『こういう理由で支部長協議会派を支持することにした』とか、『なんとか妥協案をまとめて一本化に向けて動いている』という話はしていました。松井君が新人事案を出したときは松井君の問題点が大きいと思ったし、一方で妥協案をまとめようと動いたとき、まったく話を聞こうとしなかったのは支部長協議会派です。それは、支部長協議会派に問題がある。そういうことを彼らには話していました。それがなぜ、私が梯子を外したとか師範はふらふらしていていい加減だという話になるのか、私にはまったく理解できません」

遡ること半年前の六月一〇日、廣重は郷田と会っている。そのとき、改めて松井派、支部長協議会派共に、「生徒を引っ張り合わない」「支部を出し合わない」という妥協案を確認し合った。郷田から確約を得た廣重は、さっそく支部長協議会派幹部にその旨を伝えた。しかし、彼らの反応は意外なものだった。

「とんでもない、松井はいろんなところに電話をかけて生徒を引っ張っていますよ。新しく道場も出しているじゃないですか。そんな口約束など信じられるはずがありません」

廣重は支部長たちに、松井が誰を引っ張っているのかを訊ねた。すると、和歌山の北本や静岡の石黒だと彼らは口を揃える。さらに、柳渡が廣重に食ってかかるように言った。

「うちの内弟子知っていますよね。あいつも松井から、柳渡のところをやめてうちにこいと引っ張られたんですよ。それでも師範は松井と一緒にやると言うんですか？」

具体的な名前を出されて不安になった廣重は、再び郷田に電話を入れた。そして、約束が守られない以上、自分は身動きが取れないと訴えた。だが郷田は、「北本たちを引っ張ったりしていない。松井もそう言っている。信じられないのなら北本に直接聞いてみればいい」と言い放った。

廣重が北本に連絡を入れると、「松井先輩から電話がきたのではなく、自分が支部長協議会派にはついていけないと思ったから、松井先輩に連絡を取った」という答えが返ってきた。石黒も同様だった。柳渡の内弟子の一件については、以下のような事実が判明した。もともと内弟子と松井は親しい関係にあった。松井が彼のところに遊びにきたとき、「こういう状況になり、自分のことをどう思っているか」と松井に訊ねられはしたが、勧誘された事実はないという。その場に同席していたオーストラリア支部長の伊師徳淳の証言である。

廣重は自らの軽率さを恥じながら、郷田に詫びの電話を入れた。郷田はなかば呆れながら、「お前が言っていることは全部違うじゃないか。どうするんだよ」と問いただした。このとき廣重は腹を決めた。

「わかりました。支部長協議会派は嘘ばかりついてきました。自分は松井とやります」

こうして六月の段階で一度、廣重は松井派に戻ることを弟子たちに告げていた。だが、廣重は弟子たちの猛反対にあう。その筆頭が入来だった。彼は柳渡をはじめとする支部長協議会派の支部長たちと内通し、連係する意思を固めていた。入来は、支部長協議会派の主張をそのまま事実として受け止め、他の分支部長や選手、弟子たちに説明して回った。当然のように、支部内において師範である廣重に対する不信感は募っていく。ただ、このときの入来の言動を、一概に否定することはできない。なぜなら、城南支部はこの時点においては、まぎれもなく支部長協議会派に与する立場にあったからだ。結局、一九九五年六月二三日、「中立でやってほしい」という緑の提案を受け、廣重が中立宣言を行なったことは前述した通りである。

それから半年後、廣重は中立から松井派に復帰するが、入来は廣重の「心変わり」について、その理由と自らの思いを『極真魂』誌上で次のように綴っている。

《今思えばこのころから松井派の方から何らかの形で誘いや脅迫的な攻撃を受けていたのであろうと思う。しかし、師範を特別の存在としてとらえている私達弟子にとっては、その時は師範が脅迫を受けているなど思いもよらないことであった。

「何があったんだ!! どうなっちゃったんだ師範は? あれほど何があっても最後に城南が一つになっても戦おうと腹を決めて立ち上がったはずなのに…」》

入来の文章に対し、廣重はまったくのでたらめだと怒りを隠さない。事実、分裂が決定的になった蒲田道場における一一月の会議に関しては、それぞれの記憶が食い違う。坂本の記憶は次のようなものだ。

――最終的な会議があったのは一一月一六日。その一週間前にも会議があったが、招集したのは坂本だった。坂本は「入来は完璧に支部長協議会派の一員として動いているからどうにかしないといけない。城南支部は裏で緑が仕切っている。だから、お前が皆を招集してくれ」と廣重に頼まれた。緑も参加しようとするが、城南支部の会議だからと拒否され、道場の近くにある居酒屋で待たされた。招集した坂本を差し置いて、会議の指揮をとったのは岩崎だった。会議には入来も出席するが、彼が発言しようとすると、廣重が「お前は黙っていろ」と制した。そして、八巻が立ち上がり「自分はお世話になった廣重先生についていくのが筋だと思います」という主旨の発言をした。数見と高久も賛同する。この流れはすでにシナリオができていて、会議が始まる前に練習していたらしい。小井泰三が「今まで松井には黒い影があると言ってここまできたのにおかしい」と廣重に食い下がるが、このまま話し合っても無理だと思った坂本は、廣重に「一週間後に進退を決めましょう」と提案する。それから一週間後、城南支部は分裂した——。

　廣重は坂本に会議の招集を頼んだ覚えもなければ、会議中に「黙っていろ」と入来の発言を制止した覚えもないと断言する。『極真魂』に寄せた入来自身の文章にも、そういったくだりの記述はない。入来が『極真魂』に記しているのは最後の会議についてだが、廣重や坂本が言うように、一週間前にも会議があった前提では書かれていない。

《松井派世界大会から2週間後、運命の日は来た。

　廣重師範の呼びかけにより、指導員・選手クラスの黒帯に集合がかかった。場所は皮肉にも松井解任後に皆で集まり、何があっても頑張ろうと決起したあの鎌田《ママ》道場だ。

　廣重師範が正座をし、会議の趣旨と自らの方向性を説明する。

「私は、松井派に行くことに決めました。このことはもう決定です。私の行動を一貫していないという人もいるらしいが、私の本意は常に松井支持でした。確かに言葉のくいちがいなどいろんなことで誤解を招いたかも知れませんが、これらは全て支部長達に乗せられてやったことです。私の今までの行動は全て君たち選手、または生徒の為を思ってやってきました。この度の行動もそうです。生徒の為、選手の為にこれが最良だと判断したのです。この私について来れないものがもしいたら、今すぐこの場で意思表示をして下さい。そして、そのような人は今後、私と別の道を歩んで下さい」

もう返す言葉も無い。正座し、無理に声を張り上げる廣重師範の姿は、あまりにも悲し過ぎた》

《意を決して、私が、手を挙げた。

「オス、まず自分から言わせていただきます。結論から先に言わせていただきます。自分は、廣重師範の『私は死ぬときに後悔しない為に支部長達といくこの道を選んだんだよ』……という言葉を胸にまっしぐらに今日まで進んでまいりました。自分は今でもそれが本音であると信じております。自分は、今後支部長方と自分が信じた道を行きたいと思います。今日まで長い間育てていただきありがとうございました。これからは、支部長方共々に、廣重師範の城南支部に負けないような強い道場、強い選手を育成するために頑張っていきます。長い間お世話になりました。押忍」

廣重師範は、黙ってうなずいただけであった。

私と同じ分支部長を務めていた坂本恵義は、所用で出席できなかったが先輩を通してすでに支部長派で頑張る旨を伝えてあった》

入来の記憶によれば、廣重は自らの思いを弟子たちに伝えたその場で、彼らに進退を問うたことになっている。一週間の猶予期間があったことには触れていない。また本人曰く、廣重から招集を任されたはずの坂本が、入来の記憶では会議を欠席したことになっている。

それぞれが少しずつ異なる思い込みをしているのかもしれない。あるいは、彼らにとってそれぞれの立場で自らの正義を貫き通すためには、ときに「嘘」さえも必要だったのかもしれない。

「上に立ってこそわかることがあります。今にして思えば、廣重先生も大変だったはず。正直、時間が経過した今だからこそ、『もっと廣重先生のことをわかってあげるべきだった』という気持ちもあります。矢面に立たされ、悩んでいたなかで、もっと腹を割って本音を話し合っていれば、極真会館の分裂は免れなかったとしても、城南支部においては別の結果があったかもしれません。あのときは、皆が熱くなっていてそれができませんでした」

以上のように坂本が語るのは、分裂から十数年後のことだ。それぞれが、多少なりとも相手の立場をおもんぱかって物事を考えられるようになるまで、極真会館は多くの犠牲を払うことになる。

大山派の実体

一九九六年一月一一日、大山派は東京都新宿区新小川町に「国際武道センター」を設立する（現新極真会総本部）。前年の六月、まだ、支部長協議会派と呼ばれていた三瓶らは、東京都千代田区九段に活動拠点としての事務所を設置していた。大山派となり、智弥子を館長に担ぎ上げた時点で、東京都豊島区池袋にある極真会館総本部での活動を目論んでいたが、なかなか実行に移すことはできなかった。なぜなら、三瓶たちが「ロックアウト」という強行におよんでも、智弥子、また恵喜や喜久子らがさまざまな形で立退きを要求しても、松井は頑として会館から動かなかったからだ。拠点を設けずに、いつまでも中途半端なままでいては結束力を期待できないという理由から、総本部的な役割を担う同センターを開設する運びとなったのである。国際武道センターには道場も併設されていた。

道場開きの当日、西田や三瓶をはじめ、首都圏の支部長三十数名がセンターに集結し、記者会見ならびに初稽古を行なった。館長である大山智弥子は風邪を理由に欠席し、高木や手塚など旧遺族派も参加していない。ここに、大山派と呼ばれる組織の実体を垣間見ることができる。

一月二七、二八日の二日間、大山派主催の第六回世界選手権大会が行なわれた。日程的な問題で東京体育館は借りられず、横浜アリーナでの開催となった。

日本からは一六名が出場した。松井体制のもと開催した、前年の全日本選手権でベスト8に入った五名と、大山派主催の全日本ウエイト制選手権で入賞を果たした五名、そして支部長推薦で選ばれた六名である。会場には、昨年まで同門として切磋琢磨していた塚本徳臣や川原奈穂樹を応援する、松井派の世界選手権準優勝者・数見肇の姿も見られた。

大山派の世界大会を制したのは塚本だった。彼が大山派の頂点に上り詰めたことで、松井派も大山派も、元「城南支部」が制する結果となった。数見は決勝戦の直後、八巻に電話を入れ、塚本の優勝を報告した。また、勝利者インタビューでは「優勝の喜びを誰に伝えたいか」という質問に対し、塚本は「師範に……」と答えた。

大会には館長である大山智弥子も着物姿で出席した。しかし、またもやひとつになったはずの旧遺族派の姿はなかった。世界大会前、三瓶啓二は旧遺族派との関係について、次のように答えている。

《――6月に大阪で行われた、ウェイト制（当時は遺族派として開催）で優勝した選手たちは世界大会への出場権利はないのですか。

三瓶　（著者注：7月に）記者会見を開いたので、お分かりのように、基本的には一緒だと思っています。けど、多少地区的に問題があるわけです。支部がバッティングしている自分と安斎さんの問題、千葉北と千葉南のバッティングしている支部の問題があって、今最後のつめに入っているところなんです。ただ、元を正せば、旧遺族派の方々は具体的に世界大会自体がなかったですからね。やれるなら、一緒にやりたいですけれども。

――ということは、あの大会の優勝者たちは、出場権がないと…。

三瓶　そういうことではなく、自分たちは9月のウェイト制で予定どおり、重量級2名、中量級1名、軽量級1名を決定し、残りのメンバーはあくまでも候補という形にしていましたよね。それは6月のウェイト制の優勝メンバーを出してくれ、と言われた時のために待ちの姿勢をとっていたんです。この合宿（著者注：一九九五年一一月二四日に行なわれた世界大会出場選手の強化合宿）まで待ったけれども、それもなかった。だから、この16名が決定メンバーということになります。

――でも、今は遺族派も支部長協議会派もないわけですよね。それに、6月のウェイト制で優勝した外舘選手は第5回世界大会のメンバーです。

三瓶　ただ、外舘選手が今、通用するかという問題もありますし、軽量級は白蓮会館が優勝した。他流派が優勝したということで、その力量を見たかった。だから、9月のウェイト制には我々の方から出て下さい、とお願いしたんです。でも、白蓮会館の選手は優勝することができなかった。もし、優勝したメンバーから何らかの打診があれば、それなりの方策も考えましたが。

――となると、1月の世界大会には参加表明がなかったということですか。

三瓶　ありませんでした。もしあれば、上位の選手だけで選抜大会でもやらなければいけなかったでしょうし。それに記者会見（7月26日の遺族派と支部長協議会派合体）以後、大会などで、時間が取れないこともあって、弁護士任せになっているところがある。智弥子館長体制でいこう、というところでは、合意しているんですけどね》（『格闘技通信』一九九六年一月八日号）

一方で、旧遺族派が世界選手権に協力しなかった理由について、一九九六年五月八日号の『格闘技通信』誌上で、高木は三瓶の主張に異論をはさんだ。

《協力してほしい、という理由から話しますと、まず大会で審判をしてほしいこと。次にチケットを買ってほしい。三つめに新しく作った道衣を買ってほしいということでした。協力してほしいために、これだけの条件があったわけです。審判はできないけれど、大山智弥子館長を囲んで、大会に行く形なら参加出来ると連絡をしましたが、調整の中に一緒にやろうという気持ちが感じられませんでした。ただし、我々は全員、大会にいく準備をしていた事は確かです。間に入ってくれた数名の若い支部長たちを応援したい気持ちと、申し訳ないという気持ちがありましたから》

また、三瓶が語った福島県支部のテリトリー問題について、安斎は三瓶を強く非難する。

「三瓶さんは、決して約束を守らない人間です。三瓶さんはもともと福島テレビの局内に道場を開設することのみを、大山総裁から認められていたに過ぎません。当時の福島県支部長は和気嘉兵衛さんという人でしたが、三瓶さんの道場開設はテレビ局に限って和気さんも容認していました。しかし、和気さんが亡くなると、福島県支部は福島県南支部と福島県北支部に分かれ、三瓶さんが北の支部長に、私が南の支部長に就任することになりました。ただ、ちょうど真ん中で南北に分けると、会津若松市、郡山市、いわき市などの都市部はすべて県南になり、県北は人口が少なくなってしまいます。そこで、地域的には南に属する白河市を境にテリトリーを分けることで私が譲歩しました。これは、生前の大山総裁が決定したことです。ところが、三瓶さんは総裁の許可なく、県南にも道場を広げ始めたのです。話が違うということで、郷田師範に間に入ってもらい、改めて地図に線を引いてテリトリーの確認をし合いました。そして、三瓶さんは一年半から二年の間に、私のテリトリーから撤退するという文書を書き、判子も押しました。しかし、三瓶さんがのらりくらりと撤退しない間に、総裁が亡くなってしまった。遺族派と支部長協議会派が一緒にやっていこうとしているにもかかわらず、今度は勝手に郡山市にも道場を出したのです。私と手塚師範が三瓶さんと話し合ったとき、『三瓶啓二という名前があるのだから、福島ではなくもっと大きいところでやったほうがいいのではないか』と提案したら、三瓶さんは『安斎さんと手塚さんが、俺を福島から追い出そうとしている』と裏で吹聴を始めました。あまりにも三瓶さんのやり方は理不尽です。彼は何に対しても必ず陰謀を巡らす。まったく信用の置けない人間です」

合流記者会見から年が明けるまでの約半年間、旧遺族派と旧支部長協議会派は、完全な断絶状態にあったというのが実情だ。建設的な話し合いは行なわれず、結局、三瓶の思惑通り、大山智弥子だけが大山派に残り、旧遺族派の高木や手塚たちは、追われるように大山派と袂を分かつことになる。大山派が分裂したと世間に知れるのは、夏に開催される第一三回全日本ウエイト制選手権が、再び三度行なわれると発表されるときである。

大山派は「極真会館本流」としての権威を象徴する智弥子を手に入れ、精力的に活動を開始する。だが、前記したように、大山派とはいえ、その実体は旧遺族派を排除した支部長協議会派そのものだった。

一月の世界選手権後、大山派はきたる六月一五、一六日に神奈川県川崎市にあるとどろきアリーナにて第一三回全日本ウエイト制選手権、八月一〇日に第一回全日本女子選手権、第二回全日本ジュニア選手権、一〇月に第二八回全日本選手権、翌一九九七年に第一回ワールドカップを開催することを、大々的にメディアに発表した。大山派は、表向きは旧遺族派と合流し、若い支部長たちも組織運営に携わることで、順調に組織改革を進めているかのように見えた。しかし、大山派が抱えた問題は旧遺族派との軋轢だけではなかった。それ以上に深刻な、組織自体の分裂さえ引き起こしかねない、大きな爆弾をその内に秘めていたのである。

実は、組織内部では早い段階から西田と三瓶の方向性に齟齬が生じていた。それが組織内で表面化したのは、松井館長解任決議を行なった会議から一月と経たない一九九五年四月末頃だった。遺族派との合流に向けて動き始めた時期である。

そもそも、西田は遺族派の支部長と共同歩調を取ることには賛成だったが、智弥子をはじめとする遺族が組織運営に関わることをよしとはしなかった。もちろん、遺族を大切に思う気持ちはあったが、彼女たちをどのような立場で迎え入れるかは、検討が必要だと思っていた。ただ、智弥子を館長に担ぐことだけは絶対に反対だった。

西田は三瓶とは異なり、常に原則論を重視する、ある意味、律儀な人間だ。だからこそ、生前の大山が常々公言していた「極真会館の運営に家族を決して関わらせない」という師の遺志を貫きたかった。また、「極真会の私物化」「独断専行」「不透明な経理処理」を理由に松井を館長の座から解任し、「民主的合議制」を掲げた支部長協議会派の代表として、それを実践するための組織改革を真剣に考えていた。にもかかわらず、三瓶は西田に相談することも、会議にかけることもせず、独走的な形で遺族に急接近していった。そして、支部長協議会派との合流に積極的だった遺族派の手塚と共に、「一本化」を進めてしまう。

前述したように、遺族派との合流を進めるにあたり、三瓶は大山倍達の妻・智弥子と三女・喜久子に言葉巧みに取り入った。三瓶の遺族懐柔戦略は彼の思惑通りに進み、智弥子と喜久子は旧遺族派を見捨て、完全に支部長協議会派についた。智弥子を館長として組織に迎え入れることは、西田が出張から戻ってきたらすでに決まっていた。三瓶は西田に「理事会で決まった」とだけ告げた。代表である西田に一言の断わりもなく、勝手に理事会を開く権利は副代表の三瓶にはなかった。その行為そのものが、「民主的合議制」を主張し、松井を館長解任にまで導いた行為に反していると西田は憤慨したが、それを阻止することはできなかった。なぜなら、智弥子を館長として迎えることは、三瓶だけでなく、多くの支部長の総意だったからだ。長谷川一幸は「西田さんは、確かに遺族はいらないと言っていました。それを聞いたとき、早くも支部長協議会派は失敗だと思いました。総裁あっての極真、極真あっての我々。遺族を大事にするのは弟子の役目。空手の父が総裁なら、母は奥さん。だから、遺族は絶対に必要だと私は思いました」と語る。

西田は松井館長解任劇の首謀者の一人ではあったが、極真会館分裂から数ヵ月を経ずして、早くも挫折感を感じ始めていた。何を言っても仕方ないとは思いながらも、西田は三瓶と遺族の関係だけはどうしても許せなかった。この関係がきっかけとなり、大きな問題へと発展していくであろうことは、火を見るよりも明らかだと思った。そして、西田の懸念通り、遺族と三瓶の関係が組織運営に多大な影響をおよぼすことになる。西田を代表として会議で決定したことが、遺族（主に喜久子）の意向を受けた三瓶によって、簡単に覆される事態が増えていくのだ。しかも遺族だけでなく、旧支部長協議会派の過半数が三瓶シンパと言われる支部長で占められていた。次第に三瓶の発言力は増し、反対に西田の孤立は日を追うごとに深刻さを見せていった。特に海外での三瓶の言動は、目に余るものがあった。それは間違いなく、国内のみならず、海外の支部長たちの間に大山派の「代表」が誰なのか、組織の実権が誰の手にあるのかを混乱させる態度だった。

松井派と大山派は、互いに世界選手権を大成功させたとは言え、まだまだ権力闘争の真っただ中にあった。海外支部をどう味方につけるかは、両派共々目下の急務だった。松井派は国際秘書・五来克仁がニューヨーク支部長だったこともあり、早い段階でほぼアメリカ全土を掌握した。

しかし、大山派も簡単に諦めるわけにはいかない。大山派はアメリカの切り崩しを始める。代表である西田が渡米し、大山派に与する意思を持つアメリカの支部長たちと会議の場を持つことが決定した。ところが、会議に姿を現したのは西田ではなく、喜久子を引き連れた三瓶だった。海外生活の長い喜久子は英語が堪能だった。三瓶は表向き、通訳として喜久子を会議に同席させたのだ。

「それは、まるで夫婦のようだった」と、金村清次らアメリカの支部長たちは口を揃える。

実は、西田はアメリカで会議がもたれることはわかっていたものの、その日時も場所も知らされていなかった。三瓶が独自に動いていたのだ。国内の支部長たちはなんの疑問も抱かずに、三瓶と西田の間で決まったことだと思っていた。ただ、三瓶が喜久子を伴っていたことを知る者はほとんどいなかった。一方、アメリカの支部長たちは、西田がくると聞いていた。それなのに、「副代表である三瓶が、しかも大山総裁の遺児と一緒に現れるとはどういうことなのか」と彼らはいぶかしがった。

三瓶は支部長たちに向かって堂々と言った。

「私は総裁の孫の父だから、私が正統な極真会館の代表という立場にある」

金村たちが耳を疑ったのは言うまでもない。三瓶には妻子がいるはずだ。もちろん、それは喜久子ではない。そして、喜久子は三瓶の言葉を英訳する際、「代表」という単語を「二代目」と通訳した。その場にいた金村ら日本語も理解できる支部長は、喜久子の英訳を聞き、三瓶に対してだけでなく、遺族に対しても不信感を覚えた。

このアメリカでの会議の実体を知った西田は、三瓶への疑念が確信に変わるのを痛感した。そして、そんな三瓶を支持する他の支部長たちへの信頼までもが、雲散霧消していく自分の心を自覚した。「民主的合議制」を訴えて立ち上がったはずの彼らが、その志を有名無実にしても疑問さえ持たないのだ。

その後も、西田と三瓶の組織運営に関する考えは、ことあるごとに衝突する。表面上は代表として振る舞っていた西田だが、内実は、三瓶と三瓶のシンパである支部長たちに押されつつあった。代表である西田の意見よりも、三瓶の意見が通ってしまうことが多くなっていくのである。大山派は、対松井派のみならず、内部においても権力闘争が勃発しようとしていた。

第四章　混迷する極真空手

松井派の門戸開放宣言

一九九六年、松井派極真会館は真の意味で、松井章圭を館長とする新体制をスタートさせた。前章でも記した通り、事実上、松井派が支部長協議会派との和解を断念したのは、前年の六月だった。それ以降、松井派は対抗勢力との権力闘争に勝利するべく、着実に組織改革を進めていた。

その戦略のひとつが、全国の支部数ならびに支部長の増強計画である。当初、「数の論理」において圧倒的に不利だった松井派は、分裂騒動の首謀者である三瓶啓二や西田幸夫が管轄する都道府県を手始めに、続々と新支部を設置していった。支部長に抜擢された者のほとんどは選手経験が豊富で、かつ分裂前に指導員や分支部長を務めていた三〇歳前後の若者たちだった。彼らは皆、前線で戦う尖兵のごとく、道場運営に奔走した。この戦略は一九九六年に入って、より活発になる。結果的に、松井派の支部数は「大山派」と呼び名が変わった旧支部長協議会派のそれを、あっという間に追い抜いた。

もちろん、支部や支部長の数が上回ればよいという問題ではなかった。つけ焼き刃な対策ではなく、きちんと機能する体制を作り上げなければ意味はない。そこで、松井は分裂以前に臨時支部長会議で提案した「会員制度」の導入を決定した。二代目館長就任直後から、システム研究に試行錯誤を繰り返していた松井にとって、満を持しての会員制度の発足であった。

一九九六年二月、松井派は正式に会員制度をスタートさせる。全国津々浦々、すべての道場在籍者を極真会館総本部の事務局が、コンピュータにより一元管理することになった。会員は年額一〇〇〇〇円の会費を支払うことになるが、その代わりに、写真入りの会員証やパスポート形式の道場生手帳が発行される。また、極真空手グッズの割引購入や、再入門の際の入会費、道場移籍費の免除など、さまざまな特典が受けられるようにした。

当初の予定を越えるスピードで、会員制度の普及は順調に進んだ。メディア関係者の多くが、時代を先取りした管理システムを評価した。ただ、松井体制が盤石になりつつあるなかで、決して表面化することはなかったが、相変わらず会員制度の導入を快く思わない支部長も少なくはなかった。会員制度の導入に伴い、松井は同年九月から、これまで各支部単位で発行していた昇級認定状を、総本部発行のものに統一した。そして、正式な認定状の発行は、道場生各人が会員登録をしていることを条件とする旨を発表する。

こうして、前時代的だった創始者・大山倍達の支部直轄および道場生の管理を、松井は現代的な中央集権管理へと一新した。ちなみに、分裂を誘発させる大きな要因でもあった会員制度であるが、当時、絶対反対の姿勢をあらわにしていた三瓶ら旧支部長協議会派が、後々同制度を採用することになる。それも、会議の場で松井攻撃の中心を担った三瓶の腹心・大濱博幸が、今度は自らの団体の支部長会議で会員制度の導入を宣言することになるのは、歴史の皮肉と言えるだろう（詳細は後述する）。

松井派の組織改革は、支部の増設や会員制度の導入のみならず、多岐におよんだ。大山の生前には想像すらできなかったさまざまな改革が、次々と形になっていった。一九九六年の年明け早々に開催された、第一回女子世界選手権大会もそのひとつである。

女性にとって直接打撃・ノックダウンルール（極真ルール）での戦いはあまりにも危険過ぎるという理由から、総裁である大山は女性の試合化を嫌い、これまで全国規模での大会はもちろん、支部単位での大会も開催されなかった（防具を採用したポイントルールによる試合は、ひとつの試みとして行なわれてはいたが……）。だが、大山の逝去後、時代の流れに沿った変化が必要な部分もあると考えた二代目館長松井は、極真ルールによる女子世界選手権大会の開催に踏み切った。すでにヨーロッパ各地では、女性による極真ルールの大会が小規模ながら開催されていた。

大会開催にあたり、もっとも慎重になったのは、やはり安全面の配慮だった。そこで女子の試合では、本来は禁止されている防具の着用を認めた。胸を守るチェストガードや脛サポーター、マウスピースなどだ（マウスピース以外の防具着用は各選手の任意）。その他、試合時間が短縮された点（本戦が二分、延長戦が一分）と、階級制がとられた点（軽量級と中量級の二階級制）以外は、すべて極真ルールに則って行なわれた。ただし、男性の大会とは違い、これから新たな歴史を作っていく女性の大会である。「一般公開にして世に問う段階ではない」と判断した松井は、オープン形式はとらず、参加者を極真会館所属選手に限定した。

そして、一九九六年一月二七日、アメリカ・ニューヨークにあるハンターカレッジ体育館において、松井派極真会館主催の第一回女子世界選手権大会が開催された。以後、同大会は二年ごとに開かれることになる。現在では極真空手系団体のほとんどが行なっている女子部の組手試合であるが、その先駆けとなったのがこの大会だった。

ところで、第一回女子世界選手権にはもうひとつ、新たな試みが付加されていた。エキジビションという扱いながら入澤群対グラウベ・フェイトーザによる、ワンマッチ形式の試合の実践である。トーナメント形式が主流である極真会館主催の大会において、これは異例の出来事だった。「初めて開催する女性の大会の客入りを懸念した主催者側が、会場を盛り上げるために仕組んだデモンストレーションではないか」とうがった見方をするメディア関係者も少なくなかった。もちろん、女子の大会に花を添える目的も含まれていたことは否定できない。だがそれ以上に、今後の組織展開において、ワンマッチ形式の導入は大きな意味を持っていた。ワンマッチ導入の経緯については後で詳しく触れるが、実はこの試みの裏に、極真会館のプロ化構想が隠されていたと言ってもよい。

松井派は、その後も試験的ワンマッチを繰り返した。それは自派主催の大会のみならず、プロ格闘技団体（シュートボクシングとリングス）の興行にまでおよんだ。アマチュア団体の雄である極真会館が自ら動いたプロ格闘技団体への接近は、格闘技・空手関係者、ならびにファンの大きな関心を呼んだ。しかし、決して好意的かつ肯定的に受け止められたとは言えなかった。ワンマッチ形式の導入については、比較的賛同を得られたものの、プロ格闘技団体との交流については、大半の人々が「松井派は、いったいどこへ向かおうとしているのか？」という否定的な反応だった。

そんな周囲からの疑問に応えるかのように、一九九六年九月二五日、松井派は極真会館総本部道場において記者会見を開いた。主旨は今後の活動方針の発表だったが、何よりも記者たちを驚かせたのは、会見の冒頭に松井の口から発せられた、俗に言われる「門戸開放宣言」だった。記者会見に出席したのは館長である松井章圭と郷田勇三、盧山初雄の両最高顧問、山田雅稔、廣重毅、磯部清次ら支部長、そしてフランシスコ・フィリォの七名である。二十数名の報道陣を前に口火を切ったのは山田だった。

山田「最近、極真会館はシュートボクシング、リングスという団体にご協力をいただきまして、外部で二試合を行ないました。そのようななか、マスコミの皆さんや道場生などから、今後、極真はどうなっていくのか。極真のプロ化はあり得るのか。もしくは現在、元極真会館所属の外国人選手が多数出場しているＫ‐１との交流はあるのか、などということが話題になっています。また、大山総裁時代に絶縁状態になっていたり、記録的には除名処分になっていたりする先輩方との交流について、記者会見という形で発表させていただきたいと思います」

司会進行役の山田は、記者会見の主旨を発表すると、すぐに松井にマイクを譲った。そして、松井はいつものように鷹揚な態度で、しかし、慎重に言葉を選びながら「門戸開放」を宣言した。

松井「我々は過去、極真会館として公式に行なわれた除名、破門、または絶縁といった処分を解消する決定をいたしました。ただ、大前提として、破門、除名、絶縁の後にも『極真』という名称を使用している団体は該当しません。空手界の大同団結は、大山総裁が生前から言われていたことでもあり、私たちにとっても大きなテーマでした。もちろん、過去の経緯があるので、それをきちんとした形で処理し、対処していかなくてはいけませんが、基本的には門戸を開いて空手界の発展のために、お互いに切磋琢磨していきたいと思っています。

昨年の分裂騒動によって大同団結どころか、極真本体が問題を抱えていましたが、いろいろと活動を進めていくなかで、さまざまな団体・流派の諸先輩方からプライベートな形で応援をいただき、組織的にもまとまってきた今、過去の経緯を解消する決定をしました。ただ、先方の方々あってのことなので、こちらの一方的な形になってはいけません。まず我々の姿勢として、門戸を開放して過去の経緯を解消していきたいという意思表示をしたということです。具体的な交流については、お互いに良識を持って、尊重し合いながら、疎遠になっていた関係を埋めていきたいと思っています。その他の発表事項としては、世界ウエイト制大会の開催やランキング制の導入、ワンマッチ形式の試合などを行なっていく予定です。また、地域別の団体戦も考えています。少年部の国際キャンプを実施する予定もありますが、女子の大会も始まり、老若男女を問わず、空手を志す人々に貢献していきたいと思っています」

突然の門戸開放宣言に驚きを隠せないメディア関係者たちだったが、一方で一九九六年に入ってからの松井派の動きを振り返ってみれば、確かに納得できる部分もあった。プロ格闘技団体との交流も、門戸開放に向けての布石だったと理解した記者たちは、今後の展開に関心を示した。

——シュートボクシング、リングスといった団体でワンマッチ形式の試合をしていますが、今後、他のプロ団体と交流戦を行なう予定はあるのですか。

松井「今回のふたつの団体への参戦については、両団体からオファーがあり、それに応える形で実現したものです。お互いルールが異なりますから、極真の選手同士が極真ルールで戦うという条件でお受けしました。ですから、審判も極真の支部長が務めました。我々としても、リングの上で、ラウンド制にしたらどのような戦い方になるのかなど、試験的に試してみたい部分もありましたし、結果的にいろいろと勉強になりました。ただ今後、極真会館として他団体と交流する計画は今のところありません。プロ団体のリングを借りてワンマッチを行なうことも、おそらく今後はないと思います。ただ選手個人、例えばフィリォ選手やギャリー選手が、個人的に自分の活躍の場を求めて、いろいろな団体のリングに上がることは、常識の許せる範囲で応援していきたいと考えています。あくまで、選手個人の意思を尊重するということであり、極真会館が組織としてやっていることではないことをご理解ください」

——K-1のリングにフィリォ選手や八巻選手など、主力選手が上がる可能性もあるのですか。

松井「可能性は十分にあると思います」

――極真とＫ‐１のルールは異なりますが、グローブをつけたルールの研究をしているのですか。

松井「具体的に極真会館が何かをするというのではなく、選手たちが自発的に自分の可能性を求めるということです。手による顔面攻撃を含めた稽古をしている支部もありますが、リングに上がることを前提としているものではないと理解しています。繰り返しますが、極真会館としては、そういった計画はありません。あくまでも、極真会館所属の選手が自らの考えでＫ‐１のリングに上がるというだけのことです」

――今後、極真はどのような活動をしていく予定なのでしょうか。

松井「大山総裁が提唱した『極真こそ世界最強』という部分は、常に理想として追いかけなければいけません。ただ、現代社会のなかにあって、いろいろな形で社会貢献していくこと、組織を拡大していくことも目標のひとつです。そのうえで、女子の大会が始まり、少年たちの活躍の場を設けていきます。また、四年に一度の世界大会、世界ウエイト制大会も、ある意味で、空手を通じた国際交流という見方ができます。空手道としての最強を目指して実戦性を追求するという理念を忘れずに、側面では競技性を高めていく必要もあります。そのなかで、最高であり、最良の空手を目指していくことです。『ケンカ空手』という代名詞からもわかるように、これまでの極真空手は、一部の人にしかできない特権的なもの、というイメージが強かったと思います。しかし、今後は老若男女を問わず、目的に応じた自己啓発の場にしていかなくてはいけないでしょう」

　そこで、盧山が唐突に口をはさんだ。松井が言った「最良の空手」という表現に、納得いかないものを感じたからである。また、記者からの質問がＫ‐１など、プロ格闘技イベントとの関わりについてのものに偏向しつつある流れに盧山は違和感を抱いた。

盧山「最後にひとつ、つけ加えさせていただきますが、我々は極真会館ならびに格闘技界のさらなる発展を心から願っている、ということです。また、二一世紀を目前にして、極真が大きく変質することはあり得ない。大山総裁が創られたこの極真という組織を、我々は完成に向かって発展させていかなければなりません。今日の記者会見を通じて、この先、極真会館が大きく色を変えてしまうものではないことを、くれぐれも理解していただきたいと思います。あくまでも、極真は武道空手としての道を目指すのであって、例えばプロ化、ショーアップされた世界に進もうとしているのではないことを理解してください」

一時間におよぶ記者会見は、盧山の言葉で終了した。最高顧問の意外な介入にも松井はほとんど表情を変えることなく小さくうなずいただけだった。だが、この盧山の言葉が後に起こる大きな波紋の予兆であったことに気づく者は誰一人いなかった——。

松井派極真会館の記者会見に対し、もっとも敏感に反応したのが、三瓶ら大山派だった。特に、「最良の空手」発言に反発の声を上げた。松井の言葉をすべて聞けばわかるように、彼は決して創始者・大山倍達の理念である「最強の空手」を否定したわけでも、放棄したわけでもない。「極真こそ最強である」という理想の追求は大前提であるとしたうえで、老若男女を問わず支持されるためには、道場生の目的、時流に合った指導方法・経営方法を模索することも必要だと語っているのだ。それを、松井は「最良の空手」という言葉で表現したに過ぎない。だが、大山派は「最良の空手」という一語のみを誇張し、「大山総裁は常々、極真空手は『最強』でなければいけないと言っていた。松井が言う『最良の空手』は、総裁の理念を根底から覆すものである」と、さらに松井批判の様相を強めていった。

プロ化への布石

記者会見以降、メディアをはじめ格闘技関係者やファンは、松井派の動向に注目した。門戸開放宣言によって、何が変わるのか、果たして、極真会館所属選手のK‐1参戦は実現するのか――。

当初、最高顧問の郷田勇三は「私の目の黒いうちは、フィリォがK‐1に出ることはあり得ない」と公言し、同顧問の盧山初雄も「極真がプロ格闘技と交わることがあってはならない」と声を強めてメディアに語った。

ところが、年が明けた一九九七年二月、格闘技専門誌に《極真空手史上最強の外国人、フランシスコ・フィリォK‐1参戦決定！》の文字が躍った。松井派極真会館は、先の記者会見での門戸開放宣言に沿う形で、現役選手であるフィリォのK‐1出場を公式に認めたのだ。正確に言うならば、松井派極真会館というよりも、館長である松井章圭の決定である。決して組織として一枚岩の「意志」ではなかった。それは前述した郷田、盧山の言葉からも明白である。ただ、それが松井の「独断」だったとも言えない事実がある。K‐1参戦が明らかになった直後、郷田は「将来を見据えて、あえて賛成した。今後はすべて松井館長に一任する」と言葉少なに前言を翻し、盧山は相変わらず「正しい選択ではない」と、非公式ながら周囲に苦悩の表情を見せた。

こうして、K‐1のリングに立つ半年後の七月二〇日に向けて、フィリォは本格的にK‐1が採用するキックボクシングスタイルに向けたトレーニングを開始した。だが、たとえ極真空手の世界で実績を残している選手であっても、新たなルールに対応するための練習期間として半年というスパンは、十分な時間とは言えない。それは、フィリォのK‐1参戦を許した松井にもわかっていた。

「半年に満たない練習量で、まったく別の競技に出て勝てるほど、格闘技の世界は甘くない。それは私自身、よくわかっています。しかし、フィリォのような実績のある選手がK-1に出たいと要求する以上、彼の意志を尊重するしかありません。フィリォは現在の極真会館にとって大切な存在です。それなのに、生前の大山総裁がアンディ・フグやマイケル・トンプソンを破門にしたように、フィリォを破門にしてもいいのか？　私はそうは思いませんでした。フィリォ個人の立場だけでなく、極真の将来をも考えたとき、また諸事情を考慮しても、フィリォの意志を汲んでやる選択がベストだと判断しました」

松井の言葉を受けて、メディア関係者の間では、フィリォのK-1参戦の背景には、「門戸開放宣言」だけに留まらない、複雑な事情が絡んでいるのではないかといった憶測が飛び交った。

ところが、キックボクシングスタイルのトレーニングに専念していると思われたフィリォが、K-1出場を三ヵ月後に控えた時期に、極真会館主催の世界ウエイト制選手権大会に出場した。当然、試合は極真ルールで行なわれる。

一九九七年四月二〇日、松井派は両国国技館において「第一回世界ウエイト制選手権」を開催した。これまでの全日本ウエイト制選手権は、軽量級、中量級、重量級の三階級に分けて各トーナメントが組まれていたが、今回の世界ウエイト制選手権を機に、以後、全日本ウエイト制選手権のみならず、各ブロック、地方大会もすべて、軽量級、中量級、軽重量級、重量級の四階級に変更・統一されることになる。旧ソ連圏、ヨーロッパ、東アジア、中東・東南アジア、アフリカ、オセアニア、北米、中南米から各階級二名ずつが予選大会を経て選抜された。日本は東アジア枠に入っていたが、「本家」ゆえの例外として日本選手のみ、各階級四名ずつの出場が認められた。同大会は四年ごとに開催されることになる。ちなみに、フィリォは重量級に出場した。そして、先の理由から極真ルールに則った稽古が決して十分とは言えない状況だったにもかかわらず、圧倒的な強さを見せつけながら、念願だった王者の座を手にする。

　松井は世界ウエイト制選手権を前に、メディアに対して意気揚々と語った。

「世界ウエイト制大会は全日本大会とは違い、ランキング制の導入を考えています。今回の第一回大会で初代のランキングが決定します。大会自体は四年に一度のスパンで行ないますが、毎年一回、ランキング一位の選手と挑戦者によるタイトル戦を開催する構想があります。どのように挑戦者を決定するかなど、詰めなくてはいけない事項は多々ありますが、タイトル戦はワンマッチでの対戦になります」

　つまり、ワンマッチの導入は、世界ウエイト制選手権の開催、ならびにランキング制の導入とリンクした試行だったと言える。だが松井は当初、ワンマッチ形式試合採用の理由を、メディアに向けて以下のように公言している。

「今後も従来のトーナメント戦を主流に大会を続けていくことに、なんら変わりはありません。ただ、トーナメントの宿命として、対戦相手を選べないことや、勝ち上がれば勝ち上がるほどダメージが蓄積され、万全の状態で戦うことが困難になるなど、マイナス点があることは否めません。私自身もそうでしたが、大会を目指す選手であれば、誰もが『あの選手と、体調が万全な状態で戦ってみたい』という願望を持っているものです。そういった選手の要望に応えるために、ワンマッチを導入したというのが最大の理由です。また、これも選手の立場からですが、まだまだ戦える実力はあっても、数試合を勝ち抜かなければならないトーナメント戦は、ある程度の年齢になると体力的に非常に厳しくなってくる。しかし、一発勝負のワンマッチであれば、戦える選手はたくさんいます。そういった選手の受け皿として、ワンマッチの導入を決定しました」

つまり、松井の言葉は最初に世界ウエイト制選手権やランキング制ありきといった前提ではなかったことを意味している。確かに松井が言うように、トーナメント戦は必ずしも戦いたい相手と対戦できるわけではなく、組み合わせによって勝敗が大きく左右されることは否定できない。極論するならば、実力以前に「運」の強さが必要とも言える。また、トーナメントでは勝ち上がるのが困難になったシニアクラスの選手でも、一試合だけに集中できる場が提供されれば活躍の場となり得るし、選手としてのやりがいや選手生命も違ってくるだろう。その意味で、ワンマッチ形式の導入を肯定的に受け止める極真関係者、さらにメディア関係者は少なくなかった。なかには「これまでなかったのが不思議なくらいだ」と、館長としての松井の先見の明をたたえる支部長も多かった。

肉体的にも精神的にも大きな負担を強いられるトーナメント戦は、一見、武道性が高いように感じられるが、実は逆に競技性に偏った試合形式だと浜井識安は語る。

「トーナメント戦は、精神面を鍛えるという意味では、武道性が高いかもしれません。しかし、頂点に上り詰めるためには、前半では力を温存したり、ルールを利用した戦略や戦術を駆使したりしなければなりません。その点では、非常に競技性の高い、スポーツ的な試合形式なのです。でも、生きるか死ぬかの実戦では、力の温存など考えている場合ではありません。一度の戦いに自分の持てるすべての力を出さなければ、死が待っているからです。もっとも、トーナメントであろうがワンマッチであろうが、ルールに則った試合ですから、生きるか死ぬかの場面ではないし、どんな形式であろうと、ルールという安全を考慮した制約がある以上、競技には違いありません。しかし、『一撃必殺』を理想とし、『実戦空手』や『ケンカ空手』を標榜することで、多くの支持を得てきた極真空手です。本来であれば、トーナメント戦よりもワンマッチのほうが、その理念に叶っていると言えるでしょう。一騎討ちという面での武道理念に基づいた、非常によい戦いの場ができたと私は思います」

実戦性云々は別にしても、選手たちに「〇〇選手と戦ってみたい」という願望があるのは事実である。分裂騒動のなか、八巻と数見がフィリォと戦いたいという理由で、松井派の世界選手権出場を決めたことは前述した通りだ。だが、八巻は優勝こそ手にしたものの、組み合わせの都合上、フィリォと戦いたいという長年の夢は叶わなかった。結局、チャンピオンとしての名声を得ながらも、ある面、大きな失意を抱いたまま八巻は引退せざるを得なかった。

また、往年の名選手・黒澤浩樹もトーナメントでの八巻戦敗退に納得がいかない一人だった。

「もし可能ならば、もう一度互いが万全の体調のなかで八巻君と戦いたい」

黒澤にとって不運だったのは、その段階ではまだワンマッチ制が導入されていなかった点である。

「黒澤が後に極真会館を離れる遠因が、ここにあった」と黒澤に近いメディア関係者は断言する。

一方で、ワンマッチの導入によって、世界選手権を待たずに自らの雪辱を果たした選手がいる。第二四回全日本チャンピオン・田村悦宏だ。田村は第六回世界選手権五回戦、ルシアーノ・バジレと対戦し、体重判定で惜敗している。当然、田村は打倒バジレの思いを胸に秘めていた。しかし、世界選手権は四年に一度であり、次の世界選手権に田村が出場することは、年齢的に厳しかった。たとえ出場が叶ったとしても、再びバジレと戦えるかどうかは、組み合わせ抽選をしてみなければわからない。だが、田村は第四回関東大会（一九九六年九月二三日開催）のエキジビションで、バジレとワンマッチ形式で戦う機会を得た。そして、田村は「復讐」への誓いを体現するがごとく、強烈な攻撃によってバジレを下し、世界選手権の雪辱を果たしたのである。先の浜井の言葉や、田村対バジレ戦を見れば、ワンマッチの導入に否定論をはさむ余地はないかのように思われる。

ところが前述した通り、ワンマッチ導入は、ランキング制、タイトル戦を含めた新しい試みの一環としての色合いが次第に強くなっていく。それに比例するように、ワンマッチ制への風向きは一転する。しかも、メディアやファンなどの外部のみならず、極真会館内部からの反発が予想以上に大きくなっていった。「いつの時代も、新たな挑戦に批判はつきものですから」と、松井はそれらの声を一蹴したが、当初からプロ格闘技団体への参戦に、もっとも強い拒否反応を示していた最高顧問・盧山は、公然と異議を唱えた。極真会館を離れた今、盧山は改めて語る。

「松井君はワンマッチ導入の理由を、いかにも選手のことを考えた結果というような言い方をしていましたが、本当の理由はまったく別にありました。もし、松井君の言う理由が事実であるならば、たとえ試みのひとつとしても、プロ団体であるリングスやシュートボクシングのリングに、極真の選手を上げる必要はありません。極真の大会のみでやっていけばいいことです。門戸開放の記者会見では極真会館としてではなく、あくまでも選手個人の意思を尊重し、他団体のリングに上がることを許可すると言っていましたが、それもまったくの嘘です。その後の経緯を見ればわかるように、極真会館は選手レベルではなく、組織としてＫ‐１との関わりを深めていきました。大山総裁の生前とは時代も違いますから、門戸を開放して他団体との交流を深めていくことには、私自身なんら異議はありませんでした。極真所属選手の他団体への参戦についても、ルールの問題はあるにしろ、選手の選択肢を広げるという意味では、必要なことだとも思います。井の中の蛙ではいけませんからね。しかし、極真会館がアマチュア団体であり、武道を提唱している以上、組織として、プロ団体とは一線を画すべきだというのが私の信念であり、亡き大山総裁の遺志だと私は信じています。その点に関して、私は松井君に何度も苦言を呈しましたが、彼は聞く耳を持ちませんでした。松井君が急激にＫ‐１との関わりを深めていった背景には、いろいろと事情もあったのですが、極真のプロ化計画も理由のひとつだったと私は思っています。プロ興行であるＫ‐１から学べることはたくさんあったでしょうからね。結局、プロ格闘技団体との交流も、そして、極真が独自に始めたワンマッチや世界ウエイト制大会の開催も、松井君のやっていることはすべて、極真会館のプロ化を実現させるための布石だったと私は確信しています」

盧山の言葉を証明するかのように、田村対バジレ戦以降に行なわれたワンマッチは、松井が公言した大義名分とは大きくかけ離れたものになっていく。以下は、極真会館を離れた後に浜井が語った言葉である。

「終始、松井君は否定していましたが、彼がプロ化を考えていたことは事実だと思いますし、ワンマッチもその一環だったと私は理解しています。それは、さまざまな機会に行なわれたワンマッチの組み合わせを見れば一目瞭然です。最初の頃に行なったリングスとシュートボクシングのリングを借りてのワンマッチは、まず客の反応を見たいと考えたのだと思います。当然、プロ化を目指すには、観客の目を無視することはできませんからね。第三〇回全日本大会（一九九八年一一月開催）で組まれたギャリー・オニール対ピーター・サヴィッキーの対戦は、まさに観客の目を意識したカードです。派手な跳び技を得意とする両選手ですから、大技の攻防で会場が盛り上がるのは間違いありません。勝負より、見た目の派手さを優先させた試合内容でした。これこそがプロ化構想の証明と言えます。『SRSスペシャルリングサイド』主催のイベント（フジテレビ系列で一九九九年三月放送）で行なわれた野地竜太とニコラス・ペタスの試合も同様です。ワンマッチに限らず、世界ウエイト制大会に伴い発表した、ランキング制やタイトルマッチという発想そのものが、何よりもプロ格闘技のシステムですよね」

ところが、盧山の反対、さらには多くの支部長たちの無言の批判を押し切ってまで強引に進めつつあった松井の新たな構想は、結局、形にならず失敗に終わる。ワンマッチこそ数年の間、断続的に続いたものの、第一回世界ウエイト制選手権後、ランキング制は一切動きを見せることなく、タイトルマッチが実現することもなかった。盧山の言葉にもあるように、その最たる理由は、K－1やPRIDEといった、プロ格闘技ショーへの接近にあった。フリージャーナリスト・家高康彦は言う。

「松井さんはいろいろと大義名分を並べはしたものの、ランキング制の実現は簡単ではなかったのでしょう。タイトルマッチのチャンピオンと、従来のトーナメントのチャンピオンの格差問題などもあります。結局、風呂敷を広げたはいいけれど、畳みもせずにK－1参戦という早道で楽なプロ化計画に乗ってしまったのではないでしょうか」

浜井の言葉も家高とほぼ同様である。

「私自身、極真のプロ化に反対ではありませんでした。そもそも、大山総裁自身が極真のプロ化を考えていましたし、時代の流れを考えれば、プロ部門も必要だと思います。ただ、すでに格闘技・武道の世界で確固たる地位を築いている極真ですから、他団体や既存のプロ格闘技イベントに迎合するのではなく、極真会館独自のプロ化を進めるべきでした。松井君も最初はそのつもりだったと思います。だからこそ、ランキング制やタイトルマッチ、ワンマッチなどを打ち出したのです。ところが、松井君は新たな構想が軌道に乗るどころか形になる以前に、K－1などのプロ格闘技ショーのブームに乗って、それらの大会に参戦する形で選手個人のプロ化を進めてしまいました。繰り返しますが、私はプロ化には賛成です。でも、このような松井君のやり方には納得できませんでした」

浜井が言うように、松井は一貫して極真空手のプロ化を否定している。これに関する質問を受けるたびに、「門戸開放の会見を開いたときにも言いましたが、今後も極真のプロ化は一切考えていません。組織ぐるみでプロに転向するのではなく、あくまでも選手たちの可能性を第一に考えて、彼らの意思でプロの舞台に立つということです」と松井は答え続け、その主張は現在も変わらない。

だが一九九九年、松井は東京都豊島区池袋に「BODY PLANT」を設立した。BODY PLANTは名目上、貸しスタジオであるが、そこにはキックボクシングや総合格闘技、さらには中国拳法など、さまざまな格闘技団体がテナントとして入っていた。

ついで、松井は自らが実行委員長を務める「Kネットワーク」という新組織を設立する。詳細は後述するが、二〇〇二年にはKネットワーク主催による、プロ興行「一撃」を開催するに至る。「戦う編集長」のニックネームで広く知られる格闘技界の名物編集者・山田英司は以下のように語った。

「いくらKネットワークを隠れ蓑にしても、あれは明らかに極真会館によるプロ興行です。実は私もBODY PLANTで中国武術を指導していたので、ある程度は極真会館の実情には詳しいのですが、BODY PLANTはプロ選手育成が目的であり、一撃はまぎれもなく松井館長が開催するプロ興行です」

それでも、松井は平然と言い放った。

「Kネットワークは極真が運営している組織ではありません。立ち上げに極真も関わったというだけのことです。極真からプロのリングに多くの選手を送り出している現状を考えると、出場は認めるが、後は勝手にやれというのではあまりにも無責任過ぎる。そこで、K-1などへの出場を希望する選手たちに、経験や学習を積ませる場を作ろうということで、Kネットワークは誕生しました。極真は技術的にもプロ以上のアマチュアでなければならないという意識があります。それを証明するためにも、選手たちにはこの場を最大限に活用してほしいと思っています」

山田は「この言葉自体がプロであることを公言しているようなものです。プロ以上のアマチュアというのは詭弁以外の何ものでもありません」と主張する。

結局、松井がいかに極真会館のプロ化を否定しようとも、松井が打ち出した新たな構想はすべて、極真会館のプロ部門創設にいきつくという疑念、さらには確信を抱くメディア、ファン、極真関係者は急速に増えていった。

K‐1への接近

世界ウエイト制選手権から三ヵ月後の七月二〇日、フランシスコ・フィリォは現役の「極真空手チャンピオン」として、K‐1のリングに立った。会場となったナゴヤドームは、極真会館主催の大会とはまったく趣を異にしていた。赤や緑のレーザー光線が天井を駆け巡り、リングの四方からは花火が打ち上げられた。有名ミュージシャンのライブコンサートと見間違う派手な演出がほどこされた会場の花道に、真っ白い道着を身にまとい、両手にグローブをはめたフィリォが現れた。フィリォの姿をリングサイドで見守ったのは極真会館の大幹部二人、師である磯部清次と最高顧問である郷田勇三だった。

リングに上ったフィリォは道着を脱ぎ、母国ブラジルの国旗を彩った緑色のトランクス姿になった。極真空手家が一転してキックボクサーに変貌した。リングアナウンサーは、「極真会館所属、世界ウエイト制重量級チャンピオン」と、絶叫するようにフィリォを紹介した。大山倍達の生前には考えられない光景だった。すでにK‐1のリングで活躍していたアンディ・フグやサム・グレコらも、つい数年前までは極真会館に所属する空手家だった。しかし、彼らはK‐1の舞台に立っために、「破門」「除名」という汚名を背負って極真会館を離脱している。プロの大会に弟子たちが参戦することを、大山が許さなかったからだ。かつてのウィリー・ウィリアムスへの処遇同様、極真会館における厳格な掟と言ってもよかった。

　しかし、大山が逝き、二代目館長に就任した松井章圭は、門戸開放宣言を契機に、フィリォが「元極真会館所属」ではなく、「現役の選手」として、「極真会館を代表するチャンピオン」として、K－1のリングに上がることを認めた。それが、とてつもなく大きな意味を持っていたことは言うまでもない。「地上最強の空手」を謳い文句に人気を博してきた極真空手にとって、たとえルールの異なるキックボクシングスタイルの試合に挑戦するといえども、絶対に負けるわけにはいかない戦いだった。

　K－1参戦初となるこの試合、フィリォは試合開始わずか二分三七秒で、対戦相手であるアンディ・フグをKOした。それも、試合ルールで顔面殴打が禁止されている極真空手にとって、もっとも弱点と言われた顔面へのフック一発でアンディをマットに沈めたのである。フィリォの勝利に極真関係者ならびに道場生たちは歓喜の声を上げた。K－1への参戦に消極的だった盧山でさえ、安堵の表情を浮かべずにはいられなかったという。

　センセーショナルなフィリォのKO勝ちの一方で、極真会館とは縁のない格闘家の多くが、納得できないような当惑の表情を浮かべた。なぜなら、フィリォの戦い方はキックボクシングスタイルとはほど遠く、明らかに極真空手スタイルだったからだ。顔面への殴打が禁止されている極真空手と、認められているキックボクシングスタイルの格闘技とでは、当然、間合いの取り方や防御法に違いがある。フィリォは殴打による攻防の稚拙さを試合開始早々、露呈した。それは、一般のファンにもわかるほどの無様さだった。へっぴり腰でアンディのパンチをかわす、弱気なフィリォの姿が幾度も見られた。極真空手の大会で見せる凛とした姿とは、あまりにもかけ離れたフィリォの醜さに、思わず目を背けてしまったと語る支部長は少なくない。

極真会館にあって、古くから顔面殴打の研究にいそしんできた廣重毅は言う。

「キックスタイルのようなグローブ着用のルールでも、掌底による顔面殴打ありのルールでも、極真空手のベースが十分にあるならば、最低一ヵ月の本格的なトレーニングを積むだけで、間合いや防御の違い程度は身につくものです。しかし、それが試合の場で活かせるかどうかと言えば、そう簡単なことではありません。さらにフィリォの場合、顔面殴打を認めたルールにおいて最低限、おかしてはならない基本中の基本すらできていなかった。アンディも元極真を代表する選手ですが、とうに全盛期を過ぎてなお、コツコツと練習し、試合では負け続けながら、確実にキックスタイルでも頂点を目指し得る力をつけていきました。対してフィリォは……。ほとんどキックスタイルのトレーニングをしていなかったのではないでしょうか。ルールの違いそのものを舐めていたとしか思えません」

また、極真会館支部長でありながら、独自に顔面殴打の練習を積んできた浜井識安は、「私はもともと、寸止めとはいっても顔面殴打のある伝統空手から空手の世界に入った人間です。ですから、ルールとは別に、常に武道として顔面を突く技術を自らの武者修行としてきました。フィリォは抜群の格闘センスを持つ選手ですが、K‐1出場が決まった後も極真の大会に出て、顔面を殴る練習に集中できなかった。それがフィリォのおごりなのかどうかはわかりませんが、試合をするにはまる一年早過ぎたのは事実です。K‐1はプロ興行ですから、あの試合はフィリォが勝ったのではなく、アンディが勝ちを譲ったということではないでしょうか」と、フィリォのK‐1デビュー戦を評価した。

試合後、メディア関係者の間から、フィリォとアンディの試合は、アンディの「片八百長」に違いないという声が上がった。主催者の正道会館が、極真会館の面子を立てる目的で、あえて仕組んだというのが理由だった。この片八百長疑惑に対し、当時レフェリーを務めていた猪狩元秀は、言葉を巧みにはぐらかしながらも、こう言った。

「空手とキックはまったく別の競技です。テニスとバドミントン、サッカーとラグビーの違いと同じです。確かに、フィリォにはパンチテクニックに課題があります。しかし、それでもフィリォの蹴りはキックやK‐1史上最強と言ってもいいレベルでした」

片八百長の真偽はともかく、勝利を収めたとはいえ、フィリォのトレーニング不足を露呈する結果となってしまったことは事実である。また、それを「フィリォの弱さ」ひいては「極真空手最強神話への疑問」として受け取った一般のファンも少なくなかった。もっとも、フィリォにKO負けを喫したアンディ・フグも、かつて極真空手の世界で活躍した名空手家なのであるが……。

そして、この不安が現実となるのは、そう遠いことではなかった。初のK‐1参戦から一年後の一九九八年七月一八日、再びフィリォはK‐1の舞台に立った。この日のK‐1には、フィリォだけでなく、極真会館所属のグラウベ・フェイトーザとニコラス・ペタスの姿もあった。だが、彼らの試合は極真空手ファンの夢を打ち壊すに十分なほど、惨めな形で終わった。フェイトーザとペタスの二選手は、ほとんど攻撃することなく、一方的な形であっけなく敗れ去った。唯一、フィリォだけが微妙な判定で勝利を収め（この判定についても、メディア関係者の間では不正ではないかといった疑惑の声が上がった）、その後も勝ち続けるが、同年末、とうとうフィリォのキックスタイルにおける未熟さが勝敗に直結する。ファイタータイプのマイク・ベルナルドの強力なパンチの前に、フィリォは朽木が倒れるようにマットに沈んだ。試合中、フィリォは一発も有効打を放つことができなかった。極真空手の頂点に君臨するフィリォにとって、格闘技人生で初めて経験する屈辱的なノックアウト負けだった。それは同時に、長きにわたって「最強」を標榜し、「最強」と謳われた極真ブランドが、地に落ちた瞬間でもあった。

格闘技メディアやファンたちは、「ついに地上最強の極真空手が負けた」「フィリォの化けの皮がはがれた」とはやし立てた。格闘技の世界では「最強の格闘技は何か」「誰が最強か」などという「最強論」が頻繁に花を咲かせる。フィリォの壮絶過ぎる敗北は、にわかに「最強論」を煽ることになった。

「極真空手は最強ではなかった」

「極真最強伝説破れたり」

極真空手経験者、極真OBを含め、ほとんどの極真会館関係者は、フィリォのKO負けと、世間を賑わす「アンチ極真」の声の前に当惑を隠せなかった。まるで、自分自身が負けたかのような惨めさに打ちひしがれたと言ってもいいだろう。山田英司は言う。

「極真の選手がキックで勝てないのは、関係者ならば皆わかっていたはずです。それが初戦でフィリォがアンディに勝って浮かれてしまった。最強論なんて無意味ですが、これによって極真の最強伝説は明らかに幕を閉じたと言えるでしょう」

そんな批判が飛び交うなか、松井は一切沈痛な表情を見せることなく、毅然とメディアの取材に答えた。

「結果は結果として、きちんと受け止めなければならないと思います。正直、プロ団体に選手を参戦させることに、まったく躊躇いがなかったかと言えば嘘になります。しかし、躊躇って何もできずにいたら、成功はありません。チャンスがあるならば、いろいろな経験をしてみることが大切だと私は思います。昔、名だたる先輩たちがタイにいって、同じようにプロのリングで戦いました。その経験が現在の極真空手を形作ったのです。たとえ敗れたとしても、必ずそこから得られるものがあるはずです」

メディア関係者や格闘技ファンは、松井のふてぶてしいほどに落ち着いた態度を、開き直りや強がりとして受け止めた。それほどまでに松井は落ち着き払い、どこか達観したような表情を浮かべていた。実は、松井はフィリォがK-1のリングに立つ以前から、すでに最悪の結果を予想していたのだ。フィリォのK-1参戦が決定した前後、松井は側近らに以下のように語っていた。

「極真空手で実績を残しているとはいえ、この段階でフィリォをK-1に出場させても、絶対にトップを取ることはできない。ルールの違いは、とてつもなく大きい。フィリォの身体能力からいって、きちんとキックスタイルのトレーニングを積みさえすれば、間違いなく勝機はあるし、キックの頂点、K-1の頂点に立つことも不可能じゃない。だが、それまでに三年は必要だろう。できれば、十分な練習期間を与えてやりたかったが仕方がない」

松井はフィリォの敗北を予想、否、確信しながらもK-1への出場を認めたのである。時期尚早と言われながらも、K-1への参戦にフィリォ本人の意思が働いたのは事実だ。だが、最終的な決定権は館長である松井にあった。前述したように、もし極真会館側がK-1出場を承諾しなければ、フィリォがアンディ・フグやサム・グレコと同様に極真会館を脱会する可能性は極めて高かった。それが極真会館にとって大きな損害になるという計算も、当然松井にはあった。

だが、実は松井がフィリォのK-1参戦を認めざるを得なかった理由はそれだけではなかった。そこには現在も続く、松井派とフジテレビの関係が大きく影響していた。以下は盧山の言葉である。

「私はK-1への接近の裏に、松井君のプロ化構想があったのは間違いないと思っています。ただ、あの時期に、フィリォをK‐1に出場させたのは、フジテレビからの強い意向があったからです。フジテレビには極真空手の同好会があるのですが、当時、同好会会長だったのがフジテレビの専務・出馬《いずま》迪男《みちお》氏でした。K‐1が始まるきっかけとなった、フジテレビ主催のイベント『ライブUFO』を企画した人です。K‐1が、直接、出馬氏から松井君に打診があったため、断り切れなかったという事情がありました。K‐1が始まったのは一九九三年ですが、一九九六年後半から一九九七年にかけて、K‐1の人気が低迷した時期がありました。それを打破するための話題作りとして、極真の選手が必要だったのです。これをきっかけに松井君は、よりフジテレビやK‐1とのつながりを深くしていきました」

また、『一撃の拳　松井章圭』(講談社)の著者である北之口太は、次のように語った。

「極真会館所属選手のK‐1出場の経緯には、口にはできない背景があるのですが……。確かに、フジテレビからの要請があったことは事実です。その話を受け、松井さんはかなり悩んだようですが、そこに絡む人間関係を考えたら、無下に断ることはできませんでした。それは松井さんに限らず、大会やイベントなどの興行を行なう人たち共通のことであって、何も松井さんだけがダーティーだと言うつもりは毛頭ありません。ただ、松井さんは頭のいい人ですからね。K‐1に参戦するメリットもちゃんとわかっていました。当時は、まだ三瓶さんたちとの権力闘争の最中にあり、分裂騒動の影響で極真空手の人気も急激に下がっていた時期でした。そこで、松井さんは自らの団体の正統性確立と極真人気を復活させるために、テレビへの露出度の上がるK‐1への参戦を決めたのではないでしょうか。今の時代、メディア戦略は当たり前に行なわれていますし、メディアというのはうまく利用すれば、とてつもなく大きな効果が期待できます。ただ、松井さんからフジテレビにひとつだけ条件を提示したと聞いています。それは、K‐1およびフジテレビでは、三瓶さんたちの団体を絶対に扱わないでほしいということでした。フジテレビは快諾し、フィリォなど極真の選手をK‐1に参戦させることに成功したのです。その後、低迷していたK‐1人気も盛り返し、松井派の知名度も格段に上がりました。あのとき、松井さんがK‐1に進出する決断を下さなかったら、今の松井派の隆盛はなかったと私は思います」

K‐1参戦に、松井のさまざまな思惑が隠されていたことは間違いない。だが当時、松井本人の口からその事実が語られることはなかった。松井が重い口を開くのは、十数年後のことである。

いずれにせよフジテレビをはじめ、各方面からの要請により、フィリォだけではなく、フェイトーザ、ペタスら中堅選手までもK‐1のリングに上げざるを得なくなった。結果的に、松井はK‐1の興行成績向上に一役買うことになる。こうして、松井派極真会館は、K‐1への選手派遣や、フジテレビ主催のイベントへの参加・協力団体として、広くメディアを通して印象づけられることになる。松井が意気揚々と語った、ランキング制やタイトルマッチの導入は自然消滅し、いつの間にか話題にさえのぼらなくなった。

フィリォのK‐1での敗北は、大山派が松井派を攻撃する格好の材料となった。三瓶は「ついに極真空手敗れる」などの見出しが飛び交う格闘技専門誌に対し、「松井は館長を解任されている。よって正統な極真会館は我々であり、極真空手が敗れたわけではない」と胸を張った。

「門戸開放宣言は、フィリォをK‐1に出場させるための布石だったに違いない」

「門戸開放宣言の記者会見のとき、松井が『最良の空手』と言ったのは、K‐1で負けたときの言い訳にしようとしたのではないか」

「我々はアマチュア精神に則り、これからも総裁の遺志である『最強の極真空手』を受け継いでいく」

いかに松井が大山の遺志に背き、いかに自分たちが大山の遺志を引き継いでいるかを、大山派は声高々に訴えた。

遺言書の却下と極真会館総本部の明け渡し

着々と組織固めを進める一方で、いまだ松井派は遺族との関係改善に解決策を見出せずにいた。話は少し遡る。一九九四年から約二年間続いた、大山倍達の危急時遺言を巡る裁判は、一九九六年一〇月一六日、東京高等裁判所による「棄却」という判決で一応の決着を見せていた。大山が遺したとされる危急時遺言は、一審の東京家庭裁判所の判決同様、《遺言は遺言者の真意に出たものであると認めることが困難であり、その確認を求める抗告人の申立ては却下せざるを得ないものと判断する》という理由から否定されたのだ。

東京高等裁判所の判決を受け、一〇月二四日、大山派は智弥子を伴い東京プリンスホテル・福寿の間において記者会見を開いた。壁に観空マーク（円の中心に拳をあしらった極真会のシンボル）が描かれた旗と大山倍達の写真を飾り、その前に並んだ席には、向かって右から三好一男、三瓶啓二、大山智弥子、西田幸夫、大濱博幸、小林功が着席した。記者たちを前に、西田は大山智弥子と西田幸夫の連名で書かれた声明文を読み上げた。以下は概略である。

《東京家庭裁判所ならびに東京高等裁判所は、危急時遺言が大山倍達の真意から出たものではないという判決を下した。松井は館長と名乗ることをやめ、大山総裁の教えをもう一度噛み締めるべきだ。総本部を早急に返還し、大勢の人たちに迷惑をかけたことを反省するべきである。また、プロ団体への選手派遣や、見せかけの大同団結表明などのパフォーマンスは、大山総裁の教えを踏みに

じるものだ。我々は、今後もアマチュアリズムを追求し、日々精進していくつもりだ》

この会見は遺言書が却下された事実と、それに基づく大山智弥子ならびに大山派の見解を喧伝するために開かれたものであり、特に質疑応答の場は設けられなかった。最後に司会進行を務めた大濱が、改めて「判決を受け、松井章圭氏にはすみやかに会館を返却することを求めます。また、声明文にもあるように、国際空手道連盟極真会館の名称を使用しての活動は停止してもらいたい」と発言し、記者会見は終わった。

二日後の二六日、松井派も極真会館総本部において記者会見を開いた。出席したのは松井章圭、郷田勇三、山田雅稔、廣重毅、そして二人の弁護士だった。松井はまず、最高裁判所に特別抗告を行なう旨を発表した。

「現在、最高裁判所に特別抗告する手続を進めています。ただ、裁判はあくまでも遺言書の立会人の方々と、遺族の間で争われているものです。もちろん、我々が立会人を支持していく姿勢は変わらないし、どういった判決が下ろうと、今後も総本部道場の使用については、なんら問題はないと思っています。これまでも遺族に対して一定の金額を支払っています。また、商標権については、まだ審査はおりていませんが、第一順位で申請中ですので、国内および海外において、我々が極真を名乗れなくなる可能性はないでしょう」

松井の言葉を受け、記者からいくつかの質問がとんだ。松井は表情ひとつ変えず、毅然と答えていたが、「大山派は、いくら呼びかけても松井側は話し合いの席につこうとしない、と言っているが」という問いかけに対し、突然、憮然とした表情で口を開いた。

「我々からすれば逆の認識です。分裂後、こちらから何度も呼びかけたにもかかわらず、それに応えてはもらえませんでした。そのため、独自の活動を進めてきました。ただ、先方が話し合いを希望するのであれば、喜んで受けるつもりです」
　記者会見は短い時間で終了した。そして数週間後、松井派は極真会館関係者に向けて、以下の文書（抜粋）を送付する。
《極真会館会員の皆様へ
　関係者各位
1、故大山総裁の遺言作成に立ち会った証人を代表する形で、米津稜威雄先生が、東京高等裁判所に対して申し立てておりました遺言確認審判につきましては本年10月16日に棄却決定がなされましたが、米津先生はこの決定をうけて、最高裁判所に対して特別抗告をしており、未だ係争中です。
2、後継者の件については、あくまでも、側近の多くの方々が故大山総裁から直接聞いておられた生前の意志に基づいて私が承継しているものであります。
3、極真会館に関する種々の商標については、大山総裁がお亡くなりになった時点では登録が全くなされていませんでした。そこで、御逝去の直後に極真会館の館長の責務として、代表者である私がその名義で正当な方法に則って第一順位で登録申請中です。
4、池袋総本部での活動は今まで通り続けて参ります》
　しかし、この裁判は最高裁判所でも判決が覆ることはなかった。翌一九九七年三月一七日、中立ては審理されることなく棄却された。ちなみに、特別抗告は簡単に申請できるものではない。憲法違反を理由とするもののみが受理される。法の専門家曰く「憲法違反に値する理由を挙げて特別抗告したと推測されますが、審理されなかったということは、抗告内容が憲法違反と認められなかったということでしょう」と語る。

　大山派は松井派の記者会見に対して、「松井は遺言書を理由に二代目館長になったはずが、遺言書が無効になった途端、遺言書ではなく、大山総裁が生前に語っていたという根拠のない言葉を含め、大山総裁の『遺志』に従った、と理由を『遺言書』から曖昧な『遺志』にすり替えた。明らかな詐欺行為である」と非難の声を上げた。そんな大山派の言い分に対し、松井はメディアに向かって次のように弁解した。

「遺言書が却下されたことについて、大山派の人たちにとやかく言われる筋合いはない。これは、遺族の方々と遺言書に立ち会った証人の方たちの裁判だ。そもそも大山派以前の支部長協議会派の支部長たちは、遺言書に関係なく三つの理由（極真会の私物化、独断専行、不透明な経理処理）を挙げて私を解任したはずだ。にもかかわらず、遺言書が却下された途端、遺言書が無効になったのだから、松井は総本部から出ていけと遺言書を理由にするのはおかしい。私から言わせれば、大山派こそが論理をすり替えている」

松井の言葉にも一理あることは事実だ。現に支部長協議会派が松井解任決議の直後に開いた記者会見の席で、三瓶は「松井君は僕らが会議で選んだわけですよ。若いけれど頑張っていこうと。まあ、遺言書があったということもありますが、皆で支えていこうと」と語っている。遺言書の存在よりも、自分たちで選んだことが重要とも取れる言葉を吐いている。さらに、「支部長会議で松井君を館長に選任した瞬間からは遺言から離れてやってきて、一〇ヵ月やったら信頼関係がちょっと崩れちゃったなという部分はあります」と、館長解任の理由は、遺言書とはまったく関係ないと明言さえしている。

だが一方で、支部長協議会派が松井に対して改めて館長辞任を要求するのは、大義名分に則っていると主張する声が多勢を占めていた。なぜなら分裂以前、遺族派（高木薫ら五名）を除く大多数の支部長、関係者が「松井館長二代目」を受け入れた最大の理由は遺言書の存在にあったからだ。事実、遺言書の存在が「錦の御旗」となり、「松井二代目館長」を支部長たちに認めさせる力となったのだ。その遺言書が法の場で否定されたのだから、いかなる背景があろうと支部長協議会派が松井に辞任を求めるのは理にかなっている。そして、大山が遺したとされる危急時遺言に則って、松井が二代目館長を受け継いだのはまぎれもない事実である。松井自身、「遺言書がなければ、一番若い自分がしゃしゃり出る筋合いの話ではない」と語っている。

ところが、松井は記者会見の席では「裁判は遺言書の立会人の方々と遺族の間で争われているもの」と第三者的な立場で明言を避け、関係者に送った文書には「あくまでも、側近の多くの方々が故大山総裁から直接聞いておられた、生前の意志に基づいて承継した」と、遺言書ではなく大山の「遺志」を受け継いだと記し、遺言書が却下された事実についての釈明を一切行なわなかった。関係者の間で「根拠のすり替えではないか」という疑問の声が上がるのは当然のことと言えた。フリーライターの家高康彦は言う。

「そもそも、松井二代目館長就任の理由に、大山総裁が晩年に語ったとされる言葉を挙げるのがおかしいと私は思います。大山総裁は常に相手を選んで言葉を変えるのがうまい人でした。あるときは中村忠氏が後継者と言ったり、またあるときは中村誠氏と言ったり……。だから、総裁の言葉を根拠にするのはナンセンスです。松井さんの言い訳はもはや論点のすり替えであり、裁判がゴタゴタしている間に、既成事実を作ってしまった。あまりにも独善的なやり方です。せめて、マスコミの前で堂々と遺言書却下に対する謙虚な姿勢と、私たちが納得できる正統性を語ってほしかった。また、松井二代目館長を否定した三瓶さんたち支部長協議会派の言い分も納得できません。最初は松井館長解任の理由に遺言書問題はなかったはず。ご都合主義もいいところです。遺言書が正しいものではないと一貫して批判してきたのは高木氏ら旧遺族派だけ。本当の意味で筋が通っているのは旧遺族派のみなのです」

どんなに批判されようと、松井は裁判に関するメディアからの質問に一切答えることなく、沈黙を守り続けた。この件について彼が口を開くのは、K‐1参戦の経緯と同様、大山の死後十数年が経過してからである。

遺言書が棄却されてからも、松井派に所属する支部長はじめ指導員、選手たちは、記者会見での松井の発言や関係者に送った文書に従う形で、それまでとまったく変わらぬ活動を続けた。それは、まさに一枚岩の団結力と言ってよかった。松井は極真会館館長を名乗り、極真会館総本部から動かない。遺言書についての裁判が決着した後も、松井派と遺族の争いは終わらなかった。

遺言書と並行して行なわれていた極真会館総本部の使用を巡る裁判に仮処分の決定が下ったのは、一九九六年一一月六日だった。遺言書が東京高等裁判所で却下されてからすぐのことである。松井派極真会館は仮処分を不服とし、松井が極真会館総本部を使用する正当性を裁判所に訴えた。

民事裁判の場合、裁判官から双方の話し合いで解決する「和解」を勧められることが常であり、実際に和解によって決着する事例は多い。この裁判も例にもれず、裁判官に和解を勧められていた。裁判所は遺族に会館を明け渡す方向で和解をするよう提案し、松井はその条件をのむが、一度も裁判に出頭しない松井の不誠実に遺族側が納得せず、調停は続いた。その頃、松井はすでに水面下で新会館の物件を探し始めていた。

一九九八年一二月一四日、遺族の弁護士である舘孫蔵と新谷謙一は、大山恵喜宛に次の手紙を送った。

《冠省　本日調停が行われましたが、予想通り相手方は出頭いたしませんでした。もはや相手方においては調停に協力する意向はないものと言わざるを得ません。従いまして、かねてお打ち合わせのとおり、本日、やむなく調停を取り下げいたしました。

以上取り急ぎご報告まで　草々》

こうして一九九九年二月一七日、松井と遺族間の和解が成立した。和解条項には、「平成一一（一九九九）年三月三一日までに会館を明け渡すこと」や「明け渡しまでの間、一日四万円の金額を一〇日分（四〇万円）ずつ遺族に支払うこと」などが記されてあった。

前述したように、遺族にとって和解条件以前に松井の対応に不満は尽きなかったものの、遺言書や会館の使用について法的な決着がついた後、大山智弥子は関係者に以下の文書を送った。

《極真カラテを応援してくださる皆様へ
今年二月十七日（水）に、約5年つづいた総本部明け渡し裁判が松井氏側の希望により、和解勧告で成立しました。

たった一枚の紙切れによって始まってしまったことですが、本当に長い間、皆さま、とくに選択の余地がなかった選手の皆さまには、多大なご迷惑をかけたことを、心からお詫び申し上げます。

夫のためには、どうしたら一番よいのかを常に考えてきたつもりでしたが、この約5年間は、あまり私たち遺族にとってプラスなものがありませんでした。優柔不断と非難する方もいらっしゃいますが、私にとっては、総裁を尊敬して大切に想う方は、皆、私にとっても大切なのです。これを機会に、今までの数々のつらかったこと、いやなことを、またちがう角度から考え、今後のことを見てゆきたいと思っております。

また、現在の総本部の地に、新道場を建設し、派閥がないように極真カラテを発展させていくことが夫の遺志を継ぐことであり、私の最後の仕事です。今後、家族と共に、再スタートのつもりで頑張りたいと思っております。

平成十一年二月二十七日
大山智弥子》

三月六日、明け渡し期限を待たず、松井派は極真会館総本部からほど近い豊島区西池袋二丁目三八番地一に、六階建てのビルを丸々一棟借り、新たな「極真会館総本部」を開設した。新会館には関係者から届いた、たくさんの祝いの花が飾られていたが、なぜかそのなかに大山智弥子から贈られたものもあった。

無事に引っ越しを終えた松井は、さっそく新会館において記者会見を開いた。そして、移転理由についてこう語った。

「旧総本部のビルは普通のビルとは違い、たくさんの人間が出入りし、稽古をするものですから、老朽化も早く進んできたのではないかと思っております。総裁も望まれたように新会館の建設を目指し、いったん出ようということになりました。また、ご遺族との話し合いが続いていたのですが、裁判という形で法廷にも上がり、建設的かつ主体的に和解をしていただくためにも、いったん立ち退くことで、さらに誠意を見せてご理解いただこうという配慮もあり、移転の運びとなりました。もし今後、ご遺族と話し合いを続け、ご理解、ご了解を得られるならば、拡張して新道場の建設を目指したいと思います。話し合いにどれくらいの時間がかかるかわかりませんが、ここ新会館は暫定的な総本部道場とご理解ください」

この松井の言葉に対しても、大山派をはじめ、メディア関係者の多くが批判の声を上げた。当時、大山派に所属する若手のリーダー格だった増田章は言った。

「ご遺族による裁判、つまり松井さんに総本部から出ていってほしいという訴えに、松井さんは負けたのです。和解とは言いながら、『あなたは極真会館の館長ではないのだから、総本部をご遺族に明け渡しなさい』という裁判所の結果に従って、松井さんは総本部を出ざるを得なくなったのです。新会館を建設するためだとか、そんなのはこじつけに過ぎません。遺言書に続いて、松井さんの二代目館長は法的に否定されたということなのです」

多くのメディアの論調も、松井の説明は詭弁だと言うものだった。松井の館長辞任は時間の問題と語る関係者が増えていった。

移転から一週間後の三月一三日、新会館のこけら落しイベントとして、数見肇の百人組手が行なわれた。秋に開催する第七回世界選手権に向け、代表選手に「気合い」を入れると共に、メディアに対して世界選手権の話題を煽るための恒例行事である。今回は優勝候補筆頭の数見が挑戦することになっていた。

このイベントで、今後の松井派の方向性が垣間見える出来事が起こった。

極真会館には、メディアをうまく利用することで知名度を上げてきた歴史がある。それが、創始者である大山倍達の戦略でもあった。大山は一切の取材規制を設けることなく、寛大にメディアを受け入れた（敵対関係が明確な『月刊空手道』は、極めて例外的な扱いだった）。ところが、松井は数見の百人組手を機に、メディアに対する姿勢を大きく変化させる。記者の取材は容認したものの、カメラマンをすべて「排除」するという、アマチュアスポーツ団体としては前代未聞の取材規制に動いたのだ。松井派極真会館のオフィシャルカメラマンにのみ撮影させ、それらの写真を「極真フォトライブラリー」という機関で管理する旨を発表した。極真会館オフィシャルカメラマン以外の人間による撮影を禁止した理由を、当時松井は次のように語っている。

「マスコミに対する写真撮影規制は、この数見君の百人組手に限った措置です。新会館は旧会館に比べ、道場がとても狭い。そこに数見君の戦うスペースや我々の席、対戦相手の待機場所や記者の方々の座席などを設けると、何名ものカメラマンの撮影スペースを確保することは不可能です。対戦相手は一〇名ずつの入れ替え制にしました。それ以外の道場生は、階下の道場で待機させなくてはならない。そのため、今回に限りオフィシャルカメラマンのみの撮影とさせていただきました」

　それでも、百人組手の取材を巡る松井側の対応に対し、メディア関係者は不満の声をあらわにした。特に格闘技専門誌の関係者は、「せめて専門誌くらい、許可してくれてもいいのではないか」と詰め寄るが、「特定のメディアだけを特別扱いすることはできない。それに、写真は極真フォトライブラリーで貸し出すのだから問題はない」と、松井派極真会館は彼らの申し出を一蹴した。

　松井派の発表通り、百人組手の写真は「極真フォトライブラリー」で借りることができたが、写真は「無料」ではなかった。それも、一枚につき二万円というメディアの常識を越えた価格だったため、百人組手が終わった後もメディア側の不満は怒りとなって大きくふくれ上がった。極真会館がプロ団体ではなくアマチュア団体であるがゆえに、「公共性を最優先させるべきアマチュア団体が、写真貸借で商売を始めようとしている。いったい極真会館はアマチュアなのかプロなのか？」など、松井への批判の声は後を絶たなかった。

　これ以降、松井のメディアに対する姿勢は、より強硬なものになっていく。専門誌に対し、自派の扱いについてクレームをつけたり、意に沿う形での決着がつかなかった場合は、取材拒否を通告したりすることさえあった。山田英司は言う。

「この件でマスコミの松井さんに対する意識は確実に変わりましたね。マスコミの立場としては、常識とされることが松井派では認められない。我々、格闘技マスコミとしては、松井派も大山派も皆、平等に扱うのが正しいあり方です。それを許さないと言われたらどうにもなりません。この松井さんの姿勢によって、彼の評判が落ちたのは当然の結果でしょう」

当時の松井について、盧山は後にこのように評している。

「大山総裁の遺言書が最高裁で棄却され、また裁判所の勧告により、総本部を遺族に返還することを余儀なくされた一九九九年から二〇〇〇年くらいまで、松井君にとっては最大の危機だったと思います。松井君が正式な極真会館二代目館長であるとする法的な根拠が次々と崩されていったのですからね。我々もここは踏ん張りどころだと思いつつも、内心では松井派極真会館が正統性を失っていくことに対する焦りもありました。しかし、松井君は当時、一大ブームとしてテレビで高視聴率を稼いでいたK‐1と連携することで、その危機を乗り切ろうとし、実際にそれは多くの格闘技ファンやテレビマスコミを味方にすることで成功したのです」

こう言いつつも、松井への批判を口にする。

「K‐1への接近は確かにプラスな面はありましたが、マイナスな面があったことも否めません。逆に負のほうが多かったと私は思っています。そもそも私自身、K‐1への参戦は反対でした。大山総裁の築いてきた極真空手を受け継ぎ、武道団体としての極真会館、および武道としての極真空手を、次世代につなげていくことが我々の使命です。松井派が正統な極真会館だと世間に認知されるに従い、松井君はどんどん天狗になっていきました。会館の明け渡しについても、裁判に負けたことは大きな痛手ではありましたが、私は絶対に総本部から出てはいけないということを再三、松井君に言ってきました。やはり、極真会館の聖地であり、象徴は池袋の総本部なのです。しかし、松井君の意識は、すでに松井派は世間に認知されているのだから、今さら総本部にしがみつく必要はないというものでした。K‐1との関係が密接になっていくに従い、松井派極真会館の知名度も急上昇しました。最大の危機だった遺言書の棄却や総本部移転による正統性の崩壊は、いつしか陰に隠れてしまいました。この頃から松井君は急激に変わっていった。彼の強権的な態度に支部長たちは怯え、いつしか松井君は独裁者になってしまった」

　盧山の評する松井の傲慢さが顕著にあらわれたのが、まさにメディアへの対応だった。そんな松井の強硬な態度に、松井派極真会館の今後を危ぶむ声が、あちこちから出始めていた。山田英司は「あの頃の松井さんは『裸の王さま』だった」と語る。また、松井の評伝『一撃の拳』の著者・北之口太も「もう少しマスコミや後援者など、周囲の人々への気遣いがあれば、松井さんはもっと大きくなれるのに……、そう感じるようになったのが一九九九年、フィリォがK‐1に出て、フジテレビとの関係が強くなった頃からです。松井さんの独走が顕著になり、松井極真に危機感を覚えました」と、当時を振り返った。

松井の弁明

　K‐1への参戦、遺言書の棄却、極真会館総本部の明け渡し、相変わらず続く権力闘争……、松井はさまざまな逆境にもめげず、決して強気な姿勢を崩さなかった。それが、メディアや極真会館関係者、さらには支部長など内部の人間にも不評を買う結果となったのは前述した通りだ。それでも、あえて沈黙を通した遺言書の棄却や批判の多かったK‐1参戦の裏事情、傲慢と非難されたメディアに対する対応など、さまざまな出来事について、一五年以上の歳月が経過した今、松井はようやく当時の思いを語った。まずは、遺言書の棄却に対する弁明だ。

「遺言書が法的に否定される結果になったのは、確かに想定外であり遺憾な結果だったと思います。ご遺族や極真会館を離れた人たちから、またマスコミからも当時、記者会見で述べた私の言葉に対して、多くの批判が寄せられたのは事実です。結局、こちらの本意を伝えることが十分でなかったという意味において反省しています。ただ、あの言葉をとって、先代である大山総裁の遺志を曖昧にしたとか、論点をすり替えたという声に対しては、決してそのような意図はなかったし、現在もないということを明言させていただきたい。今さら総裁の遺言書が法廷で認定されなかった理由などについて、憶測を語るつもりはありません。しかし、あの遺言書は大山総裁の心意を表したものだと、今でも確信しています」

そして、K‐1参戦や極真空手のプロ化問題などの実質的引き金となった門戸開放宣言については、内部からの反発が想像以上に大きかったことは前述した通りだ。その筆頭となったのが、当時の最高顧問・盧山初雄だった。盧山は松井派極真を離脱した後、以下のように松井を非難した。

「門戸開放宣言そのものについてさえ松井君から相談されたことはなく、ワンマッチ制の導入にせよK‐1参戦にせよ、すべてが松井君の独断でした。せいぜい山田君あたりに相談して勝手に進めていたのでしょう。とにかくこれらの件について、私は埒外の立場にありました」

しかし一方で、郷田と山田は「いやいや、その都度会議を開いていた記憶があります」と盧山とは異なった言葉を口にする。これら一連の件について、当時は決して語ろうとしなかった新事実を、松井は吐露した。

「プロ格闘技がテレビ放映を通じて大きなブームになりつつあった当時、我々極真会館もテレビ、それも地上波の放映を実現させなければ、時代に乗り遅れてしまうという危機感を抱き、各テレビ局や新聞各社に協力を依頼するなど東奔西走しました。苦労の甲斐あって、テレビ朝日と日刊スポーツとの提携がほぼ確定していました。一九九五年は第六回世界大会の年でしたが、日刊スポーツが大会まで煽りの記事をシリーズで掲載し、一一月の世界大会はテレビ朝日でどーんと特番を打つと……。

ところが、その年の四月に分裂騒動が起きて、極真会館は混乱状態に陥った。日刊スポーツもテレビ朝日も極真会館の本流であるうちとの契約のはずでしたが、分裂によって組織の弱体化を彼らは懸念したのです。契約直前で提携話は白紙に戻ってしまった。そんなときです。プロデューサー格のフジテレビ社員であり、うちの門下生でもある立川善久さんという方が動いてくださったのです。しかし、突然の話でもあり、なかなかスポンサーがつかなかった。地上波のフジテレビで大会を放映するには資金が足りず、結果的に約二〇〇〇万円の営業持ち込みという形で放映してもらうことになりました。この放映をきっかけにして、立川さんを中心に『フジテレビ格闘技委員会』というプロジェクトが発足しました。その会長に就任してくださったのが、当時、フジテレビ専務だった出馬迪男さんでした。出馬さんは副社長に昇格した後、関西テレビの社長、会長、と階段を上っていく立派な方です。この出馬さんから、直接『K‐1に選手を出してくれないか』と要請されたのです。

私はまず『分裂状態で混乱しているなか、たとえ営業持ち込みであったとしても、我々を扱ってくださって感謝しています』と頭を下げました。ただ、それと組織的な問題は別だし、まして正道会館は大山総裁がかつて絶縁している団体だから、簡単に受けることはできないとお断りして帰ったのです。しかし後日、改めて会談した際、再度K‐1参戦を考えてほしいと言われました。私は単刀直入に『専務、それはK‐1からの白旗を揚げた降参と捉えてよろしいのですか？　ようするに、K‐1の人気が落ち、視聴率も低下してきて、そこを極真さんに助けてほしいとお願いされている、そう理解していいのですか？』と聞きました。すると、間髪を容れずに出馬さんが『一〇〇パーセントそれで結構です。石井館長から一任されている私の答えです』と断言なさった。

そんな経緯があって、フジテレビが仲介する形で石井さんと会うことになったのです。出馬さんはそのとき、『儀礼上のことだけど、松井さんが上座、石井さんが下座という形を取ります』ともおっしゃいました。こうして出馬さんをはさんで、石井さんとの会談に臨んだのです。この点は明確にしておきたいのですが、石井さんははっきりとこう言いました。『格闘技界の住み分けをしませんか？　私にプロをやらせてください。アマチュアはすべて松井館長にお任せします』と。私は、とりあえず石井さんのこの言葉だけを、いったん持ち帰ると言って別れました。その後、何度か石井さんと会うことになりますが、まずは石井さんの提案を郷田師範、盧山師範、さらに浜井師範や山田師範といった幹部に集まっていただき相談しました。その後の極真会館としての決定や活動は、決して私の独断ではありません」

松井は盧山の「門戸開放宣言からK‐1参戦まで、すべて松井君の独断によるもの」という主張に反論する。松井は続ける。

「次の会談のとき、私は石井さんに言いました。『アマチュアとプロの住み分けをするならば、正道会館の商標権と営業権をこちらに渡してください』と。すると、石井さんはそれは難しいと言う。そこで私は一歩退いて、『ならば正道会館として国際空手道連盟の傘下に入って会員登録してほしい』と提案しましたが、それもできないと。それでは結局、何も変わらないということで、K‐1との提携はいったん暗礁に乗り上げたのです」

しかし、すでに問題は極真会館と石井の正道会館だけの範疇を超えていた。仲介役のフジテレビは、相変わらず極真会館のK‐1参戦を強く求めていた。また、フランシスコ・フィリォを筆頭にK‐1のリングで戦うことを切望する選手が、極真会館内部に存在する事実も無視できない状況にあった。ブラジル支部長の磯部清次は、当時を述懐する。

「極真空手は武道空手である。断じてショー空手であってはならない。その信念は昔から変わりません。ただ、『武士は食わねど高楊枝』とは言いますが、現実も考えなければならない。一九九〇年代のブラジルは、深刻な不況下にありました。フィリォは親兄弟を養わなければならない個人事情があり、彼に道場を持たせる、新支部を開かせるということだけでは明らかに不十分でした。師として不甲斐ない話ですが、フィリォは空手で生活できないならばボクシングに転向するといって、ドイツのジムにいってしまった。ドイツでプロの資格を取り、ボクシングのヘビー級チャンピオンを目指すというのです。そんなとき、極真にK-1から協力依頼がきているという話を聞きました。K-1はショーではあっても、厳格なルールに基づいたプロの格闘技です。そう考えたとき、私はフィリォのK-1参戦を現実的に捉え始めました」

磯部からフィリォの現状を聞いた松井は、フィリォと話し合いの場を持つことにした。

「フィリォがプロボクサー転向を目指してドイツに渡ったと聞いて、私はヨーロッパ出張の際、ドイツに足を延ばしました。彼は言いました。『空手は続けたいし、極真はやめたくない。だから、K-1には出られない。でも、それでは生活ができない。残された道はプロボクサーしかない』と。私は、『わかったから、とにかく一度、日本にきなさい』と言い聞かせて別れました。このように、うちとしてものっぴきならない事情があったわけです。たとえこちらの要求を正道側がのめなくても、石井さんから白旗を揚げてきたのは明らかな事実。フジテレビからの要請、フィリォと似た生活を背負った選手の処遇、その他、さまざまな方面からの圧力……。結局、極真会館としてもK-1と絡まざるを得ない状況に陥っていきました。

だからといって、正道会館とだけ手打ちをするわけにはいきません。思い起こせば大山総裁は生前、多くの偉大な先輩方を除名・破門にしてきました。そして、極真を離れた先輩方は誰一人『極真』の看板を掲げずに、独自の道を歩んでいらっしゃる。正直言って、私たちの世代では、建前は別にして、総裁がいかなる理由で先輩方を除名にしたのかわからない例がいくつもありました。そして、総裁亡き後、私は極真会館代表になったけれど、総裁の生前に極真を離れたほとんどの方々になんの遺恨もない。かつて極真の発展に尽力されてきた先輩方と、先代時代の取り決めだけでおつき合いができない。以前から、私はそんな先代時代のしがらみを引き継ぐことに疑問を抱いてきました。ならば、今回の正道との問題を機会に、総裁時代の除名・破門を解いてしまおう、全部開放してしまえばいい。そして、それが大義名分だけではない、新しい時代の極真会館のあり方だと思いました。そういうことで、両最高顧問や幹部の師範たちに意向を伝えたうえで門戸開放宣言をしたのです」

前述した通り、当初、郷田勇三はK－1参戦に積極的ではなかった。だが、最終的に賛成の意を表明し、すべてを館長である松井に一任した経緯をこう振り返る。

「私の目が黒いうちは、正道やK－1との関係は持たない、それが大山総裁の遺志と公言していたのは事実です。しかし、現実問題としてフィリォの窮状を目の当たりにして、私の信念は揺らいでいきました。また、当時は極真会館が分裂したばかりで、言わば支部長協議会派との権力闘争の真っただ中にあった。テレビ局を味方につけることが可能ならば、その影響力は甚大です。そんななか、正道会館の石井館長が極真に頭を下げて協力を求めてきた。考えてみれば、K－1で活躍しているアンディもサム・グレコも、ほんの数年前までは極真の選手でした。キック系のピーター・アーツらも、もとを辿れば黒崎（健時）師範が種を蒔いたオランダ極真をルーツにするジムの選手。PRIDEでも活躍したミルコ・クロコップは二〇歳前後、極真の総本部で修行した選手です。ならば、今のK－1はすでに極真系の選手で持っているんじゃないかとね。あらゆる方面から極真の今後について頭を悩ませている館長の姿を見て、〈よしっ、自分は館長の方針に従い、館長を応援していこう〉と決めたのです。その点で盧山君の考えというか、方向性とは別な道に向かっていったのでしょうね」

　こうして、依然として反対意見はあったものの、郷田らの賛同を得て門戸開放宣言ならびにK‐1参戦を決定したと松井は語る。

「門戸開放宣言がK‐1を主催する正道会館との和解をきっかけにしているのは事実です。しかし、それだけではない。プロ、アマチュアを問わず、極真会館として古い諸先輩方との交流が可能になったことで、その後、いろいろなことを学ばせていただけていると、私は自負しています」

　さらに松井の言葉は、ワンマッチ制、ランキング制についての弁明に移る。

「結論を先に言うならば、あれは公式に発表するには時期尚早だったということです。ワンマッチはともかく、ランキング制の導入は、トーナメント制による試合を主体に築き上げてきた極真空手のヒエラルキーが崩れてしまう懸念がありました。トーナメントの優勝者とランキング一位の選手、どちらが真のチャンピオンなのか？　明らかに混乱してしまうでしょう。マスコミはこぞってワンマッチ導入をプロ化の布石だと批判しました。そして、そのプロ化構想の途中でK‐1に参戦したほうが簡単だからK‐1を選び、ワンマッチによるランキング制をやめてしまったと……。それは違います。極真会館のプロ化は今でも考えていません。あくまでもワンマッチとランキング制は新しい時代に向けたチャレンジのひとつでした。ただ、構想が具体化する前に公表してしまったゆえ、いろいろな憶測が飛び交ったということでしょう。ワンマッチとランキング制は、極真空手の本質を追究した結果、問題が多いということで打ち切った計画に過ぎません。ただ、ワンマッチは今後も特別試合、エキジビションとして行なうつもりです」

　最後に一九九九年の数見肇の百人組手に端を発するメディア規制について、松井は次のようにただした。

「数見君の百人組手に関しての取材規制は、当時語った理由がすべてです。他になんの意図もありません。ただ、ひとつだけ納得できないのは、写真を『極真フォトライブラリー』が一括して管理したとか、一枚数万円で売りつけたというマスコミの声です。私の記憶では、『極真フォトライブラリー』という言葉を口にしたことはないし、第一、私自身が今初めて耳にした言葉です。『極真フォトライブラリー』なんてありません。極真会館専属のカメラマンが撮った写真を極真会館の事務局が管理し、経費をプラスして各マスコミに有料で写真をお貸ししたのは事実ですが、数万円なんて、どう考えても異常な金額です。それについては、私はまったく関知していません」

この件について、松井は当惑の色を隠さない。当時の極真会館の内実に詳しいある関係者は次のように語る。

「会議の席で、極真会館関係の写真管理の一元化、そしてその管理を『極真フォトライブラリー』という名称で行なうこと、各マスコミが雑誌などに写真を掲載する際、『極真フォトライブラリー』のクレジットを入れさせることなどを館長に提案したのは、カメラマンの小林（洋）さんです。面倒な写真管理やマスコミへの対応は小林さんが自ら担当するとも言っていた記憶があります」

小林は大山倍達の生前から極真会館の専属カメラマンに近い立場で活動していた。大山の信頼も厚く待遇されてきた半面、大会などでの写真撮影時における権力的な言動は、他のマスコミから少なからぬ反感を買っていた。

数見の百人組手から数日後、ビデオ制作会社、メディアエイトの社長・前田達雄は、酒席で幾度も小林の話題を口にした。

「あの狭くて天井も低い道場でカメラを回すのは大変でした。ビデオ撮影は数人が一緒に動かなくてはならないのでね。その点、写真は小林さんと助手一人。百人組手が終わって一息入れていると、小林さんがこれから極真の写真はすべて自分が専属として撮るんだと言っていました。小林さんに写真管理を一元化して、他のマスコミに売る。だから、これからは楽だよって。まあ、ビデオはうちが専属にさせてもらっているけれど、極真会館とはちゃんとした契約があって、金銭的にガラス張りにしている。写真の場合はどうなんだろうって思いましたけどね」

この件について、小林本人に直接質問を試みた。「極真フォトライブラリー」とはなんなのか？　小林が管理する写真を意味するのか？　小林からの返答はなかった。今なお、「極真フォトライブラリー」の存在は藪のなかである。松井は続ける。

「繰り返しますが、写真撮影を極真会館専属カメラマンに一元化したのは、数見君の百人組手のときだけです。その後、例えば大会にしても、取材申請があり、こちらが許可したマスコミには自由に写真を撮ってもらっています。道場の取材なども同様です。ただ当時、二〇〇〇年前後の話ですが、確かにマスコミに対して取材統制みたいな、多少厳しい制約はしました。極真会館が分裂し、あっちもこっちもうちが正統だとか、最終的にうちの団体、そして私個人を批判する。私は一貫して、自分の極真会館こそが本家本元という自負を抱いていますが、うちから離れた人たちから非難の集中砲火を浴びているような状況があったわけです。そんななか、各マスコミがこぞってあることないこと書き立てる……。取材している最中は納得したようにうなずいているくせに、記事になってみたら批判ばかりなんて当たり前の状態でしたからね。言論・出版の自由という権利は理解しているし、本来ならば取材規制などすべきではないのもわかります。しかし、当時の異常な状況下にあっては、やむを得ない措置だったのです」

メディアを敵に回すことを承知のうえで、松井はあえて厳しい取材規制に走った。「今となれば、私の態度が傲慢だったと反省もしているのですが……」と笑うが、いずれにせよ数見の百人組手から始まった極真会館のメディア対応は、各メディアに潜在的な反発を抱かせる結果となったことは、すでに触れた通りである。

大山派の迷走と空中分解

松井派極真会館が総本部を移転し、それでも極真空手の本流を公言しつつ、独自の活動を始めているなか、大山派は相変わらず徹底した松井批判を繰り返していた。松井派の新会館の開設から四日後の三月一〇日、いつものごとく大山派は声明文を発表する。

《松井章圭君の池袋総本部退去について　総本部明け渡し訴訟で松井君が事実上の敗訴》という見出しが書かれた声明文には、《ご遺族側が東京地裁に提訴していた「建物（池袋総本部）明渡請求」で和解が成立し、松井君は総本部を明け渡すことになりました。（中略）その結果、松井君は総本部明渡しを余儀なくされ、3月6日に総本部を退去しました。以上が今回の松井君の道場移転の偽らざる経緯であり、本部道場の老朽化、新会館建設云々は、ひとえに本部明け渡し訴訟での事実上の敗訴を隠蔽するための口実にすぎない》ことを踏まえたうえで、《松井君が極真会館館長を名乗る資格は倫理的にも法的にもすべて否定された》と綴られていた。また、声明文の最後には《当極真会館では、現在、明け渡された総本部の今後の使用につき、使用条件等、誠意をもってご遺族と協議中である》ことがつけ加えられていた。

本来であれば、松井派が極真会館総本部を明け渡した時点で、智弥子が館長を務める大山派が会館を使用するのは、至極当然の成り行きと言える。だが、声明文の最後に記されているように、ことはそう簡単には進まなかった。なぜなら、大山派の支部長たちと遺族の間にも、すでに亀裂が生じ始めていたからだ。そもそも、松井派との権力闘争を有利に運ぶ戦略として遺族を組織に巻き込んだ大山派である。

「支部長協議会派は、もともと遺族を軽視していました。対して、旧遺族派は『筋を重んじる』大義名分をもって遺族をたて、遺族と行動を共にしてきたのです。しかし、協議会派は松井に対抗して智弥子夫人を担ぎ、遺族という権威を手にするために遺族に接近し、また旧遺族派との合併話まで持ちかけたのです。結局、遺族を懐柔し、智弥子夫人を手に入れたら、旧遺族派を切り捨てました。特に三瓶さんのやり方は人間としての良心のかけらもない。そんな協議会派が遺族と松井派の問題に口をはさむ権限などあるはずもないのですが」

一連の大山派の動きに対し、家高はこのように批判した。遺族側、特に大山の妻・智弥子の一貫性のない言動に大きな問題があったことは否定できないが、遺族を権力闘争の道具としか見ない大山派と、結果的に利用された遺族たちが、いつまでも同じ道を歩めるはずはなかった。

結局、一九九九年夏、大山派と遺族は袂を分かつことになるのだが、それまでの間、大山派は松井派との間で争ってきた商標権の奪回や、大山の墓石建立の権利獲得に向けて、遺族を御輿に担ぐ戦略を変えようとはしなかった。これについて、坂本恵義は大山派を弁護する。

「皆が皆、ご遺族を単なる道具と考えていたわけではありません。ご遺族や遺族派の方々を利用することだけを目的に行動していたのは、三瓶師範ら一部のグループのみです。西田師範はご遺族を松井派との闘争に巻き込むのを嫌っていたし、組織運営に取り込むことも『極真に家族を一切関与させない』と言い続けてきた大山総裁の遺志を尊重して消極的でした。しかし、ご遺族との関係を良好に保とうという気持ちは誰よりも強かったし、遺族派との協力も真剣に進めようとしていました。他の支部長も同じです。ですから、大山派そのものが、ご遺族との関係をこじらせたのではなく、あくまで一部の勢力だったことだけは言っておきたい」

いずれにせよ、松井派との権力闘争のみならず、内部的な問題が絶えない大山派ではあったが、それだけではない新たな動きも見せていた。松井派の動きに合わせるように第一回女子世界選手権大会を開催し、松井派の世界ウエイト制選手権にならうがごとく、「カラテワールドカップ」と銘打った、世界規模でのウエイト制選手権大会を開始した。

ところが、それらのイベントが皮肉にも大山派が抱える問題点を浮き彫りにすることとなる。まず、大山派が主催したはずの女子世界選手権やカラテワールドカップに、旧遺族派の選手は誰一人出場しなかった。それだけでなく、高木や手塚など、大山派として合従連衡したはずの旧遺族派の支部長たちが会場に姿を見せることもなかった。さらには、大山倍達の命日に営まれる法要（名目は遺族主催となっていたが、実質的には大山派が仕切り、大山派による行事と言ってよい）にさえ、旧遺族派の顔はなかったのである。

一九九五年七月の結成当初から、すでに大山派には不協和音が生じていた。互いが歩み寄り、共同戦線を張るための建設的な話し合いは皆無に等しく、支部長協議会派と遺族派が合流したにもかかわらず、なぜか大山派の組織図は支部長協議会派のそれが継承された。つまり、大山派の代表は西田幸夫であり、副代表は三瓶啓二だった。そこに、元遺族派の支部長が幹部格で加わることはなかった。

先に紹介した坂本の言葉通り、実質的に旧支部長協議会派の実権を握っていた三瓶には、最初から旧遺族派と対等な立場で合流する気持ちはなかった。そんな三瓶の態度に旧遺族派は不満を募らせるが、三瓶たちは多忙を理由に、手塚らとの話し合いの席につこうとはしなかった。

見切り発車で進めてしまったふたつの団体の合流は、旧支部長協議会派にこそプラスに働いたが、旧遺族派にとってはマイナス以外の何ものでもなかった。組織力で勝る旧支部長協議会派に、大山智弥子という象徴的存在を奪われただけだった。それは、旧遺族派の崩壊をも意味していた。いつの間にか「大山派」は、イコール「大山智弥子を館長とする、元支部長協議会派」の団体になってしまったのだ。

「私は合併の話があったときから反対でした。なぜなら、三瓶啓二という男の本性をよく知っていたからです。彼は常に自分は皆の陰に隠れ周囲を欺き、とんでもない陰謀を巡らす。私は支部間のテリトリー問題などで散々三瓶の汚さを見てきました。しかし、他の支部長が三瓶の口車に乗ってしまった」

高木は不満をあらわにして言った。そして、高木の言葉通り、これこそが三瓶の目論見であったことは言うまでもない。これに関して、大山派の幹部であり、三瓶グループの有力支部長だった柳渡聖人は、「今となっては何もかも三瓶先輩がガンだったたし、先輩についてきた私たちにも大きな反省材料はある」と当時を振り返った。

大山派の分裂が明るみに出たのは結成から約一年後、一九九六年の夏に三つの全日本ウエイト制選手権が開催されたことからだった。大山派となったはずの旧遺族派が、大山派とは別に第一三回全日本ウエイト制選手権大会を開催したのだ。会場は前回同様、大阪府立体育会館だった。

前年、旧遺族派は「どんなに規模が小さくなっても父の言いつけを守り、大阪府立体育会館でウエイト制大会を続けていきたい」と語る大山の長女・留壹琴と、その夫である津浦伸彦に協力し、第一二回全日本ウエイト制選手権を開催した。

だが今大会、会場に留壹琴、ならびに津浦の姿はなかった。母である智弥子が旧遺族派の館長でなくなったことが直接の原因ではない。そもそも遺族は大山の死後から一枚岩ではなかった。智弥子、次女の恵喜、三女の喜久子と長女の留壹琴は、対松井、対遺言書についても基本的な活動を異にしていた。さらに言うならば、恵喜と喜久子も決して一心同体ではなかった。当然、留壹琴が智弥子の行動に従うはずもなかった。最大の理由は、留壹琴が病に臥せっていたことにある。自分の名義で会場を押さえてはいたものの、津浦も大会を主催している場合ではなかった。しかし、闘病中ながらも留壹琴の固い信念と意志が夫の津浦を動かした。津浦は妻の意を汲んで、例年通りに大阪府立体育会館において全日本ウエイト制選手権を開催できるよう、旧遺族派に託す道を選んだ。

ちなみに、大山の長女・留壹琴は、一九九六年九月二一日、父・倍達と同じ病でこの世を去る。まだ、四九歳の若さだった。留壹琴の死後、夫の津浦はいったん智弥子らと協同歩調を取るが、結局うまくいかず、だからといって他団体に歩み寄ることもなく、独自の活動を始めることになる。

旧遺族派は、その後も第一競技場から第二競技場へと規模を縮小しながらも、大阪府立体育会館での全日本ウエイト制選手権開催にこだわり続け、細々とではあるが大会を継続した。また、松井派は分裂の影響により、有明コロシアムや両国国技館での開催を余儀なくされたが、一九九八年以降、再び大阪府立体育会館において全日本ウエイト制選手権を開催。大山派は松井派に遅れること一年、一九九九年に「古巣」大阪府立体育会館での大会開催にこぎつけた。

旧遺族派主催による第一三回全日本ウエイト制選手権に話を戻す。智弥子も留壹琴もいない大会で館長代行を務め、優勝者と握手を交わしたのは、佐々木秀幸という見慣れない人物だった。佐々木は「高木師範を守る会」の主宰者である。その関係から、高木が館長代行を依頼したのだが、不自然さは誰の目にも明らかだった。

高木は「智弥子館長には招待状を出したのですが、なんの返事もありませんでした。でも、我々の館長が智弥子夫人であるという気持ちは今も変わりません」と語ったが、その言葉も虚しく、智弥子が彼らの長として戻ってくることはなかった。そして、自らの組織の要であった智弥子が離れたことに端を発し、旧遺族派内にも破滅的な権力闘争が勃発する。

第一三回全日本ウエイト制選手権から三ヵ月後の九月二一、二二日、千葉ポートアリーナにおいて「全日本空手道オープントーナメント大会」が開催された。主催は手塚暢人が代表を務める極真会館だった。

全日本ウエイト制選手権終了後、旧遺族派は今後の体制について、何度も会議の場を設けた。彼らにとって、早急に解決すべき問題は、智弥子が去り、空席となった館長の座を誰が埋めるか、つまり、組織の代表選定にあった。

実は、旧遺族派にはそれまで明確な代表が存在しなかった。組織の代表を決めるという規定そのものがなかったのだ。遺族を焚きつけた首謀者として、真っ先に極真会館を除名されたのが高木だったことから、旧遺族派は一時期「高木グループ」と呼ばれていた。その後、智弥子を館長に担ぐことで「遺族派」と呼ばれるようになるが、二代目館長就任記者会見で、誰よりも発言力を持っていたのはやはり高木であり、遺族派を旗揚げしてからも、彼が代表的な位置づけにあると世間的には思われていた。だが実際には、高木が代表に就いていたわけではない。以上の経緯から、全日本ウエイト制選手権を終えた後の会議で、手塚が代表の座に就任することになった。

旧遺族派は手塚派と名称を変えて新たなスタートを切ることになったが、最初から足並は揃わなかった。まず、高木が手塚派を離れた。支部長協議会派との合流をなかば強引に進めた手塚に対し、高木は違和感を抱き始めた。それゆえ、手塚の代表就任が高木としてはおもしろいはずはなかった。彼が離脱した直接の理由は代表決定の経緯にあったのだ。当時、旧遺族派には一〇名の支部長が所属していた。そのなかで代表候補に挙がったのは、高木薫、手塚暢人、松島良一、桝田博、安斎友吉の五名だった。安斎と桝田は早々に辞退し、高木も表向きは辞退の姿勢を見せた。さらに松島も固辞したことで、手塚が代表を受ける形になったのだ。

ところが、高木の心は複雑だった。決して高木は積極的に自分から人の上に立とうとする人間ではない。だが、前述したように、人一倍権力志向の強い人間でもあった。

「そこが高木さんの屈折しているところなのです。我々も高木さんとは長いつき合いでしたが、言うことと心が別々なのです。高木さんがイエスと言ったからといって真に受けてはならない。心のなかはノーだったりする。その悪癖が大切な場面で出てしまった。とても残念です」

このように、長年高木を兄のように慕ってきた安斎は言う。自らの支部長としての実績を考えれば、誰かが「ぜひ、高木師範が代表になってください」と発言すると高木は信じていた。そうなった段階で、「皆が言うなら仕方がない」と引き受ける気でいたのだ。安斎の言葉通り、それが高木の「流儀」だった。ところが、高木の思惑ははずれた。高木の落胆は幻滅となり、ついに怒りと化した。旧遺族派の人間にとって、高木の離脱は大きな損失でもあった。旧遺族派との関係が深い家高康彦は、このトラブルを次のように分析する。

「高木さんは、実は三瓶さんに劣らないくらいの権力欲を持った人です。ただ、三瓶さんのように裏で画策するほど狡くない。というか、要領が悪い。言葉にしなくても、もしくは思いとは逆のことを言っても、周囲がそれを汲み取ってくれると信じて陰に引っ込む。そして、『高木先輩、お願いします』と頭を下げられると『俺はその気はないんだが……』と言い訳をしながら動く。そんなことを何十年もグループ内で繰り返してきたので、今回もそうなるとなかば確信していたのだと思います。ところが、手塚さんはもともと高木派の人間ではないから、当然そんな慣習は知らない。

それが高木さんの誤算だったのです。最初に高木さんが代表になっていれば、その後の旧遺族派崩壊といった最悪の事態は防げたと私は思っています」

高木が抜けた後も手塚派は活動を続け、大会を続行した。だが四年後、手塚派はさらに分裂する（当時は代表が手塚から松島に代わっていたため、「松島派」と呼ばれるようになっていた）。「手塚師範の考えと、自分の目指す方向性は違う」と主張する松島は、桝田、高橋康夫、渡辺十也らと共に、手塚らと袂を分かったのだ。だが、松島たちが脱退した本当の理由は、代表改編にあると安斎は言う。

二回目の代表選任の際、前回は辞退した松島が、なぜか今度は自分が代表になりたいと言い出した。安斎は松島に対して、「大変な時期にはやらないで、なぜ組織が安定してきた今になって手を挙げたのか。代表になるために根回しをしていたという噂も耳に入っている。筋が通っていない。松島さんが代表になるなら自分はやめる」と告げるが、他の支部長たちに引き止められ、しぶしぶ松島の代表を認めた。その後、大山派の代表が三瓶から緑に代わった二〇〇〇年三月、松島派は改めて大山派との会合の場を設けた。そこでは、代表同士である緑と松島による、合併または協力に関する話し合いが予定されていた。松島派と大山派の仲介役を果たしたのは手塚である。ところが、当日になって突然、松島が会談を拒否した。自分の知らないところで手塚が動いたことが松島は気に入らなかった。結局、会合には手塚が代表として出席した。当然、松島の行動は許されることではなく、松島は会議で問い詰められる。会議は松島の代表解任でとりあえずの決着を見るが、今度は松島が桝田と渡辺を伴って組織を脱退。「呆れ果てた茶番劇を演じてしまった」と、後に手塚は語る。一方で家高は、次のように言う。

「一言で言えば、松島さんは自分が最初から館長になりたかったのです。二代目極真会館館長になりたかった。それが駄目になって松井派を離れて錦の御旗を担ぐ遺族派に合流したけれど、そこでも代表になれなかった。理由はともかく、一回目は辞退を余儀なくされた。今度こそとなったら、周囲の反発を招いてしまった。高木さんもそうですが、松島さんも自分が一番でいたい人なのです。松島さんと近い桝田さんや渡辺さんと、また別の団体でも作ればいいという考えだったのでしょう」

結果的に、旧遺族派は分裂を重ね、手塚派と松島派が誕生する。さらに縮小してしまったそれぞれの団体は、全日本大会、世界大会と銘打ちながらも、かつての極真会館ならば地方大会レベルにもおよばない大会を、地方の町で細々と続けていくことになる。また、その後も手塚派に所属していた小野寺が松島派に移ったり、大山派だった支部長が手塚派に合流したり、旧遺族派の分裂劇はなおも続いていく。それは、実質的な崩壊に他ならなかった。

大山派の商標権奪回作戦

旧遺族派との決裂は、なんら大山派に影響をおよぼさなかった。それどころか、完全に智弥子を懐に入れた大山派は、さらに智弥子を組織の前面へと押し出していく。

一九九八年二月六日、松井派と大山派は最後の会合以来、約三年振りに顔を揃えた。大山智弥子の呼びかけにより、ホテルメトロポリタンにおいて、主要人物を集めた会談の場が設けられたのだ。すでに、両者の溝は埋められないほど深まっていたにもかかわらず、再び会談の場がもたれたのは、「改めて、分裂の真実や今後について話をしたい」という、智弥子の呼びかけが表向きの理由だった。松井派は「事務長（智弥子）が望むのであれば、我々はいつでも出向きます」と、会談の要請を快諾した。しかし、この会談には裏があった。智弥子による両会派首脳の会談要請は、三瓶を中心とするグループが仕組んだものだった。会談の真の理由、三瓶の目論見は、前年の七月に松井が取得した極真空手関連の商標権を、遺族に返還させることにあった。

出席者は遺族から大山智弥子、大山喜久子、松井派から松井章圭、郷田勇三、盧山初雄、山田雅稔、浜井識安、廣重毅、大山派から西田幸夫、三瓶啓二、三好一男、小林功、緑健児、大濱博幸の計一四名だった。同じ組織にいたときから、意見の食い違いを繰り返してきた旧支部長協議会派のメンバーが相手である。同じことが繰り返されるのを懸念した盧山は、全員が揃ったなかで会合の主旨を確認することから会談の口火を切った。

盧山「今日は三瓶や西田の話を聞くのではなく、あくまでも事務長が説明を聞きたいということなので我々はきました。事務長の呼びかけに応じてきた以上、事務長がどういう考えで我々を呼んだのか、それを聞きたいと思います。過去の分裂について、今さらこの場で話しても仕方ないからね」

緑「ちょっとよろしいでしょうか。智弥子館長が呼びかけ、総裁の死後、なぜ極真は分裂してしまったのか……」

盧山「緑、ちょっと待て。だから今言っただろう」

三瓶「いや、話をさせてください。我々はそのことを言いたいんです」

盧山「今日は智弥子夫人の呼びかけできたんだから、三瓶や緑ではなく、事務長から一言言うべきだろう」

三瓶「現在、館長という形でやってもらっていますが、やはり女性ですし、言いにくいこともあるだろうし、それを代表が代わりに言ってもいいわけですよ」

盧山「今さら皆と話しても仕方ないだろう」

松井「奥さまは第三者として参加されるということですよね？　であるならば、館長という肩書きは置いてきてもらっているわけですね？　彼ら（大山派の支部長）とイーブンな形でこの場に臨み、今の事務長のお気持ちをうかがって、そのうえで、事務長が双方に対して事実誤認や認識の違いを確認してもらう。それでいいんですよね？　それならば、まずは事務長から我々に疑問を問いかけていただき、僕たちは彼らの前で、我々の認識のもとで答えます。分裂の原因、それがなぜ今も続いているのか、ひとつひとつ聞いてくだされればすべてに答えます。それに対して、彼らには彼らの答えがあると思います。事務長に両者の話を聞いてもらうのが今日の主旨ですよね？」

松井は智弥子に返事を促すが、再び三瓶が「物事には原点というものがあります」と、智弥子の返事を待たずに話し出した。しばらく盧山と三瓶のやり取りが続くが、改めて松井は智弥子に問いかけた。

松井「事務長が言いにくいことがあって、そちら側の誰かに代弁させ、それに対して僕たちが回答するという形で事務長が納得するのでしたら、僕たちはそれでもかまいません。彼らに委任する形でよろしいですか？」

松井の問いかけに、智弥子はいつもの抑揚のない、まるで他人事のような話し方で逆に訊ねた。

智弥子「何を委任するの？」

喜久子「松井さんが言っているのは、この会をママがまとめてくださいと。松井派とこちら側がどうして分かれてしまったのか、どうしてふたつのままなのか、そういうことをママ自身が聞くのか、支部長に任せるのかということでしょう」

智弥子「私はこの現状自体がよくわからないんですよ。だけど、このままではいけないんじゃないかなと思って。この数年間、体の具合もよくないんです。神経の使い過ぎなんですよ。だから、少し休ませてもらいたいというわがままから、今日は皆さんにお目にかかって、もう一度、話し合ったらいいんじゃないかと思ったの。そんな深い意味はないのよ。どっちが悪いから謝りなさいとか、そういうことではないの」
盧山「事務長、私たちは今日集まったことをきっかけとして、現時点では完全にもとに戻ることは難しいけれど、時間をかけて互いに尊重し合う雰囲気が生まれてくることを望んでいます。だから、あのときはああだったとか、こんなことをされたと水かけ論をしても溝が深まるだけですよね」
　盧山の言葉を受けて、待っていましたとばかりに、三瓶は彼らの真の目的である商標権について切り出した。
三瓶「盧山師範が言った尊重し合うということは大事ですよね。尊重し合うには、一方が有利では難しい。例えば、商標の件です。今は松井個人のものになっていますがそれを大山家に返すとか、そうやって尊重しましょうというのならわかります。でも、陰で商標を取って、そっちが有利なわけですよ」
盧山「じゃあ、君たちは対等な立場になるために『極真魂』で誹謗中傷を書くのか？　我々を応援してくれる人たちは、胸を張って世のなかを生きられない人たちなのか？」
三瓶「あれは事実を書いただけで、非難はしていません」
松井「あれは事実ではないですよ。こういうことらしいという憶測に尾ヒレがついて、しかも実名入りであんなことを書いて、中傷でしかないですよ」
三瓶「事実だよ。嘘はついていませんよ、僕は」
盧山「私は三瓶個人に言いたいことはたくさんあるんだよ。だけど、それを言っても始まらないだろう。言ってもらいたいか、今ここでそのことを。三瓶に会った瞬間、まずは聞いてやろうと思ったんだ。でも、我々のなかにそのことについてあれこれ言う人間はいないだろう？　わかるよな？私の言いたいことがなんなのか」

多少、感情的になる盧山をなだめ、長老である郷田が話題を変えた。

郷田「とにかく事務長、自分たちは事務長が健康で長生きして、楽しい生活を送ってくれればいいんですよ。ストレスがたまるような生活はやめてね。そのためにはどうすればいいのか、事務長の気持ちを聞きたいんです」

松井「我々は今日、事務長の呼びかけで集まりました。事務長が納得できるようにしてください。我々が話し合いという形を取ったら、言い合いになってしまうと思いますので」

智弥子「ええ、そういうやり方は通じないと思います。だからもう少し大人になって、重点だけ進めていくようにしたほうがいいわね」

だが結局、会談は両者の主張を言い合うだけの場と化してしまう。三年前の分裂時から何ひとつ変わらない認識の相違を、改めて露呈しただけだった。松井と盧山が「互いに尊重し合うことからしか始まらない」と言えば、三瓶や三好は「遺言書に基づいて松井が商標権を取ったが、遺言書は却下された。それなら、松井はいったん館長から降りて、商標権を遺族に返すべきだ。そうすればお互いに尊重し合って話し合いができる」と答える。そして、また松井が返答し、大山派の支部長たちが反論するという、堂々巡りが始まった。

松井「遺言書の判決が出る前に、遺言書とは関係のない理由で騒動が起きましたよね。ご遺族もそちらに加担するような立場になり、第三者ではなくなっている。そういう状況で『商標権を遺族に返せ』とか、『遺言書が通らなかったのだから松井は降りろ』という理屈は通らないでしょう。極真が一本のなかで『遺言書が却下になったのだから、後継者や商標権について、もう一度考え直してみよう』ということなら話はわかりますけどね。残念ながら、今は対立構造ができ上がっている」

三好「我々は遺言書があったから、二代目館長は松井でいいと思ったんです。でも、遺言書が却下されたのなら、もう一度考え直すのは当たり前でしょう。最初から皆で話し合っていい方向に持っていったら、ここまでの分裂は起きなかったと思います」

松井「分裂が起きなかったら、そういう話もできたかもしれませんね。遺言書が却下になった時点で組織が一本であり、遺族が第三者という立場にいたなら、二代目館長をゼロから話し合うことも、商標権を遺族に返すこともできたかもしれません。ところが、その前にまったく違う理由で分裂が起きて、その構造のなかで綱の引き合いのようにご遺族を巻き込んでいる」

するとこれまでの松井の説明を、何ひとつ聞いていなかったかのように、緑が口を開いた。

緑「自分は先ほど郷田師範がおっしゃったように、智弥子館長がなんの心配もなく生活できる環境を作っていくことが大切だと思います。館長と接するなかで、本当に気苦労が絶えないことを実感しています。だから、館長を中心に皆が集まって、商標権などについて話し合って……」

松井「だからね、緑君、分裂の構造があったらそれは難しいでしょうと言っているの。一九九五年の四月に分裂が起きて六月まで調整を図りました、我々なりにね。しかし、まとまるどころか支部長協議会派の方々は事務所を設けたり、他に会場を押さえてウエイト制大会を開いたり、これはもう別の組織と認識せざるを得ない状況が作られてしまった」

緑「あのときにいろいろなことを白紙に戻すという意見が出ましたよね。歩み寄る余地はあったにもかかわらず、そちらが館長・松井章圭だけは譲れないと言って駄目になったはずです」

松井「それが、我々が最終的に譲れない部分だったわけですよ。それ以外は妥協点を見つけていこうと、郷田師範の名前で全員に手紙を送っています。我々からすれば、支部長協議会派の人たちが、こちらに妥協できない状況を作り上げたという認識です」

松井の言葉に対し、三好は再び一九九五年三月の会議で持ち上がった話を俎上にのせ、そもそも分裂騒動に発展するほど信頼関係にヒビを入れた松井に問題がある、と松井を責めた。松井は、当時と同じ説明を繰り返した後にこう言った。

松井「そういった諸々のことから信頼関係が崩れたと、皆さんは解任発表をしたわけですが、今、私が話した理由を理解してくれた支部長はこちらに戻ってきているんです。香典の件は、細かい明細書を作成するために、いったん会館に持ち帰り、その後、銀行に預けたと何度も説明しました。でも『松井は金をとろうとした』と言われる。商標にしても、法人格がないから個人名で商標登録せざるを得なかったと説明しましたよね。法人格ができたらそちらに移すと何度言っても『松井は商標権を独占しようとしている』と言われる。そう思われてしまったら、僕としてはそれ以上のことは言えませんよ。それで納得してくれる人もいるわけですから、認識の違いとしか言いようがない」

互いの言い分は平行線を辿る。三瓶と松井が、「本当に一本化を望んでいたのなら、遺言書が却下になった時点で、いったん降りるのが前向きな話。まっさらな状態でもう一度やり直すのは当たり前だ」（三瓶）「それは自己肯定、他否定な発言。遺言書を理由にまっさらな状態に戻すなら、解任理由も訂正するべき。自分たちが出した我々への中傷はそのまま引かず、遺言書が却下になったのだからお前は降りろというのは通らない」（松井）とやり取りをすれば、今度は大濱と浜井が、「じゃあ、遺族に商標権を返して、もう一度皆でやりましょうという話になったら本当に返せるのか？」（大濱）「だけど、事実無根なことをいろいろと書いたことについて、まず謝れるのか？」（浜井）と言い合う。
　あまりにも埒が明かない話し合いに、盧山はうんざりした表情で語気を強めた。
盧山「なぜ、お前たちは組織をふたつに割るのではなく、なかで改革に専念できなかったんだ。お前たちがやったことはクーデター以外の何ものでもない。そんな卑怯な真似をしておいて、今さら組織をひとつにしようなんてむしがよすぎるだろう。そもそも我々は解任されたとは思っていない。お前たちが勝手に出ていったんだろう。それなのに商標を返せとか、会館を出ていけとか、それは筋が通らないというのが我々の認識だ」
　分裂騒動の原因、そして責任は松井派と大山派のどちらにあるのかという、過去、幾度も繰り返されてきた非生産的な論争が続くなか、再び遺族に絡んだ話題に戻したのは三瓶だった。
三瓶「智弥子館長が今の立場が辛いと言うなら、館長を降りてもらって、それで商標権を遺族に戻すという形であればいいわけでしょう？　そうすれば智弥子館長も楽になる。こちらの組織の人間じゃなくなればいいんでしょう？」
　松井はそんな三瓶の言葉を一蹴し、続いて浜井も三瓶に迫った。
松井「そういう認識に立って話をするのなら、この場で三瓶さんたちに意見されることではありません。私たちがご遺族と話し合いながら進めていけばいい問題じゃないですか」
浜井「事務長を楽にさせたいと言うけれど、館長でなかったらいいんでしょうとか、皆の都合で館長にしたり、降ろしたり、それはあまりにも身勝手だろう」
盧山「今すぐに組織を一本化するのは難しいけれど、事務長を楽にさせたいと言うのなら、まずはお互いのわだかまりを解決して、喧嘩をやめて、非難めいたことをしないことだろう。それだけでもずいぶん楽になると思うよ」

郷田「組織に引っ張り込んで、館長に担ぎ上げるから疲れるんじゃないの？」
三瓶「商標の問題もあるじゃないですか」
　三瓶は執拗に商標権にこだわった。松井は三瓶を無視するように続けた。
松井「またこういう話し合いの場を持つにしても、ご遺族は純然たる第三者になるべきだと思います。そうしないと、我々はご遺族と向き合って話し合いができない。僕らが事務長を担ぎ上げることはありません。ただ、事務長が肩書きをほしいというのであれば、僕らはいつでも用意します」
三瓶「まあ、難しいよね、第三者になるのは。商標とかいろんな問題が棚上げだったら第三者にもなれるけど、誰でも使えるようにね。智弥子館長に楽になってもらうためには、一回棚上げするくらいの気持ちがないと難しいと思うよ」
松井「お前が先に降ろせ、お前から先に降ろせという話は、何度繰り返しても意味のない部分だと思います。極真がまたひとつにまとまることが理想であることは皆同じです。僕だって今のままがいいとは思いません。でも現実問題、組織は分裂してふたつある。これはもう方向性の違う別の組織なのだと、お互いに認めざるを得ないでしょう。我々は今日、第三者として事務長が席を設けるという話だったからきたんです。事務長と向き合って、商標権や会館の使用について意見を聞こうと。極真を名乗っている以上、ご遺族のケアをしていくのは当然のことですし、僕はこれまでもできる限りのことをしてきたつもりです。ただ、ここで西田さんや三瓶さんたちと権利について話し合う必要はない」
　あまりにも不毛な言い合いが続いたことにうんざりしたのか、西田は少々諦めの混じった、しかしある意味、建設的とも取れる言葉を発した。
西田「どちらの組織も極真を愛している気持ちは同じだと思います。主義主張、あるいはボタンのかけ違いから分裂してしまったとはいえ、大山総裁が作られた極真会を大事にしていこうという気持ちは誰もが持っている。どうしても相容れないというのなら、それぞれが信じる道で、自分たちの力で極真会を今以上に作り上げていく、そういう方法しかないのかもしれません」

西田に応じるように、盧山は「争うのではなく、共存共栄の気持ちを持つ必要があるよね。そこからしか始まらないよ」と続けた。

しかし、西田と盧山の発言を打ち壊すかのように、再び三瓶が商標権の問題を持ち出した。

三瓶「共存共栄という形であれば、さっき話したように棚上げするのもひとつですよね。そうすれば智弥子館長も楽になる。一番いい形じゃないですかね」

松井「今後そういう形を望むのなら、まず我々に立てられた疑惑を全面的に否定して、あれは誤りだったと言ってもらわないと難しいでしょう。スタート地点はそこであり、僕としてはどうしても放っておけない。それを改めてもらえなければ、共存共栄はあり得ないですよ。憶測でしかなかったことを、自分たちの価値判断で真っ黒にしてしまったのなら、その汚れは拭き取ってもらわないと、尊重という道は歩めないと思います。根本は置きっぱなしにして、今後は仲良くしていきましょうというのは筋が通らない」

再度、不毛な言い争いに発展しそうな松井と三瓶の様相に、「いい加減にしろ」と言わんばかりに盧山が語気強く口をはさんだ。

盧山「お互い努力しようよ。互いにお前が何をやれというのではなくて、遠く離れていても誠意が伝わるやり方が必ずあると思うよ」

今度は小林が盧山の言葉に反発するように身を乗り出した。話題は道場のテリトリー問題から大会へと移っていく。

小林「共存共栄と言いますけど、現時点ではお互い潰し合いになっていますよね。本当に悲しいことですが、すぐ近くに道場を出したりして」

盧山「お互い馬鹿じゃないんだから、経営が成り立たない場所には出さないだろう」

松井「いや、僕は組織運営の構造上、それは仕方がないことだと思いますよ。組織の拡大は義務ですから」

小林「まあ、今はそれでも仕方がないし、やっていくしかないですけどね、お互いに。近い将来、永久に無理かもしれないですけど、大会はどうですか？」

盧山「将来的に流れができればないわけじゃない。そのためには、お互いに努力して信頼関係を構築していこうよ」

小林「自分の考えですけど、統一戦というのもおもしろいと思います」

松井「こういう状況のなかで、おもしろさだけではできない。根の深い感情があるなかで、選手を鉄砲玉のようにするべきではないと僕は思います。まずは、組織の問題を解決しなければね。それができない以上、大会の共同開催は無理でしょう」

緑「自分の個人的な意見では、今でなければいけない選手がいるわけです。今輝いている選手。そういう選手たちが大会だけは一緒にやりたいと望んでいるんです」

松井「それを言うなら、分裂当初、選手がいないから松井側は世界大会ができないと言ったのはそちらでしょう？　その言葉が無意味になる。こういう場になったからといって、無責任なことを言わないほうがいいよ、緑君」

再び話を収めたのは西田だった。

西田「一緒の大会を開くとかそういうことは時間の経緯のなかでの問題ですから、今話し合うことではないと思います。今日は智弥子館長の呼びかけで集まり、我々の関係をわかってもらうというのが目的です。館長、おわかりいただけたでしょうか?」
智弥子「よくわかりました。やっぱり和やかなのはいいですよね。温かい感じですよね。こうしなさい、ああしなさいということは、私は絶対に言いませんから。どうも皆さんありがとうございました」
全員「ありがとうございました。押忍」
智弥子の言葉通り、表面上は和やかな雰囲気で話し合いは終了した。しかし、目論見がはずれた三瓶が、何もせずに黙っているはずはなかった。松井に対するメディアを通した攻撃はもちろんだが、さらに翌年の末、三瓶は、松井が組織の問題が解決しない限りはあり得ないと言った「統一戦」の開催を宣言する。詳細は後述するが、ことの発端は松井派が開催した第七回世界選手権大会で、初めて外国人選手に王座を奪われたことにあった。また、この会合で三瓶がこだわっていた商標権については、民事裁判で争われることになる。

西田と三瓶の確執

ところで、一九九四年四月に逝去した大山倍達の墓碑であるが、三年近くが経過してもまったく建立される見込みが立っていなかった。組織混乱が最大の原因であることは言うまでもない。さらに、遺族が自ら墓碑建立に乗り出す意欲が極めて薄かったことも理由のひとつと言っていいだろう。遺骨は納骨されることなく、東京都練馬区上石神井に建つ、大山の邸宅の押し入れのなかに無造作に置かれていた。遺族と親しい関係にあった家高康彦は語る。

「私が大山総裁の自宅を訪れたとき、遺骨は押し入れに放り込まれていました。骨壺の上には掃除機が置かれていて、家政婦さんが掃除機を出し入れするたびに目に入り、極真空手の門下生だった私は、いたたまれない気持ちになったものです。もちろん、仏壇もありませんでした。墓について娘さんたちに訊ねたことがありますが、資金がなくて建てられないと言っていました」

詳細は後述するが、墓石建立を巡るいざこざは、遺言書問題や商標権問題と並行する形で、松井派と遺族を含めた大山派の対立をより複雑化させた。結論を先に言うならば、大山の墓碑建立の「権利」を得たのは大山派であり、立役者となったのは緑健児である。だが、皮肉にも墓碑建立が原因となり、遺族と大山派の蜜月は終わりを告げることになる。

また、遺族との関係崩壊以前に、大山派内に生じた亀裂は、すでに修復不可能なほど深くなっていた。旧遺族派との合併問題に続き、墓石建立を巡っても西田と三瓶の主張は対立する。緑を味方につけた三瓶の強引な手法に、西田は再び屈することになるが、墓石建立は権力闘争の道具と化してしまうのである。

ここで、大山の墓が建立されるまでの経緯を辿ってみる。

前章でも触れたように、大山が逝って一年目の命日、故人を弔う一年祭は二度行なわれた。その後も極真会館はひとつにまとまることなく、大山の法要は毎年二回執り行なわれることになる。一年祭は一悶着あったにせよ、同じ場所（旧総本部）で二度の神事が営まれたが、二年目以降は別々の場所で、それぞれに大山の冥福を祈るのが恒例となった。ちなみに、仏事の場合は満二年目を「三回忌」と言うが、神事の場合は「回忌」ではなく「年祭」と言い、満二年目の神事を「二年祭」と呼ぶ。

一九九六年四月二五日の午前、松井派は総本部道場において、故大山倍達の二年祭を執り行なった。国内の支部長や選手だけでなく、海外からは南アフリカ支部長のケニー・ウーテンボガードが来日するなど、約六〇名が列席した。午後からは場所を千葉県にある清澄山に移し、再び霊祭が営まれた。大山が若かりし頃に山籠りをしたとされる清澄山には、「大山倍達総裁修業の地」「極真空手発祥の地」と書かれた顕彰碑が建っている。同碑は前年九月に行なわれた世界選手権代表メンバーの合宿の際、松井派の手によって作られたものだ。

翌二六日、大山派は国際武道センターにおいて祭事を行なった。智弥子、恵喜、喜久子を含め、約五〇名が出席した。智弥子は大山の遺骨を持参し、設置された祭壇に奉った。そして、館長として挨拶の言葉を述べた。

「西田さんや三瓶さんや皆さんのおかげで、無事、二年祭を行なうことができました。今は感無量です。皆さんはすでに肝が据わっていると思われますが、よいことは積極的にやって、悪いことは取り消すというように、大手を振って歩ける極真を目指してください。総裁のやってきたことはなるべく多くのことを継承し、いつでも総裁を身近に感じられる極真でいてください」

また、智弥子は大山の墓がいまだ建っていない理由を「極真会館の象徴的な場所は池袋です。なんとか総裁を池袋近辺の立派な場所で眠らせてあげたい。よい条件の場所がまだ見つからないので、今日まできてしまいました」と、大山派の関係者のみならず取材に訪れた記者たちに向けて語った。

それから一年が経過した一九九七年四月、三峯神社にも大山倍達の顕彰碑が建立される。毎年恒例となっている極真会館冬合宿の開催地であるこの場所は、清澄山と並んで大山の思い入れが深い場所だった。同二一日、松浦良右を発起人とし、松井派が主体となる形で顕彰碑の除幕式が執り行なわれた。式には松井をはじめ、松井派の面々のみならず、彼の呼びかけに賛同した添野義二や佐藤勝昭ら極真ＯＢの姿もあった。石碑には建立者として大山智弥子の名前も刻まれたが、除幕式に遺族の姿はなかった。ちなみに発起人の松浦は、法曹政治連盟の最高顧問を務める人物であり、添野の後援会会長でもある。

三峯神社に建てられた顕彰碑は、大山倍達の肖像が彫り込まれた、非常に立派なものだ。だが、石碑に刻まれている文字は「大山倍達之顕彰碑」であり、「大山倍達之墓」ではない。この碑文を見るたびに松井は忸怩たる思いに包まれるという。松井に大山の墓碑を建てる気持ちがなかったわけではない。逆に、極めて積極的だった。現在も、大山の墓の建立を計画したことを示す各資料が残っている。すぐにでも着工できる資金もあった。

「武道・格闘技の世界に大きな金字塔を打ち立てた師に、立派な墓を建ててさしあげたいと思うのは、弟子として当然のことです。そこに、なんら打算はありません。でも極真会館が事実上分裂し、ご遺族を巻き込んで、権力争いと言ってもいい非常事態が起こっている最中、ご遺族の意志が優先されなければならない。そして、なぜかご遺族は私に遺恨を抱いていらっしゃる。何度もお墓を建てさせていただきたいと奥さまに申し上げても、どういう理由か協議会派（大山派）から拒否の返事がくる。彼らには、最初から総裁のお墓を権力闘争の道具にする考えがあったのでは、と思うこともあります。そのために、彼らは奥さまを利用して館長に担いだのではないでしょうか」

こうして、大山の死から三年後、大山派による正式な墓碑建立依頼に、智弥子は「ぜひ、お願いします。総裁の墓を建ててください。松井さんには関わってほしくありません」と応えた。大山派の思惑は成功した。とりもなおさず、それは松井派との、大山の墓碑建立という権力闘争に勝利したことを意味していた。

さっそく、大山派は墓碑建設委員会を発足し、資金調達に動いた。委員長となったのは緑健児だった。代表でも副代表でもなかった緑が委員長に就任したことをいぶかしがる支部長は少なくなかった。代表である西田が大山の墓建設に難色を示したことを受けて、実家が資産家である緑を、三瓶が陰に回って祭り上げたというのが真相である。現在も新極真会の支部長を務める柳渡聖人は「三瓶さんは緑さんの資金力をあてにして、彼を墓碑建設委員会の委員長にした」と断言した。また、数名の支部長も柳渡と同様の見解を口にする。

一方、西田の反対に、三瓶を筆頭とする多くの支部長たちは、あからさまに不満の表情を見せた。だが、西田は決して大山の墓碑建立に意味なく反対していたわけではなかった。西田は遺族に対して不信感を抱いていた。墓碑建立に協力したある関係者は言う。

「西田師範は、筋というものにもの凄くこだわる人でした。大山総裁の墓についても、西田師範の筋で言えば、遺族が中心となって進めていくのが道理ということだったのでしょう。そのうえで、資金が足りないので協力してほしいとか、一緒に墓地を探してほしいと労力を求められれば、十分に応える準備はあったと思いますよ。しかし、遺族は資金を出すどころか、何ひとつ自分たちで動こうとはしませんでした。そのへんが西田師範の筋論に合わなかったのだと思います」

また、西田は大山の墓を権力闘争の道具にしようとする三瓶のやり方にも我慢がならなかった。正統性を証明する象徴がほしいために、大山の信念を無視して智弥子を館長に祭り上げ、今度は大山の墓を建てることで、それをも正統性のシンボルに掲げようとする三瓶の戦略にはうんざりだった。だが、組織内における主導権は、すでに西田から三瓶に移っていた。西田はメディアなどの前では表面上、大山派の代表として振る舞ってはいたが、分裂後、三年も経たずして彼の実権は無と化していた。

資金集めに奔走した緑の活躍により、一九九七年、大山派は智弥子の望み通り、池袋からほど近い東京都文京区にある護国寺に墓碑用の土地を購入するに至った。松井派が三峯神社で祭事を営んだ前日の四月二〇日、大山派は護国寺において、大山倍達の四回忌法要を行なった。約一〇〇名が参列するなか、代表である西田が挨拶に立った。

「大山総裁が生前より好意を寄せていた護国寺で四回忌を迎えることができ、大変うれしく思っています。墓石作りも着々と進んでおります」

参列者は桂昌殿での法要後、緑の引率のもと墓碑建設地に移動する。更地で何も建ってはいなかったが、皆、感慨深い表情を浮かべた。

翌一九九八年四月二五日、松井派は総本部道場で「大山倍達大人四年祭」を執り行なう。例年通り、神主を呼んでの厳かな神事ではあったが、今回は外部からの参列者はなく、内々でしめやかに営まれた。

ついで二六日、大山派は松井派とは打って変わって、盛大な「大山倍達五回忌追善法要」を執行。大山が逝去して丸四年、ようやく護国寺に墓碑が完成したのだ。遺族や大山派の支部長など内部の人間だけでなく、真樹日佐夫（真樹道場宗師）や白蓮会館館長・杉原正康、前年は三峯神社での顕彰碑除幕式に出席した佐藤勝昭など、空手・武道界の著名人がこぞって列席した。

一〇〇名以上にのぼる「弟子」たちが見守るなか、ようやく大山の遺骨は納骨された。智弥子は「墓碑建立になんの力にもなれなくて恐縮しています。心から長い年月、願っておりました。この間、いろいろとありましたが、皆さまには感謝の気持ちでいっぱいです」と謝辞を述べた後、墓碑建設の功労者である緑の手を握った。緑も智弥子の気持ちに応えるように言った。

「この風を起こしたのは誰でしょうか？　今でも瞼を閉じれば、総裁の大きな背中が語りかけてきます。大山総裁の息吹に触れた心を伝える者の一人として、責任を感じています。強さとは何か？

その答えはいまだ出ていませんが、極真の旗のもとに集うものはひとつと信じています。墓石、記念碑の建立も皆さまのご協力の賜です。この場所を聖地とし、一人でも多くの青少年に、大山総裁の心を継承してほしいと思います」

得意満面な語り口調で話す緑の表情は、達成感にあふれていた。このときの緑の積極的な行動が、後々彼を「代表」の座に押し上げる原動力となったのは言うまでもない。多くの関係者が参列した「墓のお披露目式」は、大山倍達の遺志を受け継ぐのが大山派であるという、自らの団体の正統性を誇示するための絶好の機会となった。それは、後に増田章が語る「三瓶さんや緑さんは、松井さんが法事に参列したら、一番後ろの席に座らせて恥をかかせる算段をしていた」というエピソードからもうかがい知ることができる。ちなみに、松井を含め松井派の支部長は、誰一人大山派の法事に参列しなかった。

盛大に行なわれた大山の五回忌から一ヵ月後の一九九八年五月二六日、大山派は全国支部長会議を開き、国内組織の役員を改編する。大山智弥子という組織の正統性を証明するに足る象徴的存在を手に入れたうえに、自ら独占的に大山倍達の墓を建てたことで、大山派首脳は松井との権力闘争における勝機を確信した。そして、これまで決して自ら表舞台に立とうとはしなかった三瓶啓二が、組織の長に躍り出た。数年後に大山派（緑派）を脱会していく増田や桑島など多くの支部長は、「この頃から組織がおかしくなった」と異口同音に語る。

前年の六月二三日、大山派は国際組織であるＩＫＯ（国際空手道連盟）の人事を発表していた。会長に西田幸夫、副会長に三瓶啓二とアティラ・メザロス、事務局長に大濱博幸、理事に緑健児、七戸康博、三好一男、他世界各地域から一名ずつが就任した。今回の国内組織の改編によって、西田はＩＫＯ会長であることに変わりはなかったが、国内においては代表の座を退き、特別相談役となった。事実上、閑職に回されたようなものだった。代わって代表の座についたのは、三瓶啓二だった。副代表に緑、専務に大濱、その他理事には柳渡、七戸、小林などが顔を揃えたことで、名実共に、三瓶が大山派の実権を握ることになったのである。この新人事について、西田は終始語ろうとしない。だが、西田の心中を代弁するがごとく、柳渡は「結果的に、これで後の緑君の代表就任の道が開けたわけですから、その点はよかったと思います。でも、理事になった自分が言うのもおこがましいのですが、西田師範に対する処遇から始まって、この人事は三瓶師範の独裁をエスカレートさせた意味で大失敗だった」と語った。

大山派から三瓶派へ

遺族と大山派は、大山倍達の墓碑建立を機に、さらに親密な関係を築き上げるかに見えた。ところが、結果は正反対に動く。大山派にとっても、それは予想外の事態だった。墓の名義を巡り、突然、遺族側が異議を唱えたのだ。大山の墓碑を建てたものの、名義が大山派（緑健児）にあることを知った遺族は、名義の「返還」を強硬に求めた。この、墓の名義問題を発端として、遺族と大山派は絶縁という最悪の事態に陥ることになる。

墓を権力闘争の道具と考えていた三瓶ら大山派は、墓を建てたという事実以上に、物理的な証明となる名義を保持したかった。また、そこにはすべての資金が大山派から出ているという大義名分もある。大山智弥子を館長として担いでいる以上、遺族から名義に対するクレームがつけられるとは思ってもいなかった。しかし、遺族にとっては夫、父の墓は当然、自分たちのものでなければならないという意識があった。特にそれを強く主張したのは、三女の喜久子だった。母・智弥子の態度は相変わらずのらりくらりとしていてあてにはならず、共に行動していた次女・恵喜は、三瓶と喜久子のスキャンダル（詳細は後述する）をきっかけに三瓶に不信感を抱き、すでに大山派のみならず、妹の喜久子とも距離を置いていた。当時、松井に対する会館明け渡し裁判は続けていたが、同裁判が和解という形で決着を見るや否や、恵喜は一連の騒動から一線を引き、再び海外に移り住んでしまった。

以上の経緯から、遺族の代表、または代弁者として前面に立ったのは喜久子だった。智弥子が館長であることに変わりはなかったものの、実質的に大山派との交渉の窓口になったのは、すべて喜久子だった。前記したように、一時は三瓶の海外出張に夫婦のごとく同行したり、大山派が主催する大会や大山の法事にも智弥子を伴い出席するなど、大山派との親密さを見せていた喜久子だった。しかし、大山の墓碑建立後、その名義を巡り、喜久子の大山派に対する態度は豹変した。ただ、喜久子が急変した理由は墓の名義だけではないと語る関係者は多い。増田章は、こう当時を振り返る。

「すべての元凶は三瓶師範だと思います。喜久子さんとの関係について、あまりにも無責任過ぎました。三瓶師範への幻滅が、ご遺族を代表する喜久子さんの意識を変えたのです。実際、私たち支部長の多くが、協議会派を離れたのも、それが大きな理由だったくらいですから」

名義問題のこじれを背景に、大山の墓が建立されて一年後の一九九九年夏、智弥子は大山派の館長を辞任する。記者会見や声明文の発表など、徹底してメディアへのアピール戦略をとってきた大山派だが、智弥子の館長辞任を公的に発表することはついになかった。唯一、第一六回全日本ウエイト制選手権の速報を伝える『格闘技通信』（一九九九年八月八日号）に、次のような一文が掲載された。

《この大会の前に遺族である大山智弥子氏が館長職を退いたため、本誌では今後、この組織のことを極真（三瓶啓二代表）という表現をしていくことにした》

ところで、智弥子の館長辞任に関して、実際の辞任の約一年半前となる一九九七年暮、ちょっとした騒動が起こっていた。突然、智弥子はメディア関係者に「医師からの指示で休養の必要があるため、健康上の理由により、国際空手道連盟極真会館館長を辞任する」旨のファックスを送った。ところがその一週間後、「体調を崩してはいるが、一時的に静養しているだけ」と、前言を撤回する訂正文を、再び智弥子の名前で各メディアに送っている。訂正文の通り、智弥子はその後も大山派の館長を続け、館長として最低限必要な公職をまっとうした。それにしても、智弥子のファックスは極めて奇妙であり、疑惑の声が至るところから上がった。メディアによる質問に対し、智弥子は「記憶にない」と言い、大山派からの弁明は一切なかった。過去、遺族とも親しい関係にあった三宅進は後年、次のように自らの推測を語っている。

「これは松井派や大山派に絡んだ問題ではなく、遺族間の問題ではないかと私は思っています。当時、すでに恵喜さんと喜久子さんの仲は最悪でした。三瓶さんと喜久子さんのスキャンダルが主な原因なのですが、恵喜さんは早々に三瓶さんたちに見切りをつけていました。特に三瓶さんに対する怒りは凄かった。恵喜さんは松井君を相手取った裁判を続けながらも、松井君の大会に顔を出すなど、一見矛盾する行動を取っていたのです。三瓶さんに敵意を持つ一方で、今後の経済的な部分を考えると大山派よりも松井派についたほうが得と判断したのかもしれません。そんな状況のなか、娘さん二人が母である智弥子さんの引っ張り合いをしていたのではないでしょうか」

だが、家高はこうも言う。

「奥さまは本当に疲れていて、館長をやめてのんびりしたかったのです。だから、あんなファックスをマスコミに送った。でも、それでは困る三瓶さんらが、改めて奥さまを説得したのか、それとも勝手に智弥子さんの名前を使ったのかわかりませんが、彼ら主導で訂正のファックスを送った。それが真相です」

結局、この騒動から一年半後に智弥子は大山派の館長を辞任したわけだが、繰り返すようにその理由は公式には発表されていない。しかし、大山派と遺族が円満に別れたのではなく、その理由が墓の名義を巡る問題を含め、大山派の遺族への処遇や接し方、さらには三瓶によるスキャンダルにあったことは否定できない。次のふたつの文書が、それを如実に物語っている。

智弥子の館長辞任から半年が経過した二〇〇〇年一月、遺族はメディア関係者に次の手紙を送っている。

《三瓶啓二代表たちが松井氏を館長から解任した理由は、「極真会の私物化」「独断専行」「不透明な経理処理」であったはずであり、危急時遺言の話は持ち出してほしくない。昨年2月の総本部明渡裁判も危急時遺言の裁判も遺族と松井氏側で行われたものであり、この件に関しては、遺族以外の人間が発言なり、発表することは筋違いであると思われるので、今後は、この2件を例に挙げて正当性を主張するようなことはやめてもらいたい》

かつて、遺族たちは旧遺族派のみならず、大山派の支部長らと歩調を合わせるように遺言書の無効を訴え、それを楯に松井に館長を降りろと要求した。遺言書の裁判に勝利したときには、大山派の支部長たちと共に記者会見を開き、当時の代表・西田幸夫と智弥子の連名で声明文まで発表している。にもかかわらず、彼らと袂を分かった途端、遺族は遺言書も極真会館総本部の明け渡しも、松井と遺族の問題であると強弁し、大山派をばっさりと切り捨てた。もっとも、三宅の「遺族を徹底的に利用した三瓶君たちには、当然の報い」という意見に同調する関係者は少なくない。

さらに、喜久子は『週刊新潮』（二〇〇三年四月二四日号）に、《「父の墓を返して！」極真空手を乗っ取られた「大山倍達」遺族の告発》と題する特別手記を寄稿した。内容はタイトル通り、墓の名義を遺族に返還せよというものだったが、それに伴う三瓶らに対する不満を打ち明けている。以下は概要だ。

《私の気持ちを決定的に暗くするのは、この墓地が母や私たち遺族の名義ではないことだ。多くの門弟たちの厚意によって寄付が集まり、母名義で建立された父の墓は、私たちの知らぬ間に他人の名義に変わっていた。寺に問い合わせると、驚いたことに墓の名義は母からある支部長へと変更されていた。その後も現在に至るまで名義は回復していない。

分裂後、支部長協議会派は「松井が館長を続ければ極真はなくなる」と母を口説き、私たちはそんな彼らを「白馬に乗った王子さま」のように思った。だが、支部長協議会派も自分たちの利益を追うばかりだった。母に支払うと約束したお金も、いろいろな理由をつけて払わなかった。会館に居座る松井さんを追い出す手伝いもしてくれなかった。やがて、生活費に困った私たちは、練馬に買った家のローンが払えず、父の財産の預金通帳まで差し押さえられてしまった。

私たちには墓を建てる資金がなかった。父名義の大口取引があった銀行の通帳は松井さんに管理されていた。なかば諦めていた墓だが、建設計画を熱心に勧めてくれたのが、若手支部長だった緑健児さんだった。緑さんは母からも信頼され、「僕を実の息子と思って、墓建設の仕事をやらせてください。総裁への恩返しです」と母を説得した。墓碑建設委員会を作り、母を会長に、緑さんは実行委員長に就任した。全国の支部長に声をかけ、母名義の通帳に寄付を募ってくれた。だが、父の墓は政治的に利用され、緑さんの名義に変えられた》

実際に護国寺に建てられた大山倍達の墓の名義が、緑健児となっていた時期があったのは事実である。ただ、喜久子が主張するように建立当初は智弥子にあった名義が、ある時期に緑健児に変更されたのか、または最初から緑健児の名義だったのか、大山派側が口を閉ざす以上、その真相を明らかにする術はない。いずれにせよ、『週刊新潮』の記事の影響力は大山派の予想を越えて大きかった。大山派もこれ以上、墓の名義を権力闘争の切り札として独占していられなくなった。これら喜久子の攻撃的ともいえる行動が功を奏し、ほどなく墓の名義は大山智弥子に変更されたのである。その証拠に唯一、大山の墓碑建立に関わった護国寺の関係者が個人情報保護を前提にしながらも、次のように語っている。

「名義が別の方からご遺族の方に移ったのは事実です」

しかし、いったん崩れた大山派と遺族の関係が修復されることはなかった。

ここでひとつ、大山派側の声を紹介しておく。現新極真会事務局長の小井泰三の言葉だ。

「総裁のお墓を松井さんとの権力闘争に利用したと言いますが、当時、そんなことを考えたり、計算したりしてご寄与してくれた支部長、会員はほとんどいなかったはずです。皆が心から総裁のお墓を建てたいという思いでした。緑代表もそうです。そんな打算がはたらく人ではありません。緑代表が必死に資金集めに奔走したのは、総裁のために少しでも立派なお墓を建てたいという純粋な思いがすべてだったはずです」

諸事情により、名前は明かせないが小井と異口同音の主張をする当時の大山派の支部長は多い。大山派の道場に息子を通わせていた、ある人は、「あのときの支部長さんたちの頑張りは本当に素晴らしかった。皆さんが大山総裁の墓を建てようという熱い心に打たれて、私たち少年部の父兄も協力しようと団結したのです」と言えば、またある支部の少年部父兄や壮年部関係者も「あのときの緑代表をはじめとする先生方のお気持ちには、ひとかけらの不純もなかった」と訴える。

事実はどうあれ、大山の墓の名義を巡る争いがきっかけとなり、遺族と大山派の関係は最悪の形で終止符が打たれた。大山派は、三瓶を代表とする極真会館「三瓶派」として再出発することになる。だが、新たな出発は決して順風満帆にはいかなかった。代表である三瓶の独走は止まることなく、その三瓶を戒める幹部もいない状況が続く。組織は大きく揺れ始めた。二〇〇〇年前後、三瓶派は解体、または再分裂という最大の危機を迎えることになる。後に組織を離れることになる増田章は「総裁のご遺族と私的に関係を持ち、あげくにご遺族から絶縁される。そんな代表に誰がついていけますか？　長年尊敬してきた先輩ではありますが、三瓶師範には心底失望しました」と、今も憤慨を隠さない。

三瓶啓二の統一戦宣言

代表・三瓶啓二の独走を如実に表す出来事が起こったのは、一九九九年一二月五日だった。四、五日と、三瓶派は東京体育館において第七回世界選手権大会を開催した。最終日の試合終了後、三瓶は「重大発表がある」と急遽記者会見を開いた。大山倍達時代から現在まで、大会終了直後に記者会見が開かれた例はない。記者会見に出席したのは代表・三瓶啓二、副代表・緑健児、高知県支部長の肩書きで三好一男、そして、大会特別顧問・大平光洋と大会副会長・中谷元の五名だった。記者たちは色めき立った。三瓶の口から飛び出したのは、松井派に対する宣戦布告、「統一戦宣言」だった。以下が記者会見の内容である。

三瓶「先月行なわれた松井氏側の世界大会で、外国人選手がチャンピオンになり、『日本敗北』と騒がれていますが、日本は負けていないと。僕らとしては極真はひとつだと思っていますが、もうひとつ世界大会があったことは事実であり、それなら世界一を決める統一戦も辞さない。日本は絶対に負けていないということを、組織の気持ちとして伝えたいと思っております。我々としては、日本は負けていないというつもりでやっていますから、統一戦で、もしあちらが望むならば受ける方向で組織としては考えています」

顔を紅潮させ、興奮気味に話す三瓶とは裏腹に、記者たちは困惑の表情を浮かべた。あまりに唐突過ぎる会見ゆえに、「統一戦」の前提がわからない。記者からの厳しい質問が飛び始めた。

——あちらが望むならということですが、実際に松井派側が望んでいる動きはあるのですか。

三瓶「わかりません。うちは大会が終わったばかりで、総裁からずっと引き継がれてきた日本は負けないという気持ちで臨み、今回、皆さんのおかげでよい結果に終わりました。具体的なことではなく、こちらとしては基本的に統一戦も辞さないということです。働きかけと言えば、この記者会見もひとつかなと。まだ大会が終わったばかりですが、組織の方向性として明確にしたいと思い、今、発言させていただきました」

——望むなら辞さないということと、こちらから強く働きかけることとは、かなりニュアンスが違うと思うのですが。極論すれば、正反対の姿勢ですよね。望まれれば受けるという「受け身」の姿勢なのか、それとも自ら働きかけて実現の方向に持っていきたいという「能動的」な姿勢なのか、どちらなのでしょうか？

三瓶「大会が終わったばかりということで、今の段階では統一戦も辞さないという方向性を出しているわけです。どういうルートで話し合いを進めていけばいいのかは考えておりません。できるだけ働きかけはしたいと思っていますが……」

記者たちの鋭い問いかけに、三瓶は得意満面だった表情を強張らせる。しかし、三瓶の言葉はメディアの要求に答えたものになっていなかった。

――統一戦が実現した場合、戦うのは選手たちですが、彼らは知っているのですか。

三瓶「大会が終わったばかりでまだ選手には会っていないので、統一戦について話してはいませんが、支部長たちには了承を得ています。とにかく、具体的なことはこれからの話で、終わった時点での気持ちを伝えたかったというか、総裁も日本空手道連盟が負けたときに『日本は負けていない』と発表しましたよね」

三瓶の発言はさらに迷走していく。そんななか、慌てて口をはさんだのは緑だった。

緑「選手にはすでに私から伝えています。組織の方向性として、松井派と統一戦をやる方向で発表すると。その場でやるかどうか意思表示をした選手もいれば、そうでない選手もいますが、選手にはきちんと伝えてあります」

結局、代表の三瓶からはメディア関係者を納得させる発言がないまま、まさに竜頭蛇尾そのままに記者会見は終了した。三瓶らの会見が見切り発車であったことは、その内容からも明白だった。

ここで、三瓶らによる記者会見の背景について触れておく。ことの発端は、松井派が開催した第七回世界選手権大会の結果にあった。松井派は三瓶派に先駆けて一一月五、六、七日の三日間、東京体育館において世界選手権大会を開催した。激戦に次ぐ激戦の末、優勝候補であり「空手日本」の威信を背負った数見肇を下してチャンピオンに輝いたのは、ブラジル支部所属のフランシスコ・フィリォだった。過去、六回におよぶ極真会館主催による世界選手権大会はすべて日本代表選手が王座に就いており、海外の選手が頂点に立った例はない。フィリォは最初の偉業を成し遂げたことになる。

「空手母国・日本の牙城を守る」

極真空手の創始者である大山倍達が、世界選手権のたびに公に宣言していた言葉だ。第一回世界選手権大会（一九七五年一一月）の開催前に、「もし、日本人選手が負けるようなことがあれば、私は腹を切る」と断言したのは有名な逸話である。

　そもそも、大山の過激な発言には理由があった。一九七二年、ＷＵＫＯ（世界空手道連合／現ＷＫＦ）主催で開催された第二回世界選手権大会における日本代表選手団の敗北である。フランス・パリで行なわれた同大会、組手団体戦、日本は三回戦でイギリスに敗れた。日本チームの敗北について、日本側は審判たちの判定に問題があると、大会主催者であるデルクールＷＵＫＯ副会長（ヨーロッパ空手連合会長）に対して強硬なクレームをつけた。しかし、自分たちの主張が認められないとわかると、日本選手団は翌日の組手個人戦をボイコットするという暴挙におよぶ。

　そもそも、ＷＵＫＯは全日本空手道連盟（ＪＫＦ）を母体とし、ヨーロッパ空手連合（ＵＥＫ）を率いる形で一九七〇年に結成された組織である。さらに言うならば、ＪＫＦは一九六四年、現在では「伝統空手」もしくは「寸止め空手」、「スポーツ空手」（極真空手に代表される直接打撃制、フルコンタクト空手との比較として主に用いられる）と呼ばれる各古流派の連合体として組織された。一九七〇年代、一般に「空手」と言えば、これらＪＫＦ系の競技を意味した。それゆえ、このパリ世界大会における日本選手の敗北および執拗な抗議は、空手をはじめとする格闘技・武道関係者にとって許しがたい醜態以外の何ものでもなかった。

　蛇足ながら、この大会で団体戦優勝を手にしたフランスチームの主力選手、エレイン・セトロをはじめ、少なからずの海外選手が極真会館に所属していた。当時、ＷＵＫＯを含め、極真会館も世界組織の体制化が途上にあった。だからこその珍事と言っていいだろう。

　以上で述べたＷＵＫＯ主催世界大会の日本代表の無様な敗北を受けて、大山は「日本は断じて負けていない」と、メディアに向けた声明文を発表する。極真会館主催による第一回世界選手権は、その証明でなければならなかった。もちろん、大山の発言には「極真空手」のアピールといった商業的戦略が秘められていたことも否定できない。

当時、極真空手は黎明期にあり、現在では想像できないほどに知名度が低かった。空手界の主流は圧倒的に全日本空手道連盟を主体とする伝統派空手だった。そのような時代に、新興空手団体が伸し上がっていくのは、並大抵のことではなかった。大山は「日本は負けていない」「日本人選手が負けたら腹を切る」と宣言するなど、派手なパフォーマンスを繰り返すことで、世間の注目を集めようとした。ちなみに、この全日本空手道連盟への「宣戦布告」は、劇画『空手バカ一代』の原作者である梶原一騎の演出だったと言われている。

話を本題に戻す。記者会見における三瓶の発言が、二四年前の大山による「宣戦布告」を真似たものであることは明白である。ただ、相手が違っていたのが最大のミスだった。分裂したとはいえ、同じ流派である極真空手に対してするべき行為ではなかった。

また、仮に同じパフォーマンスとして考えても、厳しい時代を乗り越えてきた創始者・大山倍達と、彼が創り上げたものを継承したに過ぎない三瓶啓二には、大きな違いがあった。緊迫感と潔さである。大会開催前に大見得を切り、自ら逃げ道を塞いだ大山に対し、三瓶は日本人選手が優勝したことを見届けてからことにおよんだ。そして、何よりも三瓶の発言には致命的な矛盾が存在した。

後に三瓶派から多くの支部長が脱会するが、その一人であり、代表まで務めた西田は、「松井派と接触することは、ここ数年の自分自身の来し方を否定すること」と、メディアに自らの意志を表明した。桑島保浩もまた、「統一戦構想は首脳陣の暴走。あの感覚は自分とは相容れない面があった」と語り、増田章は「自分たちが否定した団体に対抗戦を呼びかけること自体が大きく矛盾していますよ。我々にとっては存在しないはずの団体なのに、なぜあんな暴挙に出たのか理解できない」と語った。

会見から数日後、三瓶はメディアに向けて声明文を送った。内容は記者会見を補足するものだった。まずはいつものように「松井氏は館長を解任された身であり、すでに正統性を否定されている」ことから始まっている。そして、「にもかかわらず、松井氏は極真の名のもとに世界大会を開催し、その結果、あたかも日本が敗北したかのような印象や誤解を生じさせていることに遺憾を感じ、昔、大山総裁が言ったように『日本は負けていない』という気持ちを公的に伝えたかった」と記したうえで、「松井氏側が我々の主張に異議があるならば、我々と空手の試合で堂々と勝負しろと言いたい。我々との勝負から逃げるような卑怯な真似はしないでほしい」と、結局、記者会見となんら変わらない一方的な宣戦布告に終始している。

さらには、『週刊新潮』（一九九九年一二月九日号）に掲載された、松井と許永中の関係を記した記事を俎上にのせ、「『極真会館館長』という見出しで報じられているため、許とはまったく関係のない我々をも巻き込んで、極真空手そのもののイメージを大きくダウンさせた」と記者会見の発表とは無関係な話題を持ち出し、「今こそ松井氏側と勝負するべきときであり、どちらが堂々と胸を張れる極真を築き上げてきたのか、また真の極真世界王者は誰なのか、という問題に決着をつけたい」と結んだ。

鬼の首を取ったかのように意気込んで臨んだ記者会見や声明文の発表だったが、メディアを含め、極真関係者の反応は冷ややかだった。

「三瓶さんはいったい何がしたいのか。公的に発表する前に、松井派へのなんらかの打診が必要だし、そういった手順も踏まず、いきなり『逃げるような卑怯な真似はしないでほしい』という一方的な言い分は、おかしいのではないか」

これがメディアによる大方の見解だった。もちろん、突然当事者にされた松井も三瓶の宣言に首を傾げた。そして、三瓶の挑発に乗ることなく、メディアの取材に答えた。

「互いが互いの組織を認めていないという前提がありますから、そもそも我々のなかには統一戦という概念すらありません。彼らだって我々の組織を認めていないはずですよね。ですから、彼らからそういう発言が出たこと自体が不思議です。彼らが我々の組織の存在を認めざるを得ないということなのでしょうか？　試合云々以前に、組織的に解決しなければならないことがあるわけですよ。それをクリアにしたうえで、お互いが独立した別の組織として尊重し得る立場になってはじめて、『統一戦をやりましょう』という話し合いができるのだと思います。そこに至るまでには、それなりの時間と、段階が必要なのは言うまでもありません。ここまでこじれてしまったわけですから。それに、これまでさんざんこちらから歩み寄りの提案をしてきたにもかかわらず、あちらはすべて拒絶してきたのです。ですから、このような発言をすること自体がおかしい。あちらにどんな都合があるのかわかりませんが、道場生や選手を楯にするべきではありません。個人的に言わせてもらえば、無責任な発言だと思います。もともとの彼らの論法を考えるなら、統一戦とか交流戦という発想は起きないと思うのですが。もちろん、あちらの選手や道場生が頑張っているのはわかります。ですから、フリーという立場が条件になってしまいますが、うちの選手と戦いたいのであれば、我々の主催する大会に参加すればいいのではないでしょうか」

実は、四年前の第六回世界選手権大会開催の前、松井は当時『ワールド空手』の編集長だった井上良一に、ある依頼をしていた。

「井上さん、彼らは僕の言うことは聞かないでしょうから、井上さんから世界大会の共同開催の提案をしてみてくれませんか」

井上は快く松井の申し出を受けた。井上自身、分裂騒動に胸を痛めていた一人だったからだ。分裂は免れられなくとも、目前に迫った世界選手権だけは全支部長が一丸となって開催できないものか。もしそれが無理ならば、第三者を代表にたてて統一戦ができないものか。袂を分かとうとも、なんらかの接点は維持しておくべきだと井上は考えていた。

こうして、井上は支部長協議会派が開いた記者会見に出席した。彼ら主催による世界選手権に向けたスケジュールや意気込みなどを伝えるのが本来の目的だった。だが、質疑応答に入ると井上は西田や三瓶に訊ねた。

「松井さんたちと統一の世界大会を開いたらどうでしょうか。主催者は第三者でも誰でもいいじゃないですか。財務についてはお互いが負担して、選手のためにも前向きに考えることはできませんか？」

しかし、代表である西田から返ってきた答えは、「そんな必要はない」というものだった。西田の返答を補足するように、三瓶はこう言い放った。

「昨年（一九九四年）の全日本大会（第二六回）で決定した世界大会出場選手の八名は、すべてこちらに所属しています（後に三名が松井派の大会出場を表明する）。松井君のほうには選手がいませんから、どっちみち向こうは世界大会を開けませんよ。だから、わざわざ向こうに歩み寄って、統一大会を開く必要はありません」

どう説得しようとも聞く耳を持たない支部長協議会派の支部長たちに、井上はただ失望するだけだった。

以上の経緯があったにもかかわらず、今さら統一戦を呼びかける三瓶たちの見識に松井は唖然とするしかなかった。松井は三瓶の「統一戦宣言」について、メディアからの質問には答えたが、直接、三瓶派に返事を返すことはなかった。

一方、三瓶と緑を中心とする三瓶派による松井攻撃は、さらにエスカレートしていった。以下はその一例である。

《――今は二つの極真がお互いの存在を認めていないわけですよね。少なくとも松井館長はそういうスタンスです。

三瓶　こちらもウチこそが正当な極真という意識がありますよ。そもそも松井氏は1995年4月5日の全国支部長会議で館長職を解任されている身ですから。

――ですが正統うんぬん以前に、相手の組織の存在自体を認めていないのが、松井館長の基本的なスタンスです。これではそもそも交渉自体が成立しないのではないでしょうか？

三瓶　まぁ、それは松井氏独特の理論でしょうから。でも、こちらとしても昨年の暮れ頃からある方にお願いして、交渉の窓口になってもらおうという、考えはあるのです》（『格闘技通信』二〇〇〇年二月二三日号）

《――今回の統一戦構想のお話しをあらためてお聞きします。選手たちはどのような反応を示していたのでしょうか。

緑　ビックリした選手もいたようですが彼らにしても、組織ですとか派閥的なことは問題にせず、〝誰が一番強いのか〟ということには関心があるようです。私が現役でいた頃を思い返してみても、選手というのは〝今〟が一番輝いている時なんです。年齢的なこともあり、この時期を逃したら後は無いという切迫感。「あの時、向こうの選手たちと闘いたかったな」という気持ちが後になって湧いてきても遅いんですよね。組織のためだとか、そういうのではなく、とにかくやりたいという選手の意見を考慮したのは事実です。

――しかし、松井館長はその案については完全に否定的ですね。

緑　松井さんは代理戦争のようなことを言っていますが、そういうことではないんですよ。どちらの組織がイニシアティブを取るとかいう争いではなく、選手たちは闘えば勝つにしろ負けるにしろ素晴らしい思いや友情が芽生えてくると思うんです。我々組織の上にいる人間としては、松井派の上の方々と手を取り合ってやっていくのは難しい現状なのですが、単純に〝誰が一番強いのか〟ということを選手の気持ちに立って考えているんです。それこそ〝代理戦争〟なんて考え方を起こしてしまうことこそ、選手のことを考えてないんじゃないかと思います。

――こんな話しをして失礼なんですけど、これまでのテレビなどのメディアへの露出などは、フィリォのＫ－１参戦などで松井派のほうが多いですよね。そういう状況で松井派にしてみればこの対抗戦を受けるメリットがあるとは思えないのです。松井館長はコメントで「こちらの大会に出てきてください」ということを言ってますが、このあたりをどのようにお考えでしょうか。

緑　松井さんは「自分のところが極真だ」という感じで仰っていますが、それじゃ我々の道場生や支部長、特に一生懸命がんばっている選手たちに対して失礼ではないでしょうか。みんな極真が大好きで極真で育って、分裂してしまっても共に〝極真会〟と刺繍してある道衣を着て心から総裁の気持ちを汲んでがんばっているのに、このような発言は甚だしいことですね。選手の気持ちをどのように思っているのかと。メリットあるなしではなく、とにかく選手の気持ちを考えてほしいということなんです。

――当然、松井派との話し合いを持たなければならないわけですが、どのような形でとお考えでしょうか。

緑　双方いろいろな条件が出てくると思いますが、まずは同じテーブルにつかなくてはいけないと思うので、そこに自分などがつく用意はありますでも、まだ具体的なことはまったく白紙の状態です。ただ単に話題作りとかいうわけではありません。その点は誤解しないでください。

――向こうの大会に乗り込んで王座を奪うという考え方はないのでしょうか。

緑　それはないですよ。それこそ向こうの大会が盛り上がるだけじゃないですか（笑）。それじゃ、こっちの大会にも出てくださいということになる。それができないからこそ、お互いの選手を出せばということなんですよ。こっちも同じ時期に大会があるんですから、有力選手があちらの大会に出場したら、こっちの大会はどうなります？　ですから残念ながらそれは今は不可能なんです。

――緑さん個人としても、このプランには多いに《ママ》乗り気のようですね。

緑　ええ、それはもう。私は選手とそしてファンのためにぜひやりましょうよと言いたいんです。選手には罪はないし、組織的な駆け引きなんて考えていない。単純に強い男は誰なのか知りたい、それだけなんですよ。三瓶代表は〝辞さない〟という表現の仕方をしておられましたが、私としては〝呼びかけたい〟という気持ちの方が強い。本当にこんな夢のような大会が実現できたら素晴らしいことだと思います。総裁もきっと喜んでくれるはずです。松井さんに言いたいのは、柔軟でいこうよと、お互いの存在を認め合ってということですね》（『ゴング格闘技』二〇〇〇年二月号より抜粋）

過去の組織的な確執を一切総括することなく、「総裁も同じことをした」とか、「選手や道場生のため」という理屈で「統一戦宣言」をする三瓶派に対し、松井は一貫して「組織的な過去の確執を清算しない限り、三瓶派の存在を認めることも尊重することもできない。大会の共催は、そういったことを解決した後の話」という姿勢を崩さなかった。

三瓶の「統一戦宣言」について、浜井は次のように推測する。

「三瓶さんのことですから、大山総裁の真似をして啖呵を切ることに、どこか陶酔していたのではないでしょうか。彼はナルシストだから。そうして、それが皆に敬意を持って受け入れられると思ったのでしょう。浅はかとしか言いようがありません。事実、皆さん、『今さら何馬鹿なことを言っているんだ』という反応でしたよね。もちろん、理由はそれだけではないと思います。彼らがどんなに『松井は館長を解任されたにもかかわらず、いまだ極真会館館長を名乗っている。しかも、大山総裁の遺志を無視して勝手なことをしている』と非難しようとも、テレビを含め、メディアへの露出度は松井派が格段に上でしたからね。正義云々は別にして、世間の見方としては、メディアをうまく利用した松井派が、正統な団体と肯定されつつありました。三瓶派はそれに焦りを感じていたのだと思います。それで、単純に松井派と接触を持てばいいと考えたのではないでしょうか。緑君は否定していますが、どんな理屈をつけようが、結局は話題作りでしかないですよ。しかも、三瓶さんは松井側から歩み寄ってくるよう仕向けるために、『向こうが望むなら、こちらは統一戦も辞さない』という言い方をしたのだと思います。まあ、三瓶さんらしいやり方ですね」

また、山田雅稔は「緑君は選手のためと大義名分を並べながらも、相手側の大会に自分たちの選手を出しても、松井派の大会が盛り上がるだけと言う。盛り上がるという言葉そのものが、大会運営側の思いを表していますよね。選手のためと言うのなら、松井派の大会が盛り上がろうが、自分たちの大会がどうなろうが、選手が望む大会に出場させればいい話です。何もかも矛盾だらけです。私も館長も相手にするだけ時間の無駄だと呆れてしまいました」と当時を振り返る。

結果的に、三瓶派の望みが叶うことはなかった。松井派が一切耳を傾けなかったこともあるが、三瓶派の内部で大きな混乱が生じ、統一戦どころではなくなっていったからだ。分裂当初から前面に立って松井派と闘ってきた西田が、三瓶派からの脱会を表明。三瓶派は、組織崩壊の危機に瀕することになる――。

第五章　勢力争いの結末

極真会館宗家の誕生

三瓶派の「統一戦宣言」で一九〇〇年代の幕を降ろした極真会館の分裂騒動であるが、年が明け二〇〇〇年代に入っても、騒ぎは一向に収まる気配を見せなかった。さっそく新たな動きを見せたのは遺族たちだった。

一月二四日、遺族側は旧極真会館総本部において記者会見を開き、「極真会館宗家」の発足と大山倍達記念館の設立を発表する。だが「遺族」とは言うものの、記者会見に臨んだのは、一九九六年九月に他界した大山の長女・留壹琴の夫である津浦伸彦一人だった。臨席した報道陣に向かって津浦は言った。

「今回、大山智弥子夫人を宗主とする極真会館宗家を発足する運びとなりました。それに伴い、会館はこれまで通り道場として利用するだけでなく、極真空手ファンの方々にいつでも大山総裁を偲んでいただけるよう、大山倍達記念館を併設することになりました。会館を私物化するのではなく、極真空手のために使いたいという智弥子宗主をはじめ、遺族全員のたっての希望です。道場運営についてですが、師範代として世界チャンピオンの塚本徳臣を、その後見人として坂本恵義を宗家は指名しています。ただ、まだ彼らが所属している組織を正式にやめていないので、今日この場には出席しておりません」

会場は記者たちの驚きの声で一瞬、騒然となった。遺族と三瓶派はとりあえず穏便な形で袂を分かったはずだったが、津浦の発言は両者の間に新たな紛争が勃発したことを暗示させるのに十分な内容だった。

極真会館分裂騒動におけるこれまでの対立構図は、遺族対松井派極真会館や支部長協議会派対松井派など、常に一方の当事者は「松井派」だった。結局、「松井章圭が大山倍達の遺志に則った後継者である」ことを認め、受け入れる者たちと、否定する者たちという二元論によって争われてきたのが過去の極真会館分裂騒動であった。だが、遺族が新たに独自の活動開始を宣言したことで、この図式は崩壊したと言える。ましてや現時点で三瓶派に所属している塚本と坂本を師範代、後見人と名指しで指名した津浦の発表に、記者たちは問題の複雑さを予感した。

ただ、もうひとつメディア関係者にとって不可解なことがあった。過去、「遺族」と呼ばれる集団が開く記者会見などの公的な場では、常に大山の妻である智弥子または恵喜、喜久子の遺児二人が臨席していた。彼女ら三人が「遺族派」の中核であり、強い結束力で通じている印象があった。一方、長女の留壹琴は大山の死後、早い時期から「極真大山カラテ」を名乗り、単独行動を取っていた。これについてはすでに触れている。遺族派に与する支部長たちと関わることさえ彼女は嫌った。留壹琴の夫である津浦もまた、彼女と二人三脚で活動していたはずだった。留壹琴が一九九六年九月に急逝してからも、津浦が智弥子たちに接近することはなかった。

にもかかわらず、今回の記者会見に突然、津浦は遺族の代表として姿を現した。それも智弥子や娘たちが同席するわけでもなく、津浦一人が会見に臨んだ。たったこれだけの事実で、メディアは

「果たして遺族は一枚岩なのか？」という疑問を抱いた。この奇妙な記者会見は、いったい何を意味するのか？　この真相については後述する。

ちなみに、前章で記した《総本部明渡裁判も危急時遺言の裁判も遺族と松井氏側で行われたものであり、この件に関しては、遺族以外の人間が発言なり、発表することは筋違いであると思われるので、今後は、この2件を例に挙げて正当性を主張するようなことはやめてもらいたい》という声明文を遺族が三瓶派に対して発表したのもこの頃だ。ここにも三瓶派と遺族側の軋みを読み取ることができる。

遺族を代表した津浦の記者会見を受け、当事者となった塚本は格闘技専門誌誌上で、自らの意思を次のように語った。

《僕は組織を辞めませんよ。移籍といえば移籍ですが、（三瓶代表の）大会にはどんどん出ます。組織には許可を取っているし、ただ僕は智弥子さんのためにがんばりたいという気持ちです。総裁がいた憧れの場所だしヤル気は十分にあります》（『ゴング格闘技』二〇〇〇年四月号）

また別のメディアにも《この度、遺族を助けるために、総本部に籍を移すことにしました》（『格闘技通信』二〇〇〇年三月八日号）と同様の発言をしている。対して記者たちからは、三瓶派に残ることと宗家に移籍することは両立可能なのか？　三瓶派はやめずに宗家に籍を置くのは矛盾ではないのか？　このような質問が飛ぶが、塚本は言葉に窮した表情で答えを濁した。

塚本が所属する城南川崎支部の支部長である入来武久もまた、《遺族の方から道場の指導を再開したいとお聞きし、それならば塚本、坂本を出向という形でお貸ししますという話しはしました。宗家に移籍するという話しがあるようですが我々の組織から離れるということはありえません》（『ゴング格闘技』二〇〇〇年四月号）という一方で、《遺族の方たちとは、今一緒に活動はしていませんが、本部道場を機動させていこうという話し合いはしていたんです。遺族のご指名があった塚本が指導を担当することになりました。城南支部を卒業するということです》(『格闘技通信』二〇〇〇年三月八日号)と微妙に言葉を変えた。《城南支部の卒業》が何を意味するのか？　三瓶派に所属する城南支部からの「卒業」ならば、それは三瓶派を離れて宗家に移籍するということではないか……。

その後、非公式の話し合いが三瓶派と宗家の間で行なわれた。だが、互いの主張はまったく嚙み合わないまま、結局、宗家として塚本と坂本を招聘するという津浦の言葉は実現を見ることはなかった。

これは極真会館の分裂騒動における本流から見たら些細な事件に過ぎない。しかし、遺族(宗家)と三瓶派の関係を象徴するという点で大きな意味を持っていた。むしろ、これらの事態が「遺族と三瓶派にさらなる確執を生じさせるのでは」と危惧を抱いた関係者が少なからずいたのは間違いない。松井派と三瓶派がどこまでいっても交わることがないのと同様に、遺族と三瓶派もすでに平行線を辿り始めていた。方向性の違いのみならず、感情のもつれで関係が途絶えた以上、それは当然のことと言えた。

津浦から指名されたもう一人の当事者・坂本恵義の証言である。

「この話を最初に遺族側から受けたのは私でした。当時、私は支部長協議会派(三瓶派)のなかで遺族担当の任にありました。支部長協議会派と遺族の関係は絶縁状態に陥っていたわけですが、支部長協議会派としては完全に敵と味方に分かれたくないという思惑がありました。ある日、智弥子夫人からなんとかして本部を再興させたいと相談を受けました。しかし、智弥子夫人も喜久子さんも支部長協議会派の手は借りたくないと……。そして、世界大会で優勝している塚本君個人を宗家に呼べないかと言われたのです。私自身、支部長協議会派の人間ですから、極めて複雑な立場に追い込まれたのですが、ここは遺族の気持ちを尊重するべきではないかという思いに至ったのです。遺族のために自分が架け橋となって、改めて遺族と支部長協議会派の信頼関係を築いていけるならばと。その結果、また組織の結束力も増すならばそれに越したことはないと思ったのです。そう心に決めて塚本に話を持っていきました。ところが、私が理事や有力支部長たちを説得しようとしても聞く耳を持ってもらえなかった。まず塚本を出向させ、段階を踏んで遺族との和解を模索するべきだと私が提案しても、小林師範らは『そうしたら、すぐに本部に組織として入れるのか？』と急き立てるだけで……。最終的に、三瓶さんや緑さんの『できるわけがない』『塚本が利用されるだけだ』という言葉で簡単に潰されてしまいました。三瓶さんは例の遺族とのスキャンダルで支部長たちから疑心暗鬼の目にさらされていたし、遺族とは距離を置きたかったのかもしれません。私としては、遺族を尊ぶ以上、塚本を宗家に送ることで利用されてもいいじゃないか、それくらいの度量がなくては遺族をたてることなど不可能じゃないかという思いがありました」

　長谷川一幸も坂本とほぼ同様の言葉で当時の経緯について述懐している。彼らの証言から遺族と三瓶派の思惑や駆け引きを想像することができる。

　この記者会見からときを置かず、遺族側は極真空手関係者および各メディア宛に書簡を送付する。ちなみに、送付者は「極真会館宗家」大山智弥子を筆頭に恵喜、喜久子、津浦伸彦の連名であり、「平成十二年一月吉日」付となっている。以下は抜粋だ。

《いろいろとご心配をかけていましたが、この度、国際空手道連盟極真会館総本部を「大山倍達・極真記念会館」として設立する運びとなりました。

尽《ママ》きましては、この記念会館の設立に伴い、皆様方のご指導、ご協力をお願いしたく存じます。

私共、遺族は長年、故・大山倍達と苦楽を共にして参りましたが、恥ずかしながら大山倍達の空手関係の物品等が、散逸の状態にあります。そこで、大山倍達の存命中に縁の深かった皆様方のご協力を得て、物品の寄贈、借用を、お願い申し上げます。

記念会館とすることで、世界中どなたでも、訪れやすい場をご提供できるようにすることが、私共遺族に残された使命でもあると考えております》

これによって、遺族側の新たな動きが公的に明白となった。

三月一五日、旧総本部にて大山倍達記念館発足パーティーが催された。これまで道場や控室として使用していた一階奥の一室には赤い絨毯が敷かれ、大山倍達が生前愛用していた品々が飾られた。だが当然のように、ここには松井派に与する支部長などの顔はなく、三瓶派からも鈴木国博など数人の選手や支部長を除いてほとんどの関係者は欠席した。それでも、増田章ら旧支部長協議会派（当時は大山派）を離脱した独立組織の関係者、また安田英治を筆頭に、いわゆる「極真ＯＢ」たちが顔を揃えた。元正道会館の佐竹雅昭らの姿もパーティーに彩りを添えた。出席者たちは各々が大山の遺品を見ながら思い出話に花を咲かせ、智弥子も「こんな立派な記念館になったのも、娘たちのおかげです」と、終始笑顔でメディア関係者に語った。

このパーティーの盛況さを見る限り、遺族たちの活動は順風満帆のように思われた。だが、現実は厳しかった。前述したように三瓶派からの塚本、坂本の引き抜きが頓挫した遺族にとって、極真会館宗家として総本部を維持していくのは不可能に近かった。遺族たちは、空手家として道場を任せるに足る師範代を求めて東奔西走を余儀なくされた。

塚本の次に遺族が目をつけたのが増田章だった。奇しくも時期を合わせるように同年一月、増田は旧支部長協議会派を離れ、独自の道を歩む姿勢を見せていた。この頃から増田が遺族のもとを訪れる回数が増えていた。智弥子の誕生会など、遺族のプライベートな会合にも増田の姿が見受けられるようになる。また、増田の口からも「遺族を尊重する」といった言葉が何度もメディアに向かって発せられていた。

遺族を代表して増田との交渉役を担ったのが喜久子だった。彼女は増田を宗家に迎えるに当たり「二代目・大山倍達」の襲名という奇策まで持ち出した。宗家の師範代の座を越え、大山倍達襲名によって増田を「館長」に就任させるという発案はあまりに奇想天外であり、にわかには信じがたい。だが、少なくとも現実の一歩手前まで話が進んだことは事実である。遺族や増田と親交のあったフリーアナウンサー・大石真也は「松井さんが館長に居座るならば、増田君が館長でなければおかしいし、それよりも二代目・大山倍達を襲名するのが宗家の存在感を示す最高の手段だと思った」と語っている。また黒澤浩樹も「増田君の取り巻き連中が二代目・大山倍達の襲名という突飛なアイデアを遺族に持ちかけたと聞いている」と証言する。

ちなみに、この件について関係者たちは一切語ろうとしない。当事者となった増田は初めのうちこそ言葉を選びながら松井章圭二代目館長の解任理由や、のちに独立することになる旧支部長協議会派の問題点などについて持論を述べていたが、「二代目・大山倍達」襲名の話題になった途端、口を閉ざした。その後、幾度もの取材依頼に対して無視を決め込んだままである。

結局、この計画も暗礁に乗り上げた。宗家運営に関する金銭管理の部分で、遺族と増田の間で最終的な折り合いがつかなかったことが最大の原因だった。とはいえ、話は決裂したものの、その後も増田と遺族の関係は切れることなく続いていく。増田自身は立場上、宗家から身を退いたが、以後、増田の弟子である鈴木義和が指導員として宗家に移籍し、宗家の稽古指導を受け持つことになった。

このような曲折を経て、最終的に大山の古くからの弟子で総本部の委員を務めていた三宅進が師範代に就任する。かろうじて遺族は宗家の体面を保つことに成功した。三宅は言う。

「結局、僕たちにとっての師は大山総裁なのです。派閥争いは醜いだけ、皆が改めて自分たちの原点は大山総裁にあるということを再認識しなければいけないと思います。そして、大山総裁の直系は遺族なんです。大山総裁が亡くなってから、しばらくの間ブランクはありましたが、智弥子夫人を囲んで月に一回、ホテルメトロポリタンなどで励ます会のようなものを開いてきました。そんな関係から、直接私に師範代を任せる云々の話が出たわけではなく、自然の流れでそうなったのです。その後、週に二回ほど総本部で指導していますが、実際は鈴木（義和）君と喜久子さんが二人三脚で必死にやっています。僕にとって極真空手イコール大山倍達です。だから宗家が大事なのです。それだけの理由で、もちろん利害関係などではなく、純粋に総本部を守っていく使命感だけで僕は宗家に関わり、この任に就いているつもりです。今、宗家総本部は極真という名前のなかでは吹けば飛ぶような存在ですが、『極真の父は大山倍達だ』と胸を張って言えるのは宗家だけでしょう。他の団体の人たちには言えないはずです」

だが、宗家師範代として塚本を招聘するというセンセーショナルな方針をメディアに打ち上げた遺族の勢いは完全に失速し、増田を迎え入れる試みも潰えることで、宗家設立の思惑が完全に狂ったことは誰の目にも明らかだった。これ以降、「極真会館総本部」に以前のような活気が戻ることはなかった。建物自体も見るからに老朽化が進んでいった。

ちなみに、大山記念館は、最初こそ極真空手および大山倍達ファンで賑わったものの、次第に人足も減り、自然消滅のように閉鎖された。三女の喜久子は閉鎖の理由を「父の遺品が盗まれたため」と公言するが、警察に盗難届が出された形跡はない。いかなる経緯か明確ではないが、記念館に飾られていた遺品の多くが、インターネットオークションに流れ、高額の値段で売買されているのが現状である。

また、宗家発足の記者会見で一人壇上に登った津浦は、三月一五日のパーティーからほどなくして宗家との関係を絶ち、再び大阪に戻り「極真大山道場」としての活動を続けていく。現宗家師範代の三宅は、智弥子や娘たちと共に津浦が宗家を守り立てていこうとしていたことは事実だと語る。ただ、両者が期待していたほどに宗家の運営がうまくいかなかったことが、津浦が宗家から離れた理由だと推測する。

「津浦君にはもう少し我慢して宗家を守ってほしかった……、とても残念です。最初の頃は、ちょくちょく大阪から東京にきていました。津浦君自身、自分が宗家を引っ張っていくんだという意欲があったのだと思います。ただ、次第に遺族のなかで発言権が大きくなっていた喜久子ちゃんと何かにつけて衝突するようになった。私は津浦君を責めるつもりはありません。増田君の件もそのように聞いていますが、金銭的な部分になると必ず意見がぶつかる。喜久子ちゃんも頑固ですが、それを津浦君はうまくコントロールできなかったのでしょう。津浦君に人望がなかった部分も大きいと思います。だから、せっかく一緒にまとまって宗家を実のあるものにしようとしたのに、最後は絶縁になってしまった。唯一、私が津浦君に言いたいのは智弥子さんの葬式くらいは顔を出してほしかったということです。そんな器量だから、大阪の極真大山道場も立ちいかなくなってしまったと聞いていますす。遺族がひとつにまとまれなかったことが、最大の不幸だったと私は思います」

現在、津浦の極真大山道場は実質的な閉鎖に追い込まれている。また、宗家は鈴木と三宅によって細々とではあるが活動を続けている。

三瓶派の混乱と分裂の危機

遺族との確執が浮き彫りとなった三瓶派にとって、二〇〇〇年代はさらなる波瀾の幕開けとなった。これまでの五年間、澱のように沈殿してきた組織内部における不満、疑惑、規律の乱れ……、あらゆる問題が津波のように一気に押し寄せてきたと言ってもいい。

商標権を巡り、松井派と民事裁判を繰り広げていたが、三瓶派としての組織的活動のほとんどはこの一点に集約されていると言っても過言ではなかった。三瓶派が大山倍達直系・本流団体であることを主張するためにも、現時点で松井章圭が所有している極真会館に関する多くの商標権を無効にしなければならなかった。それゆえに、彼らにとっては意外なところから沸き出した遺族との関係悪化は、商標権問題をより切実なものにすることとなった。

しかし、何よりも三瓶派を窮地に追い込んだのは、内部で蠕動しつつある再分裂騒動だった。前章ですでに触れたが、最初に動いたのが西田幸夫である。前年の一二月に開催された第七回世界選手権大会直後の世界支部長会議の席上で、西田はＩＫＯ会長辞任と共に組織離脱の意志を表明した。西田は極真会館分裂騒動における当事者の一人でもあるが、初期の支部長協議会派代表（議長）として組織の取りまとめに尽力した、言わば「革命の顔」的存在だった。西田は自らの心情をこう語った。

「残念なことに、五年前に松井君を解任した批判理由と同じことが我々の組織にも起こってしまいました。若い支部長たちの多くが我々に賛同してくれて、最初は非常によい雰囲気でスタートしました。でも結局、年会費の使用目的が不明瞭だったり、使途不明金があったり、自分たちも同じ轍を踏んでしまった。私なりに何度も提言をしてきましたが改善の兆しが見られなかったため、もはや自分が身を置くべき組織ではないと判断し、脱会届を提出しました。我々は合議制を掲げ、民主的な組織運営を目指すと宣言しましたが、なかなか思い通りにはいきませんでした。私自身、成り行きのなかで思いがけず組織の代表という立場になってしまい、私なりの責任感で組織改革をしてきたつもりです。しかし、やってみてわかったのは、合議制にも弊害があるということです。何かを多数決で決定する際、重責を負った代表の一票も、あまり組織のことを考えていない理事や支部長の一票も同じ価値しか持たないというのは、どこかおかしいと感じ始めました。私が賛成に一票入れても、誰かが反対に一票入れれば私の票は無になってしまう。我々の組織には派閥が存在し、三瓶さんを盲信するグループが力を持ってしまいました。そうなると、多数決において偏った結果が出てしまうのは当たり前のことです。合議制もいいのですが、最終的にはもっとも責任を担っている人間の意見を貫き通せるトップダウンも必要なのです。もちろん、それは独裁とか私物化というのではなく、皆の意見を最大限に考慮したうえでの話ですが……。そのときどきの考えで皆よかれと思ってやってきたことは否定しませんが、結果的におかしな形を作り出してしまいました」

こうして西田は組織を離れた。ついでながら、前年の世界選手権代表であり西田の直弟子にあたる谷川光も師を追うように組織脱会を公言した（後に三瓶派の発展形である新極真会に移籍）。西田の三瓶派離脱に関しては、西田自身がメディアに多くを語らなかったこともあり、さまざまな憶測を呼ぶことになる。だが、前記した西田の言葉と、以下に紹介する同年二月二三日号の『格闘技通信』におけるインタビューが、すべてを表していると多くの関係者は口を揃える。

《民主的であるはずの組織が民主的ではないな、という判断を私なりに下して今回の行動となったわけです。方向性の違いもその一つです》

また、当時から松井派に所属しながらも三瓶や西田と親しい関係にあった渡辺有機（現清武会所属）は、次のようにこの事件を振り返る。

「確かに、支部長協議会派の分裂はクーデターと言えるものだったと思います。そして、西田師範がその首謀者のように見られたのも事実でしょう。ただ、本当の首謀者は三瓶師範だったことは今や周知の事実だと思います。西田師範は分裂後まで三瓶師範の根回しや策略にまったく気がつかなかった。うまく三瓶師範に乗せられて、反松井のうねりのなかで議長として後戻りができなくなってしまったというのが真相だと自分は理解しています。三瓶師範にも世話になった自分がいうのは筋違いかもしれませんが……。西田師範が支部長協議会派を離れたのは、三瓶師範らが松井解任の際に槍玉に挙げた理由、組織の私物化と独断専行、経理の不透明の三つがそのまま支部長協議会派に存在したことが最大の原因だと思います。また、遺族との関係も大きかったと思います。松井さんを降ろすために必要だったとしても、西田師範は支部長協議会派と遺族派の合流を経てこそ智弥子夫人を館長に担ぐ大義名分が生まれるという姿勢でした。そのため、西田師範は東奔西走して遺族派との合意にまで辿り着いた。しかし、三瓶師範は西田師範が知らないところで個人的に遺族とくっつき、智弥子夫人を自分たちの組織に奪い取り遺族派の支部長たちを簡単に切り捨ててしまった。それこそが独断専行じゃないかと。もともと西田師範は極真の組織問題に遺族を引き込むべきではないと考えていました。あくまで遺族派との合流が主体だと。しかし、三瓶師範は遺族まで巻き込んで利用することしか考えていなかった。総裁のお墓の問題もそのひとつです。西田師範は代表としての立場で表向きは耐えていたけれど、とうとう堪忍袋の緒が切れたのだと、不肖ながら自分はそう思います」

渡辺が語るように、支部長協議会派独立後、次第に三瓶の発言力が増し、三瓶に与する支部長たちの派閥活動が活発になる頃から、西田は組織的活動から身を退くようになっていた。公的な会見などでは立場上、組織の中心的存在である姿を見せながらも、遠からず西田と三瓶の間に決定的な亀裂が生じることを懸念する支部長は少なくなかった。同時に、三瓶派の台頭を危ぶむ少なからぬ支部長たちは西田に同情的だった。だからこそ、西田の組織離脱の影響は大きかったといえる。

ちなみに、三瓶派を離れた西田は、その後極真会館分裂騒動から完全に身を退き、独自の道を歩むことになる。自らの組織を「極真空手・西田道場」と名乗り、後に「国際武道連盟　極真空手清武会」と名称を改め、地道な活動を現在まで続けている。

西田が脱会した余波は決して小さくなかった。二〇〇〇年一月に増田章と中川幸光（岡山県支部長）が、二月には小嶋殉也（千葉県支部長）が、さらに三月には三和純（城西支部長）、桑島保浩（香川県支部長）、園田直幸（宮崎県支部長）が脱会を表明する。同時に、それまで三瓶派所属の道場に籍を置いていた多くの指導員や選手、会員（道場生）たちが雪崩を打ったように次々と組織を離れていった。

メディアに対して増田は「空手観の違い、方向性のズレがすべて」と当たりさわりのない言葉で脱会理由を表現しながらも、「西田師範がやめたことで、危機を感じました。組織のバランスを取るうえで、西田師範の存在は非常に重要だった」と心情を吐露した。また三和も同じような理由を挙げた。

「社会人として、大人の見識を持った組織であってほしかったのですが……。次第に組織の体質に疑問を持つようになりました。自分たちは自分たちなりに、公明正大な組織作りを目指してきましたが、先輩後輩という縦社会のなかで、民主主義というものの難しさを思い知らされました。大会開催と組織全般の運営は本来違うものであり、真の大会の成功はしっかりした組織の基盤整備があって成り立つものです。表面的には盛り上がったように見えても、運営面での内実は砂上の楼閣でした。また、世界大会後の統一戦構想は首脳陣の暴走。あの感覚は自分と相容れない面があり、そういった諸々のことが組織を離れた理由です」

これらの事態に三瓶派の首脳陣が慌てたのは言うまでもない。彼らはまず、西田の独立は西田本人に問題があったからだという弁明を組織内の各道場に通達した。長谷川一幸は振り返る。

「世界大会に必要なお金を西田君が横領したとか、逆に西田君が三瓶君たちに自分の負担した二〇〇万円の返済を強引に迫ったとか、わけのわからない中傷が理事たちから聞こえてきたりしたものです。お金がどうというならば、三瓶君や大濱君たちの疑惑のほうがむしろ騒がれていたのですが……」

こうして三月九日、三瓶派は緊急理事会（理事以外にも多数の支部長が全国から集まり、実質的には支部長会議の様相となった）を開き、今後の対策を練ることになった。ここで三瓶が代表理事を降り、新理事が選出された。さらに新理事たちの選挙によって緑健児の代表理事就任が決まる。ちなみに、新理事に名を連ねたのは小林功、七戸康博、木元正資、入来武久、坂本恵義、三好一男、田畑繁だった（新理事、新代表理事の決定の過程についての詳細は後述する）。新体制、「緑派」の誕生である。

脱会した支部長たちの言葉からもわかるように、彼らが組織を離れた理由は三瓶啓二の暴走によるところが大きい。また、組織としての経理の不明朗さも、三瓶に絡んで問題視された。この二点が「三瓶派」と呼ばれた組織を崩壊寸前にまで追い込んだと言える。それゆえ、三瓶は代表理事としての表舞台から降りることを余儀なくされた。

だが、これはあくまでも形式的なものであり、三瓶の影響力が完全に封印されたわけではなかった。新たに選ばれた理事の名前を見れば一目瞭然である。三瓶の影響を強く受け、分裂騒動の立役者となった緑をはじめ、小林や三好など、大半は三瓶シンパの支部長で占められた。緑が代表に就任したのも、三瓶の意向が働いた結果だと断言する支部長は、長谷川をはじめ少なくない。しかし、その一方、緑が代表理事として組織の前面に立つことで、「三瓶師範の権力は地に堕ちた」「三瓶師範の影響力はなくなった」と語る新緑派支部長や関係者の声が意外に多いことも無視できない。

　そこで、現支部長や後に脱会していく支部長・関係者たちの多くの証言者の声を参考に、この三月九日の緊急理事会の詳細な模様を記してみる。

　その前に、重複する部分があるとは思うが、少し時間を戻して、西田が脱退する一年半前に行なわれた、一九九八年五月二六日の全国支部長会議における新人事について触れておく。当時の西田は、三瓶に対する不信感から、名目上は代表理事でありながら、組織運営から完全に距離を置いていた。そんな西田の姿勢を待っていたかのように、三瓶が押っ取り刀で前面に出てきた。三瓶の多数派工作により、この会議において西田は「ＩＫＯ会長」という、当時では閑職とも言える役職に棚上げされた。そして選挙の結果、三瓶が代表理事に選出されたのである。また、理事たちについても緑（副代表理事）、大濱（専務理事）をはじめ、柳渡、七戸、田畑など、生え抜きの三瓶派が過半数を占めた。もっとも、前年の一九九七年六月の支部長会議で副会長の座に就いた三瓶の下には、大濱、七戸、三好、緑といった三瓶の参謀格の支部長たちがすでに顔を揃えていた。

　三瓶体制発足後、西田の組織脱会に際し、再び三瓶を代表とした役員人事が行なわれた。理事の顔触れはほとんど同じだったが、緑に代わって七戸が副代表に抜擢された。彼が総本部の道場生（選手）だった時代から、三好や柳渡は三瓶グループの筆頭格であり、大濱も同格的存在だった。対して七戸や田畑は「弟分」的な立場にいた。ちなみに、緑が三瓶と一心同体と言っても過言でない関係になるのは大山倍達の死後である。三瓶はメディアに向けて改めて宣言した。

「今後、我が極真会館は世界大会ごとに世界支部長会議と全国支部長会議を行ない、あくまでも民主主義の原則に則り、合議制によって役員を選出していく。極真会館は一支部長の声でさえ無視せず、独裁、専横はせず、また経理会計に関してもガラス張りで運営していく」

ところが、三瓶派の内実は、彼の宣言とは裏腹なものだった。支部長会議はもちろん、理事会でさえ支部長たちが意見を言えるような雰囲気ではなかった。代表の三瓶と、そのグループ以外は発言の機会さえも与えられず、会議というのは有名無実そのものと言ってもよい状況にあった。あらゆる議題も先に結論が出ており、支部長たちはただ執行部の決定に同意するしかなかった。そのような傾向は、支部長協議会派発足後の西田体制の頃からあった。西田の意志や姿勢からではなく、三瓶派による圧力が当時から存在していたのである。そして三瓶体制になって以降、強権的運営は日ごとに強くなっていった。全国の支部長たちが不満を覚えるのは当然と言えた。支部長たちの不満は、主に次の二点に集約される。

ひとつ目は、三瓶と遺族のスキャンダルだ。大山倍達の未亡人である智弥子を組織の館長に担ぐ目的で、当時の遺族派に接近していた一九九六年前後から、一部の関係者の間で囁かれていた噂である。そしてふたつ目は、経理の不透明さだ。大会の収支は、支部長たちに一切報告されない。機関誌（『極真魂』一九九五年九月創刊）についても、支部長たちは経費の見積りも決算も知らされないうえに、毎号一〇〇冊を強制的に購入させられる。とき折り、なんの説明もなく各支部に決して少なくはない額の寄付金が求められる。

また、支部長の認可に関しても、会議を通さず三瓶はじめ有力支部長の一存で行なわれる。支部長の認可料の行方もわからない。結果的に、大山倍達時代には見たこともない人間が、支部長のブレザーを着て支部長会議に出席するという状況も珍しくなかった。会議の場で、隣の席に座っている新支部長に対して、古参の支部長が「お前、誰だ？」と問いただすという場面が幾度も見られた。現新極真会支部長を含め、その後離れていく支部長・関係者たちは異口同音に、「あれは会議ではない」と断言している。「全国支部長会議」という名ではあるが、会議に出席する支部長の数は急激に減っていった。

そんな諦念と失望から成り行きに身を任せていた支部長たちだったが、西田の離脱に端を発した複数の支部長たちの離反や、世界大会後に三瓶が主導した「統一戦宣言」などの暴走に対して危機感を抱き、久しぶりに大勢の支部長たちが会議に集まった。

こうして、三月九日の全国支部長会議（緊急理事会・総会）は、これまでにないほどの異様な殺気に満ちあふれるなかで始まった。常に羊たちの群れのごとき表情で参加していた支部長たちも、この日ばかりは険しい表情を崩さなかった。会場の際どい空気に一瞬たじろいだ三瓶だったが、固い絆で結ばれてきた三瓶派支部長が相変わらず多く出席していることに安心したのか、いつもの鷹揚な態度で理事長席に座った。だが数時間後、三瓶の安堵感が焦燥感に変わることを、このときの三瓶には知るよしもなかった。

恒例通り、三瓶はいくつかの議案を自らの主導で進めていった。会議も一息つき、後は理事会だけだと三瓶が気を緩めたとき、突然数名の支部長が立ち上がった。彼らの顔は緊張で強張っていた。

「組織の会計が不明朗で、我々一支部長には各道場から上がる金銭が一体何に使われているのかまったくわからない状態です。機関誌が作られるのにいくらかかって、どれくらいの黒字、もしくは赤字が出ているのかもわかりません。何部刷っているかなどの詳細も知らされずに毎回相当な冊数が送られてきて、ただ金を払えというのでは納得できません。世界大会の収支報告もないというのはおかしいのではないでしょうか」

この言葉をきっかけに会場は大きくざわめき始めた。当時、組織の会計を担当していたのは大濱であり、機関誌も彼が担当していた。いつしか支部長たちの不満は大濱に集中していった。

大濱が毎週のように地元の広島から上京し、そのまま北海道に飛んで数日を過ごしている点を突いて、「支部を開拓する目的で北海道にいっていると聞いたが、実際はゴルフ三昧で、それらの経費も組織から出ているると噂になっている。これは横領になるのではないか」という意見も複数の支部長から出た。

「塚本（徳臣）の写真集も私たちが知らないところで出版が決まっていたり、出版したらしたで何冊も支部に買い取らせたり……。これも大濱師範から、一切の報告がないのはおかしいのではないか」

真偽はともかく、三瓶派となってからの金銭管理の杜撰さに対する不満が、さまざまな形で噴出した。

「これでは松井を降ろしたときの理由だった『会計の不明朗』そのものじゃないか！　大濱師範の説明を訊きたい」

「こんなに使途不明金があるのはなぜですか。大濱師範には明確に答えてもらいたい」

しかし、大濱はふてぶてしい態度を崩すことなく平然と答えた。

「必要なものに金を使っているだけだ。不正など噴飯ものだ」

大濱の発言が、さらに支部長たちの不満を増幅させた。

「北海道でのゴルフや遊興費はどう説明するのですか。何人も証人がいるんですよ。北海道の支部を増やすと言いますが、そんなに頻繁に北海道にいく理由はなんなのですか」

さすがの三瓶も聞き流すわけにはいかない状況だった。ある支部長が、「大濱師範の不正経理を三瓶師範は知っていたのではないですか」と矛先を三瓶に向けようとした瞬間、三瓶派の有力支部長が、「証拠もないことを勝手に言うな!」ときつい口調で釘を刺した。一瞬の沈黙が会場を包んだ。三瓶の表情には明らかに焦りの色が浮かんでいた。

「まあ、ゴルフの金ぐらいは自分で出すべきだとは思うが、大濱も極真のために一生懸命動いている点は理解してやらないと……」

そう大濱を弁護するのが精一杯だった。再び支部長たちの声が上がる。罵声に近い声まで飛び始めた。このような荒れた会議は支部長協議会派として活動を開始して以来、初めてのことだった。三瓶の言葉に納得できない支部長たちは、それぞれの収支報告を大濱に要求した。すると予想もしない言葉が大濱の口から発せられた。

「とにかく、今の組織は経済的に非常に苦しいところがある。そんなに支部の支出が大変だというのならば、会員制度を導入して全国の道場生から三〇〇〇円とか五〇〇〇円とか徴収するようにすればいい。それが一番効率的だ。三瓶師範、会員制度をやりましょう」

ほとんどの支部長にとって、大濱の発言は信じがたいものだった。過去、松井章圭が会員制度の導入を会議にはかった際、圧倒的多数の反対派を代表して松井に詰め寄ったのが大濱だった。支部長協議会派として松井の館長解任という手段に出た直接的な理由も、この会員制度にあったのは前述した通りだ。新参の支部長はともかく、大山倍達時代からその職に就いていた支部長たちは、ただ唖然とするばかりだった。三瓶は「この件に関しては責任を持って善処する。大濱にも反省するところは反省してもらい、可能な限り極真会館としての定期的な収支報告をしてもらう。とにかく金銭的な問題については今後、より明確にしていくから……」とまるで子供をなだめるように答え、なんとか会議の混乱は収まったかに見えた。

ちなみに、会計の不明朗の元凶と目された大濱は、会議後の理事会において役職を解かれる。ただ、大濱が口にした会員制度については、その場で棄却・否定されることなく、その後、なし崩しに導入が決定されることになる。

突然の支部長たちからの不満の声に動揺した三瓶だが、やっとこれで一件落着したと安堵の笑みを浮かべていた。だが、会議の混乱はこれからが本番だった――。

「他に何か議案はあるか？」と三瓶が口を開こうとしたとき、三瓶派のメンバーと思われていた木元正資が挙手をした。

「公の場では言いにくいことですが、三瓶師範のスキャンダルについて全国的に噂になっている現状なので、あえて質問させていただきたいと思います。例の一件は本当なのですか、それともただの中傷なのですか。この場ではっきりと答えていただけませんか」

三瓶は沈黙し、至るところで囁き声が聞こえる。だが、木元の発言に追従する者はいない。しばらくして桑島保浩が立ち上がった。桑島は当時としては比較的若手の支部長だったが、全日本選手権優勝者でもあり、また正義感の強い直言居士としても一目置かれる存在だった。ただ、桑島もまた三瓶グループに近い支部長と目されていた。

「自分はただ真実を知りたいだけなんです。事実なら事実として、一言でもいいから謝罪の言葉がほしいだけなんです。今となってはもう過去の話ですけど、極真会館の代表理事として責任ある態度を取ってほしいのです。いかがですか、師範」

木元が続けた。

「この数年で西田師範はじめ何人もの支部長がやめていきました。それも三瓶師範の問題とは無関係ではない。三瓶師範がここで毅然とした態度を示してくれないと、またやめていく者が出てきてしまいます。どうなんですか、師範」

三瓶は、まるで居直ったかのような表情で腕を組んだまま苦笑いを続ける。さらに何人かの支部長も木元や桑島と同様の質問を浴びせた。会議は完全な混乱状態に陥った。それでも三瓶は口を閉ざしたまま動かない。そんな三瓶に業を煮やしたかのように柳渡が怒声を発した。ちなみに、柳渡は三瓶派の中核的存在だ。

「このままでは何も解決しませんよ。先輩、はっきりしてください」

「ようは俺に代表を降りろというのか」

三瓶は柳渡と木元に目を向けながらやっと言葉を発した。呆れたように木元は「自分にやましいことがあるならば、やめるべきなのではないですか」と言い放った。

「それじゃ、やめさせればいいだろ」

三瓶は平然と答える。

「それは筋が違います。やめさせるのではなく辞任してください。自ら責任を取って辞任してください」

柳渡は三瓶に迫った。坂本も「世界大会もいい形で終わったんですから、ご勇退ということで結構ですから、辞任してください」と続けた。しかし三瓶は「解任」にこだわる。

「俺は噂を認めていない。認めてない者が責任を取る必要はないだろ。だから辞任はしない。皆から解任された形ならば、俺は認めていないのだから自分の面目を保てる。だから解任すればいいんだ」

桑島は苛立ちを隠さず、「やめる、やめさせるじゃなくて、あの噂についてデマならばデマだとはっきり答えてください。辞任するとか解任するとかよりも、真実を話してほしいだけなんです」と三瓶に迫った。桑島の発言に多くの支部長たちが同意を示した。それでも、三瓶は「いいから解任してくれればそれでいい」と動じない。

ここで、それまで沈黙を保ってきた三好一男が立ち上がった。三好は三瓶にとって右腕と言ってもいいグループの重鎮だった。三瓶のほうが三好より先輩だが、二人は上下を超えた盟友とも言える絆で結ばれていた。大山倍達の生前から支部長会議では臆することなく活発な意見を言う、その男気のある気性から選手時代は「大和魂の男」と異名を取った人間である。支部長協議会派として活動してからも彼の存在力は際立っており、三瓶に対して対等にものを言える数少ない支部長の一人であった。もともとドスの利いた大声で知られる三好は、「先輩、俺はあんたを見損なった」と怒鳴るように議長席に詰め寄った。

「俺は今まであんたを信じてついてきたんだ。遺族との噂も、誰かが口にすれば『そんなデマを信じるな、あるはずがないことだろう』と口止めまでしてきたんだ。それなのに事実を言わず、挙げ句に『やめさせればいいだろう』なんて……。まるで事実だと認めているようなものじゃないですか。これ以上議論しても仕方がない。とにかく先輩がやめるも何も、理事会で決めればいいでしょう。辞任も解任も関係ないですよ」

三好が話している間も動じた振りを見せない三瓶に、桑島は耐えられず席を立った。

「もういいです。自分はやめさせていただきます」

会場を出ていく桑島に従うように、園田ら数名の支部長が席を立つ。緑は慌てて彼らを追った。

「もう一度、皆で話そうよ。頼むから戻ってくれ」

だが、桑島たちが再び会場に戻ることはなかった。三好の発言によって会議の議事進行は完全に中断した。桑島に続けとばかりに、さらに数名の支部長たちが会場を出ていった。騒然とするなか、会議の後に予定されていた理事会はしばらく時間を置き、改めて仕切り直したほうがいいという緑や田畑の意見によって数時間の休憩が取られることになった。

一方、三瓶にとって、頼れるはずの側近たちの「反乱」はあまりにも意外なことだった。この時点で、形式はともあれ代表理事の座を降りるしかないことを覚悟していた。ただ、まだ三瓶は自らの権力を維持することを諦めてはいなかった。この長い休憩時間を利用して、三瓶は身近な支部長たちに最後の説得を試みた。最悪の場合でもなんらかの形で自らの影響力を残しておきたいと考えていたのだ。

この会議について何人かの関係者の証言を挙げておく。ただ、現在も新極真会に身を置く支部長に関しては、彼らの要望により匿名で紹介する。

「私は三瓶師範を尊敬してきたし、三瓶一派と言われればその一員だったと言えます。しかし、協議会派にはじまった三瓶派は三瓶師範の独裁になってしまった。三瓶師範に従わない人間は簡単に切られていく。ようは感情だけが支配する組織になってしまったのです。あの日の会議は私も理事として出席していました。世界大会後で、使途不明金が問題になり、それからいろいろな面での経理の杜撰さが明らかになってきて、大濱師範の責任問題にエスカレートしていきました。機関誌を毎月一〇〇部も買い取りさせられ、それなのにどれだけ売れているのかも何部発行しているのかも教えてもらえない。それはひどいのではないかと。そこで突然、松井さんのときに大騒ぎになったはずの会員制度の話が出てきた。生徒から年会費を取ろうという大濱師範の提案には驚きましたが、それを三瓶師範は認めるような発言をしてしまった。代表という立場上、三瓶師範は知っていたと思うのですが、資金繰りが大変だからというだけでした。最後は三瓶師範のスキャンダルで大揉め状態になって……。結局、三瓶師範は何も答えず曖昧なままで終わりました。三好師範の言葉が印象的でした」（田畑繁。現極真連合会理事）

「振り返れば私もまだ若かった。支部長であっても若手でしたし、組織のことはほとんどわからない状態でした。周りの状況が見えないまま、流れ流れて気がついたら支部長協議会派にいたという感じでした。最初から違和感はありました。何よりも本部の先輩後輩という縦のつながりが濃い組織でした。三瓶師範には世話になりましたが、自分は三瓶派にいたとは思っていません。だから会議のときも三瓶師範には、ただ事実かどうかを自分の口で語ってほしかったのです。三好先輩が訊いても無視する三瓶師範の態度とか、西田師範のことを考えたら、ここは自分の居場所ではないなと思いました」（桑島保浩。現桑島道場代表師範）

「世界大会は意地でも松井さんの大会に負けまいと観客数も満員にする計画で全国の支部から少年部と父兄たちをあご足つきで集めたり、ずいぶんと無理をしました。当然、収支は大赤字だったはず。でも、一切収支報告がない。そのへんから会計担当の大濱さんが疑われ始めたと記憶しています。確かに、他の支部長からの指摘があったように、毎週と言ってもいいくらいに大濱さんは北海道にいっていました。ただ、私は新しい支部を作るために一生懸命頑張っていたと思います。でも、経費の公私混同があったのも事実だと思います。それを一番知っていたのが三瓶さんじゃないですか。とはいっても、噂になるような何千万円単位ではないでしょう。後で会計を担当した坂本さんが調べてみたら、使途不明金というか収支に合わないお金が数百万円、領収書も見つからないと改めて問題になったのです。とにかく、あの頃の支部長協議会派の支部長会議はまるでお通夜のようでした。三瓶さんが完全に独裁体制をとっていました。会議は単なるセレモニーに過ぎなかったのです。そんななかで、支部長たちも世界大会をきっかけにまずお金についての不満を爆発させ、以前からあった三瓶さんの遺族との噂が火に油を注いだという形でしょう。当然、私も三瓶さんには毅然とした態度でケジメをつけてほしいとは思いました。三瓶さんへの不満が会議であらわになり、いつもは親分肌を見せつけている三瓶さんがあまりに貧相に見えて落胆して、それで私もしばらくしてからですが、支部長協議会派が新極真会になる前に離れました」（匿名。元支部長）

「世界大会の前は支部長たちからかなりの寄付を徴収し、スポンサー探しに翻弄されました。私はアメリカにいたので日本国内の事情は伝聞によるところが多いのですが、私に寄せられる国内支部長の声は例外なく金銭問題と三瓶君への不満でした。一方で、私は北米を中心に各国の支部長と懇意にしていましたが、三瓶君が各国でかなりの額の金をバラ撒いているという事実は前から知っていました。大山総裁が存命中から、後々自分が組織の長となるための足場を作り、やぐらまで組んでいたのは有名な話ですから。彼なりの計算で海外の支部長を取り込もうとしていたと私は確信しています。それなのに、日本国内では金がない金がないと騒いでいる。三瓶君の身代わりになっていたのが大濱君だと思いますよ。そして会議で問題になったら、すべての責任を大濱君になすりつけて一件落着にしようと考えていたはずです。大濱君にも問題はあります。彼の周辺を探れば次から次へと醜聞が沸いてくるはずです。それに三瓶君は自分のスキャンダルについて、すでにアメリカで自ら公言しているのですから、あの会議で質問攻めにあっても逃げ切れるわけがないのです。『俺は総裁の孫の父親だ』と、たとえ訳したのが喜久子さんでも、俺は知らないでは通りません。さすがに三瓶君の子飼いの支部長も我関せずではいられなかったでしょう」（金村清次。元北米責任者、元ニューヨーク支部長）

金村は一九八五年に当時の最高段位である七段を大山倍達から允許された古参中の古参支部長である。大山茂、泰彦兄弟と並び極真会館の重鎮でもあった。一連の分裂騒動においては、早くから支部長協議会派に与していた。

「私の場合、海外の支部を任されているわけですが、他の海外の支部長も同様のことを言っています。各支部に送られてくる指令は常にどこからきているのかわからないと。少なくとも三瓶師範が代表だった頃、特にそれは頻繁で、日本の事務局に問い合わせても事務局でさえ把握していない通達がたくさんありました。その主な通達は道場への臨時徴収です。組織としての決定権もはっきりとわかりません。支部長会議では、一般の支部長が意見や疑問を提示できるような雰囲気はなく、理事会で決定した内容をただ受け入れるだけの場になっていました。その理事会でさえ密室ですから、いったい何がどのように決められているのかも支部長にはわからないし、支部長の認可権も曖昧。結局、民主制や合議制を外部には掲げているものの、実際はまったく逆な状況です。会議で大濱師範が突然、会員制度の導入を提案しましたが、実際は内々に理事会で決まっていたのではないかと多くの支部長は思っているし、実際にそうなのでしょう。そもそも、代表理事の選挙が記名制ですから、誰が誰に投票したかは一目瞭然なわけです。つまり、影響力の強い人間の都合のいいような結果しか出ないシステムなのです。これが間違っていると思います。しかし、そんなことを一支部長が会議で発言しようものならば組織には残れません。会計の収支報告も、あの会議で大問題になったにもかかわらず現在でも不透明なままです。坂本師範が会計を担当していた頃は、収支報告の透明化と財務会計の改革に熱心でした。しかし、また以前の杜撰な会計処理に戻ってしまいました。結局、会員制度を導入したけれど、今度はこれが非公開で徴収用途もわからない状況です。それなのになぜか、空手着の販売権は大濱師範が握っているのです。その理由も知らされていません。三瓶師範のスキャンダルは日本よりも海外のほうが有名じゃないですか。ニューヨークでのミーティングのときに、三瓶師範自身が、『自分はマス大山の義理の息子だ』みたいな発言をしていたのですから。西田師範や金村師範といった立派な師範たちを追い出したのも三瓶師範だし、とにかく自分の思うようにならない人間は、組織にいられないように、あれこれと画策していました。だから、あの会議で自分のスキャンダルを認めない三瓶師範に幻滅した支部長はかなりいるのではないでしょうか。三瓶師範をいつも守り立てていた三好師範などは最初のうち、不満を口にする桑島師範をたしなめていたのです。それでも三瓶師範の頑な居直りに業を煮やして、最後は自分から詰め寄っていったし、桑島師範は退席してしまった。桑島師範に一〇人近い支部長がついていったと記憶しています」（匿名。現新極真会支部長）

「私はこのときの理事会で、会計担当の理事に選ばれました。その前から遺族との関係修復に動いていたので、ある程度は組織内の経理にも明るいほうでした。ところが、新体制のなかで実際に会計検査をしてみると、私の想像をはるかに超えた杜撰さに驚きを隠せませんでした。総裁のお墓を建てるとき、金銭関係でもめたことがありましたが、改めて遺族の方に訊くと、遺族は支部長協議会派にはじまる組織からは一円も生活費をもらっていないと言う。それはおかしい。私は武道センター（現新極真会総本部）から智弥子さん名義の通帳にお金が振り込まれていた記録を見ていると伝えました。すると、智弥子さんはその通帳を見せてくれとおっしゃいました。ついでにカードもと。そこでいろいろと調べたけれど、どこにカードがあるのかもわからないし、通帳も紛失している。どこにあるのか、誰が持っているのかも皆目見当がつきませんでした。よくよく調べてみると、それは大濱師範が館長名義で作ったものだということが判明したのです。振込先も池袋の遺族ではなく武道センターになっている。結局、それ以上私が追及しようとすると、三瓶師範も大濱師範も初めは知らないと言っていたのに、今度は理由にもならない言い訳を始める。私には監査の責任があっても、疑惑を晴らす権限は持たされていません。結局、曖昧なままで真実は藪のなかでした。このようなことはひとつやふたつではありません。何もかも無茶苦茶でした。それが会計担当理事になってよくわかりました。会議の場で、大濱師範の口から出た会員制度は、この組織の存在を否定する行為です。それを、大濱師範だけの考えから出たものだと思った支部長は誰もいなかったのではないでしょうか。必ず黒幕はいるし、共謀者もいたに違いありません。大濱師範と言えば、各支部長の承諾もなく、塚本の写真集を自費出版の形で作ったことも会議では問題視されました。大濱師範の説明では一冊二八〇〇円の本を二〇〇〇部作ったが制作費が足りなかったため、全国の支部から寄付を募り、結果的に七〇〇万円かかったという……。明らかにおかしな話です。二八〇〇円の本が仮に二〇〇〇部すべて売れたとしても、売り上げはたったの五六万円じゃないですか。それじゃ七〇〇万円から五六万円を引いた六四四万円はどうするつもりだったのか。仮に完売しても大赤字なわけです。そんな話を誰が信じられますか。それでも三瓶師範は『大濱はよかれと思ってやったのだから』とかばう。それに対して支部長たちは何も言えないのです。三瓶師範の噂についても、よく桑島さんは発言したと思います。木元さんも勇気を振り絞って三瓶師範に提言したのです。それで私もやっと発言することができました。ただ、最後に三好師範が怒って三瓶師範に詰め寄りましたが、二人の関係が過去、あまりにも濃密だったので、あれは出来レースだったのではないかと疑う支部長もいました。三瓶師範に向かっていく前は、桑島さんたちを『推測で勝手なことを言うな』なんて語気強く説教していたのですから……。ただ、この点については私の推測であり、事実であるとは言い切れません」（坂本恵義。現極真会館坂本道場代表師範）

支部長会議が混乱によって自然解散状態に終わってから数時間後、理事会が開かれた。

緊急理事会ということで、出席者は現在の理事以外に、坂本、三好、小林、木元、藤原ら有力支部長が顔を揃えた。三瓶が代表理事を降りるのは確実視されていたが、支部長会議で三瓶が強くこだわった「辞任」ではなく「解任」という形式は曖昧なまま棚上げされた。ところが、理事会が始まってすぐ、三瓶がある提案を口にした。それは、自分が代表を降りる代わりに次の代表を選ぶ指名権を与えてほしいというものだった。坂本は〈そこまでして権力にしがみつきたいのか〉と内心うんざりしていた。〈当然、全員一致で拒否されるだろう〉と思ったが、意外にも三瓶の言葉にうなずく者が数名いた。それどころか、三瓶の発言を受けて、「三瓶師範には会長を続けてほしい」とさえ口にする支部長まで出てきた。会議後の懇談会（主に三瓶派を中心に一〇名程度が参加した）で、藤原と共に三瓶解任（または辞任）に積極的だった小林が言葉を翻した。

「三瓶先輩に続けてもらえばいいのではないか」

呟くような小声だったが、小林の発言に藤原が賛意を示した。一方、会議では終始、三瓶の続投を主張していた緑だったが、なぜか視線を下ろしたまま黙っていた。他の支部長は無言のなかに三瓶続投に対する反対の意志をにじませた。再び三瓶が言った。

「俺は代表を続けるつもりはない。だが、俺は自分に向けられた疑惑を認めていないし、会計の問題は大濱が辞任することでケジメをつけたいと大濱自身が申し出ている。それじゃなぜ、俺が代表を降りるのか、それはつまらぬ噂で会議を混乱させたから、だから解任しろと言った。特別大きなトラブルを起こしたわけじゃない。あくまでケジメだよ。ならば、せめて次期代表の指名権ぐらいもらってもいいんじゃないのか」

三瓶はいったい誰を指名したいのか？　支部長たちの問いかけに三瓶は七戸の名前を挙げた。七戸は一九九九年の理事会で副代表に就いていた。だから、それが順当ではないかというのが三瓶の主張だった。だが、当の七戸が即座に辞退を表明。次に三瓶は田畑の名前を挙げた。田畑は一九九八年に渉外担当の理事にあった。大会開催も含めて組織にとって重要な場で大きな功績を挙げたという理由を三瓶は口にした。田畑は沈黙した。

結局、三好が中心となり折衷案を提示する。規約に則るならば、新理事は前理事たちの承認を得て選出され、新理事による選挙で代表理事が選ばれる。この原則により、ここでまず新理事を選び、次期代表も決定する。そして、新代表が公的に記者会見などを経て正式に就任するまでの間（たった数日に過ぎないが）、田畑には代表代理として動いてもらう。過半数の支部長が三好の案に賛同する。結局、三瓶の提案はなかば頓挫する結果となった。

さっそく理事の選出が行なわれた。前記したように、緑、小林、七戸、木元、入来、坂本、三好、田畑の八名である。時間を待たず、即座に代表理事の選挙に移る。選挙は記名制である。結果は、緑が四票、七戸が三票、木元が一票。緑に票を投じたのは入来、三好、小林、緑本人。坂本、木元、田畑は七戸に投票した。そして七戸は木元に票を入れた。

こうして緑の新代表幹事就任が決定した。意外な接戦であったことからも、三瓶の「代理」として最初から緑が有力視されていたわけではないことがうかがえる。坂本は「七戸さんが選ばれても、きっと辞退するだろうという雰囲気はありました。私は打算のない七戸さんに代表になってほしかったのですが……。となれば八人のうち四人が緑さんに入れればいいわけだから、すでに緑さんの代表就任は画策されていたと思います。選挙の後、私は緑さんから直接、『なぜ、俺に票を入れてくれなかったんだ』と責められましたしね。『それじゃなぜ、先輩は自分に入れたんですか』と訊くと、緑さんは少し気まずそうにして『自分しか適任者はいないと思ったから』と答えていました」と語る。

いずれにせよ、この選挙により三瓶の独裁体制が終焉したことは間違いない。とはいえ、無役の一支部長に落ちてなお、程度の差こそあれ、三瓶の影響力は消えてはいないと断言する支部長が少なくなかった事実は前述した通りである。三瓶の力がなくなったわけではないと主張する金村は、当時をこう述懐する。

「私は三瓶君のスキャンダルを知り、また西田君がやめるとき『師範、もうどうにもならないんです。手遅れなんです』と電話で言われて、あの組織にいる意欲も意志もなくなっていました。その後、突然、三瓶君がニューヨークに乗り込んできて、事実無根の理由をあげつらって私にやめてくれと言いました。三瓶君はなんの役職にも就いていないにもかかわらずです。そのときはっきりとわかりました。いまだ三瓶君は裏で采配を振るっていることを。もともと彼は表に出ずに裏で画策する人間なのは知っていましたが……。私は『君にやめさせられる理由はないし、君にはそんな権限もないじゃないか』と突っぱねました。本当はその場で私を切りたかったのでしょう。裏の権力を支部長たちに見せつけたかったのかもしれません。結局、彼は私を切れずに帰っていきました。それからしばらくして緑君が代表の立場で私を除名するという手紙を送ってきました。間違いなく三瓶君の意を汲んでの除名通知だと確信しています。緑君の体制になっても緑君には実際の権限がなく、他の理事も三好君とか小林君とか先輩には反論できず、三瓶君の力がまだ生きている。しみじみと西田君の気持ちが理解できました」

一方で、ある支部長（匿名）は金村とは若干ニュアンスの違う見解を口にする。

「三瓶師範のスキャンダルが、何よりも大きく支部長たちを落胆させたのではないかと思います。三瓶師範が代表を降りた途端、三好師範や小林師範、藤原師範らが三瓶師範から離れていったように思います。結束力が固かった三瓶師範の派閥はぐちゃぐちゃの状態になっているんです。実際に理事会を支配しているのは三好師範たちじゃないですか。緑代表は彼らには何も言えないようです。かといって、三好師範たちも三瓶師範には面と向かって反論できない。うまく三瓶師範を懐柔しながら、緑代表と三瓶師範の関係をカットして緑代表を操っているのが実際だと思います。緑代表は三瓶師範を悪くは思ってないようですが……。だから、以前に比べれば三瓶師範の権限は一見、消えたように見えながらも、決してなくなったわけでもないという、なんだか複雑な関係にあるように思います」

柳渡が過去、三瓶派の有力メンバーとして三瓶と行動を共にしてきたことはすでに触れた。その事実を自ら認めたうえで、柳渡は総括する。

「三瓶先輩の影響力は陰に隠れながらも確実に残っている。緑代表が十分に自分の権限を発揮できるようにするには、もはや三瓶師範に組織を出ていってもらうしかない。もう三瓶派だとか三瓶グループはなくなっている。あの悪い噂を説明できなかった三瓶師範を、理事たちも他の支部長も皆信じていないと思う。三瓶先輩がいる限り、そして緑代表に頑張ってもらわないと、この組織はいつになってもよくならないと言いたい」

三瓶啓二のスキャンダル

ここで、三月九日の会議での混乱の主原因となった三瓶のスキャンダルについて詳細を記しておく。前にも幾度となく触れているが、この噂は決して新しいものではない。一九九六年前後、旧支部長協議会派と旧遺族派の合併案が浮上し、互いが合併に向けた折衝を繰り返していた頃の話である。

「スキャンダル」という言葉が表すように、この問題はある面ではプライバシーの範疇に属するとも言える。本書は、あくまで大山倍達が設立した極真会館という空手団体の分裂騒動の経緯を主線軸に、大山が築き上げた極真空手と、それに対する大山の遺志を弟子たちがいかにして引き継いでいるのかを考察していくのが主旨である。たとえ騒動・混乱のキーパーソンとなる人物であっても、一個人としてのプライバシー・個人情報には触れないというのが著者である我々の原則だ。

しかし、ここまで極真会館の分裂劇を振り返ってみても、三瓶のスキャンダルは単なる個人の問題として避けるのは安易過ぎるだろう。本章で書いてきた旧支部長協議会派の分裂はもちろん、旧遺族派との交渉決裂、遺族とのトラブル……。あらゆる局面で、この三瓶のスキャンダルが多大なる障害となった事実を否定する者はいないはずだ。また、記者会見など極めて高い頻度でメディアに登場してきたことからも、三瓶はあくまで「公人」であり、彼の相手となる大山喜久子も極真会館宗家を構えている以上、同様な存在と解釈できる。以上の理由から、以前からも触れてきたこのスキャンダルの真相を明らかにしておく。

三瓶啓二のスキャンダル……。一言で言えば、大山倍達の三女・喜久子との不倫である。先に書いたように、旧支部長協議会派と旧遺族派が、共に合併に向けた折衝を繰り返していた時期と重なることから、一部の関係者の間で問題視された。噂が噂を呼び、次第に内容が誇張され、支部長協議会派のみならず多くの極真会館関係者の耳に入ることになる。そうなると、どこまでが事実で、どこが「噂の尾ヒレ」なのか、その区別が曖昧になってくる。「証言者」を自任する者は多いが、しかし問い詰めれば彼らの情報はほとんど間接的な「また聞き」でしかない。三瓶または支部長協議会派と敵対する者は誇大化して非難し、三瓶に与する者たちは事実無根で根も葉もない悪質な噂に過ぎないと三瓶をかばう。そして、当事者である三瓶と喜久子は頑なに沈黙を続ける。

果たして何が真実なのか？　「火のないところに煙は立たない」と言う。ならば「煙」は文字通り実体のない幻想なのか。それとも燃えるような炎そのものなのか。結論を言うならば、それは後者である。三瓶と喜久子は明らかに不倫関係にあった。そして喜久子は三瓶の子供を身籠り、出産した。また聞きでなく、自身の目と耳で彼らの関係を知る者たちの言葉をいくつか紹介する。

まず、すでに触れているが一九九六年、ニューヨークで会議が行なわれた際、三瓶は通訳兼秘書の名目で喜久子を伴って出席した。二人の様子はまるで夫婦同然であり、その関係をただした関係者たちに対し、「私はマス大山の義理の息子」「マス大山の孫の父親」といった言葉で応じていた姿を金村清次はじめ日本人支部長（現支部長である理由から匿名）、さらに複数の外国人支部長が目撃している。以下は金村の言葉だ。

「私は以前から、三瓶君が総裁の住んでいた大泉の家に寝泊りして喜久子さんを女房扱いしているとか、総裁が生前愛用していたバスローブを着てビールを飲んでいたという話を家政婦さんから聞いてはいましたが、単なる噂だと思っていました。しかし、あの二人の姿を見て驚きを隠せませんでした。日本では絶対にばれないようにしていたのでしょうが、海外ということで気が緩んだのか、それとも『俺こそが総裁の後継者だ』ということを外国の支部長たちに印象づけようという計算があったのかはわかりません。中南米の支部を回ったときも三瓶君は喜久子さんを同行させて、ニューヨークと同じような発言をしていたようです。何人もの支部長から『あの二人は夫婦なのか』とか『結婚して三瓶が二代目館長になるのか』などと何度も質問されました」

証言の信憑性を考えるならば、近親者の発言がもっとも重要と言える。まず三瓶の妻は電話先でやや感情的な声で、「その事実は私も知っていますよ。親戚中を巻き込んで大騒動になったのですから。もう何も話したくはありません」と語った。喜久子の母である智弥子は、噂を聞いて詰問する高木薫に、何事もなかったような飄々とした顔で言った。

「これで（著者注：二人の子供が生まれたことを指す）極真の二代目ができて一安心だわ。三瓶さんが二代目の館長というのがいいんじゃないかしら」

　郷田勇三も智弥子から高木とほぼ同様の言葉を聞いたと語り、また智弥子の義弟（匿名）は以下のように憤慨した。

「総裁の自宅を訪ねたら三瓶さんがいて、総裁が愛用していた毛糸の帽子をかぶり、総裁がいつも着ていたパジャマを着てビールを飲んでいました。智弥子さんは平然としているし、喜久子さんはニコニコしながら三瓶さんに寄り添っていて、おなかが大きかったので怒るも何も、ただ唖然としてしまいました」

　喜久子の姉である恵喜は、この件がきっかけで父親（大山倍達）の遺言書や分裂問題から身を引いた。

「三瓶さんが大泉の家に居ついている姿は何度も見ました。悪びれる様子も見せず、当たり前のように父が着ていたパジャマを着て、父が使っていた茶碗でお茶を飲み、父が使っていた箸でものを食べ、父が使っていた布団で寝ていた……。挙げ句に妹を妊娠させて。取巻き連中を集めてはお酒を飲んでドンチャン騒ぎをするし、妹は女房気取りでいるし、母親は何も言わずに笑っているし、もう私は何もかもが嫌になりました。妹を責める気も、母親を責める気もなくなって……。ただ、三瓶さんの行為だけは許せなかった。不倫ですよ、不倫。子供まで作って。私は絶対に天罰が下ると信じています。そんなわけで、私は父の遺言書とか極真の問題に関わるのを一切やめたのです」

　三瓶と喜久子の不倫についてはこれ以上の証言は必要ないだろう。ただ、喜久子が生んだ子供については、科学的なＤＮＡ鑑定で調べない限り、三瓶の実子と断定することはできない。

新生緑派の明と暗

緑健児を代表幹事とする新体制が発足して間もなくの三月一七日、緑派は記者会見を開いた。会見には新理事たちも顔を揃えた。

——代表就任の経緯をお聞かせください。

緑「三月九日の理事会において、理事の方々から推挙を受け、若輩ながらもこの重職をお引き受けすることになりました。私としては父の事業の代表取締役に就任したこともあり、福岡の一支部長として選手育成に力を注いでいくつもりでした。しかし、道場生たちから『代表になってください』という血判状つきの嘆願書が届き、心が揺らぎました。混迷している時期に大変だとは思いましたが、仲間が離れていく一番苦しい時期だからこそ、引き受けようと思いました」

——緑代表としての今後の活動はどうなっているのですか。

緑「まず取り組まなければならないのは、大山総裁の七回忌法要です。命日にあたる四月二六日に護国寺で執り行ないますが、総裁と縁が深い方々、他流派の方々、そして総裁亡き後、別々の道を歩んでいる方々にも出席を呼びかけたい。組織という垣根を取り払った法要にしたいと思っています」

——それは空手界の大同団結を意味しているのですか。

緑「大同団結は私が代表としてぜひともやりたい仕事のひとつです。そのためにも他流派の先生方と交流し、意見の交換など人間関係を深めてきましたので、今後もその方向性は変わりません。そもそも大同団結は生前の大山総裁の悲願であり、その意志を引き継ぎ、全力で取り組んでいかなければと思っています」

――その他の新しい活動をお聞きしたいのですが。

緑「五月に行なわれるテレビ東京主催の格闘技イベント『コロシアム２０００』で極真会館の鈴木国博対ルシアーノ・バジレのワンマッチが組まれることになりました。主催者側のテレビ東京さまより強い要請を受け、実現する運びとなりました。国際空手道連盟のルールに基づいて戦うという条件でお受けしました」

――脱会者が出ていますが、今後どのように対処していくつもりなのでしょうか。

緑「新体制発足後、苦楽を共にしてきた方々と袂を分かつ事態になったことは非常に残念なことです。組織として改善するべき点が多々あったと反省しています。対処としましては、退会された方、退会を希望している方々と話し合いを進めています。私としては復帰していただくことを切に願っています」

記者会見は円満な形で終わった。緑が持つ明るく清涼感に満ちた快活なイメージは、今後の「緑派極真会館」に対する新たな希望をアピールするのに十分だったと言える。実際、緑が代表になって以後、メディアへの対応も格段によくなった。松井派を「プロ的な組織」とするならば、緑派は不器用ながらも若々しい「アマチュア的な組織」と喩えるメディア関係者は少なくない。格闘技雑誌編集長の山田英司は言う。

「松井派に取材をするのは非常に面倒なんです。取材要請書を事務局に送るのですが、事務局の了解を得るのに一苦労。取材内容を細かく説明しないと、まず取材のＯＫは出ません。制約も少なくない。対して緑派になってからの支部長協議会派は取材をするにも実にオープンで親切なんです。マスコミ関係者を集めての懇談会を開き、代表の緑さんが直々に話をしてくれる。とてもフレンドリーなのです。松井派では考えられないこと。でも緑さんは気軽に応じてくれますし、事務局もとても気さくなんです。だから、道場に入門しようとする若者たちにとっても松井派は敷居が高いけれど、緑派ならばスポーツジムにでも入会するような気楽さがあるのではないでしょうか。私には組織の内部事情まではわかりませんが、少なくともマスコミなど外部の人間にとっては、緑派になり新極真会になっていく支部長協議会派はまるで古い体質が消えて、とてもオープンな新しい組織になったという印象を感じていたと思います」

それでも緑の記者会見について疑問や懸念がなかったかと言えば嘘になると山田は言う。

「唯一、緑さんが発表した『コロシアム2000』への参戦は、これまで松井派を批判してきたことを自分たちもやるという矛盾を感じました。会員制度の導入もそうですが、今までの主張を簡単に覆すような言動は当然マスコミに不信感を与えます。彼らが大山派を名乗っていた時期、松井派は『門戸開放宣言』や『ワンマッチの導入』、『プロ格闘技団体への参戦』などを発表しました。それに対し、大山派は《故大山総裁の遺志であると偽って、道場生をプロのリングに送ることや見せかけの大同団結の表明等のパフォーマンスは、極真空手の本質を曲げるものであり、故大山総裁の教えを踏みにじるものです。直ちにやめるべきです》と真っ向から松井館長の姿勢を批判する声明文を出しました。にもかかわらず、緑新代表は一九九六年から松井派が着手していることと同じ組織戦略を公言したことになります。会員制度も同様です。組織は生きものですから、時代や状況に合わせて戦略は変化していくのは否定しません。でも、過去に大々的に否定したことを一八〇度転換するのであれば、それなりの経緯説明が求められて当然です。刹那的ではなく主義主張を貫く姿勢があって、初めて公的な組織として認められるのです。その姿勢の善悪や内容にかかわらずです。新しい体制になっても一貫した方向性を示せず、むしろ矛盾した計画を口にする緑代表の発言が画竜点睛を欠く結果になったことは残念です」

山田が言うように、新しい緑体制に期待を抱くと同時に、曖昧模糊とした懸念を感じたメディア関係者は少なくなかった。

新生緑派極真会館はその後、順調に大山の法要、全日本ウエイト制選手権、全日本選手権などの年中行事をこなしていった。さらに、緑派は積極的に組織の法人化を進め、二〇〇〇年一〇月一〇日、東京都知事より特定非営利活動法人（ＮＰＯ法人）の認証を受け、晴れて法人団体となる。以下が設立当時の登記内容の概要だ。

《名称　特定非営利活動法人国際空手道連盟極真会館

法人設立の年月日　平成12年10月10日

目的等

（1）社会教育の推進を図る活動

（2）文化、芸術又はスポーツの振興を図る活動

（3）国際協力の活動

（4）子どもの健全育成を図る活動

役員に関する事項

理事　緑健児　田畑繁　小林功　入来武久　坂本恵義　木元正資　三好一男　七戸康博　藤原康晴　外舘慎一》

組織の建て直しを図っていた緑派にとって、このＮＰＯ法人の認証取得は大きな意味を持っていた。法的手続に則りさえすれば、比較的容易に法人化が可能であるにせよ、大山倍達の生前から「法が認める団体・組織」としての体裁を持たなかった極真会館が初めて公的に団体として認めら

れたのである。大山が遺言書（法的に認められなかったが）に残した「財団法人」とは異なるものであるが、それに向けた第一歩を緑派は踏み出したという印象をメディアやファンたちに与えたことは事実だろう。少なくとも、緑健児という新鮮でクリーンなイメージを有する新代表とＮＰＯ法人の認証取得は、松井派とは好対照な団体としての存在力を示すには十分だった。

緑派の戦略は外部的には成功したと言えるが、その一方で相変わらず緑派の内部で燻っていた火種は消えてはいなかった。二〇〇一年に入って緑派は大きく揺れ、再び脱会者が続出する。長谷川一幸、大石代悟の重鎮や、新体制の理事に名を連ねた田畑繁、七戸康博、坂本恵義などが自ら組織を離れていった。彼らの脱会理由は一年前に組織を離れた西田や増田、桑島たちと共通する部分は大きいが、直接的なきっかけにおいては異なっていた。

長谷川たちが公的に発表した理由は「目指す方向性の違い」であったが、その言葉には切実な意味が込められていた。後に彼らの口から発せられることになる本当の理由は、「極真を名乗れなくなる不安」だった。

「緑派のなかで、団体名を変えてもいいという雰囲気になっていました。正直、私は『こいつらは馬鹿か』と思いました。極真会館でなくなったら、それはもはや他流派。結局、私が脱会した後に名称変更を余儀なくされてしまいました」（長谷川一幸）

「当時、どうも『極真会館』の名前が使えなくなりそうだという話になりました。商標権の問題で松井側と裁判で争っていたのですが、劣勢でした。でも、代表である緑さんは『いざとなったら使えなくても仕方がない』と戦略を変えようとしなかった。緑さんは『裁判で負けたら名前を変える。名称は多数決で決める』と判決が下りる前から言っていました」（田畑繁）

「自分は極真を名乗るすべての団体が分派という認識でしたが、緑さんたちも松井さんのところも

『自分たちが正統』という考えでした。そのなかで松井さんが商標権を取得し、緑派は極真会館を名乗れなくなるかもしれないという話になった。『裁判で負けたら名前を変えよう』という意見も出ましたが、それは違うと思いました」（七戸康博）

松井派と緑派が商標権を巡り、裁判で争っていたことはすでに触れている。脱会した彼らが言う通り、緑派執行部は判決が下る前から敗北を予感し、その際の対策を講じ始めていた。先に挙げたNPO法人についても、すでに「特定非営利活動法人　国際空手道連盟　極真会館」の名前で法人登録しているにもかかわらず、二〇〇一年二月一四日、新たに「極真会館」を除いた名称「特定非営利活動法人　国際空手道連盟」を法人登録した。それは明らかに、商標として「極真会館」を名乗れなくなった事態に向けた対策だった。

長谷川たちは「極真会館を名乗れなくなったとしてもよし」とする緑派執行部に三行半を下したと言ってもいい。そして彼らの危惧は現実となることを、緑派に残る執行部（理事）や支部長たちは懸念しながらも信じていなかった。というより、信じることを恐れていたのかもしれない。

裁判の敗北と新極真会の誕生

繰り返すが、松井章圭が個人名義で「極真会館」や「極真空手」の商標登録を行なったのは一九九四年五月一八日のことだ。商標権はよほどの問題がない限り、第一順位で申請している者が取得できる仕組みになっている。つまり、先着順である。松井が極真にまつわるいくつかの商標権を取得したのは一九九七年七月一一日だった。

蛇足ながら、この松井による個人名義での商標登録について、後に組織を脱退する遺族派や支部長協議会派の面々は、「松井の独断専行」と非難の声を上げたことはすでに書いている。だが、松井が商標登録を行なった五月一八日から遅れること数日後、遺族派が大山智弥子の名義で商標申請をしていた事実を知る者は少ない。もし、松井の商標申請が遅れていたならば、大山倍達死後の極真会館はまったく異なる姿になっていたことは容易に想像がつくだろう。

松井による商標権取得の事実を知った智弥子（実際に動いたのは高木を中心とする遺族派）は、特許庁に異議申立てを行なう。東京家庭裁判所で下った遺言書の却下を理由に、智弥子は松井の商標権取得を不当だと訴えた。しかし一九九八年一一月五日、拒絶の理由がないとして、特許庁は智弥子の申立てを却下した。

松井は智弥子の異議申立ての却下を受け、ある行動に出る。商標権を楯に、極真会館を名乗る団体に圧力をかけ始めたのだ。一例が、後に発足する「極真連合会」との間で東京地裁と大阪地裁に分かれて裁判となる「タウンページ問題」である。松井はＮＴＴに対して「自分の有する極真の商標を使用することは商標権の侵害にあたるので、タウンページの広告の申し込みがあっても、自分が許可しない限り掲載しないでほしい」と申請した。

一九九九年六月七日、危機を感じた大山派は、特許庁に松井の商標権取得の無効を訴える。だが二年後の二〇〇一年六月五日、彼らの無効申請は智弥子と同様の理由で退けられた。

同年七月一七日、緑派となった旧大山派は特許庁の判決を不服とし、高等裁判所に抗告する。口頭弁論が開かれるが、相変わらず緑派は、自らの団体が正統であるという姿勢を崩さず、商標権は正統である自分たちが持つべきと主張し続けた。

ところが翌二〇〇二年一月一六日、まだ裁判の決着がついていないなか、緑派は特許庁に「特定非営利活動法人　国際空手道連盟　極真会館」名義で「新極真会」という名称の商標を申請する。

しかし、この申請は拒絶された。松井が保持する商標と類似しているという理由からだ。実は緑派は「新極真会」の登録申請をしたのはいいが、取得が難しいであろうことは予測していた。そこで彼らが取った行動は、松井派との和解交渉だった。

緑派の要請を受けた松井は、彼らの交渉に応じた。そして二〇〇三年四月一五日、両者の間で和解は成立するが、和解の内容は明らかにされていない。それよりもなぜ、松井は緑派からの和解を拒否しなかったのか？　松井は言葉少なめに語った。

「裁判というものは、いかに有利に進めていても何があるかわからない危うさがあるんです。特に民事の場合は裁判を長引かせれば長引かせるほど、長引かせた方が不利になる傾向があるんです。ある程度のところで裁判所は和解を求めてくる。和解を拒否すればさらに印象が悪くなる。ようは判決が下る前に、こちらに有利な条件を相手に飲ませて和解に応じるほうが損得で言えば得になる。言わば判定勝ちという形を取るほうを選んだということですね」

和解条件に関しては、「守秘義務があるかもしれないので……」と松井は言葉を濁して語ろうとしない。ただ、かなり松井派に有利な内容だったことは否定しない。「新極真会」の商標権を緑派に譲る代わりに、今後一切松井派を誹謗中傷しない、松井派の道場がある地域には緑派の道場を出さない、さらには今後一切「極真空手」を公に名乗らない——などの条件を緑派が受け入れたことは確実だ。また、松井は「想像に任せる」としか言わないが、有力な噂として、商標権の譲渡には数千万円の金銭が動いたとも言われている。盧山は語る。

「緑君たちの組織への『新極真会』の商標譲渡に多額の金が動いたのは確実でしょう。それが一括払いなのか月々支払うという形なのかはわかりませんが……。私がちょうど松井君のところを離れる前後のことですから、詳しい経緯は知らないんです。それでも、この商標権譲渡の話が出た頃ですかね、松井君は『新極真会はうちの極真会館の傘下にある』と何度も言っていました。下部組織とまでは言いませんが、新極真会が松井君の下についたというのは、事実と言ってもいいでしょう」

松井自身も断言する。

「これだけははっきりと言っておきますが、新極真会には『極真会館という名前を捨てて新しい団体になった』という事実を厳粛に受け止めてもらいたい。大山総裁が創始したのはあくまでも極真会館です。その名称を変えるということは、別な組織に生まれ変わることの証明でしょう。にもかかわらず、自分たちの空手を極真空手と呼ぶのは筋が通らない。彼らは相変わらず、全日本大会も『第四二回』と、大山総裁の極真会館時代から続いているようなことをする。新極真会は極真会館にあらず、新極真会の空手は極真空手にあらず。これだけは、はっきり明言しておきたいですね」

ここで、いかなる手続によって新極真会の商標権譲渡がなされたのか、若干、難解ではあるが法的な手順を明らかにしておく。

緑派による新極真会の商標申請に対して特許庁から拒絶通知書が届いたのは松井と和解してから一〇日後の二〇〇三年四月二五日だった。その後、緑派は高等裁判所に起こしていた松井に対する訴えを取り下げ、六月一八日、特許庁に以下の「意見書」と松井への譲渡証書を添付した「出願人名義変更届」を提出した。

《意見書

【氏名又は名称】　特定非営利活動法人　国際空手道連盟極真会館

【意見の内容】

（1）平成15年4月25日付の拒絶理由通知書によりますと、本件商標は、引用各商標（登録第40

27344号他3件）と類似するので商標法第4条第1項第11号の規定に該当し登録できないと認定されました。
（2）しかしながら、本件商標につきましては、平成15年4月15日に引用商標権者との間で訴訟上の和解が成立し、本件商標を引用商標権者に、一旦譲渡して引用商標権者が本件商標権を登録することになりました。なお、出願人は前記の趣旨に従い本意見書を提出すると同時に、出願人名義変更届を提出いたしました。
（3）つきましては、上記の事実をご確認の上、本件商標につき、引用商標の所有者と同一となって商標出願人に登録すべき旨の査定をくださいますよう宜しくお願い申し上げます》
《譲渡証書
平成15年6月11日
譲受人
氏名　文　章圭　殿
譲渡人
名称　特定非営利活動法人　国際空手道連盟極真会館（印）
代表者　緑　健児
下記の商標登録出願により生じた権利を貴殿に譲渡したことに相違ありません》
つまり、拒絶された「新極真会」の名称を商標登録する権利を松井に譲り、まずは松井名義で登録することになったことを意味している。松井が持っている商標権との類似を理由に拒絶されたため、松井本人が「新極真会」を登録することになんら問題はなかった。
二〇〇三年一二月一日、松井は「新極真会」の商標権を取得する。

翌二〇〇四年一月七日、再び出願人名義変更手続が取られた。今度は松井が取得した「新極真会」の商標権を緑派に譲る手続だ。出願人名義変更届には、前回とは譲渡人と譲受人が逆になった譲渡証書が添付された。

そして二〇〇四年三月一九日、登録の完了をもって「特定非営利活動法人　国際空手道連盟　極真会館」は「特定非営利活動法人　全世界空手道連盟　新極真会」となった。法的に言えば、この日が新極真会の出発点であるが、一年前の松井との和解後、すでに改名発表は行なわれていた。

二〇〇三年七月一一日、赤坂プリンスホテル・グリーンホールにおいて、緑派は改名記者会見を開いた。代表である緑はもちろん、全国の支部長や世界大会の大会会長である衆議院議員・野田聖子らが出席した。名称変更に伴い道着の胸に入る新たな刺繍文字や、緑と親交の深い歌手・長渕剛作詞作曲による『新極真会の歌』が披露された。会場内には長渕の力強い歌声が響き渡った。ちなみに同年一〇月四、五日に開催された新極真会主催の第八回世界選手権大会において、この曲のCDが記念品として観客全員に贈呈された。

照りつける太陽に灼熱の拳
せいやぁー　せいやぁー　汗が飛ぶ
苦しみ貫く男の意地よ
死力を尽くし今を研ぐ
空手の道に命をかけて
心身錬磨の荒波よ
胸ぐら突き刺す一撃正拳

己をたたいて明日を行け
新極真　新極真　新極真の風が吹く
新極真　新極真　新極真の風が吹く

流れる涙と血潮がはじけ
高く　高く　土を蹴る
若き獅子よ！　牙をむき
ちぎれぬ絆で友を呼べ
水平線から陽が昇る
幾多の痛みを解き放て！
海に向かって息吹を吐けば
強き心に　夢　宿る
新極真　新極真　新極真の風が吹く
新極真　新極真　新極真の風が吹く
新極真　新極真　新極真の風が吹く

こうして、新極真会は新たなスタートを切った。その後、長年続けていた松井派に対するバッシングはピタリとやみ、二度と統一戦の呼びかけをすることはなかった。私的な場では相変わらず自分たちの空手を「極真空手」と名乗ってはいたが、公の場で「極真空手」を口にすることはなくなり、道場の看板や大会パンフレットから「極真空手」の文字は消えた。

とはいえ、支部長協議会派時代から脈々と続く組織の体質は、そう簡単に変わることはなかった。というよりも、悪化したと言ってもいい。合議制、民主制を掲げて松井派と袂を分かったはずの新極真会が、分裂したどこの団体よりも閉鎖的で、民主主義に逆行する道を突き進んでいく。外部に与える緑健児という若々しいイメージとは裏腹に、組織内部の腐敗は変わることがなかった。新極真会の海外支部長（匿名）は言う。

「相変わらず臨時徴収などの各支部への指令は、突然ファックスで送られてきます。一〇万円もの金額を徴収しておいて、使途を聞いても返答は一切ありません。三瓶師範の時代と何も変わりません。表向きは民主性、合議制を掲げていますが、内状は闇のなかです。緑代表にどれだけの権限があるのか、理事会と言うけれど、どんな会議が行なわれているのか、三瓶師範の影響力も歴然と残っている。表向きは緑代表の明るさでマスコミなどからは健全な民主的組織と思われていますが、とんでもありません。昇級・昇段の認定状は各支部長が支部長名で発行しており、たぶん全道場生の昇級・昇段を組織として把握していないと思います」

　彼が言うように、組織の規約上、二年ごとに代表改正が行なわれるはずが、二〇〇三年に緑健児が新極真会の代表に就任して以来、何年も彼の代表が続くことになる。事実、新極真会の主要支部長である柳渡聖人ははっきりと言い切った。

「現時点で緑君以外に代表を務められる人物はいない。緑君の好青年というかクリーンなイメージあってこその新極真会なのです。緑君の後は塚本徳臣だが、まだまだ勉強が必要。塚本が成長するまでは緑代表に頑張ってもらうしかない。代表は理事による選挙で決まるが、記名制だから理事会の意思として緑君でいこうとなれば再選は確実。きちんと二年ごとに選挙は行ないながら、緑代表を続けていくのが最善なんです」

柳渡の言葉は、言い換えれば「出来レースであれ選挙はしているのだから合議制に変わりはない」ということになる。西田が代表を退いて以来、代表が三瓶から緑に代わろうが、彼らがスローガンにしてきた「民主性・合議制」は砂上の楼閣でしかない。

三瓶の権限や影響力については繰り返し触れてきたが、山田英司は苦笑を浮かべながら言う。

「三瓶さんは、なんの役職にも就いていないにもかかわらず、大会では緑さんや理事同様に白いブレザーを着用し（一般の支部長は黄色いブレザー）、緑さんと並んで試合を観戦している。その姿を見れば彼の『力』は一目瞭然じゃないですか」

二〇〇七年、新極真会の支部長が監禁致傷・強盗強姦未遂事件の容疑で逮捕された。新聞やテレビのニュースでも大きく報道された。当然、新極真会は世間の注目を集めることになる。メディアへの対応に追われた新極真会は騒動が一段落すると、民主主義国家の日本では考えられない指令を支部長たちに発した。柳渡は言う。

「事件後、新極真会では支部長が他流派やマスコミの人間に会うときは、必ず二人以上で会うというルールができました。余計なことを言わないように、互いが監視役になるということです。組織の自衛手段としては当然の措置じゃないか。たった一人の支部長の発言でとんでもない事実無根の報道になる危険性があるのだから。互いが監視し、守るのは妙案だと思うけれど……」

それを裏づけるのが廣重毅の証言である。廣重が新極真会の支部長である小林功と偶然街で遭遇したときの話だ。廣重は所属する組織は違えど、昔の後輩である小林に声をかけた。

「ある場所で小林に会ったとき、声をかけたら逃げ出したので追いかけました。そしたら小林が『今、他流派の人と会うときは二人以上で会わないといけないきまりになっている。自分は今一人なので、ここで廣重師範と話すのは非常にまずい。会ったことも言わないでほしい』と言ったのです。新極真会はとんでもないことになっているなと思いました」

新極真会には、電話は常に留守番電話にしておき、相手がわかるまで受話器を取らないというきまりまであるという。これらはすべて二〇〇八年頃の話である。山田は、「今はそんな異常な状況ではないと思いますよ。私たちマスコミの人間は懇親会などを通じて、新極真の体質も改善しつつあるように感じますが……。でも三瓶さんがいる限り、根本的な体制の改革は難しいのかもしれませんね」と現在の新極真会を擁護する。

新極真会事務局長である小井泰三は言う。

「代表と言っても理事会の選挙で選ばれるので、他の組織のような大きな権限は持っていないのは事実です。つまり、独善的なことはできません。すべて理事会の許諾が必要ですから。とはいっても、緑代表は支部長や理事の意見を聞き入れる、よきリーダーだと思います。事務局にもある程度の権限を与えてくれますし。独裁よりはいいのではないでしょうか」

新極真会と言えば緑健児、というように常に公の場では緑が前面に出ている。しかし小井が語るように、新極真会の場合、松井派の館長・松井章圭のように代表・緑が組織の全権を握っているわけではない。代表とは言え、緑の一存で物事が決まることのないのが、新極真会が提唱する民主合議制なのかもしれない。一九九五年、極真会館の分裂騒動が持ち上がったとき松井は言った。

「組織は常に動いている。早急な決断が必要なときだってある。支部長たちは私を独断専行と責めるが、一体、自分にはどれだけの権限があるのか。最終的な責任を負う立場にある以上、それなりの権限を持つのは当然だ」

盧山は「よくも悪くも新極真会は、松井が率いる極真会館と対極にある組織なのです」と言う。

いずれにせよ、改めて民主的とはなんなのか、合議制とはいかなる制度を指すのか？　新極真会はその定義から考え直すべきであるというメディアや空手関係者の声は少なくない。

連合会の発足と実体

二〇〇一年一二月、緑派を脱会した長谷川一幸、大石代悟、七戸康博、田畑繁たちは「国際空手道連盟　極真会館　全日本極真連合会（連合会）」を発足した。同会には先に緑派を離れた桑島保浩や三和純、かつて旧遺族派と共同歩調を取ったこともある岡田幸雄や瀬戸利一、元松島派の高橋康夫や独自に活動を続けていた安斎友吉、手塚暢人なども入会する。

岡田と瀬戸は一九九五年の分裂後、ほとんど表舞台には出てこなかった人物だ。大山の生前、岡田は関西総本部師範として活動していたことは知られているが、瀬戸に至っては自ら「大山総裁から支部長に認可された」とは言うものの、まったく無名と言っていい存在だった。だが、この後、松井との裁判を巡って両者は大きくクローズアップされることになる。いずれにせよ、彼らの顔触れだけを見ても、連合会が「寄り合い所帯」であることがよくわかるだろう。連合会は松井派や新極真会のような一個の団体・組織ではなく、独立した道場が協力し合って大会や審査会を開くために作られた、言わば「共同体」と言ってもよかった。

初代理事長には大石が就任した。連合会は新極真会と同様に二年を一期として、理事長を含む役員の改選を行なっていく方針をとった。だが大石は半年程度で理事長の座を降り、長谷川が二代目を引き継いだ。長谷川は四年間（二期）理事長を務める。そして二〇〇六年、三代目理事長に選出されたのは田畑繁だった。田畑は連合会発足当時、自分たちの掲げた理念を次のように語った。

「理由はどうであれ極真会館が分裂した責任は、大山総裁の弟子すべてにあると思っています。それを償うために、将来的に大同団結をしていこうというのが私たちの考えです。そのためにも極真空手を正しく普及させていかなければなりません。連合会の理念は大きく分けて、極真空手の技術の振興と大会開催のふたつ。技術の振興については技術審査機構を作り、極真空手の普遍的な基本稽古、移動稽古、型を普及させます。また、段については統一認識のもとに審査会を行ないます。大会開催については言うまでもなく、大山総裁が作った直接打撃制をしっかりと守り続けていくことです。この二点を掲げ、大同団結を呼びかけていくつもりです。誤解してほしくないのは、決して私たちの下に集まれということではありません。誰かがリーダーとなり独断で運営するのではなく、民主的な団体を目指しています。連合会の目的は、あくまでも極真空手の普及を念頭に呼びかけを続け、共に大会を開き、皆で協力して極真空手の伝統を守っていくことです。理念やシステムなど、連合会ほど自由なところはありません。この理念に共鳴してくれる人を増やしていきたいと思っています」

理事の一人だった七戸も、田畑同様に連合会の存在意義をこう語った。

「大会は派閥を超えて開催するべきだと思います。だから、連合会は支部長制度をとらず、個々の道場責任者が加盟する形をとっています。連合会は独立道場の集まりです。技術機構と大会機構を設け、審判講習会や全日本大会などを開いています。昇級状は支部長名で問題ありませんが、昇段状は『極真連合会　理事長・技術審査機構』の名前で出しています」

連合会のホームページにも、彼らの言葉と同様の設立趣旨や活動目的が記されている。このように、それぞれが大きな理想を持って発足に至った連合会だったが、運営は順風満帆とはいかなかった。田畑は「連合会は自由な組織で、トップもいなければリーダーもいない横並び。お互いに認め合って和合している」と言うが、だからこそその弊害もあった。

どんなに緩い関係であろうと、人間が二人以上集まれば、そこに秩序が生まれるのは当然のことである。規律やルールなくして共存はあり得ないからだ。規則や規約を明確にして共に協力することで、初めて尊重し合える「集団」の成立が可能になる。ホームページの基本概念に《極真連合会は、各自主自立の道場が加盟をする立場をとるので各支部、道場の活動に対しては拘束はしない。しかし連合会として決められた、規約等の約束は遵守、協力はしなくてはならない》と書かれているように、連合会にもいくつかのルールが存在する。大会開催の協力や技術統一などに加え、ホームページ上には記されていないが、加盟にあたっては会費の支払い義務もある。

ところが、雑多な道場が緩い関係でつながる連合会の形態は、当然のようにまとまりに欠けていた。規則を作ったところで強制力は伴わず、統率力のなさはいかんともしがたかった。二〇〇一年一二月二日に東京都中央区立総合スポーツセンターにおいて開催した「第三三回全日本選手権大会」を皮切りに、連合会は毎年大会を開いていくことになる。連合会の理事である田畑や七戸らは加盟道場に協力を要請するが、積極的に大会運営に協力する道場責任者は思いのほか少なかった。

「遺族派や支部長協議会派から離脱したはいいけれど、いき場がなくなって、ただ『極真』を名乗りたいだけの理由で連合に参加した人間がほとんどです。だから組織としてまとまるはずはありません」

自らも連合会に誘われた経験のある浜井識安は批判的な言葉を口にする。浜井の言葉通り、連合会主催の全日本大会と同日に、別の場所で、連合会に加盟している道場主たちが独自に主催する大会が開かれることも多々あったほどである。

連合会に加盟した道場主の意識としては、大会開催に必ず協力しなければならないという規則さえも「面倒な束縛」に感じたのだ。連合会の理念はあくまでも発足の中心人物である田畑や七戸らの考えであり、便宜的に加盟した連中にはなかなか浸透しなかった。連合会に加盟していた時期のある坂本恵義は言う。

「連合会の大義は極真の超党派ということです。しかし、だんだんと派閥争い的な諍いが出始めた。坂本道場はどこの大会であろうが、出したいところに選手を出すし、選手を出せば大会にも協力します。それを連合会はいちいち『報告しろ』と言ってきました。独自の大会を開けば、ああしろこうしろとやり方を指示してくる。不愉快で仕方ありません。当初は昇段状を道場名で発行してもよかったはずが、いつの間にか統一しなければならないと趣旨が変わるから問題になるのです。うちは『東京都　極真会館　坂本道場』で出しています」

坂本の言い分は厳然とした「組織」においては通用しない。だが、結びつきの緩い「共同体」だからこそ、坂本の言葉にも説得力が生まれることになる。実際、連合会の方針に不満を持ちながらも脱会せずに名前を連ねる道場主は多い。それは単に大会への参加のみが理由ではなかった。実は連合会にはもうひとつ、大きな存在意義があった。松井を相手取った商標権使用に関する裁判活動である。同活動はすでに連合会が発足する一年半前から始まっていたのだが、この活動こそが本当の意味での連合会の存在意義と言っても過言ではない。連合会に所属することは「極真」を名乗れる保証でもあったのだ。しかし厳密に言うならば、連合会に所属していれば誰でも極真を名乗れるという単純なものではなかった。

『タウンページ』から始まった裁判騒動

前述したように、一九九七年に商標権を取得した松井は、極真と名乗る団体に「極真」の名称使用を禁ずる処置を取り始めた。商標権者である松井としては至極真っ当な行為であったが、その他の者たちにとっては理不尽な嫌がらせ以外の何ものでもなかった。

松井のやり方に対し、いの一番に行動を起こしたのは長谷川一幸だった。そもそも長谷川が裁判に踏み切ったのは、緑派が極真を名乗れなくなるかもしれないという状況に併せて、『タウンページ』に道場広告を掲載できなくなったことがきっかけだった。

長谷川が地元の『二〇〇一年度版タウンページ』への道場広告を申請したところ、商標権者からの要請により掲載できないとNTTに拒否されたのだ。長谷川は懇意にしていた岡田に連絡し、「自分はどうしても松井が許せない。一人でも裁判をやるつもりだ。裁判費用は名古屋に持っているビルを売ってでも捻出する」と自らの覚悟を語った。岡田は述懐する。

「長谷川さんとは昔、合宿でも一緒になったりして親しい関係でした。そんな長谷川さんから松井と裁判をやると連絡を受けました。せっかく苦労して建てたビルを手放してもいいというのは本当に凄い覚悟だと感激し、私も協力しようと思いました」

岡田は長谷川の気持ちを汲み、知人の弁護士を紹介すると同時に、自らも裁判に加担することにした。また、長谷川がタウンページへの広告掲載を拒否された事実を知った瀬戸も長谷川、岡田と行動を共にする。瀬戸は言う。

「私はタウンページに広告を載せてはいませんでしたが、松井が商標権を取ったと聞いた段階で、今後自分に締めつけがくるだろうと予測していました。そんな折にたまたま長谷川師範がタウンページでストップをかけられたと聞いたのです。これはやるしかないと思いましたよ」

二〇〇〇年八月三一日、まだ緑派に属していた長谷川一幸と、どの団体にも属していなかった岡田幸雄、瀬戸利一の三名は、大阪地方裁判所に「商標権による妨害禁止の仮処分」を申請した。彼らは緑や遺族と同じ轍を踏まぬよう慎重に対応を開始する。自分たちが正統な極真であるとは言わず、一分派であることを主張した。つまり松井も含め、大山倍達の弟子には極真の名称を使用する権利があると裁判所に訴えたのだ。

こうして始まった「タウンページ裁判」、正式名称「平成一二年(ヨ)第二〇〇七九号使用妨害排除仮処分命令申立事件」は、二〇〇一年一〇月二日、「原告である長谷川、岡田、瀬戸の三名は『タウンページ』への広告掲載を認める」という判決によって終了する。

長谷川たちの勝訴を受け、大石、高橋、田畑、七戸、桑島、坂本、三和の七名は、二〇〇一年三月一九日、東京地方裁判所に同様の訴えを起こす。だが大阪の裁判とは異なり、一〇月二三日、松井と大石、高橋、田畑、七戸、桑島の五名は和解する。三和と坂本だけは裁判を続行するが、それは和解条件が「大山倍達の存命中に支部長に任命された者は、タウンページへの広告掲載を認める」というものだったからだ。当時、分支部長の肩書きだった坂本と三和は条件を満たしていなかった(一二月二〇日、坂本と三和の申立ては却下される)。

商標を巡る、松井を相手にした裁判が続くなか、連合会は結成された。連合会は加盟道場が協力しながら大会を開催すると同時に、松井を相手取った民事裁判を続けた。彼らは松井を含め、大山倍達の弟子には平等に極真の名称を使用する権利があるという論調で裁判を開始したものの、本当の目的は遺族や新極真会となんら変わらず、松井から商標権を取り上げることにあった。だが、最初からそれを訴えても裁判に勝てないことは、遺族や緑たちの実質的な敗訴が証明している。まずは極真を名乗れる権利を得、小さいことからひとつひとつ勝利を重ねていくことで、最終的には松井が持つ商標権の無効を訴える段取りで計画を進めていた。

翌二〇〇二年二月五日、再び連合会は松井に対する裁判を起こす。「『極真会館』の商標事件」

（「商標権に基づく差止請求権不存在確認」）だ。原告は長谷川、岡田、瀬戸、大石、高橋、田畑、七戸、桑島、三和、坂本の一〇名である。大阪地方裁判所に申請したが、「タウンページ裁判」を東京で起こした大石、高橋、田畑、七戸、桑島の五名は東京地方裁判所に移送された。つまり、同じ内容の裁判を大阪と東京で同時に展開することになったのだ。三和と坂本については東京で敗れたため大阪の裁判に名前を連ねた。

裁判は一年半続き、二〇〇三年九月二九日、まずは東京地方裁判所の判決が下った。裁判所は《極真会館の分派の代表にすぎない被告が本件商標権に基づき、原告らに対して、同じく極真会館の分派に属する者に対して、本件商標の使用を禁止することは権利の濫用に当たると解すべきである》と原告側の訴えを認めた。だがそれは、《原告らは、大山から支部長の認可を受ける際、道場を開設し、空手の教授等を行う地域を一定の地域に限定されていたのであるから、原告らが、本件商標権に基づく被告の権利行使に対して、権利の濫用の抗弁を主張できるのは、特段の事情のない限り、大山から認可された上記の各地域の範囲内において活動を継続する限りにおいてであると解するのが相当である》という条件つきの内容だった。

翌九月三〇日、今度は大阪地方裁判所の判決が下った。こちらも東京と同じく、松井の敗訴に終わる。《危急時遺言が大山の遺言としての効力を有しないことが確定した以上、被告は、少なくとも大山が生前率いていた「極真会館」に属する者に対しては、自己が大山の後継「館長」であることを主張し得る根拠を失ったというべきである》ことを理由に、《被告は、対外的（極真会館の外部の者に対する関係）にはともかくとして、極真会館内部の構成員に対する関係では、自己が商標登録を取得して、商標権者として行動できる正当な根拠はないのである。被告が、被告個人を商標権者として商標登録した本件商標権に基づき、生前の大山から承認を得て、本件商標を用いた空手の教授、空手大会の興行等を行った極真会館の構成員に対して、本件商標の使用の差止めを求めることは、権利濫用に当たるというべきである》という判決を下したのである。

松井は判決を不服とし、大阪高等裁判所に控訴するが、同裁判所は松井の申し出を却下。さらには最高裁判所も棄却し、二〇〇五年四月一日、原告である五名に対し、『タウンページ』の広告だけでなく、「極真」の名称使用を認めた。

連合会は「『極真会館』の商標事件」の最終判決を待たずに、同裁判と並行してもうひとつの裁判を起こしていた。「極真会館館長　名称使用禁止等請求事件」（二〇〇四年八月二四日に申請）である。説明するまでもなく、「松井は『極真会館館長』の名称を使用してはならない」という請求だ。大阪地方裁判所に訴訟した同裁判に名を連ねた原告数は八一名にもおよんだ。

判決が下されたのは二年後の二〇〇六年九月一一日だった。極真の名称使用に引き続き、裁判所は原告らの訴えを認めた。連合会の面々は判決文を聞いた瞬間、互いに抱き合って喜んだ。歓喜のあまり涙を流す者もいた。

彼らは「松井は、道場、広告、出版物、ビデオ、大会パンフレット、その他一切のメディアにおいて『極真会館館長』の名称を使用することを禁止され、既存のものは廃棄しなければならない。これは、松井派には莫大な損失をもたらすことになる」と勝利の笑みを浮かべたが、実際に松井派に莫大な損害がもたらされることはなかった。

一審から一年後の二〇〇七年八月三一日、松井の抗告を受けた大阪高等裁判所は前回の判決を覆し、松井が極真会館館長を名乗ることを認めたのである。最終的に敗訴に終わった連合会であるが、実質的な勝利を得たのは自分たちであると、ホームページ上でその理由を以下のように主張した。

《この判決は「当裁判所も、一審被告（松井章圭）が極真会館における大山の後継者の地位にあるとは認められないと判断する」（判決書7頁）との基本的立場に立ったうえで、松井氏が、一審における主張（自分こそが極真会館の唯一の正統な後継者であるとの主張）を撤回し、控訴審では極真会館分裂の事実を認め、自分はその一派の長として極真会館館長を名乗っているに過ぎない、と主張を全面的に後退させたことを評価したのであって、私たち連合の主張が否定されたわけではありません。（中略）私たち連合の実質的な勝利というべきであり、松井氏の館長の名称使用はあえて禁止する必要もない、ということになるでしょう》

この結果について、松井が公的に声明を発表することはなかった。

連合会は、「タウンページ裁判」「極真会館の商標裁判」「極真会館館長　名称使用禁止裁判」と手順を踏み、ひとつずつ自分たちの権利を勝ち取ると同時に、松井の権利を奪い取ってきた。そうして最終的に「商標権無効の裁判」を起こし、松井から商標権を取り上げる計画を立てていた。

ところが、彼らの計画を狂わす出来事が起こる。二〇〇四年一月一五日、大山倍達の三女・喜久子が連合会の裁判記録をもとに、特許庁に松井の商標権無効の訴えを起こしてしまったのだ。連合会は喜久子の勝手な行動に当惑すると同時に計画の変更を余儀なくされた。最初に「タウンページ裁判」を起こした岡田は言う。

「私たちは最初の裁判から手順を踏んで、最終的に商標権無効の裁判をやろうと計画を立てていました。にもかかわらず、突然、喜久子さんから裁判の記録を見せてほしいという依頼を受けお貸ししたところ、喜久子さんが私たちの勝訴した裁判記録をもとに、商標権無効の訴えを起こしてしまったのです。とりあえず、特許庁での判決が下るまでは放っておいたのですが、特許庁が喜久子さんの訴えを認めたため、松井氏が裁判所に不服を唱え、裁判に発展しました。ところが、喜久子さんには弁護士がおらず、司法書士か誰かが書類を作成していました。それでは裁判に勝てるはずがありません。もし、喜久子さんが負ければ、我々のこれまでの努力は無になってしまう。それは大変だということで、連合会の弁護士である田中先生が参入し、我々も補助参考人として裁判に参加することになりました」

九月二二日、特許庁は喜久子の請求を認めた。大山倍達の妻である智弥子や新極真会は、大山が遺したとされる危急時遺言の却下を理由に松井の商標取得は違法だと訴えたが認めてはもらえなかった。にもかかわらず、喜久子の申し出は遺言の無効を理由に容認されたのだ。以下は審決の内容である。

《松井章圭の館長就任が承認される前提となった危急時遺言の確認を求める申立てが却下された事実と極真会館の分裂に至る経緯及び松井章圭による極真関連標章の商標権の行使により、他会派に属する支部長らの業務に支障が生じている事実をも併せ考慮すると、被請求人による極真関連標章についての登録の有効性は認め難いばかりでなく、被請求人は、極真関連標章を出願する際には、既に、極真会館分裂の可能性をも予見して、将来生ずるであろう各派の対立関係を自己に有利に解決する意図をもって、本件商標をはじめとする極真関連標章の登録出願をしたものと推認せざるを得ない。

してみれば、このような事実関係の下においてなされた本件商標の登録は、公正な取引秩序を害し、公序良俗に反するものといわなければならない》

特許庁の審決を受けて、松井は高等裁判所に出訴する。こうして、原告を松井章圭、被告を大山喜久子とする新たな裁判が始まった。連合会は「極真会館館長　名称使用禁止等請求事件」と並行する形で、補助参考人として喜久子が起こした「商標権無効裁判」に名前を連ねることになる。

ちなみに補助参考人とは、名称が示すように直接裁判に関わっているわけではない。そのため、被告または原告の判決がそのまま補助参考人に適用されることはないが、もちろん利点はある。それは自らが補助参考人となった被告または原告に有利な判決が下った場合、補助参考人が同様の裁判を起こした際に勝訴の可能性が高くなるという判例だ。

二〇〇六年一二月二六日、高等裁判所は《登録出願の経緯に著しく社会的妥当性を欠くものがあり、登録を認めることが商標法の予定する秩序に反するものとして容認し得ないというべきである》という理由から、松井の請求を却下する。さらに松井は最高裁判所に上告するが、二〇〇七年六月二八日、申し出は却下され、商標登録の無効が決定した。

喜久子が起こした裁判での勝利とは言え、連合会にとっても支部長協議会時代を含めれば、一〇年来の悲願達成と言えた。多くの時間を費やし闘ってきた彼らが、歓喜の声を上げるのも当然のことである。

だが、裁判は一区切りついたものの、連合会という団体の在り方自体は旧態依然としていた。むしろ日が経つごとに連合会の結束は弱体化していった。連合会について盧山初雄は次のように語る。

「連合会に加盟している者たちは、連合会という名前のもとに皆がそれぞれ好き勝手なことをしているのが実状です。一人で大会を開くとなると限りがあるから、あっちこっちと拠り所を求めてさ迷い歩いている連中ばかり。居心地がよい悪いではなく、彼らにとっては生き残りがかかっている。大義名分もなく、極真の名前を利用して自分の道場を維持するのが最大の目的になっているのです。連合会には空手の技術的、精神的なことを説いて、皆で『ああやろう、こうやろう』ということがありません。それはトップがいないからです。ルールひとつ決めるにも、音頭を取る人間がいない。厳しい言い方かもしれませんが、旧態依然とした現状を維持するだけで精一杯と言わざるを得ないでしょう。統一大会を考える前に、まずは組織を統一しろと言いたい」

盧山が言うように、連合会が唱える「空手界の大同団結」を、「自由で緩い関係性」を保った現在の在り方のまま実現することは非常に困難なことは一目瞭然である。裁判に一区切りついたからこそ、今後は連合会という「組織」自体の形を模索していくべきだという、盧山の意見に追従する者は少なくない。

一方、勝訴した喜久子は裁判に協力した連合会と歩調を合わせることも、松井派や新極真会と手を組むこともなく、宗家の館長として父・倍達が作った極真会館の管理を続けていくと自ら主張する。しかし、一時は会館内に「大山倍達記念館」を設立したが長くは続かず、現在では旧本部は朽ち果てたままひっそりと静まり返っている。

ちなみに二〇〇六年六月六日、大山倍達の妻であり、喜久子の母である智弥子が他界した。三瓶と喜久子の不倫問題に激怒した次女の恵喜は海外に移住してしまい、極真会館には一切関わることなく生活をしている。遺族で極真空手との関係を保っているのは喜久子だけになった。

松井との裁判に勝利したとは言え、無効となった商標が喜久子のものになったわけではない。さらには、松井はまだ「極真」と名のつく商標権を保持している。裁判所に無効と判断されたのは、五〇以上ある松井章圭（文章圭）名義の商標のうち六つだけだ。五〇の商標権には「一撃」や「ボディプラント」など極真とは直接関係のない商標も含まれるが、大半は「極真」にまつわるものである。

喜久子が無効請求をした商標は「極真会館」、「極真空手　KYOKUSHIN　KARATE」と「KYOKUSHIN」が二種類、道着の胸に刺繍されている「極真会」の筆文字マークが二種類の計六つである。実は松井は、喜久子が無効請求した以外にも「極真会館」や「KYOKUSHIN」、「極真会」の筆文字マークなど、同じ名称の商標を複数登録していた。

商標を登録するためには、使用目的を細かく提示する必要がある。すでに区分されているものから選択するのだが、これを「商品及び役務の区分並びに指定商品又は指定役務」という。基本的にはひとつの区分ごとに商標を登録するため、必要に応じて同じ名称の商標をいくつも登録することになる。

例えば、喜久子が無効請求を行なった「極真会」の筆文字マークの二種類であるが、これは商品役務区分が25のものと41のものだ。商品役務区分25は「被服、ガーター、靴下止め、ズボンつり、バンド、ベルト、履物、運動用特殊衣服、運動用特殊靴」で使用できる商標であり、商品役務区分41は「空手の教授を含む技芸・スポーツ又は知識の教授、図書及び記録の供覧、映画・演芸・演劇又は音楽の演奏の興行の企画又は運営、映画の上映・制作又は配給、放送番組の制作、空手の興行の企画・運営又は開催、運動施設の提供、興行場の座席の手配、映写機及びその附属品の貸与、映写フィルムの貸与」において使用できる商標だ。松井は極真会のマークを別な商品役務区分でも登録している。

喜久子が以上の六つのみを無効申請したのは、前記の商品役務区分内容からもわかるように、これだけ無効にしておけば松井極真が現在行なっている活動を妨げることができるという判断からだと推測できる。しかし、松井派は「極真」の看板を降ろすことなく活動を続けており、それに対して喜久子はなんら法的対策を行使していない。喜久子の狙いがどこにあるのかは不明であるが、今後、彼女が再び松井の商標権無効裁判を起こす可能性はゼロとは言えない。松井の商標権無効について、特許庁は以下のように語った。

「特許庁は出願されたものに対して『登録』、または『拒絶』を判断することと、『登録したものが間違いであるか』、『拒絶したものが間違いであるか』をもう一度審査する機関です。特許庁がこの商標は誰に帰属するべきかという判断はできません。ですから無効となった商標については、誰かが新たに出願し、検討の結果、拒絶する理由がなければ、商標法により早い者勝ちということになります。裁判所の判決を読む限りでは、無効となった商標は基本的には大山倍達氏の極真会館と同一性を持っている団体や人物からの出願であれば認められることになります。松井氏についても出願することは可能です。ただ、一度無効判決が出ているわけですから、その判決を覆す新たな証拠が提出されない限り、再び登録が認められることはないでしょう。松井氏の持つ商標で無効請求がなされていない商標については、今回の判決が適用されることはありません。すべての商標を無効にするためには、ひとつひとつの商標について、それぞれに無効請求をする必要があります」

喜久子は商標権無効の訴訟からときを経ずして、新たに「極真会館」や「極真空手」の商標登録申請を行なっている。この時点で、他に申請は出ておらず、喜久子が第一順位の申請者となった。そして二〇〇九年、松井が登録無効とされた「極真空手　KYOKUSHIN　KARATE」(一二月二七日)と「極真会館　KYOKUSHIN　KAIKAN」(一二月四日)が、大山喜久子名義で登録された。「極真会」の筆文字マークについては、いまだ申請はおりていない(二〇一二年三月現在)。

第六章　最後の大分裂

盧山初雄の脱会と極真館設立

二〇〇〇年以降、数多ある裁判の対応に追われるなか、松井派の組織も決して磐石ではなかった。一九八〇年代から九〇年代にかけて全日本選手権の「華」としてその名を轟かせた黒澤浩樹、八巻建志、小笠原和彦らが相次いで独立していった。ただ、彼らの場合はそれぞれ個人的な理由による脱退であり、新極真会のような組織全体が抱える体質や運営に対する批判的な行動とは趣を異にしていた。その点で、分裂した各団体からの裁判騒動の渦中にありながら、少なくとも松井派の結束は、表面的には安定感を維持しているように見えた。

ところが二〇〇三年、本家本流を唱えつつ遺族派や支部長協議会派によるクーデター以前の過半数の勢力を回復するのに成功した松井派に、再び再分裂を予感させる激震が走った。最高顧問の一人であり、松井にもっとも近い存在と思われていた盧山初雄の離反である。詳細を記す前に、松井派の機関誌である『ワールド空手』（二〇〇三年一月号）に掲載された記事（抜粋）を紹介する。見出しは《極真会館埼玉県支部長盧山初雄師範が除名に　松井館長、郷田最高顧問の連名で11月18日付けで処分》とある。

《極真会館では、11月15日に緊急幹部会議を開き、11月18日付けで盧山初雄氏（元極真会館埼玉県支部長）の除名を決定した》

《以前から盧山氏の最高顧問また主席顧問としてあるまじき言動については問題視されていた部分があったが、現在まで処分には至らなかった。しかしながら、最近の現体制に対する誹謗中傷のみならず、具体的に国内外を問わず現体制の転覆を意図した館長解任を計画する動きがあり、組織内部に著しく秩序を乱し不安感を蔓延さる言動が認められた》

続いて『ワールド空手』翌月号（二〇〇三年二月号）では、《数見肇の全日本で復活5度目の優勝と突然の極真退会》さらに《盧山初雄氏の除名と廣重毅氏、湖山彰夫氏の退会…》として、数見が一一月二五日に退会届を提出したこと、翌二六日に東京城南川崎支部長の廣重が退会届を提出、さらに山陰支部長・湖山が組織離脱を表明したことが報じられている。

再び松井派の分裂か？　関係者はもちろん、メディアやファンたちの間で松井派の動向に注目が集まったのは言うまでもない。

ところで、松井が一九九六年に門戸開放を宣言して以来、格闘技イベント「K-1」や「PRIDE」に参戦するなど新しい試みを続けていたことは前述した通りである。そして二〇〇一年には選手を格闘技イベントに参戦させるに留まらず、松井自らが主催する形で格闘技イベント興行に乗り出す計画を公表する。

二〇〇一年一〇月二五日、松井はホテルメトロポリタンにおいて「Kネットワーク」主催による「一撃」の旗揚げ記者会見を開いた。Kネットワークとは極真会館館長・松井が実行委員長を務めるプロ興行団体であり、「一撃」とは同団体が主催する格闘技イベントの名称である。記者会見では「一撃」のルール（極真ルールとは異なり、K‐1に準じたキックボクシングスタイル）や参加団体（松井派極真会館、正道会館、国士会館、全日本キックボクシング連盟）、そして、翌二〇〇二年一月一一日に開催される「第一回一撃」の対戦カードなどが発表された。

　だが、松井派内部には、Kネットワークの発足や一撃の開催に諸手を挙げて賛成する者ばかりではなかった。松井による強力なリーダーシップ下にあって、直接苦言を口にする支部長はほとんどいなかったが、例外が盧山だった。もともと盧山はK‐1のリングに選手を上げることにも消極的だった。

「プロへの参入にはどうしても賛成できない。極真は大山総裁がそうしたように、武道空手としての道を歩んでいくべきだ」というのが盧山の考えだった。大山倍達が生前、関係を断絶し、忌み嫌っていた正道会館が主催するプロ格闘技の興行、K‐1に対する嫌悪感は多くの極真空手関係者が抱いていたものだった。だが、松井の姿勢はすでに記したように「門戸開放宣言」を引っ提げて、積極的にK‐1に関わっていく。盧山の主張に対し、松井は幾度も盧山を説得した。

「選手引退の先にあるのは支部長になって生計を立てていくことであり、それができればもっとも理想的です。しかし現実問題、支部はすでに飽和状態になりつつあります。組織が大きくなり選手人口も増えていくなかにあって、選手たちにはもっと多くの選択肢が必要です。そのひとつがK‐1などへの参戦であり、『一撃』の開催もその一環なのです」

　盧山は自らの「正義」を譲らない。

「極真空手は、最強を追求する武道空手でなければならないと、大山総裁は常々おっしゃっていた。そして総裁は晩年、プロ化、ショー的な方向を徹底的に嫌っていた。第一、松井君自身が館長に就任したとき、『極真空手のプロ化はあり得ない』と断言していたではないか」

実は、盧山も松井のＫ－１参戦の事情は理解していた。何事もきれい事だけでは生きていけない。組織運営も、ときには清濁併せ呑むことも必要だという現実を否定することはできない。わかってはいるのだが、武道家気質の盧山には、心底で納得できない部分があった。ましてや、極真会館が実質的に主催する「一撃」の構想はもはや耐えられない邪道としか盧山には思えなかった。そして盧山の背後には無言ながら、彼に与する少なからぬ支部長や関係者が控えていた。彼らにとって盧山はまさしく自分たちの主張の代弁者であり、「正義」の象徴でもあった。

こうして、松井と盧山の間に不穏な空気が流れ始めた。切っても切れない絆で結ばれていたはずの両者の関係はあっけなく崩れていった。それは傍目にも明らかだった。前田達雄は当時の状況を次のように振り返っていた。

「Ｋ－１とかプロの興行に今の極真は急激に近づいていますが、それは松井館長の絶対的な権限によるもので誰も批判できない。唯一、盧山さんだけが最高顧問で松井館長の後見人としての立場で批判していましたが、それが松井館長には苦い薬になればいいと思う人間もたくさんいたんです。松井館長と盧山さんの蜜月は過去のものですよ。それでも、盧山さんは松井館長が大山総裁の正統な後継者であることは揺るがない事実と言い続けている。私は松井館長の方針についてどうこう言える立場じゃないですけど、心情的には盧山さんに同情したいところもありました」

遺言書の有無に関係なく、大山倍達の遺志が松井章圭を二代目館長とするところにある点については一点の疑いもない……、盧山がその姿勢を崩したことは一度としてない。松井との関係が疎遠になってもなお、盧山は至るところで「後継者・松井章圭は大山総裁の真の遺志である」と口にしていたと証言するのは前田だけではない。だからこそ、盧山は一〇年近くも、ときには自らが楯になりながら松井を支えてきた。しかし、たとえ大山が指名した後継者であっても、松井が大山の遺志とは違う方向に進み始めたとなれば、苦言を呈するのは自分の役目だと盧山は思っていた。盧山は主張する。

「武士社会や武道の世界では、若い後継者をたてた場合、長老たちが常に新しい長が先代の遺志に従って動いているか否かを監視する役目を担うのがしきたりです。私は最高顧問という役職は、新しい館長を補佐したり守ったりするだけでなく、館長が間違った方向にいくようならば、それをただす責任も負っていると認識していました。その原則に私は従っただけなのです」

以上の確執を経て、盧山は梅田嘉明との会談の際、胸に溜まった自分の思いを梅田に吐露した。梅田は、大山が遺したとされる遺言書の証人の一人であり、松井の後見人を大山から託された人物である。また、梅田は財団法人極真奨学会の理事長でもあった。盧山の言葉に梅田は驚愕した。大山の死後、極真会館の分裂騒動のなかにあって、梅田は当然のように松井派を支持してきた。しかし、大山倍達のブレーン的存在であった梅田にとって、大山が逝き、かつてのような定期的な会合も開かれなくなった状況下で、極真会館との距離が遠くなるのは自然なことだった。それゆえ、梅田は松井派の内情についても疎くなっていた。

「松井君は郷田、盧山両最高顧問と相談しながらやっているとばかり思っていた。極真を松井君の独裁にしてはいけない」

梅田は早々に動いた。まずは、松井に最高幹部会議の開催を提案。月に一度の会議が開かれることになった。同会議の出席者は、松井、梅田、盧山、郷田、廣重、山田、浜井の七名だ。

ところが、この最高幹部会議の開催が予想もしない最悪の結果を招いてしまうことになる。盧山は言う。

「松井君は皆さんの言うことは聞きますよと言いながらも、『皆が決めたことでも館長である私がノーと言ったら決定にはならない』と言う。松井君が認めないものは駄目というのであれば、それは独裁を認めろということです。民主的な経営、決定をするにはどうすればよいか、それを幹部会議で話し合いたかったが、何も決まらないまま一年が過ぎてしまいました。そのうち松井君の都合で会議は二ヵ月に一度、三ヵ月に一度と不定期になり、松井君は我々の言葉に耳を貸さなくなりました」

一方、松井自身は決して自身のやり方が独裁とは思っていなかった。組織の長である以上、最終的な責任はすべて松井にのしかかってくる。簡単に首を縦に振れない、無理難題もあった。

「私の認識では、師範たちの言葉に耳を貸さなかったことはありません。常に周囲からの意見を聞く耳は持っていたし、実際に耳を傾けてもきました。大山総裁が亡くなってから一〇年も経っているのに、いまだ極真会館の財団法人化がなされていないとか、極真奨学会を立て直せとか、新会館の建設はどうなっているんだといった質問が何度も出ましたが、私なりにできることはしていたし、経過報告もきちんとしていました。責任ある立場の私が納得できないのに『わかりました』と了承することはできない。だから、もう一度考えてみてほしいと話を戻したことは何度もありました。それを独裁と言われてしまっては、私は何も意見を言えなくなってしまいます」

建設的な話し合いができないまま最高幹部会議は続き、その間に「一撃」は開催された。盧山同様、大山の遺志に反するという理由で、同イベントの開催に反対だった梅田は松井に対して強硬に迫った。

「君は極真のプロ化はないと断言したじゃないか。総裁もプロ化には反対だった。どうしても『一撃』を主催したいのなら、極真会館の館長を退くべきだ」

松井は「一撃」を中止にはしなかったが、梅田や盧山の面子を立てる形で一歩譲ることにした。

二回目の興行からは実行委員長の座をフランシスコ・フィリォに譲り、名目上ではあるものの「一撃」の表舞台から自らの名を消した。郷田勇三は言う。

「一撃の目的はK‐1などに出場する選手を育成することです。ルールの違う舞台にいきなり出るのは不可能なので、K‐1に対応できる選手を育てるためにKネットワークを設立し、『一撃』を開催しました。私は松井館長の考えに賛成です。大山総裁もプロ空手を模索していました。そして、総裁の指示に従い実際に動いていたのは私です。だから、総裁のプロ空手への思いは誰よりも理解しているつもりです。現在、『一撃』の実行委員長はフィリォが務めています。もともと松井館長がやっていましたが、梅田先生が極真の館長が名前を出すべきではないとうるさく言うので、館長は降りることになったのです」

松井章圭の評伝『一撃の拳』の著者である北之口太はメディアの見方を代弁するように、こう語った。

「いやいや、『一撃』は明らかに松井館長が主導する極真会館主催のプロ興行でしょう。名目や役職をどう変えてもそれが事実です。フジテレビとしてはK‐1が極真の選手の出場で人気を保ってはいるものの、選手層の圧倒的な薄さから、人気の衰退は必至だと見ています。ならば、選手層が豊富な極真会館にK‐1に続くプロ興行を担ってもらうほうがいいという考えだと思います。アマチュアの極真空手のプロ化の是非はともかく、『一撃』はまぎれもなく極真会館のプロ興行です」

ちなみに、生前の大山は決して極真空手の「プロ化」を否定してはいなかった。大山自身の過去の言動を振り返るならば、郷田が言うように、むしろ大山はプロ化を模索していたとも言える。それを裏づける資料をいくつか挙げておく。

一九五二年、初のアメリカ遠征から帰国した大山は、同年一〇月一一日の「東亜新聞」に掲載された遠征の報告記事のなかで、《唐手は綜合武術である見地からレスリング、ボクシング柔道の長点をとり入れると共にプロ唐手を編成すること》が必要だと語っている。

また一九六四年二月一二日、極真会館（大山道場）に所属する黒崎健時、中村忠、藤平昭雄をタイに派遣してムエタイの選手と戦わせ、当時、ボクシングのプロモーターだった野口修と共にキックボクシング（大山はキックファイトという名称を付して、空手のプロ化を位置づけようとしていた）興行に乗り出そうとしていた。野口修は語る。

「タイから帰国後、大山さんと一緒にプロの興行をやろうという話になりました。日本側の選手は皆、大山さんが引き受けるというので、じゃあ私が外国人選手の招聘を担当しましょうと。大山さんは『これで道場生を食わせてやれる』と張り切っていたのですが、資金不足が原因で、会社を設立する段階で頓挫してしまったのです」

一九六九年と言えば、極真会館が第一回全日本選手権大会（九月二〇日）を開催した年であるが、大会の半年前、大山は東都書房から極真空手の技術書『100万人の空手』を出版した（後に講談社にて改訂版が発売となる）。同書の第八章において大山は、試合をアマチュア部門とプロ部門に分けるとしたうえで次のように記している。

《プロフェッショナルな選手同士は、原則的に体のどこを打ってもよく、相手を倒すことによって終わる。もちろん時間内での勝負がつかなければ判定もあり得る。

現在行なわれているキックファイト（タイ式ボクシング）に極めて似たスタイルとなり、ウエイト制の採用もする。

空手のプロというのは、空手の試合を行なうのを業とすることで、これは大変な身体の訓練と稽古を特別につみかさねた人々が行なうもので、極めてプロスポーツ的なゆき方をするものであり、一般大衆の中へ見る楽しみを植えつけることで、空手の普及ともなり、空手をやる者は何か他の生業をもたなければならない現状を打開する一方法ともなる。空手一筋に打ち込んで、充分生活がなりたってゆくことが望ましいので他にも方法を講じなければならないが、これは有力な方法となり、多くの空手家を育てる基となるだろう》

年は下って一九七五年前後、大山は再び「プロ空手」の実現に乗り出した。自らは表に出なかったが、古参弟子である郷田勇三に選手の養成と興行を任せた。郷田は言う。

「現在の私の道場、城東支部はそもそもプロ空手の選手育成のために作ったのです。今でもリングの跡が残っていますが、極真空手のOBが極真会館とは別団体としてやるという形にして、実質的には極真のプロ部門を作るというのが総裁の考えでした。結果的に興行はうまくいかず、スポンサーとなるはずだった企業が倒産したりしてプロ空手は失敗に終わりましたが……。ただ、総裁が常に極真のプロ化を考えていたのは事実です」

郷田の「大山総裁自身が、もともと空手のプロ化を模索していた」という主張が間違いではないことが理解できる。しかし、その一方で、晩年の大山があたかも空手のプロ化を否定するような言葉を吐いていたこともまた事実だ。

「極真空手は断じてショー空手であってはならない」

「東京ドームを満員にするUWFみたいなプロレスも必ず数年で飽きられます。プロは観客を楽しませるのが目的だから、八百長もしなけりゃならない。しかし、極真空手は断じて真剣勝負でなければならない」

「ルールもない、何をしてもいいという試合は必ず失敗します。過激性を求める観客はね、試合を見れば見るほどエスカレートしていく。素人は痛みを知らないからだよ。そのままやっていたら死人が出る。それは格闘技じゃないし、武道のあり方とは違います。ただのショーに過ぎない格闘技は自滅する。私は極真空手をショー空手にするつもりはない」

このような大山の発言を耳にした関係者やメディアの人間は少なくない。ならば、晩年の大山はある意味「悟り」の境地で、過去繰り返してきたプロ化構想を自ら否定したのだろうか。山田英司は言う。

「大山総裁が亡くなる前年、一九九三年はK-1が始まって話題になった年です。また、アルティメットが行なわれてグレイシー柔術が最強の格闘技と呼ばれたりして大注目されました。それに九〇年前後は、UWF系のプロレスが大ブームになっていました。かつては実戦空手として格闘技の世界のトップに君臨していた極真空手の存在力が相対的にかすみ始めていた時期でした。大山総裁にはそれらに対する対抗心や嫌悪感があったのではないでしょうか。それが空手のプロ化を否定するような言葉になって出たんじゃないかと思います」

大方のメディア関係者は山田の解釈に近い見方をしている。いずれにしても、大山亡き現在、極真空手のプロ化について大山の真意を知ることはできない。善悪ではなく、それぞれの解釈の違いと言うしかない。

松井と盧山、梅田の間に生じた確執は、解決されないまま二年近くが経過する。そして二〇〇二年一〇月一六日、最後の最高幹部会議が開かれた。梅田はいつにもまして強硬な態度で言った。

「松井君、いつでもいいから極真を財団法人化する、新会館を建設すると言ってくれ。せめて意志だけでも見せてくれ」

だが、松井は首を縦に振らず、うんざりしたように反抗的とも取れる態度を示すだけで口を開こうとしなかった。梅田はさらに松井に詰め寄る。

「大山総裁が亡くなって一〇年も経つのに、財団法人化も新会館設立もまったく進まず、奨学会もそのままになっている。それで『一撃』なんていうものを始めるのはおかしい。『一撃』で儲けた金をすべて松井君が懐に入れているんだろう」

さすがの松井もその言葉には黙っていられなかった。

「何度も会議の場で法人化についてはきちんと考えていると答えているではないですか。ただ、それには非常に時間と資金がかかる。何度もそう言ったはずです。梅田先生は総裁が亡くなってから一〇年も経っているのによくおっしゃいますけれど、私からしたら、たかが一〇年しか経っていないんです。しかも、最初の数年は分裂騒動で組織固めに一〇〇パーセントの力を注ぐことができない状況だった。でもきちんと考えているし、努力もしていると何度も報告しているじゃないですか。それも認めてはくれないのですか？　私だって先生に言いたいことはあるんです。いつもああしろこうしろと言いますが、それじゃあ先生が何か協力してくれたことがありますか。財団化するには大金が必要です。でも、梅田先生は寄付どころか後援者一人紹介してくれない。新会館建設についてもそうですよ。早く建てろと言うのは簡単ですけれど、現実問題として旧会館を管理している遺族との関係がクリアになっていない。遺族と和解するために、先生がいったい何をしてくれたんですか」

松井はそれまで溜めていた不満を梅田にぶつけた。松井の言い分を非礼と取った梅田は「松井君は大山先生の遺志に反している。私は君を二代目とは認めない。今後は君とは距離を置く」と吐き捨てるように言うと席を立った。松井は「先生、座ってください。話し合いましょう」と引き止めるが、梅田が再び席に着くことはなかった。後に梅田を中心とする財団法人極真奨学会と松井は、商標を巡って裁判を繰り広げることになるが、梅田は「いつでもいいから極真会館を法人化してほしい。新会館を建ててほしい。そう訴えても松井君は決して首を縦に振らなかった」と陳述することになる。

梅田とのやり取りで松井が言った言葉に嘘はなかった。新会館を建設する予定地の半分は大山の遺族のものだ。また、旧会館の地域は現在、第一種住宅地域に指定され、商業施設などの建設には大きな制限が課せられている。それらを専門家と相談したうえで、松井は遺族たちに土地の共同使用に関する提案書を何度も送り、また相談を持ちかけてきた。だが、遺族の態度は頑なだった。ときには提案書を見ることとさえ拒んだ。

「当然ですが、僕は今まで新会館建設を放棄したことはないし、今後も諦めるつもりはありません。新会館を建設するのは旧会館のある、あの土地でなければいけないんです。それが総裁の願いでしたから。その目的のために、僕は苦労して旧会館の隣接地を手に入れたのです。恵比寿の一撃プラザは、現在我々が総本部として使用しているビルが手狭で、また騒音問題などで思うようにいかないために使用している建物です。あれは総本部ではないし、いわゆる新会館でもありません。郷田師範や盧山師範にはもちろん、梅田先生に対しても、僕は旧会館の土地に新会館を建てる努力をしている意志を示してきました。一度だって諦めたとか、建てるつもりはないなんて口にしたことはありません。それをわかったうえで同じことを繰り返し言うから、僕もうんざりしてしまったんです。財団法人の件についても同様です。常に努力をしてきました。総裁が望んでいたのは極真会館本体の財団法人化です。簡単な手続を踏むだけで取得できるNPO法人は公益法人として認められていません。大山総裁が遺言書に遺した財団法人とはまったくの別ものです。NPO法人の認証を受けても、確かにイメージはいいかもしれませんがなんの意味もない。だから、あくまでも財団法人を目指す最初の段階として極真会館を会社法人にしたのです」

松井が語るように、一九九四年一〇月、極真会館は「有限会社極真」として法人登記をしている。二〇〇〇年九月、松井は「有限会社極真」を「株式会社国際空手道連盟極真会館」に変更。取締役として郷田、盧山両最高顧問の名前が連なっていた。後々、支部長協議会派が新極真会となりNPO法人に認証されると、松井派の会社法人としての登記について批判的な声が沸き上がることになる。「松井は大山総裁が望んだ公益法人化を無視し、金儲けのために極真を株式会社にした」というものだ。実際、自らが取締役に就いていていながら盧山は言う。

「私は新会館を建設するための資金を管理する目的で、グレートマウンテンとは別に会社法人にすると聞いていたので賛成しました。しかし、株式会社として『国際空手道連盟極真会館』の名義にするというのは知りませんでした。会社設立の目的が第一に、『スポーツ、芸能の興行および企画』というのは解せませません。一般の人から見れば、極真会館は芸能事務所になったような印象を与えかねませんからね」

一方で、郷田は次のように松井の真意を代弁する。

「極真には極真奨学会という財団法人がありますが、これは団体を背負う資格がない有名無実のものです。緑君たちが持っているNPO法人は手続さえすれば簡単に取れるもので、公益法人とも言えない中途半端な代物です。私も館長から相談を受けていましたが、あくまで我々が目指すものは総裁が遺言書に遺した財団法人なのです。しかし、現状では公益法人としての財団法人はなかなか設立できるものではないと。ならば、ひとまず一般的な法人として会社組織にしておくのが賢明ということで、そのような形にしたのです。私は納得したうえで取締役として名前を館長に委ねているつもりです。株式会社イコール金儲けというのは短絡的な見方だし、むしろNPO法人なんて資格を取ってイメージを上げようとするほうがずっとあざといと私は思います」

二〇〇〇年に「有限会社極真」から「株式会社国際空手道連盟極真会館」と名義変更したのには理由があった。それは「有限会社極真」を設立したときと変わらない。以下は松井派の事務局の説明である。

「商標問題でいくつもの裁判を抱えるなか、遺族側が池袋に同名の会社法人を設立する動きを見せていました。それを阻止する目的で急きょ、名義変更を行なったのです」

また、これらの経緯について、「梅田先生にも盧山師範にも相談したことだし、彼らは賛成してくれたはず」と松井は言う。

話は梅田が席を立った最高幹部会議に戻る。気まずい雰囲気のなか、会議の議題は盧山初雄の最高顧問辞任の問題に移った。これにはさまざまな経緯があった。盧山と松井がうまくいかなくなった理由は、K‐1への進出や「一撃」の開催を盧山が反対したことだけではなかった。具体的な問題として、ロシアを管轄する盧山の独占的な姿勢や、若い支部長たちを交えた席での盧山の不用意な発言の二点が挙げられる。

大山亡き後、ロシア地区担当になった盧山は、ロシア極真の発展に力を注いできた。ロシアは急激に力をつけ、世界選手権で上位に入賞する選手が続々誕生した。そのロシア管轄の方針を巡り、松井と盧山の対立が表面化したのだ。盧山はロシア問題について次のように語る。

「プロ参戦への批判など、いろいろな問題のなかで、松井君は私をロシア担当から外そうと目論んでいました。松井君はK‐1に参戦させるための選手が必要だったのです。ロシアには予備軍が大勢いたのですが、私がロシアを担当している以上、勝手に試合に出場させることはできません。だから、なんとか私をロシア担当から外したかった。そこで私の知らないところで国際秘書の五来君が絵図を描き、モスクワでの大会準備を進めた。私は松井君がモスクワへいくことをまったく知りませんでした。責任者の私が知ったのは準備が整った後でした。私はロシアの担当者に連絡を入れ、『いくら私がロシア担当とは言え、今回の大会にはいけない。自分ですべて確認しながら準備をした大会でない以上、なにかあったときに責任を取れないからだ』と言いました。そうしたら、松井君は私の言葉の揚げ足を取るように『モスクワにいかないのならロシアの責任者を降ろす』と言ってきたのです」

　モスクワの大会とは二〇〇二年二月九、一〇日に開催された「ロシアンカップ2002」のことである。結局、同大会に盧山は欠席し、視察を兼ねた松井が出席した。また、松井は大会から一ヵ月も経たない二月二二日から二五日まで、世界チャンピオンである数見肇を伴い東ロシアで合宿を行なっている。ところが、松井の説明は盧山の言葉とはかなりニュアンスが違っている。

「当時、ロシアは全面的に盧山師範に任せており、私は一切口をはさみませんでした。しかし、東ロシアが新極真会に靡きそうだという情報が入ってきたため、盧山師範に気をつけるよう忠告していたのです。師範は西ロシアには力を注いでいましたが、東ロシアはある意味野放し状態になっていました。あれだけ広い国ですから、決して一枚岩ではないため、主要部分である西ロシアを押さえていれば安心とはいかない。盧山師範は私の忠告にわかったと答えたものの、なんの手も打ちませんでした。さすがにこれはまずいというところまできたため、五来君に指示を出し、大会の開催と東ロシアでの合宿を計画したのです。そうでもしないと東ロシアは離れていってしまう。ロシアの管理はくれぐれも細かく注意して見てほしいし、本部にも報告をお願いしますと盧山師範に念を押したにもかかわらず、何も動いてくれなかったという不満があったのですが、盧山師範は勝手なことをするなと怒ってしまいました」

松井の指示によって実際に動いた五来は、東ロシア云々の話以前から、盧山には問題があったと語る。

「ロシアの支部長からぜひ館長を呼びたいということで、国際秘書である私に連絡がきたのを機に、館長と今後、ロシアをどのようにしていくべきかを話し合いました。当時、ロシアが急成長していた時期でもあり、組織としてきちんとしていかなければなりませんでした。担当者である盧山師範には、あまりよくない噂がありました。師範は本部を通さずに直接ロシアとやり取りをしていたので見えない部分が非常に多く、勝手に認可状を出しているとか、ロシアと盧山師範には癒着があり、ロシアから盧山師範に大金が流れているとか……。しっかりと本部に報告をして、館長と連携して動いてくださっていれば、そんな噂も出てこないはずなのです。しかし、盧山師範は直接動いてしまいました。ここに大きな問題があったと思います。そこで今後は私も関わっていく形になったのです」

ロシアに関しては両者の言い分にかなりの温度差があるが、もうひとつのトラブルである盧山の不用意な発言についても同様だった。結局、この二点の問題がこじれて互いに退くに退けない事態を招いてしまう。それが盧山の除名につながっていく。

盧山は、普段から気さくで腹のなかに鬱憤を溜め込まず、誰に対しても陽気で多弁な人物として知られている。それが今回は裏目に出てしまう結果となった。K‐1など格闘ショーへの接近や「一撃」の開催に批判的な盧山の不満がときには公の場、また大勢の支部長の前で出てしまうこともあった。最高顧問という立場にある盧山の発言は、非常に重い意味を持つ。盧山に対して、発言には気をつけるよう松井が釘をさしたこともあった。五来は言う。

「K‐1との関わりに批判的だった盧山師範は、大会終了後の食事会など、公的な場で批判的な発言をすることが度々ありました。国内だけでなく、ロシアなどでも反松井発言が目立っていたのです。そのため、決定した組織の方針には従ってもらわないと困るという話し合いになったこともありました」

ことの発端は、盧山が欠席したロシアンカップ終了後に行なわれた国際会議だった。同会議で盧山をロシア担当から罷免する決定がなされた。帰国した松井はその旨を梅田に報告した。

「今回のロシアンカップの欠席や、これまでの問題点などから盧山師範にはロシア担当から外れてもらうことにしました。ルック・ホランダーなどの国際委員もモスクワに集結し、国際会議で話し合って決めた結果です」

すると梅田は顔をしかめて言った。

「君は毛唐（中国人、欧米人などを卑しめて呼ぶ語）と盧山師範のどっちを信じるんだ？」

「毛唐」という言葉に松井は敏感に反応した。

「先生、今の言葉は取り消してください。先生は民族差別をする人なのですか？」

松井の強い怒りに、梅田が発言を撤回することでその場は収まったが、梅田の気持ちは裏腹だった。梅田は側近に「私はもう松井君を二代目とは認めない。記者会見を開いて私が彼を除名にする」と宣言し、突然「反松井」の意向を鮮明にした。このときの松井とのトラブルが前記した最高幹部会議での梅田の言動につながることになる。

ところで、梅田については大山の生前から毀誉褒貶が激しかった。梅田の医師という立場、病院の院長としての名誉を大山は常に尊重していたが、空手家としての実績を持たない梅田を慕う極真関係者は決して多くはなかった。表面的な穏やかさの一方で、梅田の粗野な言動は常に反感を呼んだ。「私はエリートだ」と公言して憚らない梅田は、極真会館という組織にあって極めて異色な存在だった。あえて匿名にするが、現極真会館支部長たちの梅田評を挙げておく。

「医師特有の上から目線と傲慢さがあふれている。総裁の前では紳士面しているが、目下の人間に対してはひどい態度だった」

「学歴とか職業云々をいつも意識していて、高学歴の人間や社会的な権威ある仕事をしている人間とだけ親しくしていました。大山総裁も松井館長も在日韓国人ですが、陰では『あの朝鮮人が』なんて平気で口にしていたのを知っています」

「極真の分裂は総裁の遺言書から始まったわけですが、多くの支部長たちが松井館長に疑問を抱いた理由のひとつに、総裁の出棺のとき、梅田先生がまるで葵の御紋を持って、『控えろ』と水戸黄門の格さんみたいな態度で、『後継者は松井』と言ったことにもあると思うんです。感情論と言えば、まさに感情論ですが、梅田先生にはどこか変な傲慢さや上辺だけにこだわるような印象があります」

松井も日頃から梅田の姿勢に対して違和感を抱いていた。大山の遺言書の証人として、松井を正当な極真会館の後継者と断言し続けてきた梅田ではあったが、松井にとってはある意味で疎ましい相手だった。梅田の「毛唐」発言に対する松井の反応は、館長就任以来、鬱積した不満の表れでしかなかった。

極めて感情的なぶつかり合いに過ぎなかったが、この松井の梅田に向けた怒りが梅田のプライドを大きく傷つけた。最後の最高幹部会議を契機として、梅田は「遺言書から始まって、私が松井君を二代目館長に選んだようなもの。その私が松井君を館長として認めない。彼には大山総裁の遺志を継ぐ資格がない」と公言するようになる。特に松井に対して批判的な姿勢を貫いていた盧山は、梅田にとっては格好の相談相手だった。

ある日、盧山は地方大会に招かれ、奈良県を訪問した。大会が終わった後、盧山は堀田裕晴ら若手の支部長たちに囲まれながら飲食していた。酒の勢いも加勢して、盧山はつい梅田との話の内容をもらしてしまう。

「梅田先生が松井館長に降りてもらうと言っている。もし松井が除名されたら、お前たちはどうする？」

盧山としては酒の席でのたわいない発言だった。しかし、これが思いもよらない大事に発展する。

「同席していたのは堀田君だけじゃないが、皆若手の支部長でした。特に堀田君は生真面目だから、本部の事務局に報告してしまった。それも私が松井君を館長から降ろす計画があるといった具合に、その段階ですでに話は大きくなってしまったようです。口は災いのもとと言うけれど、あれは私の失態だったと思っています」

盧山は苦笑しながら言うが、いつしか盧山の発言は「盧山がクーデターを起こそうとしている」という内容にすり替わって、噂が一人歩きしていった。もう一人の最高顧問である郷田の耳に届く頃には「地方大会の後、『松井では駄目だから俺がなる。皆俺についてこい』と盧山が言った」という話にまでふくれ上がり、普段は温和な郷田でさえ「酒の席の冗談では済まされない言葉」と盧山に対しての怒りをあらわにした。

そんな経緯のなか、前述したように最後の最高幹部会議は開かれ、梅田と松井は決裂した。次は盧山が追及を受けることになる。松井は盧山に最高顧問などの役職から退くよう迫った。

「師範、どんな経緯があろうとも、言ってしまった言葉の責任は取ってください。そうしないと組織として示しがつきません。表面上だけでも、最高顧問や国際委員の肩書きを外してください」

盧山は納得しなかった。

「私はクーデターを起こそうなんていう気持ちはこれっぽっちもない。ただ、私の発言が組織を混乱させたというのなら、謹慎という形でしばらく公の場には出ない。それでは駄目なのか」

だが、松井も譲れなかった。ここまで噂が広まってしまった以上、謹慎で済む問題ではない。事態を収拾するためには、盧山に最高顧問を含めた地位を辞任してもらう必要があると松井は言い張った。盧山は言った。

「もし、私が辞任をしないと言ったらどうなるんだ？」

松井は毅然として「除名にさせていただきます」と答えた。盧山は憤然としながら「ああそうか」とだけ言って席を立った。同席していた山田雅稔や浜井識安に口をはさむ余地はなかった。

最悪の終幕となった会議の後、郷田は盧山に連絡を入れ、説得した。だが、盧山の気持ちは変わらなかった。

「郷田師範、私は自ら極真会館を去るつもりはありません。しかし、除名というのならその決定に従います」

問題は「責任の取り方」だった。その一点だけで松井と盧山は対立したことになる。「除名」という言葉を口にしながらも、松井の本音は違っていた。会議の場では互いに自らの姿勢を崩そうとしなかった二人だったが、後に当時を振り返りこう語っている。

「クーデター発言云々については、誤解もかなりあったことはわかっています。ただ、最高顧問という立場の人間が、酒の席でぽろっと言ってしまったという言い訳は通用しません。言った言葉には責任を取ってもらわないと困るということで、私はどれか肩書きを外してくださいと提案しました。それも表面上のことで、事態が収まれば時期を見てまた戻しますとも言いました。あくまでも形式だと。しかし、盧山師範は聞く耳を持ちませんでした。私としては盧山師範のマイナスにならなない落し所を提示したつもりだったのですが……。互いに感情的になってしまった部分はありました。そもそも、盧山師範という人間をよく知っている古株の支部長たちが相手ならば、『また師範はそんなこと言って』なんて、笑い話で済んだことなんです。でも若手の支部長たちにとって、盧山師範はとても大きな存在です。どんな話も正面から受け止めてしまうのです。盧山師範には話す相手を選んでほしかった。それが残念です」（松井）

「最高幹部会議で松井君に『ロシアや奈良で松井を館長から降ろすというような発言をした。それによって組織を混乱させたのだから、最高顧問を降りてください』と言われました。私はそんなことは言っていないし、悪いことをしたとも思っていません。ただ、堀田君たちに話したことが変な形で伝わってしまったのなら、それについては謹慎という形でしばらく公の場所に顔を出さないと答えました。しかし、松井君は『とにかく最高顧問を降りろ』の一点張り。降りなければ除名にするとも言われましたが、私は『最高顧問を降りるつもりはない』と答えました。私も少々大人気ないところがあったかもしれません。互いにムキになっていたと言われれば、否定できませんが……。そんな状態だったので、直後に行なわれた全日本大会も欠席せざるを得ませんでした」（盧山）

二〇〇二年一一月二、三日、松井派極真会館主催の第三四回全日本選手権大会が開催された。そこに盧山の姿はなかった。大会終了後、恒例となっている全国支部長会議が行なわれたが、その場で盧山初雄の極真会館除名が決定した。公的に発表されたのは一二月五日に開いた記者会見の席だった。出席者は松井章圭、郷田勇三、山田雅稔、フランシスコ・フィリォである。同会見は松井の挨拶から始まった。

「おかげさまで一年間の年中行事をほぼ終え、新年を迎えようとしています。今般このような形で皆さまにお集まりいただきましたのは、来年（二〇〇三年）は極真会館における最大行事である世界大会を迎えることに併せて、大山倍達総裁が逝去されてちょうど一〇年目という節目を迎えます。そこで、改めて我々の二〇〇二年の活動報告や新年の指針をお伝えしたいと思い、この席を設けさせていただきました」

松井の言葉通り、二〇〇二年の総括や二〇〇三年に向けての抱負などが語られた後、「そして、非常に残念な報告ではありますが……」と、盧山の除名処分が告げられた。

「内部的な事情で一一月一日に盧山初雄氏を最高顧問、国際委員、首席師範、大会審判長、北関東地区本部長の役職から解任して謹慎といたしました。その後の経緯で、一一月一八日に除名処分が決定しました。一一月二五日には、先の全日本大会優勝者で千葉中央支部長の数見肇氏が退会届を提出し、翌二六日には東京城南支部長の廣重毅氏が退会届を提出しました。それから二九日には鳥取と島根両県にまたがる山陰支部長の湖山彰夫氏が退会届を提出しました。そして、一二月三日の全国本部長会議をもって、極真会館として、正式に三名の退会届を受理いたしました」

会見は質疑応答へと移った。

――数見氏や廣重氏の退会理由、盧山氏の除名の理由はなんですか。

松井「大山総裁が亡くなられてから一〇ヵ月後に、相当数の支部長が離脱した騒動が起こりましたが、盧山氏の一件に関しても基本的にはそのときと変わらない構造にあると思います。現体制の転覆を目的としたクーデターを企てるような言動が見られ、これが国際的、また国内的に著しく秩序を乱す結果になりました。ただ、それをもっていきなり除名処分ということではなく、やはり当時は最高顧問という立場でもあったので、組織内部で自己責任を取るという形にしていただけませんかと、郷田最高顧問を通じて盧山氏にお願いしました。『クーデター行為』というきつい表現を使いましたが、それについてもいろいろないき違いがありましたから、表面化したことの自己責任を取り、最高顧問の職を辞していただきたいとお願いしたわけです。しかし、それを受け入れていただけずに、自らを正当化する主張のみでしたので、これ以上、組織活動を一緒にしていくのは不可能と判断し、最終的に除名処分という決断を下しました。数見選手については、『今回の全日本大会に出場して幸いにも優勝できたけれど、非常に過酷で勝ち抜くのが大変だった。まさに薄氷を履《ふ》む思いだった。次の世界大会に臨んでも自分の役割を果たすことはできないと思う。同時に競技選手を引退した後も、以前から自分なりに武術・武道として空手を追求したいと思っており、自分なりの修行を修めていきたいので退会させてほしい』ということでした。湖山氏に関しては、盧山氏と師弟関係にあるため、氏に準ずるということだと思いますが、退会届に記されていたのは、『大山総裁が目指した極真空手と、現在組織のなかで行なわれているものに違和感を覚えた』という理由でした。廣重氏については、退会届の書面には『一身上の都合により』としか書かれていませんでした。退会届は郷田師範が受け取っており、私自身は口頭での連絡をいただいていないので、理由は判断しかねます。ただ、やはり愛弟子である数見選手の退会にかなり影響を受けたようですね」

郷田「廣重が私のところに退会届を持ってきました。総本部へ持っていけと返したのですが、どうしても私に受け取ってほしいと言うので仕方なく受け取りました。彼が言うには、数見がやめると言い出したとき、彼なりに説得をしたけれど、数見の意志が固く説得できなかった。数見がやめるというのであれば、自分も弟子についていってやりたいということでした。はっきり言って、子離れできない親という印象です」

――今回の除名や退会は、今の極真会館の方向性、一撃やK‐1などに積極的に参戦していることと関係はないのですか。

松井「まったく無関係とは言えません。盧山氏とのやり取りのなかで、それを象徴するような言葉もありました。例えば『大山道場時代、大山総裁は〈一〇〇人の弟子よりも一人の強い弟子がほしい〉と思って指導されていた』と盧山氏は言っていました。そういう職人的な気持ちで、空手を追求する求道者としての指導をするべきということです。盧山氏の言う空手観、武道観に異論はありませんが、組織論に関しては若干考え方に違いがありました。私は空手道を追求していくためには、安心して活動できる組織を作ることが大切だと思っています。また、極真会館が今や大山道場時代のような町道場の域を出て国際組織に成長した以上、社会性を持った組織運営をしていく義務があります。そのためには、やはり組織の多様化は必須です。昔とは違い、現在の極真会館にはさまざまな目標を持っている人たちが、老若男女問わず集まってきているわけですから、『極真』という軸を外れない範囲で、できる限りその人たちが望む活動の場を与えていかなければなりません。そのあたりに、私たちと盧山氏の視点の違いがあると判断しています」

一方、盧山は除名処分の理由について公的に反論することはなかったが、雑誌のインタビュー（『ゴング格闘技』二〇〇三年二月号）で今後の活動を聞かれると、多少松井を揶揄するように答えた。

《我々は総裁が遺した極真空手により磨きをかけて強さを追い求め、誰もが魅入るすばらしい心技を作り上げ、日本の文化として普及させていきたいと思っています。しかし、強さを求めると言ってもプロのリングに上がるという短絡的なことではありません。興行によるものではなく、達人的な絶対的な強さを求めてひたすら稽古に励み、地上最強の極真空手を復権させ、完成させたいと考えています》

松井と盧山は、真っ向から対立する形で袂を分かった。以上のように、その背景にはいくつもの諍いがあった。現極真館相談役の横溝玄象は次のように述懐する。

「名目や理屈はいろいろとあるでしょうが、あの二人の決別は詰まるところ近親憎悪による兄弟喧嘩だと言えるでしょう。松井君にとって長い間、盧山師範は『師』であり『兄』だったのです。どちらも在日コリアンで、つまりは同胞なわけです。二人はとても強い絆で結ばれていたはずです。まさに家族のような関係でした。そんな間柄だから、盧山師範の立場からすれば、かわいい弟が組織の長になったといった感覚だったはずです。公私混同と言われればそれまでですが、家族だからこそ、盧山師範は松井君にとって苦い薬であろうとしたし、何を言っても二人の絆は壊れるはずはないと思っていた。それがいつしか馴れ合いになって互いに甘えが出てくる。結果的に悪いほうにいってしまった。だから残念なのです。でも、私はいつの日か二人が和解することを願っています。遺族派とか新極真会のような別れ方じゃないですから。兄弟喧嘩なんです。また二人がもとの鞘へ収まると私は信じていますよ」

極真館の誕生

松井派を離れた盧山は、翌年の二〇〇三年一月一三日、「極真空手道連盟　極真館」を設立した。大山倍達存命中からの盧山の拠点である埼玉県の青木会館において発足パーティーが行なわれ、主要メンバーが紹介された。館長・盧山初雄をはじめ、副館長・廣重毅、本部長・湖山彰夫、副本部長・岡崎寛人（松井派極真会館元福島県支部長）などである。パーティーには全国から八〇〇名もの支援者が駆けつけ、盧山らの新たな門出を祝った。

ところで「極真館」という名称であるが、盧山は二〇〇二年一〇月二二日、特許庁に「空手道極真館」の商標を申請している。最後の最高幹部会議の直後だ。すでに盧山は松井極真を離れる準備を始めていたことになる。当初、「空手道極真館」は「新極真会」の商標登録同様、特許庁より拒絶通達が出された。松井の持つ商標と類似しているという理由からだ。盧山はすぐに以下の三点を挙げた意見書を提出する。

一、「キョクシンカイ」と「カラテドウキョクシンカン」は、前半部分において「カラテドウ」の有無、末尾音の「イ」と「ン」の音の差異は、全体としての呼称におよぼす影響は大きいため、呼称上、相紛れる恐れはない。
二、「キョクシンカイカン」と「カラテドウキョクシンカン」は、前半部分 の「カラテドウ」の有無、後半部分の「カイ」の音の有無という差異があるため、呼称上、相紛れる恐れはない。
三、「国際松濤館空手道連盟」の存在にもかかわらず、「松濤館流」「国際空手道連盟松濤館陽空会」「日本松濤館空手協会」が他人に登録されている。

二〇〇四年三月一二日、特許庁は盧山の意見を認めた。盧山が出願した「空手道極真館」の商標が登録されたのである。さらに、盧山は「空手道極真塾」や「極真武道館」などいくつかの商標申請を行ない、すべて認められている。

松井は当然のように、盧山の商標登録に対して異議申立てを行なった。だが、特許庁は次の理由で松井の申立てを却下し、登録維持を決定する。

《極真会館からいくつもの派が独立し、その名称中に「極真」の語をいれて活動し、大会などを運営していることが認められる》

《「極真」のみではないから、申立人の主張及び証拠によっても、独り本件商標権者が「極真」の

語を商標として独占するために登録出願したともいうことができない》

こうして、盧山は堂々と「極真館」を名乗れることになった。ついでに言うならば、盧山が命名した「極真館」だが、一九六九年前後、まだ「極真会」さらには「極真会館」を正式に名乗る以前、つまり俗に「大山道場」と呼ばれていた時代、大山倍達が「極真館」を名乗っていた事実がある。そこから盧山は「極真館」を「最強の極真空手への原点回帰」とするスローガンの象徴として捉えている。

ちなみに、盧山の脱会を追うように廣重毅と数見肇も松井派に退会届を出したことについてはすでに触れている。公式な退会届の提出は、数見が一一月二五日、廣重が翌日の二六日とされているが、廣重が先に脱会を決意し、彼の弟子である数見はそれに従ったというのが実際だと廣重は言う。

「私が松井君のところを離れたのは、盧山師範の行動が正義だと信じたからです。ただ、私は自分の行動を弟子たちに強制するつもりはありませんでした。支部長協議会派の分裂騒動のときに散々な思いをしましたから、もう誰も巻き込みたくありませんでした。数見君には私自身の思いを話しはしましたが、数見君は自分の信じた道をいけばいいと言いました。数見君の心に松井体制に対するどんな思いがあったかはわかりません。全日本大会でもチャンピオンに返り咲いたし、ある意味で彼は松井君の団体を背負って立つ立場にあるのも事実でした。決して互いに心を割って話し合ったわけではありません。だから、私も数見君の真意はわかりかねるというのが正直なところです。それでも、数見君は師範についていくと言ってくれました。確かにうれしいとは思いました。これで盧山師範と共に心ゆくまで最強の極真空手の追求ができると……」

一方の数見は、松井派を離れることについてメディアの取材に次のように答えている。

《今までずっと選手としてやってきましたけど、他流派の先生方と交流していく中で空手観が変わってきたというか。それまでは試合に勝つ、イコール空手だと思ってたんですよ。でも、本当はもっと深いものがあるっていうのがわかったんですよね。そういうものを追求していきたいなと。（中略）今回の脱会っていうのは、自分のワガママなんですよ。自分のやりたいことがあるということで、誰かに恨みがあるとか、そういうのは全くないですし》（『格闘技通信』二〇〇三年一月八日号）

《結果的に廣重師範、盧山師範と一緒にやっていきますが、僕の退会はお二人の行動とは直接的には関係ありません》（『ゴング格闘技』二〇〇三年二月号）

廣重の言葉にもあるように、数見の脱会の真意はどこか曖昧模糊としたものだった。実際、数見は極真館の設立に参加する。だが、二〇〇三年一月一三日の極真館鏡開きの際も、式典で氷柱割りの演武を披露する一方で、メディアに対し、「僕の場合は極真館に入ったというよりは、極真館の極真空手道連盟に数見道場として参加するという形です」と、盧山や廣重とは一線を画すような含みを残した発言をしている。

結局、数見は同年五月一四日、「日本空手道　数見道場」設立の記者会見を開き、実質的に極真館との関係を絶ったことを公表した。

《（著者注：極真館には）自分のわがままを聞き入れていただきまして、送り出していただきました。（中略）自分がやりたいことを組織の中でやると、統率を乱す可能性もありますし、迷惑がかかるということもあると思いますので》（『格闘技通信』二〇〇三年六月二三日号）

いささか不可解な数見の行動ではあったが、その背景に当時、一部の武道関係者の間で話題になっていた心道流の宇城憲治の存在があった。沖縄古伝を自称する心道流空手は、独特の稽古法や秘伝とされる技術を持つ、空手界では異色な流派である。師範である宇城は自著やビデオなどで自ら

「達人技」を披露し、そのミステリアスな存在が注目されていた。数見が宇城に心酔しているという噂は極真関係者の間にも広まりつつあった。特に「数見の下段蹴りがまったく効かなかったらしい」とか「宇城師範の突きで数見が吹き飛んだ」などの逸話によって、宇城の強さはややデフォルメされながら空手界に伝わっていった。数見と行動を共にした、ある極真会館出身の有名選手（匿名）は言う。

「極真空手の頂点を極めた数見は、極真よりも強く正統な心道流の虜になっていたのです。松井館長のもとを離れたのも、極真館から離れたのも、心道流を学びたい、またブラジリアン柔術のような総合格闘技に挑戦したいといった理由がすべてだったのです」

全日本王者に返り咲いた途端、大義名分を述べることもなく極真会館を去っていった数見に対しては、当然のように大きな非難の声が浴びせられた。松井自身、記者会見でも触れているが、改めて数見の身勝手さに疑問を呈している。

「空手に対する主義主張が変わったがために、極真とは別な道を模索したくなったという気持ちは理解しています。ならば、新極真会はもちろん、数見君の師である廣重師範が盧山師範と共に立ち上げた極真館には関係してはならないと言いました。なぜなら、今後は極真と異なる空手を模索するのですから『極真』と名乗ることは当然ですが、そんな団体に与していったら数見君の言葉は明らかに矛盾していることになるからです。また、たとえ極真会館を離れても、彼はその年の全日本チャンピオンなのです。そのチャンピオンとしての責務として、多くの選手が打倒数見君を目指して頑張っているのだから、最低でも来年の全日本には出場するのが筋だとも言いました。彼は私の忠告を了承したはずです。しかし、結果的に私との約束をすべて反故にしてしまった。彼の組織人としての身勝手極まる行動には私も失望しています」

さて、盧山が館長、廣重が副館長として船出した極真館だが、その後、極真館はさいたまスーパーアリーナで夏に第一回全日本ウエイト制選手権を、秋には第一回全日本選手権を開催するなど、精力的に活動していくことになる。盧山は「極真空手の原点回帰」をスローガンとして提唱、「かつて大山総裁が主張し続けた最強の空手、真の武道空手を追求するのが極真館である」と言い切った。そんな極真館の指標を内外に示したのが、二〇〇六年一一月の第四回全日本選手権でエキジビションとして公開した「真剣勝負試合」だった。

「真剣勝負試合」とは、顔面殴打、摑み、投げ、掛けなどを認めた試合ルールを言う。頭部にヘッドギアをつけ、拳にはオープンフィンガーのグローブを装着する。これら防具はすべて極真館のオリジナルである。特にグローブは、極真館の発足当時から研究・開発してきたものだ。一般のボクシング用グローブは、拳の周囲を衝撃緩衝材で保護する構造になっているが、極真館のグローブは通称「風船グローブ」と言うように、袋状のグローブに空気を注入することで打撃によるダメージを軽減している。「真剣勝負試合」の実現に直接関わった廣重は説明する。

「それは試行錯誤の連続でした。普通のグローブではどうしても脳への悪影響が避けられません。かといって、掌底（てのひら）での打ち合いは技術的にも問題があるし、危険性も極めて高い。スーパーセーフなどの面では間合いや視界の問題が残る。やはり顔面殴打や摑み、投げまでも認めるならばグローブがもっとも現実的だと。しかし、どうすれば安全性を保てるか？　いろいろと工夫した結果、風船や浮き袋のように空気を入れて衝撃を和らげる方法にいき着いたのです。ヘッドギアもそうですが、まだまだ理想的なものとは言えません。空気の入れ具合で微妙に衝撃の度合いも変わってきます。空気を入れ過ぎると、ほとんどダメージを与えられなくなってしまいます。ノックダウン制ですから、適度な衝撃は必要です。試行錯誤はまだ続きますが、『真剣勝負試合』こそ真の意味で最強の空手に近づく唯一の手段だと、盧山館長も私も信じています」

この「風船グローブ」は実用新案を取得していると盧山は言う。ただ、極真館の「真剣勝負試合」に対する空手関係者やメディアの評価は両極端に分かれている。多くの極真空手関係者は、「極真空手を名乗るならば、大山総裁が作り上げた現行の極真ルールを堅持するべきではないか」と批判的な声を投げかける。また、一九九〇年代以来、K-1をはじめPRIDEなど、キックボクシングスタイルや総合格闘技がブームになってきたことから、「真剣勝負試合」を「格闘技ブームに便乗したもの」と言い切るメディアも少なくない。山田英司は、「キックボクシングが長い伝統のなかで培ってきた技術にははるかにおよばないでしょう。キックの選手たちが出場したら、優勝はもちろん入賞も全部持っていかれてしまいますよ」と否定的だ。

一方、フリーライターの家高康彦や格闘技研究家の宮田玲欧らは極真館の新しい試みを評価する。家高は「独自に開発したグローブを、まずは認めなければならないと思います。選手たちの技術が向上していけばキックボクシングに劣るということもなくなるでしょう。ルールによって技術は変化するわけですから、極真館のグローブと普通のグローブでは戦い方も変わってくるでしょうし」と言う。また、宮田はこう語る。

「『真剣勝負試合』によって、極真空手が長い間、実戦的な見地から批判されてきた顔面殴打禁止の呪縛からやっと開放されるでしょう。確かに『真剣勝負試合』は過酷です。現在の極真ルールでさえハードで危険だという声もあるくらいです。結果的に、同じ極真でも、極真館の敷居は高くなるのは間違いありません。組織の拡大という点から見れば逆行することをしていると言えます。でも、私はそれでいいと思います。『極真空手のなかでも最強なのは極真館』と言われるようになれば、極真館の存在力は貴重になってくると思います。極真館は数より質で存在力をアピールしていけばいいのではないでしょうか」

宮田はこのように認めながらも、「一方で懸念もある」と言う。

「現時点では『真剣勝負試合』はウエイト制に限られていますよね。安全対策上、体重制が必須なのはわかります。また、予選と本戦の間に数日開けるというのも評価できます。しかし、無差別の試合は相変わらず極真ルールです。不用意な接近戦などを反則にして、常に顔面攻撃を意識した戦いを選手たちに要求しても、結局は極真ルールなわけです。そうなると選手たちは、ふたつのルールによる戦い方をマスターしなければならなくなります。もし、どちらか一方だけのルールを選んだとするならば、今度はウエイト制重量級、つまり『真剣勝負試合』のチャンピオンと無差別制の極真ルールのチャンピオンの優劣はどうなるのか……。少なからぬ混乱を選手たちにも、ファンにも与えることになるでしょう。それだけが課題だと思います」

盧山が打ち出した「最強の空手への原点回帰」が今後、いかなる展開を見せるのか？　松井極真会館、新極真会に続く第三勢力となった極真館への評価が定まるのはまだ先のことになる。

ところで二〇〇六年五月一三日、盧山同様、遺族派や支部長協議会派による分裂騒動以来、一貫して松井を擁護してきた石川県支部長の浜井識安が松井派脱退を表明した。浜井は退会の理由を声明文として各メディアや空手関係者に送付する。最大の理由として松井の「大山総裁の遺言の不実行と極真会館の私物化」を浜井は挙げる。盧山が松井のもとを離れた際の理由とほとんど変わらない。実は盧山が独立した段階で、浜井も行動を共にするのではないかという噂が流れていた。だが浜井は動かなかった。

「私は盧山師範が最高幹部会議で松井君とやり合ったのを見ていたわけですが、その後、今は耐えて松井君に従うべきと何度も盧山師範を説得しました。もう少し、組織に留まって我々ができる限りのことをしてみましょうと。いつか必ず松井君も我々の主張に耳を貸すに違いないと信じていたのです。しかし、あれから三年以上経っても何も変わらなかった。それで決心したのです」

さらに、浜井は次のように続けた。

「盧山師範たちと合流して、休眠状態だった財団法人極真奨学会を活性化することで、極真の大同団結につなげたい」

浜井の松井派離脱は、極真館に「合流」するのが目的――。ほとんどの極真関係者はそう予想していた。浜井の弟子たちも同様だった。盧山は振り返る。

「極真館を設立してほどなく、浜井君の道場で師範代や指導員をしていた数名の若者が私を訪ねてきました。浜井君が極真館に入ると聞いていたので自分たちは一足先に、一刻でも早く極真館に参加させていただきたいと彼らは言いました。私は彼らの熱意に感動しましたが、やはり空手は縦社会ですから、まずは、改めて君たちの先生である浜井師範と相談したうえで円満な形できなさいと。ところが、弟子たちの報告を聞いた浜井君は慌てた様子で電話をしてきたのです。浜井君はこう言いました。『彼らには時期を待てと言いました。私が動くのを待てと。どうせ極真館に合流するならば、まとまって動くほうが賢明だと思うので、少しだけ待ってください』と。ところが、一年経っても二年経っても浜井君は動かない。待ち切れなくなった弟子たちは、それぞれ思い思いの行動を取ってしまったのです」

浜井は自らが松井極真会館を離脱する際、弟子たちに血判状とも言える誓約書を書かせている。当然、内容は浜井と行動を共にすることを約束させるものだ。だが、結果的には盧山が揶揄するように、浜井についていく弟子は想像以上に少なかった。

結局、浜井は財団法人極真奨学会に積極的に関わっていく一方で、極真館に合流することなく、自ら「極真会館浜井派」を旗揚げする。盧山は、「浜井君は極真館に参加すると再三言っていましたが、いつしか東京に自分の事務局を出して浜井派を名乗ってしまった」と呆れ顔で語る。しかし、浜井は「極真館に合流すると言った覚えはない」と譲らない。ちなみに、浜井の脱退について松井は多くを語ろうとしない。ただ、「いいんじゃないですか。浜井師範はああいう人ですから。ご自分が望むようにやればいいことです」と苦笑する。

財団法人極真奨学会

盧山と松井の争いは「空手道極真館」の商標を巡るものだけではなかった。同時期に松井極真会館を離れた盧山と梅田は必然的に行動を共にするようになり、彼らは梅田が理事長を務める財団法人極真奨学会の復活に力を注いだ。彼らの行動が、原告を財団法人極真奨学会、被告を松井章圭とする新たな裁判を誘発させることになる。

盧山たちが動き出した頃、財団法人極真奨学会は事実上、休眠状態に陥っていた。大山倍達の遺志である公益財団法人化に向けて努力をしていると盧山や梅田の前で見得を切った松井だったが、極真奨学会を復活させることにはなんのメリットも感じていなかった。極真奨学会の実体を松井はすでに熟知していたからである。さらには、大山は遺言書で「財団法人極真奨学会が、極真会館、国際空手道連盟を吸収できるならば、それも可」と遺しているが、それが実質的に不可能なことも松井にはわかっていた。

二〇〇六年、「公益法人制度改革の概要」が内閣府行政改革推進本部によって公開された。これにより、財団法人と社団法人は各二種類に分けられることになる。あくまでも公共性が高いと評価されるのが「公益財団法人」と「公益社団法人」である。対して「一般財団法人」「一般社団法人」は事業内容や公共性に関係なく登記のみで設立が可能となる。ＮＰＯ法人同様、というよりＮＰＯ法人よりも公共性や公益性に対する監査もなく、公益財団法人や公益社団法人とは似て非なるものと言える。

松井は極真会館を会社組織にした経緯について前章でも触れているが、こうも言う。

「ＮＰＯ法人は、その名前から公的なイメージを感じる人が多いと思いますが、決して公益法人ではありません。ましてや一般財団法人などはより誤解を受けやすいようですが、三〇〇万円の資金さえあれば、誰でも設立できてしまう。株式会社よりも簡単に作れるような代物です。そんな法人を名乗っても公益法人としての実がないのならば、事情を知らない人に対する詐欺に近い行為ではないでしょうか。僕はあくまで公益財団法人を目指し、その目的に従って資金集めなどに奔走しているのです」

松井が語るように、公益財団法人化は、さまざまな条件を満たさなければならない。その代わりに税制面で優遇が受けられる利点がある。条件とは、「積極的に不特定多数の者の利益を実現することを目的とする事業を行なう」ことや、「営利を目的としない」ことなど細部におよぶ。それらが厳正に遂行されているかどうかは行政庁によって監督される。つまり、財団法人を発足するためには、非の打ちどころのない事業内容の申請が求められるのだ。財団法人極真奨学会の事業内容は以下の通りだ。

《第2章　目的および事業

（目的）
第3条　この法人は、育英および学術研究の助成を目的とする。
（事業）
第4条　この法人は、次の事業を行なう。
1、優秀学生に対する学資金の給与
2、学術研究の奨励助成
3、その他の前条の目的を達成するための必要な事業》

不思議なことに極真奨学会の事業内容には「空手」の文字が一切入っていない。財団法人である全日本空手道連盟の場合、目的は《空手道の健全な発達とその普及をはかり、もって国民の身心の錬成に寄与する》ことであり、事業内容は《空手道の普及奨励、空手道の指導者の養成、空手道に関する調査および研究、空手道の段位の授与》などである。また、社団法人日本空手協会においても全日本空手道連盟と変わらぬ内容だ。しかし、財団法人極真奨学会に関しては、なんら空手を示唆する表記がない。

そもそも、なぜ大山は「財団法人　国際空手道連盟極真会館」ではなく、「財団法人　極真奨学会」を設立したのか。

財団法人極真奨学会は、一九六六年に設立されているが、それはゼロからの出発ではなかった。極真奨学会の母体は一九四二年に設立された「財団法人山ノ内奉行会」という団体である。理事長の任に就いていたのは、山卯証券株式会社社長・山ノ内旦だった。

一九六四年に極真会館を創立した大山は、当初から極真会館の法人化を考えていた。だが、財団法人を取得するにはいくつもの壁が立ちはだかっていた。そのひとつが億単位でかかる膨大な運営資金だった。会館を建設するための資金繰りにも四苦八苦していた当時の大山に、億単位の資金を調達することは困難だった。そこで大山は、当時、極真会館の会長であった毛利松平に相談を持ちかける。毛利はさっそく、親交のあった山ノ内にその話をしてみた。すると、山ノ内は自らが理事長を務める財団法人を譲ってくれると言う。

こうして大山は毛利の指示のもと、「財団法人山ノ内奉行会」を「財団法人極真奨学会」にするべく名称変更の手続を行なった。毛利の東京後援会「東京松嵐会」の会長・塩次秀雄を理事長に迎え、極真奨学会は誕生することになった。ちなみに、梅田嘉明は極真奨学会の二代目理事長である。当時も現在も、財団法人の名称変更はともかく、事業内容の変更は非常に難しい。財団法人を管轄する文部科学省は次のように説明する。

「名称の変更は比較的簡単な手続で行なうことができます。しかし、事業内容の変更は多少ならば検討はしますが、基本的には受けつけていません。事業を加えるとか、事業内容を大きく変えたいのであれば、新たに財団法人を作ってもらうしかありません」

正規の手続を踏むと膨大な資金が必要になる財団法人を、大山は簡単に手に入れることができた。しかし、以上のような理由から、財団法人極真奨学会は事業内容を変更することができず、既存の範囲内での活動に制限された。それが唯一「全日本選手権大会や世界選手権大会の上位入賞者に奨学金を与える」ことだった。

さらに言うならば、大山には「財団法人　国際空手道連盟極真会館」を設立できない、もうひとつの難題があった。公益法人の取得には、同種類中、一団体しか登録を認めないという条件がある。特に明文化されているわけではないが、昔からの慣例だと文部科学省は説明する。空手界ではすでに全日本空手道連盟が財団法人を、日本空手協会が社団法人を取得していたため、空手団体・極真会館での公益法人登録は実質的に不可能だった。

以上の理由から、大山は財団法人極真奨学会を「法人格を有さない極真会館を補完するための象徴的な存在」として利用した。ようはイメージ戦略として、極真奨学会を前面に打ち出したのだ。とはいうものの、実際には極真奨学会はなんら活動することなく、ほぼ休眠状態のまま約二〇年もの間、放置されていた。

ところが一九八五年、公益法人指導監督連絡会議により「休眠法人の整理に関する統一的基準」が決定された。休眠法人の整理が行なわれることになったのだ。休眠法人の存在は、「買収などにより役員に就任した者による目的外事業の実施や、税法上の優遇措置を利用した収益事業の実施など、悪用を招く」という理由からだ。そこで三年以上事業を行なっていない団体や、三年以上収入・支出がない団体などに解散請求がなされた。活動停止状態にあった極真奨学会もその対象となり、焦った大山は早急に理事会を招集した。その場で新たな理事の就任が決定する。理事長には引き続き塩次秀雄が就任し、理事には後の二代目理事長・梅田嘉明や一九九八年に他界した政治家・新井将敬などが名を連ねた。だが、これ以降も財団法人極真奨学会の理事会は開かれず、登記は一切変更されていない。

ところで、極真奨学会にはひとつだけ重要な財産が眠っていた。極真奨学会名義で登録された商標が存在していたことだった。一九七六年、大山は極真奨学会名義でいくつかの商標を登録している。「極真会館」や道着の胸に刺繍されている「極真会」のロゴなどだ。大山倍達が逝去して一〇年後、極真会館の分裂と商標問題がこじれつつあるなか、商標の権利を巡ってにわかに極真奨学会に注目が集まることになる。こうして財団法人極真奨学会が所有する商標を巡り、松井と盧山、梅田らの間で裁判が繰り広げられることになる。

ちなみに二〇〇一年一二月一八日、行政改革推進事務局は、再び休眠法人を整理するための法案「特殊法人等整理合理化計画」を策定。二〇〇三年から具体化がはかられたが、もし盧山たちが財団法人極真奨学会の復活に着手していなければ、同会は消滅していた可能性が高い。

二〇〇三年三月一〇日、盧山が中心となって東奔西走した結果、休眠状態だった財団法人極真奨学会は危ういところで復活に成功した。ところが、手続上のいき違いで、盧山と廣重が理事として名前を連ねることになってしまう。盧山は弁解する。

「これは決して我々の本意ではありません。奨学会の復活に手を貸してくれたある人物が私たちへの確認なく理事にしてしまったことなのです。私には、ゆくゆくは大山総裁の弟子たちが極真奨学会のもとに集まり、上下関係なく大同団結できればいいという願いがありました。そのため、極真館と財団法人極真奨学会は別のものとしておきたかったし、そうでなければならなかったのです。私の懸念通り、松井君は極真奨学会の理事となった私を非難しました。盧山が極真奨学会を独占しようとしているというわけです」

財団法人極真奨学会の復活にあたり、盧山はまず文部科学省に相談した。文科省からは「とにかく理事会を開かなければどうしようもない。登録されている理事のうち、三分の二以上の出席者がいて、半分以上の賛同がなければ存続は決められない。亡くなっている人がいるのなら、欠けた人数分を新たに任命し、補充してから理事会を開けばいい」とアドバイスされた。

財団法人極真奨学会には一五名の理事が登記されていた。そのうち大山倍達を含めた五名がすでに他界しており、一人は行方不明になっていた。残りは九名だ。そこで盧山は弁護士にも相談する。弁護士は死亡した五名の補充よりも、現在生存している人を集めて理事会を開き、三分の二の賛同を得るよう助言してくれた。

それからがまた大変だった。なぜなら、理事のなかには面識のない人間や、松井派を支持する人間もいたからである。盧山はなんとか九名の理事たちに連絡を取り、数ヵ月後、ようやく三分の二の賛同を得られた。

そうして二〇〇三年三月一〇日に復活後、さらに八月二六日、手違いで名前を連ねてしまった盧山と廣重を除いた新理事の登記が済み、財団法人極真奨学会は再び動き出した。大山生前からの理事である政治家・谷川和穂などの古株、新たに加わった政治家であり弁護士でもある浜田卓二郎など、新旧交えての理事会が誕生した。

翌二〇〇四年五月、盧山は松井に対し、財団法人極真奨学会として同会が所有していた商標を返還するよう求める。だが、松井は拒否する。両者の対立は裁判所に移った。

もともと極真奨学会が所有していた商標権は六つあった。すべて一九七六年五月一四日に出願しているが、そのうちの三つは一九八〇年に取得、残り三つは一九八四年八月二八日に登録が完了した。商標権の存続期間は一〇年である。継続は可能だが更新の手続が必要だ。一九八〇年に取得した三つの商標権は大山の生前に満期が終了しているが、再登録することなく商標は抹消された。一九八四年取得の三つについては、大山が逝去した日から約四ヵ月後に満期が迫っていた。

松井が商標登録の申請をしたのは一九九四年五月一八日だが、期限が切れていない商標については同年八月二六日、特許庁に「譲渡証書」を提出し、更新手続を取った。結果的に、通常であれば数年はかかる商標登録がすぐに認められた。

松井が特許庁に提出した譲渡証書とは読んで字のごとく、譲渡人（塩次）が譲受人（松井）に商標権を譲るという誓約書である。このとき、松井は「単独申請承諾書」を添付しているが、これは移転登録申請の手続を譲受人（松井）が単独で行なうことを譲渡人（塩次）が承諾するという委任状だ。譲渡人である塩次は、財団法人極真奨学会の代表者である。

また一九九七年三月二四日、松井は特許庁に「承諾書」を提出している。すでに抹消されていた商標のうち「極真会館」について、特許庁から拒絶通達が出されたからだ。理由は《大山倍達氏が指導・普及させた、大山空手の練習場を表す『極真会館』文字を書して成るところ、技芸・スポーツの教授等、とりわけ空手の教授において知られる団体の名称を、何等かの関係があるものと認められない一個人である出願人が自己の商標として独占使用することは穏当ではない》というものだった。法人格を持たない団体の場合、長である人物が個人名義で商標登録をするのは珍しいことではない。事実、松井が新たに申請した他の商標については、なんら問題なく審議されていた。ただし、「極真会館」はもともと個人ではなく一団体である財団法人極真奨学会が所有していたため、特許庁は以上のような判断を下したのだ。松井が特許庁に提出した「承諾書」は次のようなものである。

《極真会館

私、財団法人極真奨学会は、文章圭（通称：松井章圭）氏が、上記商標を、以下の指定商品／役務として以下の商品／役務の区分について、商標登録出願をなし、更にその出願について登録を受けることを、ここに承諾する。

指定商品／役務

空手の教授を含む技芸・スポーツ又は知識の教授、図書及び記録の供覧、映画・演芸・演劇又は音楽の演奏の興行の企画又は運営、映画の上映・制作又は配給、放送番組の制作、空手の興行の企画・運営又は開催、運動施設の提供、興行場の座席の手配、映写機及びその附属品の貸与、映写フ

ィルムの貸与
商品／役務　第41類
平成9年（1997）3月24日
（承諾者）
住所　東京豊島区西池袋3丁目3番9号
名称　財団法人　極真奨学会
代表者　梅田嘉明（印）》

また大山の死後、松井が極真会館の館長を継承したことを示す資料も添付したことで、松井個人名義での商標登録が許可された。しかし、盧山、梅田ら反松井の立場を取る理事で占められた極真奨学会と松井は再び商標権を巡り、「商標権移転登録手続請求事件」と銘打った裁判を繰り広げることになる。請求内容は名称通り、「松井が個人名義で登録した、極真奨学会所有だった商標の返却と、新たに取得した商標を移転登録せよ」というものだった。その理由であり、裁判の争点となったのが「譲渡証書」と「承諾書」だった。極真奨学会は松井に商標権を譲渡した覚えはないとし、譲渡証書に押印された塩次の代表者印は登録印と異なっていると主張した。当事者である塩次は一九九九年に他界しているため、極真奨学会は代わりに塩次の妻・智登世を証人として出廷させる。彼女は「松井さんは鎌倉の自宅にきて夫に譲渡の了承を得たと言うが、松井さんが自宅にきたことは一度もない」と証言。松井の書類偽造を訴えた。

二〇〇六年七月二七日、東京地方裁判所は《被告は、原告に対し、別紙登録商標目録（1）ないし（3）記載の各商標権について、移転登録手続をせよ》という判決を下した。六つのうち更新手続をした三つは返却する理由があり、抹消された残りの三つ、つまり新規登録した商標についてはそれに値しないという結論である。
松井は裁判所の判決を不服とし、高等裁判所に抗告した。同裁判所の判決が下ったのは翌二〇〇七年九月二七日だった。高等裁判所は一審を覆し、《被告の敗訴部分を取り消す》という判決を下す。
《原告の請求は、その余の点について判断するまでもなく、全部理由がないから、これを棄却すべきである。
よって、原告の請求を認容した原判決は失当であって、被告の控訴は理由があり、他方、原告の控訴は理由がないから、主文のとおり判決する》
裁判所は一審では合理的な移転理由が認められないことや塩次智登世の証言などを理由に《譲渡証書の作成の真正を認めることは到底できない》とし、松井に対して一部商標の移転を言い渡した。だが、二審では一転して《譲渡証書は、結局、真正に成立したものと認められる》と判断したのだ。理由は次の通りだ。
《塩次は、原告の名目的な理事長であったものであり、従前から、原告の運営については、梅田に任せたとして、一切関与しておらず、さらに、平成6年6月当時は、病弱であったのだから、遺言により次期理事長に指名された梅田から、被告を極真会館の後継者とするとの大山の遺志を実現するためとして、商標の登録移転についての了解を求められれば、これに何ら異議を唱えることなく応じるであろうことは、十分予測可能なところであり、そうであれば、格別、塩次に秘匿する必要のない商標の登録移転について、梅田から塩次に対し、事前に、又は少なくとも事後的に、了承が求められ、塩次がこれに応じたものと推認するのが相当である》
盧山ら財団法人極真奨学会は最高裁判所への上告を見送った。実質的な松井の勝利である。

蛇足ながら、塩次の妻・智登世の証言の信憑性に疑問をはさむのが、もともと毛利松平の東京秘書であり塩次との親交が深かった会社役員・毛利謙介である。

「公然と言えることではないのですが、晩年の塩次先生と奥さまの間にはプライベートな確執がありました。つまり夫婦とは名だけで、ひとつ屋根の下で敵対していたと言うと大袈裟ですが、ようは不仲でした。そんな事情もあってあの発言になったと私は理解しています」

「承諾書」に押された印鑑は自分のものではないと梅田は言い張るが、裁判が終結した現在、「譲渡証書」と「承諾書」の真贋問題は今後も闇のなかである。

ところで、同裁判で所有者の検討がなされていた商標のうちいくつかは、二〇〇七年六月二八日、喜久子の訴えによって無効となっている。もちろん、それによって極真奨学会に商標権が戻ってくるわけではないが、松井との争いに意味はなくなった。とはいうものの、いまだに盧山たちは組織の正当性を表す象徴として、財団法人極真奨学会の価値を重視している。二〇〇六年、松井極真会館を離脱した浜井も梅田に急接近すると、それまで盧山寄りだった梅田の姿勢が徐々に変化していった。「高学歴偏重主義者の梅田らしい行動だ」（浜井は一橋大学卒）と暗に梅田を揶揄する声がある一方、「やはり浜井さんは極真館ではなく極真奨学会の利用を企てて独立した」という批判も日々大きくなりつつあるのが現状である。盧山が率いる極真館と梅田・浜井の間で起きている極真奨学会を巡る綱引きはまだまだ続きそうである。

第七章　それぞれの道

「一撃」の挫折

二〇〇二年一月、松井極真会館は満を持してプロ興行「一撃」を東京都渋谷区にある国立代々木競技場第二体育館にて開催した。当時、K‐1のトップクラスにいた武蔵らが参戦したが、観客動員数はもちろん、決して成功と言えるものではなかった。その主な理由は、興行形式や試合ルールがK‐1に酷似していたところにあると関係者は推測する。さらに言えば、自称・イベントプロデューサーとして興行に加わった人物の横領・不正疑惑なども加わり、興行に向けた体制の甘さが内部では問題になった。実際にその後、イベントプロデューサーなる人物は他の興行関係でもトラブルを起こし、警察に逮捕されている。

だが、「一撃」興行失敗の根本的な問題は、すでにK‐1などの格闘ショーがファンたちに飽きられ始めていた点にある。観客動員数などの厳密な調査結果を踏まえるならば、正確にはK‐1がリードする格闘ショーの最盛期は一九九五年前後と言える。ピーター・アーツやアーネスト・ホーストといった個性の強い選手たちに加えて、元極真会館所属のアンディ・フグら異色の格闘家たちが繰り広げる重量級同士のKO合戦は、軽量級中心のキックボクシングに見慣れた格闘技ファンに強烈なインパクトを与えた。しかし、K‐1最大のアキレス腱とも言える選手層の絶対的な薄さ、さらに一流選手たちに対抗できる日本人選手の欠如が、K‐1開催から三年にして徐々に露呈してきた。

このような危機感のなか、フジテレビの要請によって極真会館を率いる松井章圭は、とりあえずフランシスコ・フィリォのK‐1参戦に踏み切ることにした。これについてはすでに前記している。フィリォに続くグラウベ・フェイトーザやニコラス・ペタスらの登場によって、再びK‐1の人気は回復したかに見えた。だが、そこにライバルが現れる。それもK‐1のホームグラウンドと言ってもいいフジテレビが放映権を持つもうひとつの格闘ショー、PRIDEである。

K‐1がキックボクシングスタイルの打撃試合であるのに対し、PRIDEは打撃だけでなく、投げ・寝技を認める「総合格闘技」を標榜。一九九三年、日本に紹介されて以来、常に格闘技メディアを賑わせてきたヒクソン・グレイシーを筆頭とするグレイシー柔術（後にブラジリアン柔術と呼ばれる）のつわものがPRIDEのマットに上がるという事実。そこに実戦派を標榜する高田延彦たちプロレスラーが真剣勝負で戦うという「異種格闘技戦」を謳うに十分なマッチメークのうまさに、一般の格闘技ファンのみならず既存のプロレスファンたちもこぞって釘づけになった。

試合ルールが異なるという理由から、当初はK‐1とPRIDEの共存共栄が見込まれていた。

「K‐1は立ち技格闘技の頂点を極めるもの」

「立ち技格闘技」という言葉自体、極めて曖昧ではありながら、少なくとも、このスローガンを連呼することで、K‐1側としては「総合格闘技」を売りにするPRIDEとの差別化をはかり、ファンのK‐1離れを阻止するのに躍起になった。その不安は当然、PRIDE側にもあった。結局、両者は「対立」より「共存」の道を選ぶことになる。そのあらわれが、二〇〇〇年以降、盛んになる両団体の交流戦的なマッチメークであった。

両団体の思惑は功を奏したかに見えた。K‐1所属の選手がPRIDEのマットに上がり、一方でPRIDEの人気選手がK‐1に参戦する……。次々と組まれるドリームマッチにファンたちは熱狂した。多くのファンは再び盛り上がる格闘ショーを会場やテレビ放映で見ながら、「いよいよ格闘ショーが『市民権』を得る！」と実感したと思われる。だが、表舞台の華やかさとは正反対に、両団体とも内部に深刻な問題を抱えることになる。選手への試合報酬の高額化に始まり、後援・協賛団体との確執、テレビ局との契約問題、興行上のトラブル……。

二〇〇三年大晦日、民放三局がゴールデンタイムに全国ネットにて格闘ショーを放映（フジテレビ「PRIDE」、日本テレビ「INOKI　BOM‐BA‐YE」、TBS「K‐1　Dynamite」）。視聴率で紅白歌合戦に迫ったことが大きな話題になった。しかし、その裏では確実に格闘ショーのブームは終焉に向かっていた。

翌二〇〇四年にも「INOKI　BOM‐BA‐YE」はテレビ放映されるが視聴率は急落。日本テレビは撤退し、その後、イベント自体が崩壊する。

さらに二〇〇六年六月、今度はPRIDEのフジテレビでの放映が打ち切られる。経営問題が理由だったが、翌年にはPRIDEを運営する組織そのものが消滅するという事態に追い込まれた。

ライターの北之口太は言う。

「そもそも、フジテレビがPRIDEの放映に踏み切った裏にはK‐1への不信があるんです。K‐1の人気はフジテレビによるテレビ放映あってこそのものと言えますが、石井さんはフジテレビに縛られるのを嫌い、他局とのパイプを広げていきました。K‐1グランプリこそフジテレビが独占していましたが、フジテレビとしてはおもしろいはずはありません。総合格闘技がブームであったことからも、PRIDEの成功は明らかでした。だから、フジテレビはあえてK‐1への牽制や保険としてPRIDEの放映に踏み切ったのです。しかし、テレビの視聴率がそこそこ取れても実際の興行成績はどちらも落ちる一方でした。『本当のブームはテレビ局が乗り出す前に終わっている』とか、『テレビが作るブームは腐る直前』なんて言葉はマスコミの常套句ですが、二〇〇〇年以降のK‐1の惨状もひどいものでした。もともとK‐1には観客動員力を持つ有力な後援団体がついていました。しかし、さまざまな理由からその後援会がK‐1と距離を置くようになった。松井さんがフジテレビなどの後押しで『一撃』に乗り出したときには、すでに本家のK‐1は下り坂にありました。だからこそ、フジテレビとしてはしっかりとしたアマチュア人口の揃っている、つまり土台がある極真会館にK‐1に代わるイベントを引き継いでもらいたいという意向があったのです。実際に私の取材に対して、フジテレビ側はK‐1を『一撃』に移行する方針を否定しませんでした。ただ、それがうまくは運ばなかった。本家のK‐1が経営的にも興行的にもアップアップなのに、ファンにとってみれば『一撃』は後発の類似品のようなものに見えるわけです。成功すること事態が無理な話なんです」

結局、「一撃」は二〇〇七年の六回目の興行（五回のパリ大会以外は国内での開催）を最後に、実質的に中断状態が続いている。また、K‐1も二〇〇九年を最後にテレビ放映が打ち切られ、現体制での維持は不可能視されている。松井自身は今後の「一撃」開催について多くを語らない。だが、一連の格闘ショーブームが去り、極真空手のプロ化に反対する関係者の多くが組織を離れた現在、改めて極真空手のプロ化、つまり「一撃」の復活を望む声が出ていることも、また事実だ。再び北之口は言う。

「極真空手がアマチュアだからプロに反対というのは、単にプロ、アマチュア云々の違いではなく、ルールの違いが問題視されているのではないかと思います。過去の『一撃』は空手じゃないでしょう。あれはキックボクシングです。K‐1もそうですが。フィリォ選手がK‐1のリングに上ったとき、たくさんの人たちが混乱したと思います。なぜなら、それまでのフィリォ選手は白い空手着のイメージしかなかったのに、突然裸でトランクス姿ですから。もちろんフィリォ選手も松井館長も、空手ではなく別の格闘技に出るのだからと言うでしょうが……。これがK‐1だからまだ許せますが、『一撃』を極真空手のプロ版と位置づけるならばトランクス姿はおかしいし、ルールも違和感があります。試合のなかで一部、空手着を着た者同士による極真空手の試合もありましたが、それがファンにどう映っていたか？　マイナスも大きいと思います。ましてや総合格闘技ルールの試合まで取り入れたら、『一撃』自体の意味が曖昧になってファンは混乱するだけです。世界最大の選手層を抱える極真会館がプロ化に進むことは当然の成り行きだし、私はプロ化を支持する立場です。だから、改めて『一撃』については、アマとプロのルールを近づける方策を考えないと極真空手のプロ化は困難だと思います」

山田英司も北之口に近いスタンスである。

「極真館が今までの極真ルールと真剣勝負ルールの並立で苦労していますが、例えば、あれをそっくりアマとプロに当てはめて考えればいいような気がします。アマチュアの試合はあくまで現行のルール。その原則は維持しながらも、少なくとも国内についてはすべての支部道場が、極真ルールにプラスして顔面パンチとか組技の稽古プログラムを一律に同じ内容で採用する。黒帯とか選手クラスの特別練習としてやってもいいと思いますが。過去を振り返っても極真会館の場合は支部単位で、それぞれ指導者のアイデアで顔面ありの練習をしていたはずです。それを本部を中心に練習内容などの方式を一律化する。試合はプロであっても極真空手なのだから、道着を着るか、せめてトランクスではないズボンと帯を着用する。今までのK‐1とかグレイシー柔術などの総合格闘技はバブル人気でした。観客は一〇〇パーセント観るだけの立場でした。でも、松井派と呼ばれる極真会館だけでも選手人口は相当な数になると思います。最初は身内だけが客でもいいじゃないですか。極真関係者だけでも後楽園ホールならば超満員になりますよ。じっくりとアマチュアの部分から足場を固めて、再び装いを新たにした極真空手の『一撃』を見てみたいものです」

元極真会館の支部長代理であり、現在では自ら「俊英塾」を率いる村谷肇は、俗に言う「極真系」団体や道場を俯瞰視したうえで次のように主張する。

「分裂騒動の影響で、特に一九九〇年代から二〇〇〇年にかけて、各団体の選手層が薄くなったのは確実です。結果的に極真空手全体のレベルダウンが予想されました。しかし、松井極真会館は例外でした。全日本大会に外国人選手を出場させるなどの戦略は、確実に選手レベルの低下を防いできたと思います。この数年だけを見れば、松井館長の組織は確実に選手層が回復し、選手のレベルも向上しています。それは選手たちだけの努力ではなく、審判たちの技術向上が大きな役割を果たしていると思います。松井派の徹底した審判育成は私たちの間でも一時、話題になりましたが、松井館長の方針は正しかったことがようやく全日本を頂点に、各ブロック大会などで証明されていますす。対して、新極真会の大会での審判はあまりにもひどいとしか言えません。『掌底押し』が反則ならば、それはどの審判も個人差を感じさせない程度に、選手に注意を与える厳密さが必要になると思います。しかし、新極真会は何もかも審判によって判断がバラバラです。これでは選手も戸惑うだけで、そこには不信感も生まれるし、選手の技術を伸ばす大きな障害になるでしょう。最近、超党派を提唱して、極真系の弱小団体やフルコンタクト制の試合を採用する団体の大同団結を標榜する全日本空手審判機構（ＪＫＪＯ）が結成されています。大会開催時の審判員不足を補い合うことで互いの交流を深めていこうというのが建前ですが、その審判のひどさもまた呆れるばかりです。彼らは何もかも寄せ集めでしかないし、ろくに空手ができない連中もたくさん参加しているので話題に挙げる価値もありませんが……。しかし、今の新極真会の審判の技量不足はＪＫＪＯを笑えないレベルです。対して、武道に厳しい盧山師範が率いる極真館の審判は、松井派に劣らない実力者揃いです。だから、私は極真館には大きな期待を抱いています。そんな状況を見てくると、松井極真会館はすでに大山総裁時代のレベルに戻ったと言っても過言ではないでしょう。唯一、当時のようなカリスマ性のある選手がいないということだけが今後の課題だと思います。だからこそ、日本国内最大、世界最大の単一空手組織として、改めてプロ化に向けた極真空手独自の道を模索していただきたいし、それが元極真会館の一員としての私の夢でもあります」

松井の胸に新たな「一撃」構想があるのか否か？　それはまだわからない。

三瓶啓二、最後のクーデター計画

第九回世界大会を翌年に控えた二〇〇六年一〇月、新極真会の幹部たちにとんでもないニュースが入った。第九回世界大会に向けて三瓶啓二が隠密に自らの復権工作をしているという情報である。

当時、新極真会は最高意思決定機関を理事会に置き、その長として「代表」の地位が設けられていた。新極真会事務局は、「国内機関の上部にＩＫＯ（国際空手道連盟）幹部総会（通称）が存在し、そのトップがＩＫＯ会長である」と説明する。だが、その国際幹部総会は有名無実と言ってもよく、第一、新極真会の公式組織図にも掲載されていない。一応、日本も含め、ヨーロッパ、アジア、アフリカなど一〇のブロックに管轄が分けられ、それぞれの地区には責任者が指名されている。だが、それらが「連盟」という形でまとまっているのか、定期的な会合が開かれているのか、活動の詳細については一切明らかにされていない。極論すれば、新極真会は正式な国際組織を有していないということになる。

前記したように、元支部長協議会派代表（議長）だった西田幸夫が一時、IKO会長の座に就いている。だが、それはまさに実体もなければ、なんの権限もない名誉職でしかなかった。ようは西田の場合、IKO会長に祭り上げられることイコールあらゆる権限を剝奪されたに等しい屈辱以外の何ものでもなかった。西田がIKO会長を辞し、組織を離れた後、正式にはIKO会長職は空席になっていた。便宜上、国内組織の代表である緑健児がIKO会長を兼ねるという暗黙の了解があるのみだった。

三瓶は、この世界組織であるIKOに目をつけた。たとえ現在、有名無実の機関であれ、自らがIKO会長の座に就きさえすれば、新極真会の最高責任者の名目が手に入る。そして、IKO会長の立場で世界各国の支部をコントロールすることも可能になる。世界の支部を掌中に収めれば必然的に日本国内にも多大な影響力を発揮することができる。つまり、形式的であれ国内代表である緑よりも格上の立場に就くことで再び、三瓶は新極真会の実権を握る作戦に出たといえる。新極真会という組織の不完全な盲点を突いた妙案であることは間違いない。

三瓶は大山倍達の生前から隠密裏に海外の支部を度々訪問していた。特にオランダのミッシェル・ウェーデルやスウェーデンのハワード・コリンズといった海外の有力者に接近し、彼らを介して海外における人脈を広げていった。大山が総裁に君臨する極真会館にあって、そのような単独行動は破門・除名に匹敵するほどの規律違反だった。だが、三瓶は道場生からの月謝や寄付以外にも各後援者などから資金を集め、一方で三瓶の海外遠征を知る人間たちに対して徹底的な緘口令を強いた。それは松井のもとを離れ、支部長協議会派に籍を移してからも変わらなかった。二〇〇〇年、代表としての立場を追われる際、支部長会議や理事会で問題視された多額の使途不明金も、そのかなりの部分が三瓶の海外遠征（非公式・個人的）に充てられていたと確信する関係者は少なくない。

金村清次は憤慨する。

「三瓶君の傲慢な態度には海外の支部長たちからも不満の声が流れていました。しかし、総裁の娘さんを同伴させたり、かなりの金をばら撒いたり、次々と海外の支部長たちを懐柔していきました。いったい、それだけの資金がどこから出ているのか？　私は不思議でならず、直接、事務局に問い合わせたこともあります。しかし、事務局もわからないと言う。ただ、噂では大濱博幸をうまく使って不正な資金調達をしていると……。それは三瓶君が代表を降りてからも続きました。あるとき私が三瓶君に、なぜこんなに頻繁に外国を飛び回っているのかと訊ねました。当時は中南米に何度もきていましたから。すると平然と『師範、世界を制する者が日本を制するんです』などとうそぶいていました。彼の魂胆がＩＫＯ会長にあるとは思いもしませんでしたが、今考えれば三瓶君らしいやり方だと納得できます」

　また、やはりある海外の支部長（匿名。現新極真会支部長）も金村と近い見方をしている。

「二〇〇〇年前後、三瓶師範は海外の支部長たちから批判的な目で見られていたのは間違いありません。ヨーロッパはわかりませんが、アメリカやカナダ、オーストラリア、中南米……、ほとんどの支部長は三瓶師範に反発していました。ところが、いつしか風向きが変わってきたんです。日本国内の支部長たちによれば、相変わらず三瓶師範は強い権限を持っていると聞きました。代表の座を降りてからも、無言の圧力というか、以前の三瓶グループは崩壊したものの、かといって元三瓶グループの支部長たちが三瓶師範を疎んじたり、無視したりはできないようで、ようはうまく距離を置きながらも三瓶師範の顔を立てているといった様子らしいです。代表の緑（健児）師範が何を考えているのかもまったく見えません。海外にいる支部長たちにとっては、面倒なゴタゴタはたくさんですから何も言いません。ところが、少しずつ日本の状況も変化してきたようです。緑代表を完全に操っているのは副代表の三好（一男）師範と小林（功）師範。三瓶師範は自分が窓際に追い詰められていることを肌で感じたのではないでしょうか。ですから、ＩＫＯ会長の選挙に打って出るというのは、三瓶師範にとって最後の賭けだったと思います」

彼は続けて言う。

「ＩＫＯ会長に立候補するには自国から二名以上の推薦人が必要です。三瓶師範が用意周到だったのは、その日本人の推薦人を海外とのパイプが太い後輩に依頼したという点です。オーストラリアにいた伊師徳淳師範と、過去、指導員として何度も海外に派遣され、特にヨーロッパに詳しい柚井知志師範です。彼らは前から三瓶師範の信者ですから、断れずに推薦人になったようです。そういうわけで内密に進めていた三瓶師範の計画でしたが、まず私たち海外の支部長がその情報をキャッチし、本部の事務局に問い合わせることで公になってしまったのです」

事務局長の小井泰三はもともと三好の弟子であるが、極めて良識と平衡感覚のある人物である。この三瓶のＩＫＯ会長選挙への出馬についても、「相手がいかなる立場にあろうと不問に付すわけにはいきません。正当な手続を踏まずに、根回しをしていたわけですから。事実、理事会としては寝耳に水の事態で、とにかくことの真偽を確認することになりました。計画が事実と判断された場合、本来ならば計画を白紙に戻して、最低限のペナルティを科すのがルールということになるでしょうが……」と、言いながらも相手が三瓶だからか、心持ち歯切れが悪い。また、柳渡聖人は憤懣やる方ないといった口調で語る。

「これはとんでもない事態ですよ。緑代表が強硬な態度に出ないといけないんですが……。絶対に三瓶先輩のＩＫＯ会長だけは阻止しないと新極真会がバラバラになってしまう。最悪のシナリオを考えれば、最終的に三瓶先輩を応援する側と反対側の衝突になるかもしれない。結果的に反三瓶の旗を上げた支部長は組織を出なければならなくなるかもしれません。なんとか事前に抑えられればいいんですが、これも緑代表の姿勢次第です。それから心配なのは三瓶先輩の推薦人になってしまった柚井君と伊師君です。詰腹を切らされないようにしてあげないと。彼らはただ純粋なだけでなんの思惑もないのですから」

ＩＫＯ会長の選挙は世界大会の後に開かれる世界支部長会議で行なわれる。理事たちの調査によれば、すでに三瓶はかなりの票を集めていることがわかった。つまり、三瓶の作戦を阻止するためには選挙に持ち込まれる前に手を打つしか方法がない。柳渡は、「現状では三瓶先輩に出馬を諦めてもらうしかない。かといって真っ向から三瓶先輩にＩＫＯ会長選挙の話を突きつけるのはまずい。まだしばらくは時間があるので、緑代表を支える副代表の三好師範と小林師範の動きに賭けるしかないが、もし三瓶先輩が出馬を見送ったとしても、きっと大会後の会議は大荒れになるだろうし、誰かが生贄になるしかない状況も考えられる」と深刻さをあらわにする。

ところが翌二〇〇七年、三瓶にとって予期しない事態が発生した。すでに書いているが、新極真会支部長による逮捕監禁・強姦未遂事件である。逮捕された支部長は三瓶が自ら後見人として指名した人間だった。この事件を追うように、今度は三瓶の直弟子による不祥事（刑事事件）が明るみに出る。組織内の批判は自然と三瓶に集中した。三瓶は、この一連の事件について終始「我関せず」の姿勢を貫くが、三瓶に対する信頼が大きく揺らいだことは否定できない。それは大山倍達の遺児・喜久子との不倫スキャンダルと並ぶ致命的な痛手であった。三瓶と同じ福島県で空手道場

（清武会所属）を営む渡辺有機は当時を振り返る。

「私は新極真会とはなんの関係もない人間ですが、三瓶師範と同じ地元の人間として、師範の弟子の不祥事について一切、責任を取らず謝罪もなく、なんの善後策も講じようとしなかったことは残念でなりません。あの事件は結局、三井さん（三瓶の弟子であり元指導員）が東奔西走して各後援者や生徒の父兄たちへ謝罪し、なんとか被告人にも将来があるのでと理解を求めたりして穏便に済ませました。そして自分で腹を切るように三瓶道場を去ったんです。新極真会の支部長の事件はともかく、そんな三瓶師範の態度は地元でもあまりに身勝手だと噂になりました。例のスキャンダルについては言うまでもありません。ですから、当然新極真会の内部でも三瓶さんへの評価は急落したに違いないでしょう」

まさに、三瓶にとっては青天の霹靂とも言える災難だったかもしれない。結局、三瓶は関係者からの暗黙の非難にさらされ、それも影響して世界支部長会議では、ＩＫＯ会長選挙への出馬を諦めざるを得ない状況に追い込まれた。とはいえ三瓶の行動は、なぜか一切不問に付されることになる。結局、今回も三瓶の首に鈴をつける者は誰もいなかった。それは代表である緑を含めてである。だが、柳渡の懸念は現実になったと言えるかもしれない。

会議からほどない一一月六日、三瓶の推薦人に名前を連ねた伊師は突然、病に倒れた。結局、回復することなく同月一二日、この世を去った。そして、もう一人の柚井も新極真会からの離脱を余儀なくされることになる。一方、「三瓶降ろし」に積極的な発言を繰り返していた柳渡は、その後一転して沈黙を通している。

現在、三瓶自身も体調を崩し、ときに車椅子での生活を送っていると三瓶に近い関係者（匿名。大学の友人）は言う。もう二度と三瓶が空手界の表舞台に立つことはないのだろうか……。

極真連合会の混乱

極真連合会（以後、連合会と呼ぶ）の発足については、すでに第五章で触れている。結局、連合会のメンバーは「最初に空手ありき」ではなく、「極真という名前を堅持する」という既得権益を守るために団結したと言っても過言ではない。二〇〇七年夏、松井を相手にした一連の裁判が収束すると、連合会の結束力は急激に落ちていった。裁判によって、いくつかの条件を飲まざるを得なかったにしろ、少なくとも彼らは「極真会館」と名乗る権利を法的に得ることができた。本来、それが目的で集結した者たちの団体である以上、裁判後の離合集散は十分に予想できたはずである。

とはいえ、連合会には松井極真会館、新極真会、極真館といった「三大組織」から外れた者たちにとって、もうひとつの魅力があった。それが全国規模の大会である。ましてや裁判により堂々と「極真会館」「極真空手」を名乗れる状況にあって、「極真会館全日本大会」「極真空手全国大会」などの御旗は大きな魅力だった。それゆえ、ライターの家高康彦のように、「連合会こそが大山総裁亡き後の理想的なあり方です。各道場の独立性を守り、昇段システムや大会運営など最低限での協力をしていく。そして、対立する相手には一致団結して向かっていく。極真空手の大同団結は連合会主導で実現すると確信しています」と、絶賛ならずとも連合会のあり方に理解を示すメディア関係者は意外に多かった。だが一方で、次のような批判も目立った。

「連合会の大会を見にいったのですが、なぜか熱くないんですよね。観客数が圧倒的に少ないとか、選手層が薄いというのは仕方のないことですが……。結局、自分たちは極真空手を共に学ぶ者同士なんだ！　というような連帯感がないんです。やはり連合会のような組織であって組織でないような団体は、口で言う分には理想的に聞こえるけれど、みんながバラバラで別な方向を見てしまっているような、例えば、極真奨学会のような基軸となるシンボルがあって、連合会の大会というよりも『極真奨学会杯』とか『極真奨学会カップ』みたいな形式にすれば、選手や支部長じゃなくて道場主に対する訴求効果も出てくると思うんですがね」

財団法人極真奨学会の運営に積極的な浜井識安の意見だ。また、盧山初雄は言う。

「田畑(繁)君と七戸(康博)君が訪ねてきたとき私は言ったんです。君たちの頑張りは立派だと思うが、武道の世界は縦社会だから、古参支部長だった長谷川(一幸)や大石(代悟)は必ず自分の好きなようにやり始めるに違いない。だから絶対に組織の規約をしっかり作って、違反者は除名にするとかしないと連合会は持たなくなるよとね。統一大会を目指すとか大同団結がどうしたと言っても、最初から同じ連合会主催の大会が、全日本と世界大会だったかな? 同じ日に別々に開催されるなんて非常識極まりないと言いました。統一大会が目的のひとつだったはずの連合会なのに、最初からバラバラなんですから。彼らにはよほど覚悟しなくてはいけないとアドバイスしました」

そんな盧山の危惧が早々に現実となった。連合会の設立に貢献した坂本恵義が離れると、追うように増田章が離脱する。坂本の場合は完全な絶縁であるだけ影響は大きくなかったが、増田は「連合会は離れますが、大会などでは協力関係でいたい」と自身の野望追求の「保険」として連合会との関係は絶たないという。三和純、桑島保浩らも増田に近いスタンスを表明した。旧遺族派の手塚暢人や安斎友吉らは連合会に留まりながら、一方で自分たちの組織作りに動き出す。安斎は、「連合会は緩やかな道場単位の加盟なのだから、自分たちがどんな組織や連盟を作っても、さらには、その組織で連合に加盟しても批判の対象にはならない」と胸を張る。

そして、組織として信じられない事態が発生する。連合会に所属する道場内でトラブルを起こし、道場を除名になった者たちが自分らの団体を起こし、団体の名前で連合会に加盟したのだ。しかし、連合会事務局としては新団体の加盟を拒む理由が見つからない。結局、破門された者たちと破門を言い渡した者たちが同じ連合会で肩を並べるという事態が全国各所で起こり始めた。

　混乱状態が続くなか、それでも連合会を組織として実体あるものにせんと純粋に努力するのが田畑と七戸、小井義和の三人だ。昇段制度の整備も、それまでは加盟道場から允許された段位をそのまま連合会として認可していたが、それぞれを別なものとする制度の導入を試みる。つまり、加盟道場にて得た段位はその道場でしか通用せず、連合会認定の段位は改めて連合会主催の審査会に参加することで与えるという規約である。彼らはまるで盧山の忠告に従うかのごとく「理事長」「副理事長」「理事」の三役を独占しつつ、昇段制度の導入や大会開催に奔走した。

　二〇〇八年三月、定期総会において、田畑理事長（当時）主導のもと、連合会の「社団法人」化が決定された。第六章でも触れているが、法律改正により「財団法人」「社団法人」制度が再整備された。過去、一般的に「財団法人」「社団法人」と言えば、そのまま「公益法人」つまり、膨大な基金を必要としつつ利潤を追求してはいけない公益目的で運営される法人を指していた。しかし現在、それらは「公益財団法人」「公益社団法人」と呼ばれ、対して利潤追求が認められる法人として「一般財団法人」「一般社団法人」の制度が設けられている。ＮＰＯ法人もそれらに近い性格を有している。一般社団法人とＮＰＯ法人は、どちらも社員、理事が必要だが会計監査人、評議員は不要、また基金・財源の有無も求められていない。ようは、書類提出による手続のみで得られる法人と言える。ゆえに「公益」を名乗ることは許されていない。

　同じ法人でも、利益追求を前提とした株式会社（会社法人）は、設立の際、監査役はもちろん株式および財源（一〇〇〇万円の最低財源は廃止）が必要となるなど、ＮＰＯ法人や一般社団法人よりも数段複雑な手続や資金が求められる。にもかかわらず、過去の慣例から営利追求が目的の株式会社と比較して漠然とではあっても「公益性」をイメージさせるメリットがあるのは事実だ。

以上の理由から、現在、連合会の正式名称は「一般社団法人極真会館――極真連合会」（ほとんどの道場では「一般」を省いている）となっている。

しかし、連合会の内情は何も変わらない。というより、むしろ混乱に拍車がかかっているのが現実だ。「社団法人」化が功を奏したのか、いったん離れていた道場が再び連合会に戻った例もある。だが、田畑たちが画策する昇段制度の改革は遅々として進まない。盧山が予期したように、極真会館時代、古株の支部長だった長谷川や大石の行動は、連合会の枠を超えた一種の暴走状態にあった。本来ならば、大山倍達の生前に管轄を許されていた地域に限定して活動する条件が裁判所から提示されていた（東京での裁判）。大石ならば彼の管轄は静岡県である。しかし、連合会の規約を無視して東京に道場を置いた。長谷川は愛知・徳島が本拠地であるが、現在では日本に留まらず中国進出に積極的である。選手層は年々薄くなり、大会は常に閑古鳥が鳴いている状況だ。連合会を離脱した安斎は言う。

「道場の自主性を尊重すると言うけれど、それは身勝手でいいですと言っているようなもの。緩い結びつきとは言っても、大会も年々縮小化しているわけで……。極真空手の大同団結は幻に過ぎなかったということです」

空手・格闘技メディアの間でも、最近ではほとんど連合会の話題が出ることはなくなった。

新極真会、オリンピック参加の虚実

二〇〇九年、スポーツ関係者はもちろん、空手関係者・格闘技メディアの関心はデンマークで開かれる国際オリンピック委員会（以後、ＩＯＣと呼ぶ）総会に向けられていた。七年後（二〇一六年）のオリンピック開催地を決定する会議だったが、開催地として東京が立候補していたのである。もし、日本での開催が実現すれば、空手の正式種目化も夢ではない。

ただ、それはあくまでも世界空手道連盟（以後、ＷＫＦと呼ぶ）や全日本空手道連盟（以後、ＪＫＦと呼ぶ）に属する「伝統空手」と呼ばれる諸流派にとっての関心事だった。「極真系空手」または「フルコンタクト空手」と呼ばれる諸流派にとっては、まったく関係のないことであった。

ちなみに、「伝統空手」という呼称は便宜上のものに過ぎない。沖縄を発祥とする空手が本土に普及した戦前・戦後にかけて、流派として組織化された「本土の空手」また当時の伝統を稽古体系として継承し、「寸止め制」による試合ルールを採用している団体を俗に「伝統空手」または「寸止め空手」と呼んでいる。「直接打撃制（フルコンタクト制）」を採用する極真会館の設立後、フルコンタクト制との差別化を目的として呼称していると言っていい。

ＪＫＦまたＷＫＦがオリンピック正式種目としての認定に期待を寄せるのには当然と言ってもいい理由があった。一九七〇年にＪＫＦの世界組織として誕生した世界空手道連合（以後、ＷＵＫＯと呼ぶ）は、すでに一九八五年、ＩＯＣ公認団体として許可されていた。

その後、組織内のトラブルが影響してＷＵＫＯのＩＯＣ公認は取り消されるが（詳細は後述する）、ＷＵＫＯ解散を経て新たに結成されたＷＫＦは一九九九年、再びＩＯＣによって正式に承認された。さらに二〇〇二年には、ＩＯＣプログラム委員会においてＷＫＦ空手の正式種目採用に向けた検討の実施が決定される。

空手に限らず、あるスポーツ競技がオリンピック正式種目に採用されるためには、まず日本オリンピック委員会（以後、ＪＯＣと呼ぶ）の承認が条件となる。そこには「一競技、一団体」の原則が存在し、それはＩＯＣへの加盟についても同様だ。空手ならばすでにＪＫＦがＪＯＣの承認を受けている以上、極真会館を含め他団体がＪＯＣの傘下に入ることは不可能なのが実情である。

結果的に、二〇〇九年一〇月二日に開かれたＩＯＣ総会において東京は落選、二〇一六年のオリンピック開催地はブラジルのリオデジャネイロに決定した。同時にそれは、ＷＫＦのオリンピック種目採用の夢が遠のいたことを意味している。とはいえ、相変わらずＪＫＦはＪＯＣの公認団体であり、ＷＫＦがＩＯＣ公認団体である事実に変わりはない。

急激に盛り上がったオリンピックに対する熱気が沈静化した翌二〇一〇年、再び空手界にオリンピックの話題が沸き上がってきた。ただ、今度の主役はＪＫＦではなく極真系団体だった点が異なっていた。そして、そのキーパーソンは新極真会代表の緑健児だった……。

この年の夏、突然のようにメディア各社編集部へ読者からの問い合わせが続いた。ほとんどが新極真会の各道場少年部に我が子を預ける保護者からの電話であり、質問内容もなぜか口裏を合わせるようにオリンピックに関するものだった。山田英司は言う。

「新極真会が空手として二〇一六年のオリンピックに正式参加すると聞いたけれど、それは本当か？　という質問ばかりなんです。正直言って一〇〇パーセントあり得ないし、万が一空手が正式種目になるとしても、寸止めの全空連（ＪＫＦ）しかあり得ないのですが……。噂の出所を探っていくと新極真会の緑代表はじめ支部長たちの言葉だということがわかりました。来年は世界大会の年だし、この数年で新極真会の会員が激減していますから、なんらかの話題で団体のアピールをする必要があったのでしょうね。松井派がＫ‐１参戦や『一撃』の開催などでプロ化に進んでいる印象があるので、逆に新極真会はアマチュアスポーツの頂点であるオリンピックを話題にすることで、クリーンかつ松井派と対照的なイメージを打ち出す戦略をとったのではないかと私は推測しています」

山田が言うように、二〇〇〇年代に入って以来、というより支部長協議会派が新極真会と名称を変更して以来、入門者数は減る一方だった。少年部こそ多少の増加傾向にあるものの、一般部の会員（定期的に道場に通って活動している者）は全国で一〇〇〇〇人を切る状況にあると山田は断言する。

大山倍達の生前、全日本選手権は一二八名の選手によるトーナメントが通例だった。松井極真会館は大山の死後も常に一二八名の選手を競わせてきた。だが、新極真会は違う。一二八の「選手枠」を設けながらも、シードによって実際の選手数は八〇から九〇名に減っているのが実情だ。また世界大会についても、一九二名の選手たちによるトーナメントを三日間開催するのが恒例だった。つまり、チャンピオンに上り詰めるためには合計八試合を勝ち抜かなければならない。二〇一一年の第一〇回世界大会、松井極真会館は通常通りに選手数を一九二名、三日間で開催した。だが、新極真会は一二九名の選手を集め、しかし「優勝までは八試合」の原則を維持するために一回戦を一試合のみとした（チャンピオンはシードを含めて八試合とする）。開催日も二日間である。

独立系の道場主・村谷肇は嘆くように言う。

「一回戦が一試合という大会は前代未聞ではないですか。規模的に松井派の大会に対抗するのが目的と思われますが、それはあまりにも醜い愚挙以外の何ものでもないでしょう。外国人選手の多くが、まだ黒帯さえ取得していない色帯ですよ。参加選手が一二九名というのも明らかな数合わせです。そこまでして松井派に対抗したいのでしょうか？　うちのような独立系の道場はもちろん、常にギリギリの経営状態が続いているし、それは他の道場も変わらないと聞いています。新極真会も入門者数の激減や会員の減少が甚だしいようですが、こんな馬鹿げた工作をしてまで、緑代表は

『新極真会は世界最大の組織である。だからオリンピックにも参加する』と主張したいのでしょうか？　組織力で言えば、伝統空手のＪＫＦが各流派の連合体であるにせよ世界最大ですし、単一の団体では松井極真会館が世界一のはずです。針小棒大も限度を超えていると思います。いくら会員数が減っていると言っても極真系の団体としては松井派に次ぐ勢力を有しているのですから、もう少し良心を持っていただきたいと思います」

　村谷同様、独立系の道場を主宰する村上寛も、「別に大会の規模で争う必要なんてないと私は思います。極真館のように小規模な大会であっても、審判たちのレベルも高く、強い選手もいる、極真空手としての誇りを感じさせてくれるほうがずっとマシではないでしょうか。外国人選手は色帯だらけで一回戦は一試合……。審判の技量も明らかに極真館に劣っていたし、選手層が大きく違うにもかかわらず、新極真会には極真館のような光る選手はいない。塚本（徳臣）選手を一五年間も第一線に置いておくなんて、これは極真の恥です。新極真会が大山総裁の遺志を受け継ぐと言うのならば、もっと誇りを持ってほしいと思います。世界最大とか世界最強とか大言壮語したり、オリンピックに参加するなんてあり得ないことを吹聴したりする。そうしなければならないほど、新極真会は大きな危機感を抱いているのかもしれません」と新極真会への疑問をあらわにする。

　以下は新極真会に在籍する、ある小学生の母親と新極真会事務局とのやり取りである。

母親「息子が、自分が大人になる頃には新極真会がオリンピックの種目になっているから頑張れと先生に言われたと言うのですが、それは本当なのでしょうか？」

事務局「一応、そのような方向で計画を立てています」

母親「計画を立てているということは完全に未定ということでしょうか？　何か現実的にオリンピック参加に向けて進んでいるような具体的なものはないのですか？」

事務局「オリンピックに参加するためには日本国内のＪＯＣという組織に加盟しなければならないのですが、すでにＩＯＣ加盟団体のトップで、ＪＯＣの役員も務めている方の組織に新極真会として加盟することになっています。ですから、決して簡単ではないですがオリンピックへの道は開かれていると言えます」

母親は、「ＩＯＣに加盟している団体は何かとか、ＪＯＣのお偉いさんがどなたなのかということは教えてもらえませんでした。今も疑心暗鬼の状態です」と語る。緑は二〇一〇年九月号『空手ＬＩＦＥ』（新極真会機関誌）にて、オリンピック参加について次のように語っている。

《空手がオリンピック種目化されていない理由は、ルールが統一されていないことと、空手界が一つにまとまっていないことが問題としてあるからだそうです》

《今までは寸止め空手の流派がオリンピック種目化に向けてまとまっていましたが、フルコンタクト空手界はまとまる動きをしていませんでした。これからは新極真会が他の流派に呼びかけ、フルコンタクトルールと寸止めルールの両方がオリンピック種目化されるように全力を尽くしていきたいと思います》

これと同様な言葉を緑は機会あるごとに公言した。それが支部長や指導員を通して先に記したように少年部の保護者の耳に入ったと思われる。

ちなみに、オリンピックに関する緑の言葉はほとんど正しくない。それを説明するためにも、最初に少年部の息子を持つ母親に事務局が言ったという団体名と代表者の名前を挙げておかなければならない。その団体とは日本レスリング協会であり、そこで会長を務める一方でＪＯＣ副会長の職にある福田富昭である。緑は福田との交流を契機に、新極真会のオリンピック正式種目参加について頻繁に口にするようになった。

福田は二〇〇九年八月、日本格闘競技連盟（以後、ＪＭＡＧＡと呼ぶ）なる不可解な組織を設立している。あくまでも日本レスリング協会の下部組織という前提にもかかわらず、ＪＭＡＧＡには日本ムエタイ協会をはじめ日本ブラジリアン柔術連盟、日本修斗協会などの格闘技団体、さらにはプロレス団体のパンクラスなどが加盟している。ＪＭＡＧＡの設立趣意書には、以下のように書かれている。

《財団法人日本レスリング協会は、国内における格闘競技の団体との繋がりを強化し、それぞれの団体が協力しながら普及・発展・強化し、競技人口の増大を計り、ひいては他国に対して影響力とイニシアチブを持ち、世界をリードする団体に成長し、世界の平和に寄与することを趣旨とし、2009年8月20日をもって、日本格闘競技連盟を設立することとなりました。

なお、ＩＯＣおよびＯＣＡが主催する大会には、財団法人日本オリンピック委員会（ＪＯＣ）からの派遣となり、ＪＯＣに加盟していない団体はこれらの大会に参加することができません。日本レスリング協会は、国際レスリング連盟、および財団法人日本オリンピック委員会に既に加盟しており、これから行われようとする、アジアや世界の格闘技大会参加への道を開き、問題解決のために国内の多くの格闘技団体に加盟を呼びかけ、益々日本の格闘技発展のために寄与したいと考えております》

なぜ、日本レスリング協会がレスリングと異なる格闘技と関係を持つだけでなく、ＪＭＡＧＡという下部機関を通して自らの組織への加盟・参加を促す必要があるのか？　設立趣意書から推測するならば、柔道やテコンドーなど、すでにオリンピック正式種目となっている試合にも、それらの団体に所属せずして「ＪＯＣに加盟している日本レスリング協会を通じて」参加することが可能という解釈にも取れる。また、設立趣意書に書かれている「格闘技大会参加」とは、いかなる格闘技を指しているのか？　それとも、それはレスリングに限定したものなのか？　皆目わからない。
『空手ＬＩＦＥ』（二〇一〇年九月号）ではＪＭＡＧＡと福田について次のように書いている。
《日本格闘競技連盟とは、財団法人日本オリンピック委員会（ＪＯＣ）に加盟している財団法人日本レスリング協会（福田富昭会長）が母体となる組織で、すでにさまざまな格闘技が加盟している。同連盟会長である福田富昭先生は日本オリンピック委員会の副会長でもあり、当会が推進する「空手のオリンピック種目化」に対して貴重なご助言を賜った》
《今後、同連盟の一員としての義務を怠ることなく、「空手のオリンピック種目化」という大きな目標に一歩一歩確実に進んでいきたい》
ここから、新極真会もＪＭＡＧＡに加盟したことがうかがえる。『空手ＬＩＦＥ』の二〇一〇年一一月号では緑と福田の対談を特集し、《空手のオリンピック種目化を目指して本格的な活動をスタートした新極真会。7月には日本格闘競技連盟に加盟し、新たな一歩を踏み出した。そして9月17日、同連盟および日本レスリング協会の会長であり、ＪＯＣの副会長も務める福田富昭氏と緑代表の会談が実現。オリンピックへの道は決して夢物語ではない。その道筋が見えてきた》と絶賛している。
実際、対談のなかで、《日本格闘競技連盟は、ＪＯＣ（日本オリンピック委員会）に加盟していない組織・団体に国際大会への道をつくるという目的で設立されたのですよね》という記者の質問に、福田は《そうです》と答えている。そして、空手人口の多さを理由に《資格は十分にある。空手が種目化されない理由は、その魅力やビジョンをＩＯＣの幹部に説明してまわる人がいないということなんです。（中略）本気でＩＯＣを説得すれば、空手は入れると思います》と、あたかも福田がＩＯＣとの間の橋渡しをすることで新極真会のオリンピック種目の可能性が強くなったかのごとく胸を張る。

だが一方で、《空手は空手独自で正面からＩＯＣに話を持っていけばいいと思います》、《私は空手の専門家でないので組織の内部に入ることはできません》また《フルコン全体の世界連盟をつくる。その上でＷＫＦと話し合って一緒にＩＯＣに行き、「空手界は統一します。ただし、フルコンとノンコンの二種目で競技化したい」と説明する。（中略）これができれば空手のオリンピックは見えてきます》など、自らの責任回避の伏線とも思える言葉も目立つ。結局、新極真会のＪＭＡＧＡ加盟が空手のオリンピック参加についていかなるメリットがあるのか？　ＪＭＡＧＡの存在意義が不明なまま対談は終わっている。山田英司は、「福田さんの口から突然、ＷＫＦの名前が出てきましたが、あちらには極真系の団体と連携する意志なんてないわけですよ。空手界の統一についても、実は新極真会が逆に大山総裁が築いた極真会館をバラバラに分裂させてきた過去があるわけですよね。松井館長を否定してクーデターを起こし、独立したと思ったら西田さんとか長谷川さんなどの有力支部長たちをどんどん切り捨てていって……。連合会ができたのも新極真会がもともとの原因ですからね。連合会のほとんどは新極真会を出た人たちです。遺族派と呼ばれるグループとの合併も結局、新極真会が裏切ったから遺族派はバラバラになったわけですし。松井館長を認めないはずの新極真会が、今度はオリンピックをダシにして大同団結を求めるつもりなのでしょうか？　あまりに身勝手でご都合主義な内容で呆れるばかりです」と苦笑いを隠さない。格闘技関係のメディアの間でも、福田の言動やＪＭＡＧＡという組織に疑問を投げかける声は強い。

元早稲田大学教授、元日本体育協会役員の白鳥金丸（自らも選手としてオリンピックに出場した経験を持つ）は福田の言動を強く否定する。

「結局、福田氏の利権目当てというのがすべてなんじゃないですか？　あまりにも矛盾した話です。

日本格闘競技連盟は、身内には近々グレコローマンがオリンピック種目から外されそうな状況なので、第三のレスリング種目を考案するという建前で作ったと福田氏は説明しているようですが……。それだっておかしい。新しい種目を考案しても、その大会が世界的に普及しなければIOCは見向きもしません。まだ新競技もない、だから選手もいなければ大会もない。それでグレコローマンに代わる競技がオリンピック種目に採用されるなんて、実際一〇〇年はかかりますよ。仮に古代オリンピックの正式種目だったパンクラチオンを競技化すると大義名分を立てても同じことです。現時点では完全に不可能な話です。なのに、レスリングとはなんの関係もないムエタイや空手を加盟させるなんてわけがわからない。パンクラチオンには打撃が認められていたから参考にするなんて理屈は通りませんからね。私はボクシングが専門ですが、アマレス関係者の間では福田氏の評判はすこぶるよくない。この組織を作る前はプロ格闘技ブームに乗って『戦極』とかいう興行に首を突っ込んでいたし、それが失敗したので大手のスポンサー企業を自分の手元に引き寄せる目的で始めたというのがもっぱらの噂です。私はその噂は当たらずとも遠からずだと思っています」

そこで直接、福田に疑問を問いただしてみた。

――JMAGAが目指す目標とは？

福田「格闘技の総合的なものをオリンピックに入れようということです。組織としてはあくまでも日本レスリング協会の下部組織です。そうでないとJOCに認可されないですから。そのなかにサンボ連盟やパンクラチオンなどがレスリング協会に入れてくれという申請があった。ならば、これらの異種格闘技のそれぞれの利点を生かせるような統一ルールを作って格闘技の世界一を決めるようなことができればいいと思っています」

――しかし、日本レスリング協会に所属している以上、その新しい総合格闘技はレスリングの範疇に入るものでなくてはならないという制約がありますよね。レスリングとはかけ離れた競技が日本レスリング協会を通してオリンピックに参加するのは不可能なのではないですか?

福田「基本的にはそうです。フリースタイル、グレコローマンに次ぐ第三のレスリング種目でなければならない。しかし、レスリングとしての基本を押さえていれば古代オリンピックにおけるパンクラチオンのような形式も不可能ではないと考えています。だから、統一ルールができたならばサンボなりムエタイなり、それぞれのルールの利点を生かして、あくまで統一ルールに準じて試合には出てもらう。それが第三のレスリングであれ、総合格闘技であれ、世界的に有名にして、オリンピックにつながればいいと考えています」

——しかし、例えば打撃が中心のムエタイや空手が第三のレスリングに参加するにしてもルール的に極めて難しいのではありませんか?

「それは各団体の考え方次第でしょ。私はどの団体に対しても強制はしていませんから。入りたければ入りなさい、出たければ出なさいと。ただ、何も空手やムエタイに限らず、サンボにしてもパンクラチオンにしても今後、オリンピックの正式種目になるのはかなり難しい。だけど、レスリングはすでにオリンピック競技になっているのだから、そのなかの一種目としてならば入りやすいということを私は言っているんです」

——あくまで現実論なのですが、第三のレスリングにせよ総合格闘技にせよ、いまだ統一ルールはできていないということですね?

福田「そうですが、合宿を開くなどして具体的に模索をしているところです」

——つまり、いまだ統一ルールによる新しい競技は存在していないということになりますね。まだ競技も存在しない、当然、選手もいなければ大会も開催されていない。すべてがこれからだと言うならば、ＩＯＣの原則からしても、正式種目採用の条件は選手人口や大会数などの普及度の高さが第一にあるわけです。ならばＪＭＡＧＡとしての計画は極めて遠大な、極論すれば五〇年、また一〇〇年をようすることになりませんか？

福田「それが現オリンピック正式種目であるレスリングの一種目という前提があれば、またＩＯＣ関係者との間の人脈があれば可能性はあると私は確信しています。そんな悠長なことは考えていません」

――話は空手に移りますが、最近新極真会が盛んにオリンピック参加を提唱しています。その背景にＪＭＡＧＡへの加盟が大きいと関係者は公言していますが、この点について福田先生の考えをお聞かせいただきたいのですが。

福田「『空手のオリンピック種目化を目指しているが、どうすればオリンピックに入れるのか？』そう先方から相談があったのでアドバイスをしてやりました。すると『自分たちも格闘競技連盟に入って一緒にやっていきたい』というので、それならどうぞと受け入れたわけです。空手がオリンピックに入るということはとても素晴らしいことです。そのためにも、まずは空手の流派を統一しなければいけないんです。寸止め流派の統一は全空連がやっている。でも空手には寸止め以外に当てるフルコンがある。フルコンとの連携もできていないから寸止め空手はオリンピックに入れないでいるんです。それに、空手界は国際力が弱過ぎる。ＩＯＣに対する国際力が弱いんです。僕はＪＯＣ副会長としての立場だからよくわかる。空手界が自分たちで動かなくては駄目なんですよ。全空連にも私はそう忠告をしてきました。だから、緑さんには新極真会として積極的にフルコン空手界の統一をしなさいと言ったわけです」

――ということは、新極真会にとってＪＭＡＧＡに加盟するメリットは、少なくともオリンピック問題についてはないと言ってもいいのでしょうか？

福田「オリンピック参加問題と、格闘競技連盟に入ることはまったく別ですよと、私ははっきり緑さんには申し上げています。第一、私は空手の人間ではありませんから。今後、空手界がひとつになってＷＫＦと協力してＩＯＣに承認されるか？　そんなこと俺が知るはずないじゃないか。それは空手のなかの連中がやらなくちゃできるわけないだろう。俺はせいぜいアドバイスしかできないとはっきり言っているんです、空手には関われないと」

――しかし、新極真会側は機関誌のなかでも書いているし、緑代表自身も「日本格闘競技連盟に加盟したことでオリンピック参加の第一歩を踏み出した」と公言していますが？

福田「心外だね。俺には関係ないこと。俺は空手界の統一に向けて動きなさいよと提言をしてあげているんだよ。相談されればいつでもアドバイスはしますよと。そういうことが新極真会にとって、うち（ＪＭＡＧＡ）に加盟しているメリットなんじゃないの？　得にならないと思えば出ていけばいいんだから」

冒頭でも記したように、現在オリンピック参加の可能性を有しているのはＩＯＣ公認団体・ＷＫＦのみである。しかし、ＩＯＣ公認でありながらも長年、正式種目に認定されなかったのは福田や緑が言うような「空手界が統一されていない」ことが原因ではない。たとえＷＫＦが採用するルールと大きく異なる試合方式を採用する極真会館、または極真系の勢力が世界的に伸びていたとしても、それをとってＩＯＣはいまだ「空手界の不統一」を問題視したことはない。

ＷＫＦの正式参加が見送られてきた直接の理由は、実はＷＫＦひいてはＪＫＦ内の分裂が重要視されていることにある。

そもそも、故・笹川良一の強権のもとで結成されたＪＫＦであったが、極真会館が参加しなかったように他にも参加を躊躇う団体は少なくなかった。だが、笹川の懐柔策により最終的にほとんどの伝統空手団体がＪＫＦへの加盟を承諾する。ただ、ひとつだけ例外は松濤館流の一団体・日本空手協会だった。当時、組織の規模はもちろん選手層についても圧倒的に秀でていた日本空手協会は、世界組織としてＩＡＫＦ（国際アマチュア連盟）を有していた。一九八五年、ＷＵＫＯがＩＯＣ公認団体として承認を得はしたものの、ＩＡＫＦは異議を申し立てる。そこから混乱が始まった。

ＩＯＣ側は両団体に統一を要求。結局、両団体の和解を見ずして一九九二年、ＷＵＫＯはＩＯＣ承認を取り消される。ＷＫＦとＩＴＫＦ（国際伝統空手連盟、ＩＡＫＦの後継組織）の確執はその後も続き、現段階では完全な両者の和解がないまま、政治力によってＷＫＦが再びＩＯＣ公認団体として認められている。

ＪＫＦの機関誌を制作発売している（株）チャンプ営業推進部の高橋幸一はＷＫＦの現状について説明する。

「さまざまな確執がＷＫＦとＩＴＫＦの間にはありましたが、現在はＪＫＦ副会長の栗原（茂夫）さんの指導力でＩＴＫＦともうまくやっているようです。互いが敵対することはオリンピックだけでなく空手界にとってもマイナスですから。結局、今オリンピックに正式種目として認定される資格があるのはＷＫＦのみと言っていいでしょう。フルコンタクト関係の団体がＷＫＦに加盟することはあり得ないし、ＷＫＦ、ＪＫＦ共に絶対に共同歩調を取ることはないと断言します。なぜなら、フルコンタクト系の団体と手を結ぶメリットはないからです」

実際、ＪＫＦ副会長の栗原は言う。

「あくまでも非公式な言葉として理解してもらいたいのですが、ＪＯＣの福田さんとは何度かお会いしたことはあります。しかし、福田さんがレスリング協会の会長であることは承知していましたが、格闘競技連盟という団体は知りません。極真会館が割れたというのは知っていますが、新極真会という組織はまったく知りませんでした。福田さんから聞いたこともないし、あちらの団体と組織統一だとか連携だとかを勧められたこともありません。オリンピック参加問題について、そういう他流派の動きと同列に扱われるのは困ります。オリンピック正式参加の資格があるのはＪＫＦでありＷＫＦだけなのですから」

二〇一一年一〇月二三日、新極真会主催の世界大会に来賓として招かれた福田富昭は、開会式における役員挨拶の場で、すでに記したような持論を披露した。本項の冒頭で紹介した新極真会所属道場に通う少年部の子供たち、またその保護者に抱かせた近い将来のオリンピック参加の期待は、うたかたの夢に終わるのだろうか……。

極真系空手のオリンピック参加に関して、新極真会の動きとはまったく別なところで大きなプロジェクトが組まれていることについて簡単に触れておく。

これはロシア政府が主導する計画と言っていい。近年、松井極真会館だけでなく新極真会や極真館の大会におけるロシア選手の活躍が際立っているのは周知の通りだ。この急激なロシア勢の台頭の裏にはロシアが国を挙げて空手、特に極真空手の保護と選手育成に力を入れてきたという背景が存在する。現在、ロシアには大山の死後に分裂した多くの団体が支部道場を設けている。一九九〇年代以来、ロシアでは極真空手のブームにあるからこそ、道場の乱立が可能になったとも解釈できるが……。しかし、いくつもの団体が勢力争いに走るなか、どの団体を選択すべきか迷う道場生や選手たちが後を絶たない状況が続いている。

そのような混乱に対して、ロシア政府は国務大臣級の政治家を主席会長とするロシア極真連盟

（ＡＫＬ）を設立した。二〇〇六年のことである。まずは、ロシア国内に支部を置く極真系団体に参加を呼びかけた。応じたのは、松井極真会館西ロシア地区、松井極真会館東ロシア地区、極真館、ＩＦＫ（元極真会館ヨーロッパ委員長のスティーブ・アニールが率いるヨーロッパ連盟）、そして新極真会の五団体だった。非公式の会議が幾度か開かれた後の二〇一〇年、今後の方針を話し合うという目的で予備会議が開催される。ちなみに、この段階から新極真会は会議への参加を中止している。

翌二〇一一年一〇月、モスクワにて第一回の公式会議を開催。目標を「極真空手のオリンピック正式種目参加」に置くと同時に、次のような方針が確認・決定した。

一、ＫＷＵ（極真ワールドユニオン）の結成。
二、競技種目を「極真」とする（「空手」とした場合、現ＩＯＣ公認のＷＫＦと対立してしまうから）。
三、ＫＷＵ本部をスイス・ジュネーブに置く。
四、まずは国際競技団体連合（ＡＲＩＳＦ）に加盟することでＩＯＣの公認を得る。
五、ＫＷＵは連合体だがオリンピック参加が現実になるまではロシア政府およびＡＫＬが主導する。

このＫＷＵ活動にもっとも積極的なのが極真館であり館長の盧山である。大山倍達の生前からロシアでの極真空手普及に力を注いできたからこその広い人脈を有している。

「日本国内のＪＯＣを通してのオリンピック参加は現実的にあり得ません。残念ですが……。しかし、大国であるロシアが国務大臣をトップに据えて動こうという、これほど心強いことはありません。極真館は幸いにも各団体のなかで主席として認められました。決して簡単な道のりではありませんが、これはオリンピック憲章に則った王道的なアプローチです。日本国内の団体では、まず新極真会が不参加を表明しています。例の格闘競技連盟とかいう実体のない組織に入ってオリンピック参加を謳っていますが、ヨーロッパのIOC関係者は誰も相手にしません。一応、松井君のところは西も東も会議には出席していますが、彼らの意図はわかりません。私は彼らが参加するならばそれもいいと思います。オリンピックを最終目標にしたうえでの大同団結ですから。また、競技名をあえて『空手』ではなく『極真』とするアイデアは私が提唱したのですが、伝統空手のWKFとのバッティングを避ける意味でも、また何よりも『極真空手』なのだという主張を込めて妙案だと、他の役員たちも賛成してくれました。本部のスイス移転を済ませたら現実的にKWUは活動を開始します。極真空手の真の意味での世界化が実現するのです」

一方、松井極真会館国際秘書の五来克仁はやや冷めた表情でKWUについて語る。

「一応、ロシア支部の責任者をKWUの会議に出席させています。しかし、それはあくまでオブザーバーとしての立場です。KWUが活動を開始したとしても、極真会館としては動くつもりはありません。KWUはロシアが動かしている組織です。つまり、完全にイニシアチブをロシアに譲るということなんです。大山総裁は生前から、極真空手は断じて柔道の講道館の二の舞を踏んではならないと言っておられました。柔道は国際連盟をフランスに任せた瞬間から本家・講道館の権威は失墜してしまいました。現在では、講道館は権威の象徴にすらなっていません。そういう庇を貸して母屋を取られるような愚挙をしてはならないと総裁はおっしゃっていました。ですから、本部は何があっても日本に置かなくてはならないし、極めて非現実的なオリンピック参加などを簡単に口にすること自体、慎むべきだと思います。新極真会によるオリンピック参加の過剰な宣伝も、それがナンセンスなことくらい誰でもわかることなのに、夢みたいな話を繰り返す。情けない話です」

二〇一一年、冬合宿の「館長講話」のなかで、松井は唐突にオリンピックの話題を口にした。要約すれば「仮にいかなる団体が、いかなるルールをもってオリンピック種目になったにせよ、我々極真会館は相手の土俵で、つまり寸止めであれ防具であれ、そのルールのなかで頂点を目指す」というものだ。松井の本音はどこにあるのか？　多くの極真会館関係者は首をひねった。だが、松井の言葉は単に新極真会、緑らのオリンピック発言に対する揶揄に過ぎなかった。

松井自身、彼の徹底した現実主義と合理主義が、極真空手のオリンピック参加はもちろん、伝統派ＷＫＦのオリンピック正式種目化でさえほとんど可能性がないことを確信させていた。さらに、オリンピック参加をすべて肯定的にしか捉えない連中に対して軽侮の念を抱いてもいた。

「極真会館が仮にオリンピック種目となったとします。するとどうなりますか？　極真空手という言葉は消えてしまうんです。多くの関係者が言うようにノンコンタクトとフルコンタクトのふたつの種目が認められるとすれば、いつしか極真空手、極真ルールは消えてフルコンタクトだけが一般語として残っていくんです。また、オリンピックを目指すがゆえに、なんらかの連合体を作ろうとすれば、もはや極真空手の純粋性は消えてしまう。ルールなどについてもＩＯＣが絶対的権力を持っている下では、こちらの主義や意図は簡単に無視される。防具が必要とかなんだとか……、気がついたらまったく極真空手とは似ても似つかない競技にされてしまうことも決して非現実的ではありません。これらのマイナスをひとつひとつ解決していきながら、その先にオリンピックが現実として見えるならば、極真会館としてはあくまでも正攻法でＩＯＣにかけ合います。とはいえ、極真空手の最高峰の大会はオリンピックではなく、全日本大会であり世界大会であることには変わりません」

オリンピックひとつを視点に置いても、いまや極真系三大組織である松井極真会館、新極真会、極真館の性格・思想・方向性の違いがよくわかる。

終章　大山倍達の遺志

《「空手一代」

私は今でもサインを頼まれたらこう書くんです。

「この地上において、私より強い人間が存在することを絶対に許さない」

私はこう心に誓って空手の道を志しました。

闘うときはいつも自分一人、誰も助けてなどくれません。

突き詰めれば、闘う場にあって、自分に襲いかかってくる敵などは本当の敵じゃない。

真の敵は自分自身なんです。

常に自分一人、闘いとはそういうものなんです。

真理とは自分の努力で見つけるものなんですから、

誰かが教えてくれるものでは断じてない。

だから極真空手も私一代でいい。私が作ったものは私の代だけでいい——、そう思ってきました。

私が死んだ後、弟子たちは自分自身で新しい道を見つけていけばいい。

そう思ってはいたんですがね……。

しかし、今、やはり極真空手は未来永劫でなければならないと、大山死すとも極真空手は永劫不滅でなければならないと、こう思うようになりました。
生涯一武道家でありたかった。
自分一人の腕だけを頼りに、世界を廻って闘い続けたい。
弟子もいらぬ、師もいらぬ、組織に属することもない。
闘うことのみに生き、晩年は世俗を避けて一人静かに死んでいきたい。
大山倍達は「昭和の武蔵」になりたかった。
しかし、気が付いたら私は極真会館という組織の長になってしまっていた。
本当は、自分の本意じゃなかったんです……。
だが、やるからには絶対負けるわけにはいかない。
こうして、いつしか極真会館は大山倍達の分身になった。
世界最強の空手――、
大山が、極真が目指した空手は、すべての格闘技の中で最強の空手である。
そして、今、極真空手は大山だけのものではなくなった。
「最強」を目指す世界中の弟子たちみんなのものとなった。
だからこそ、極真空手は永劫不滅でなければならないのです。
後継者――。
大山倍達の遺志を継ぐべき極真会館の後継者には、ふたつだけ条件があるんです。
若いこと。三十代であることが第一の条件である。
「老いは社会を滅ぼす」というように、
老人が政治を司る国は、栄えることがありません。

冒険をしない。他人を認めない。人を疑う。

極真において、老人は大山倍達だけでいい（笑）。

第二は強いこと。圧倒的に強い人間でなくてはならない。

敢えて言おう。

私の後継者は世界チャンピオンでなければならない。

できれば百人組手を達成している者がいい。

――しかし、まだまだ私は死ぬわけにはいかないんです。

大山倍達としてやり残したことがある。

少なくとも、全日本空手道連盟の長である笹川先生よりは長生きしたい。

そして、やるべきことをやり尽くしたら、
私は若くて強い後継者にすべてを任せるつもりです》（一九九五年『極真空手』第二号）

大山倍達は常々、次のように語っていた。

「極真空手は未来永劫、永劫不滅である」

「極真会館の運営には家族を決して関わらせない」

大山の生前から彼を知る人間ならば、誰もが一度ならず耳にしたことのある大山の言葉だ。口癖、常套句と言ってもいいくらい、大山は幾度となく、同じ言葉を口にしている。大山自身から直接聞いた者もいれば、冒頭のように、雑誌や書籍で目にした者もいるだろう。実際に郷田勇三や廣重毅、西田幸夫など、多くの支部長が大山のこの言葉を記憶している。それは内部の人間だけに留まらない。大山の口癖を直接聞いた経験のある米津稜威雄は言う。

「大山総裁は、極真会館、極真空手というものに、非常に愛着を持っておられましたね。あの方は、財産のほとんどを極真空手に注ぎ込んだ、そういう感じがします。極真空手関係の財産は、全部極真会館の物で、大山家は極真会館に関与してはいけないとまで言っていました。それだけ組織のことを一番に考えていたのでしょうね」

一方で晩年の大山が近しい人間に対して、以下のような弱音を吐いていたのもまた事実だ。

「裸一貫から創り上げた極真会館であり極真空手であるが、今私が逝ったならば、何もかもバラバラになって、組織の分裂は免れないだろう。そのためにも、今こそ組織のあり方を改革しなければならない。若手を中心とした組織に変わることでしか、極真会館が生きながらえる術はないのだ。だから、私は一〇〇歳まで生きなければならない」

この言葉通り、大山は組織の改革に着手しようとしていた。それは、死の直前に病床から支部長たちに送った「通知」の内容からも明らかだ。以下が「通知」の全文である。

《通知

私は現在体調をこわして入院加療中である。早期に回復を図り、君達と共に極真空手道の発展に努力する所存であるが、私に万一の事があった場合でも、従前にも増して協力し合い、極真空手道の発展に努めて欲しい。

特に極真会館新会館建設は、私の生涯の念願である。

このたび新会館設立のための第二次建設委員会委員長、委員を次のとおり任命し発足させたので、その趣旨に賛同され、新会館建設に心からの協力をお願いする次第である。

極真会館新会館建設委員会

委員長　松井章圭

委員　木元正資　七戸康博　桑島保浩　緑健児　湖山彰夫　三村忠司　三村恭司　増田章
八巻建志　黒沢浩樹　数見肇　鈴木國博（順不同）
平成六年四月二〇日
国際空手道連盟総裁
極真会館館長
大山倍達（印）

国際空手道連盟　極真会館
各本部直轄道場責任者　殿
各支部長　殿》

大山が新たに任命した極真会館新会館建設委員会のメンバーには、委員長の松井章圭を筆頭に、二〇代から三〇代の若い支部長や指導員、選手たちの名前が並んでいる。

だが結局、大山は志半ばでこの世を去り、その後、極真会館は大山が憂慮した分裂を余儀なくされてしまった。そして、《私に万一の事があった場合でも、従前にも増して協力し合い、極真空手道の発展に努めて欲しい》という大山の願いも虚しく、新会館建設委員会メンバーに選ばれた者たちを含め、それぞれがそれぞれの団体で、反目しながらも異口同音に「大山総裁の遺志を守る」と言い続けている。

では、「大山の遺志」とは、いったいなんなのか？

父が大山と親しい関係にあったことから、幼少時代より長きにわたって大山の人生と深く関わってきた中野竜夏（元スキージャーナル（株）役員）の言葉がとても印象深い。

「大山総裁の遺志がどこにあるのか。それは生前の大山総裁との関わり方によって、各人異なるかもしれません。ただ私が思うのは、晩年に総裁がよく口にしておられた言葉を、皆さんはどう受け止めているのかということです。総裁のそばにおられた方なら絶対に、『極真空手は永劫不滅だ』『極真の運営に家族は関わらせない』というふたつの言葉を聞いたことがあると思います。たとえ、それぞれの解釈に多少の違いがあったとしても、このふたつの言葉を総裁の遺志のひとつと理解するのは当然と言えるほど、大山総裁は繰り返し、繰り返し、同じことをおっしゃっていました。であるならば、総裁の死後に起きた分裂劇に関わったすべての人たちは、例外なく大山総裁の遺志に反した裏切り者だと、そう断定できると私は思います。総裁が心血を注いで創り上げ、空手界最大の組織にまで育て上げた極真会館を、『極真空手は永劫不滅』と望んだ総裁の思いを、弟子の皆さんは分裂という形で木っ端みじんにしてしまった。挙げ句の果てには、あれほど総裁が家族を極真会館の運営には関わらせないと言っていたにもかかわらず、智弥子さんを館長に祭り上げた。もちろん、それに乗ってしまった遺族の責任も重大だと思います。分裂に関わったすべての人たちは、『我々がもっとも総裁の遺志を受け継いでいる』などと、自分たちの立場を主張する以前に、一連の分裂劇こそが総裁の遺志を踏みにじったという事実を真摯に受け止め、一人一人が反省するべきだと私は思います」

本文ではこの分裂のすべての詳細を証言に基づいて記してきたが、改めて振り返るならば、大山の遺した危急時遺言が法的に認定されなかったことが、この分裂劇をより一層悲劇的なものにした事実は否定できない（そもそも利害関係人と法的に見なされる梅田を証人に立てた弁護士・米津の初歩的ミスの責任は甚大だという関係者の声は少なくないが）。

もっとも遺言書の有無にかかわらず、遺族派や支部長協議会派（新極真会）など、ある意味反乱とも言える行動は、遺言書の認定以前に始まっているものである。さらに言えば、序章でも記したように組織分裂の動きはすでに大山の生前から存在したことを見逃してはならないだろう。

ところで、危急時遺言が作成される以前、生前の大山自身から彼の遺志を聞いたという人物が存在する。当時、極真会館評議委員長、財団法人極真奨学会理事長だった塩次秀雄である。すでに塩次はこの世を去っているが、塩次の懐刀と言われた毛利謙介（団体役員）が二〇年近いブランクを経て、初めて塩次が大山から聞かされたという言葉を語ってくれた。

その前に、なぜあの混乱時に塩次が沈黙を通したのか？　その理由を「当時、病に伏していた塩次先生にとって、自分が証言することで多くのメディアに追われることを嫌った。また、大山先生の後継者は松井章圭であるという固い信念があったからこそ、あえて争いの矢面に立つ必要性を感じなかった」と毛利は弁明する。以下、毛利の言葉を紹介する。

「大山先生が亡くなった直後、私の事務所にやってきた塩次先生は、あの温和な性格にもかかわらず、極めて興奮した表情で大山先生の後継者は松井君なんだと、大山先生が松井君を指名したんだと、唐突に話し出したのを鮮明に覚えています。病弱な体を無理に奮い立たせて、聖路加国際病院に大山先生を見舞っているわけですが、まだ遺言書が作られる数週間前、大山先生は私の後釜は松井君だと断言したと塩次先生は私に語りました。それどころか大山先生が亡くなる前年の全日本大会の際、大山先生は松井君の姿を指差しながら、彼が二代目なんだよとも言っていたと。実は、私自身も大山先生から、『私が死んだら極真は散り散りばらばらになるよ、毛利さん。でも唯一、松井ならば極真を背負っていけると思う』という言葉を聞いたことがあります。私は部外者ですし、以上のことは今だから言えることですが、これはまぎれもない事実です。法的に却下された遺言書が大山先生の遺言のすべてを表しているわけではないし、大山先生の遺言という意味においては、このような大山先生の言葉こそが本来の遺言だと私は信じています」

当事者である松井章圭もまた、大山の死から約二〇年が経過した今、二代目館長に指名されたことについて初めて胸中を口にした。

「総裁の最晩年（聖路加国際病院から一時退院していた一九九四年三月末から再入院する四月一五日までの間と思われる）、私は旧会館四階の総裁室に呼ばれました。総裁自らお茶を入れてくださり、それを飲みながら私にしみじみというか、覚悟を決めたような口調でおっしゃったのは、『君が新会館建設委員会の二代目委員長になってくれ』という言葉でした。私は迷うことなく、『わかりました』と返事をしました。それに対して総裁は『それはね、ある意味全部を敵に回すことになるんだよ。建設を実現させるためには、当然経済的なバックボーンが必要だ。お金を集めるということは、イコール敵を作ることになるんだよ。それも理解したうえで君は首をタテに振ったのか？』とおっしゃったので『理解しています』と私は答えました。さらに総裁は、『それじゃ聞くが、私が死んだら君はいったい誰についていくんだね？』と質問されたので、躊躇いなく『誰にもついていくつもりはありません。盧山師範や郷田師範をはじめ、多くの先輩方に自分は育てられ世話になったので、もちろん恩義を感じてはいますが、自分にとっての師は極真会館の総裁である大山倍達しかいません。ですから、総裁が亡くなられるようなことがあって、その後私が誰についていくのかと言うなら、誰にもついていくことはありません』と答えました。すると総裁は『うーん』と困惑の色を浮かべました。私は総裁の言葉を待たずに、『総裁、自分は誰にもついてはいかないけれど、これだけははっきり断言します。どんなことがあっても自分が極真会館を出ることはあり得ません。総裁が創り上げた極真会館のなかに、生涯身を置くつもりです。ただ、誰についていくのかということであれば、私は総裁以外についていく人間はいませんし、総裁が創り上げた極真会館から離れることもありません。気持ちの問題です」とつけ加えました。そのとき総裁は『よくわかった、それで十分だ』とおっしゃってくださった。それが総裁が私に残した遺言なのかどうか、客観的にこの話を聞いて遺言ではないと思っていますとか、いろいろな意見があると思いますが、私としては大山総裁がたひとつの遺志だと思っています。その段階で総裁が、極真会館の二代目館長という役職に私を就けようと思っていたかどうかはわかりません。しかし、少なくとも極真空手の後継者として、私に思いを託したのだという解釈は間違っていないと今も信じています」

ともあれ、現在のように組織分裂が既成の事実となってしまった以上、それぞれの団体・組織にとって大山倍達の遺志（遺言）というものをいかに解釈しているか。その一点が重要になる。代表的な各団体の責任者は、大山の遺志について以下のように語っている。まずは、極真館館長・盧山初雄の言葉だ。

「総裁がお亡くなりになる直前、聖路加国際病院にお見舞いにうかがった際、残り少ない生命力を振り絞るように大山総裁はこう言われました。『盧山君、極真は未来永劫不滅でなければならない。そのためにどうか尽力してくれ』と。極真空手はメッキではないのです。大山総裁が常々おっしゃっていた本物の武道空手を再構築していくことこそが我々弟子に課せられた最大の使命だと私は理解しています。もちろん、大山総裁が松井君を後継者として指名したことは私自身、まぎれもない事実であると確信しています。ただ、松井君と私は大山総裁の遺志をどう達成すべきか、どう継承すべきか、という点において徐々に乖離してしまいました。結果的に松井君が正統な後継者であると認めつつも、大山総裁の遺志の実践において、私は松井君とは異なり、あくまで武道空手にこだわる姿勢を堅持したい。それが何よりも重要なことと信じています。極真館設立後、真剣勝負ルールの採用や型の見直し、武器術の稽古など、大山総裁時代にはなかった新しい試みにチャレンジしている我々のあり方に対して、少なからぬ批判の声があることは理解しています。しかし、これらの行動は決して大山総裁の遺志を曲解したり変えたりしているわけではないと断言します。私は常に自分自身に言い聞かせています。〈大山総裁だったらどうするだろうか？〉と。現在、純粋な武道空手が軽んじられ、多分にショーアップされた格闘ショーがもてはやされている。あたかもそれが真の格闘技であり武道であると間違った解釈がなされていると思います。結果的に大山総裁が提唱した『最強の空手』というキャッチフレーズさえ、過去のものになりつつあります。それこそが極真空手に対する冒瀆であり、大山総裁に対する侮蔑であると私は思うのです。大山総裁の遺志はまぎれもなく最強の空手を目指すところにあります。それゆえに、極真館では型の見直しや武器術、真剣勝負ルールなどを重要視しているのです。決して物真似ではない、これこそが極真空手の原点回帰と私は信じています。繰り返しますが、我々が追求する武道空手は『地上最強の空手』でなければなりません。そのための稽古は実に厳しいと言えるでしょう。私は大山総裁亡き今、数の論理ではなく、質の重視という点で最強の空手を追求していくつもりです。それこそが大山総裁の遺志と信じているからです」

クーデターの首謀者の一人として支部長協議会派の独立に動きつつも、その後組織から離れ自らの団体「国際武道連盟極真空手　清武会」の代表を務める西田幸夫はこう語る。

「本来、大山総裁が求めた空手は武道であることを基本としつつも、大会など試合を実施するというふたつの路線で動いてきました。しかし、ある時期から武道としての影が薄れ、試合や大会が中心となってきたことは否定できないでしょう。大山総裁自身も生前は『勝負偏重主義』というスローガンのもとで、試合重視に傾いていったこともまた事実だと……。しかし、その試合でさえ過去の寸止めとは異なり、直接打撃ルールという画期的な方法論により、極真空手はその武道性の高さをアピールすることができました。しかし、一九九〇年代に入り、プロ格闘技というか格闘技ショーが注目されるにおよんで、極真空手の『勝負偏重主義』も影が薄くなってきたように思えてなりません。大山総裁が提唱する最強の空手とは武道空手の追求にこそ原点があると私は信じています。そんな大山総裁の理想とする空手をいかに実現していくか。そのためには古くは大山道場時代に遡り、地に足のついた基本からやり直さなければ、極真空手はゆくゆくは単なるスポーツに成り果ててしまうと私は懸念しています。試合重視であるがゆえの現実ではあり得ない胸をつけたど突き合いや、間合いを計算しない戦い……、それらを今こそ反省し基本に戻ることが大切だと思います。そうして、真の武道空手を追求することこそが、大山総裁の遺志の継承だと私は理解しています」

　次に、現極真連合会・理事の一人である田畑繁の言葉だ。

「大山総裁の死後、何よりも大きな失敗は、大山総裁の遺志の継承ではなく、二代目館長に就任した松井さんに対する反感からくる『反松井派活動』に重心が傾いてしまった点にあると思います。大切なことは『反松井活動』ではなく、大山総裁の遺志である極真空手の継承にこそあると今の私は悟っています。考えてみれば、自分たちにも極真会館を分裂させた責任はあるわけです。正義であれなんであれ、結果的に権力闘争に終始してしまった点は、大いに反省しなければならないと思います。大山総裁時代の極真会館は何もかも大山総裁のワンマンでした。その体質をそのまま受け継いでいるのが松井派であり、松井派を否定しながらも結局何も変わらないのが新極真会だと認識しています。我々はワンマンではなく対話と平等を重視し、各道場単位で連合するという形をとっています。つまり、連合会に所属する各道場はそれぞれの立場で大山総裁の遺志を実践し、極真連合会はそれらの連合体として大局的な形で大山総裁の遺志を継いでいくというのが理想です」

新極真会に関しては、正式な取材許可を得られぬまま現在に至っている。そのため、事務局長である小井泰三の判断によって取材協力を得ていた約一ヵ月間に聞いた小井や柳渡聖人の言葉をもって、現新極真会の姿勢であり主義と理解したい。以下は柳渡の言葉である。

「そもそも支部長協議会派がクーデターを起こしたというのは、一方的な偏見であり、我々支部長たちが松井君を館長から解任したわけですから、名称こそ新極真会ではあるけれど、本当の意味で大山総裁の遺志を継承しているのは我々であるという自負は、すべての会員が持っていると思います。分裂時、大山総裁時代の気風を受け継いだ支部長の大半が松井君を否定したわけです。そして、現在の新極真会を支えているのが彼らであることを決して忘れてほしくない。今の新極真会は緑健児というクリーンで爽快な大看板のもと、明るく爽やかな路線を歩んでいます。次代の代表たる塚本徳臣君が育つまでは、なんとか緑君を前面に打ち出し『小よく大を制する』本来の極真空手を全会員一致で追求していくことこそが、私たちの義務ではないでしょうか」

最後に、極真会館館長である松井章圭の言葉を紹介する。

「二代目館長として、大山総裁の遺志をどう受け継いでいくのか。これについてはいくつかありますが、まず何よりも一道場、個人経営的な団体に過ぎなかった極真会館という組織を、現代に適応できるような組織にすることが重要と考えています。大山総裁が健在だった時代、極真人口は世界に一二〇〇万人と言われ、会員の概念のなかにおいて極真会館は世界的に一体という捉え方がなされていました。個人個人の概念、それはイコール大山総裁の概念ですが、概念において極真空手は一体であったけれど、組織のあり方についても抽象的であり、現実的なものではありませんでした。しかし、現代社会で生き残っていくためにはそれではいけない。総裁が唱えてきた人種や民族、宗教を問わず極真は一体であるという概念的なことを、私の代で現実化していく、合理的で近代的な組織化を形として成し遂げていくことが、私に課せられた義務だと思っています。極論を言うならば、二代目としての私の役割は、いかにして館長を退くかということに尽きると思います。それは何かというと、繰り返すように概念的なものを、また曖昧で抽象的だったものを、現実的なものとして組織を整備し発展させ、次の世代に引き継いでいくことです。組織として公共性を保ち、極真会館を社会的に認められ認可されるような存在にして、より組織を充実させていかなければならないと思っています。そのためには、ある意味で『最良の空手』『最高の空手』を目指すことも必要と考えていますが、極真空手が最強を目指すのは当然であるという前提があることは誤解しないでいただきたいと思います。

最強の空手ということで言うならば、過去大山総裁はボクシングやムエタイ、柔道、古武道などあらゆる武道格闘技を極め、その上に極真会館という空手の団体を指揮しルール化しました。自分があらゆる武道格闘技の世界のなかでトップに上り詰めたうえで創った極真空手、極真ルールであるからこそ、大山総裁はいつでも挑戦は受ける、極真の大会に挑戦してこい、極真の舞台に上がってこい、つまり極真ルールに則った戦いでいつでも挑戦してこいという姿勢を持っていました。それは総裁自身の経験の積み上げによるものだからこそ説得力がある。しかし、それを継承したに過ぎない我々が、同じように極真が最強なんだから極真の舞台に上がってこいという姿勢は、もはや通用しないのです。極真空手が最強であるならば、また最強を目指すのであれば、どのようなルールであろうが、そこに挑戦し、頂点を目指していく。それが最強を目指すということです。だからと言って、極真ルールをないがしろにするということではありません。極真空手の本分は大山総裁が創り上げた極真ルールにあります。もちろん、各道場によっていろいろな試行錯誤をしてはいるけれど、公的に大山総裁が創り上げた極真ルールを、より厳密化、高度化し、磨き上げていくことは私たちに課せられた当然の義務です。その意味において、極真空手の本来の試合ルールを守っていくという姿勢は変わりません。

また、遺言書にもあった新会館建設、武道空手の堅持、極真空手百科の発刊などについては、二代目を受けた当初からそれに向けて準備をし、あらゆる手段を使って実現に向けて努力をしてきました。新会館の建設は大山総裁が長年望んでいたあの西池袋の旧総本部でなくてはならないし、あの場所でなければならないんです。そのために遺族の方々と何度も協議を繰り返し、建築法上の問題などをクリアするべく動いてきました。今でもその努力は続けています。新会館建設を放棄したという声はまったく当てはまらない。空手百科については、組織作りやルールの厳密化、洗練など、組織的にも技術的にも世界統一がはかられてからでないと容易に作れるものではありません。しかし、いかにして実現するかについて、私は常に考えてやってきました。極真空手が武道であるのは言うまでもなく、極真空手の本分は武道空手であり最強を目指す空手です。その姿勢はもちろん変わりません。それを、例えば他団体に参加する、K-1に参加する、イコール、ショー空手に迎合するというのは私に言わせると論点がズレている。繰り返しますが、最強の空手を目指すがゆえに、今までのように極真の舞台に上がりなさいという受け身の姿勢ではなく、あらゆるルールに対して積極的にトップをとりにいく。そのような気持ちで邁進するのも武道空手を追求するひとつの道であると考えています。総裁が残した遺言書にある遺志、そして直接私に言葉で遺した遺志を実現するために努力していくことが、今までも、そして今後も私の義務であると理解しています」

現在、各団体の会員数は、松井極真会館が五〇〇〇〇人、新極真会が一五〇〇〇人、極真館が七〇〇〇人程度と言われている。連合会は特別な形態をとっているため会員数を把握することは非常に難しい。また、独立系道場のほとんどは経営困難な状態に陥っているのが現状である。

大山倍達が築いた極真会館は、遺族派に始まり、新極真会、極真連合会、極真館と分裂の道を歩んでいった。

しかし、残念ながら極真会館が再びもとの形に戻ることはもはやあり得ないだろう。誰もが納得する形で大山倍達に代わる国際空手道連盟および極真会館の長を選び、ひとつの組織として再出発することは不可能だ。分裂後、一〇を下らない極真を名乗る団体が発足している。それぞれが組織の規則に則り活動している状態を、今さらひとつにすることはできない。それ以上に、いまだ感情的な問題がまったく解決されていない現状がある。大山倍達が逝去して二〇年近い歳月が流れたが、彼らの口からは相変わらず分裂した団体に対する批判的な言葉がもれる。

にもかかわらず、彼らはおもしろいように口を揃えて「大同団結」を唱える。大同団結を可能にするためには、まずは互いを認め合い、そして共存していく方法を共に模索するしかない。自らの団体以外の極真を一切認めず、その存在を否定し続ける限り、本当の意味での大同団結などあり得ないのだ。

大山亡き後、別々の道を歩み出した彼の弟子たちが、互いの立場を認めたうえで歩み寄ることのできる日は、果たしてくるのだろうか。

最後に、前作『大山倍達正伝』にて紹介した大山の兄、崔永範《チェヨンボム》の言葉を紹介して本章の結びとする。

《「これが世の習いというものです。王が死ねば国は滅びるものです。王の力が強ければ強いほど、王亡き後の国は醜く混乱し、最後には死に絶えるのです。しかし大山が創り上げた極真空手がもうこの世になくとも、大山の精神は永遠に生き残るでしょう。私はそう信じています」》

おわりに

まず何よりも最初に書いておきたい。今回の作品ほど執筆に苦痛が伴ったものは、過去になかった。編集者、物書きとして、いわゆる雑誌やムックの「記事」に始まり、自著を執筆することを「生業」のひとつにして、すでに三〇年近くになる。だが、今回の執筆は今まで味わったことのない多大な苦しみ、言い換えるならばそれは耐えられないほどの不快感、または怒りであり、さらには諦念との闘いそのものであった。しかもそれらは皆、自己嫌悪を私自身に強いてきた。

それゆえ、発売・発行関係も当初の予定とは大きく変わり、二年以上遅れた。まる二年間、私はたった一行の文章さえ書けないほどの心身不安定な状況に追い込まれていた。親しい人たちからは「隠居」などと揶揄されたが、苦笑しながら応じるしかなかった。差し迫っている『大山倍達の遺言』の執筆が遅々として進まないのだから言い訳もできない。挙げ句に、執筆を理由に会社を塚本に任せ、勝手にハワイで長逗留していたのだから。

基本的な取材は三年前に終わり、大本となる塚本の原稿も二年前には仕上がっていた。「はじめに」でも塚本が触れているように、本書は前著『大山倍達正伝』と異なる分業体制で制作・執筆に取りかかった。項目や各章によって書き手を分けるのではなく、最初に塚本が元原稿を書き、そこに私がさまざまな資料をもとに加筆し、さらに塚本が推敲するというやり方である。

これは、書くべき内容はもちろん、それぞれの事象に対するスタンスや主張が二人共、常に「同一」でないと困難な作業である。名実共に私たちは「一心同体」であり、問題に直面しても「以心伝心」で取材を含めた本書の作業に当たってきたという自負はある。

私は三〇年以上、さまざまな立場で極真会館に関わってきた。当然、生前の大山倍達氏とも懇意にさせていただいてきた。特に一九八〇年代後半、大山氏が念願にしていた『空手全科（空手百科事典）』の制作に関わって以来、大山氏と共に行動する機会も急激に増えた。ある意味でビジネスを超えた「孫」と「祖父」、または「親子」に近い関係にあった。一週間程度の千葉への旅行（名目は取材だったが）は数度におよんだ。恐れ多くも私の買いたてのマンションに宿泊していただいたこともある。

午前八時、時間ぴったりに大山氏から私の自宅に電話があった。少なくとも週に三回以上の電話が約四年間続いた。大した用件はない。「小島の元気な声を聞きたい」というのがほとんどの理由だった。こういった大山氏を通した関係から、極真会館の支部長たちをはじめ、多くの関係者とのつき合いもかなり広い範囲におよんだ。

……そんな大山氏からの電話がなくなって約二〇年が過ぎた。その間、極真会館は極めて醜く無様な、極論すれば最低最悪と言っても過言ではない分裂の道を突き進んだ。

多くの企業の後継者問題に際して、過去現在と今回の極真会館の分裂に酷似した事態が起き続けている。このようなトラブルはすべての国家・組織において何千年も昔から普遍的に繰り返し起こされてきた。

国内産業界では過去、「松下電器産業」と「三洋電機」をはじめ、ギターメーカーの「Kヤイリ」と「Sヤイリ」との醜い分裂事件が知られている。最近では「ほっかほっか亭」と「ほっともっと」の分裂も話題になった。国内の空手流派はと言えば、剛柔流、松濤館流、和道流、糸東流……

沖縄直伝を謳う伝統空手の「四大流派（組織）」と呼ばれた団体でさえ、例外なく後継者を巡り分裂している。また上地流など中堅流派（組織）のほとんどが、なかには全日本空手道連盟加盟を巡る意見対立のなか、創始者が生存するにもかかわらず醜い分裂劇を起こしてきたという現実がある。

日本には古くから伝統芸能と呼ばれる世界が存在する。一例を挙げれば、日本舞踊、詩吟、剣舞、狂言、茶道、華道、書道……。カリスマ的指導者を失うと必然的に分裂の危機に襲われるのが常である。近年では狂言の和泉元彌のスキャンダルが記憶に新しい。社会的見地によればこのような争いは、人間が生まれ持った権力欲と闘争本能の具現化に過ぎず、人間集団においては宿命的な愚行である。本書で描いた極真会館の分裂騒動も、その意味では決して特別なことではない。

なぜ、今回の作業がときに私を憂鬱な気分に陥らせるほどの苦痛に満ちていたのか？　少なくとも学生時代、「極真会」の刺繡が胸に入った空手着に誇りを持ち、多くの素晴しい先輩や師範に接してきた私にとって、彼らが突然、敵味方に別れていく姿や、「同じ釜の飯を食べた」者同士が聞くに絶えない嘘まみれの罵倒や中傷し合う姿を目の当たりにして、「正気」を保てるはずがない……。この歳になって初めて私は醜悪な「人間の宿痾」を痛感した。改めて人間の本性は「性悪」のなかにあると確信したのである。

「極真空手は永遠なり」

「極真会館運営には家族を決して関わらせないが、弟子たちは誠意を持って生活の支援をすること」

これらの言葉が、まさに真の意味で大山氏の「遺言」であると私は理解している。生前の大山氏に近い関係にあった支部長で、この言葉を聞いたことがないという人間は皆無なはずだ。それは大山氏の日常的な言葉だったからだ。にもかかわらず、最晩年まで続いた大山氏の口癖を完全に無視した支部長たちの非礼極まる行動の数々。分裂に関わったすべての極真関係者は、「大山倍達に対する裏切り者である」と私は断罪する。彼らには大山氏の想い（遺志）を継承しようとし、正義をまっとうしたいという覚悟があったのか？　それゆえの分裂行動だったのか？

私は断じて「否」と言う。権利欲と既得権益の保持、つまりは何もかも自分のための打算でしかなかったと私は断言する。まさに「愚民」の発想以外の何ものでもない。

この分裂劇のなかにおいて、「大山倍達の遺言」はいかにして弟子や関係者たちによって理解され、または無視されたのか？　このままでは極真空手の歴史に埋没しかねない一連の分裂騒動を、徹頭徹尾事実に基づいて解明しなければならないという使命感を私たちは抱いた。これもまた大山倍達が設立し、一世を風靡した極真会館の「歴史」の一部なのだから。決してうやむやのなかに葬らせてはいけないのだ。

執筆中も厭でならず、ときに吐き気に見舞われ、文字を打つことの痛みを味わった。だが逆説的に言えば、そのようなマイナス思考に負けず、最後まで書き尽くしたことで、この作品は下らぬ暴露本ではなく「歴史書」になり得たと多少の誇りも感じている。

※

三瓶啓二氏をはじめ、支部長協議会派に与した支部長たちについて少し触れてみる。

私にとって三瓶氏は偉大な先輩である。学生時代、私は血の滲むほどの猛稽古に没頭する三瓶氏の姿を見続けてきた。当時、総本部の指導員を務めていた三瓶氏に私たちが会えるのは、総本部の稽古に参加するときか合宿、またはコンパの席がほとんどだった。私たちは三瓶氏の言葉をまるで「御神託」のように聞いたものである。

大学を卒業した私は『月刊空手道』の編集記者として、その後も三瓶氏と親しい関係を続けていた。私は時間が許す限り、三瓶氏が上京するのに合わせて大宮駅（当時、東北新幹線の始発駅は大宮駅だった）に迎えにいき、行動を共にした。三瓶氏を中心に集う会（これを「三瓶会」と呼んでいた）にも出席し、私は三瓶グループの「末弟」を気取ってさえいたものである。「三瓶会」にはよく増田章氏も参加した。東京都文京区本郷の旅館に一泊しながら増田氏と徹夜で語り明かしたこともある。

また、三瓶グループの重鎮だった三好一男氏や柳渡聖人氏も、私にとっては特に世話になった先輩たちである。三好氏は義理人情に厚く一本気な先輩だった。

一九八〇年代末、長く懇意にしてきた大道塾の東孝氏が、私が提案した体制改革案に激怒し、関係者に「小島は情緒不安定で頭がおかしいから今後は小島との接触をすべての支部長、会員に禁ずる」と書いた連絡書を送りつけ、一方的に絶縁された私に対し、三好氏は手紙をくれた。

「とにかく耐えろ。耐えさえすればお前が正義になる。短気を起こせば裏切り者にされる。俺が仲に入るから信じて待て」

結局、三好氏の忠告を守れず真正面から東氏と喧嘩をしてしまった私だが、これからも三好氏の誠意を忘れることはないだろう。

柳渡氏だが……。私は日頃から柳渡氏を「兄」のように慕っていたものである。柳渡氏の下宿、また私のアパートで語り明かすのは日常的なことでもあった。

やはり三瓶グループにいた七戸康博氏や田畑繁氏とも懇意にさせていただいた。七戸氏が沖縄県支部長として那覇に渡る際、私は仕事上の知人を紹介し、その伝手で七戸氏の奥様も米軍基地での就職が決まった。七戸夫妻は私を食事に招待してくれながら、「これからは沖縄にきたら必ずお寄りください」と言ってくれた。「元気な妻を得て、鬼のように無口な七戸さんも柔らかくなった……」と私は笑った。とても誠実な夫婦だった。田畑氏は、私が地方大会の取材で東北を訪れる際、交通手段や宿泊先など細かい面倒を見てくれた。

桑島保浩氏とは、共に血液型がB型だからか非常に気が合った。三好氏の結婚式に招待されたとき、私は前日に桑島氏のいる香川県高松市に渡り、翌日彼の車で険しい四国の山々を越えて高知県に向かった。車中での楽しかった時間を私は一生忘れない。奥村幸一氏（現新極真会千葉南支部長）とは、三瓶氏に飲みに誘われた夜、共にカプセルホテルに泊まり小さな風呂場で語り合った。強面の外見に似ず、穏やかな好人物だった。

小林功氏は私の地元・栃木県の支部長だった。私の実弟が小山道場で世話になり、私は小林氏が主催する大会には必ず顔を出すようにしていた。二人で話していると「栃木訛に花が咲く」と周囲の先輩たちに笑われたものだ。

本文で記したように、一九九四年四月二六日、大山倍達氏が逝ったその日、遺言書の存在を知った私は二代目館長・松井章圭氏への支持を公言した。メディア関係者による松井支持の公的な表明は私が最初だった。その直後から、三瓶氏が私を中傷しているという噂が耳に入ってきた。

ある日、私のもとに三瓶氏から電話が入った。福島県大会の協賛金についての話であった。私は毎回通りの金額を振り込むことを三瓶氏に約束した。すると三瓶氏は笑いながら言った。

「わかったよ。お前が松井の黒子なんだな。これまで俺は山田（雅稔）先輩が松井の黒子だと思っていたら、お前だったんだ」

私は「なぜ、そう思うんですか」と訊いた。三瓶氏はまるで私の罪状を並べ立てるような口振りで言った。

「お前、ちょくちょく松井とファックスでやり取りしてるだろ。松井が大会で読み上げる挨拶の文章も、松井が支部長たちに送る手紙の文章も、皆お前が書いてるんだって。お前、松井に利用されているんだぞ」

確かに当時、松井氏がイベントで挨拶する際の原文を書いたことがある。多忙な松井氏に協力したいという一存でやったもので、もちろん金銭的授受はない。さらに三瓶氏は、「お前と松井はホモだって噂が立ってるぞ。気をつけたほうがいいぞ」と言いながら笑った。私はあまりに意外な三瓶氏の言葉に一瞬、沈黙するしかなかった。呆れながらも「誰が言っているんですか？」と私が問うと、三瓶氏は「皆だよ、皆」と言って勝手に電話を切った。このとき、私ははっきりと三瓶氏が私を敵視していることを悟ったのである。

私は当時、松井氏の協力のもとで某出版社から『極真空手』という雑誌の発刊に向けて動いていた。最高顧問である郷田勇三氏や盧山初雄氏の協力も確認していた。にもかかわらず支部長会議で、「もし小島を編集から外すならば『極真空手』に協力してもいい。小島が関係する限り、認めない」と三瓶氏は断言した。もちろん、松井氏や郷田氏、山田氏らは三瓶氏の言葉を退けてくれた。

三瓶氏を敵に回すということは三瓶グループ、または三瓶グループに近い人たちを敵にすることを意味していた。なぜ、大山倍達氏の言葉を彼の遺言と信じ（『大山倍達正伝』第二部参照）、松井章圭氏を大山氏の後継者として支持することが三瓶氏にとって「敵対行為」になるのか？　私は当惑するしかなかった。

こうして私は、その後に始まる分裂騒動の渦中に自ら飛び込む形になった。自然と郷田勇三氏、盧山初雄氏はもちろん、山田雅稔氏や中村誠氏ら「松井派」の支部長たちとの関係は深まっていった。特に息子を道場に預けた城西支部（後に分支部長たちが支部長に昇格し、「城西グループ」は発展的解消）系列を指揮する山田氏とは極めて近い関係になった。城西系の支部長たちとは友人のような関係を築いた。

繰り返す。それは同時に私が「反松井勢力」の敵になったことを意味していた。後年、松井極真会館に復帰した廣重毅氏は、「あの頃、怪文書が出回ったり、松井派で何かの動きがあると、三瓶さんが必ず、それは小島君の仕業だと断言していた。実は三瓶さんの自作自演だったのですが」と笑う。私は、ただ松井氏を大山倍達氏の後継者として支持しているに過ぎず、三瓶氏らに対して一切、否定的発言も批判文も書いたことはない（支部長協議会派によるクーデター以前）。同時期、あれほど懇意にしていた三好氏や柳渡氏たちとまったく連絡が取れない状況になっていく。それは一九九五年四月の松井二代目館長解任決議の直後からであった。

大山氏の生前、後に遺族派と呼ばれた支部長たちとも私は親しいつき合いをさせていただいた。高木薫氏は一九九〇年代前後、「総裁秘書室長」という肩書きを持ち、一年の半分近くを東京で活動していた。大山氏から『空手全科』の制作を依頼されていた私は、多忙な大山氏の代理に指名された高木氏と頻繁に連絡を取り合っていた。新宿の京王プラザホテルを常宿（後にホテルクラリオン）にしている高木氏のもとに何度通ったかわからない。

高木氏も三瓶氏とは別な意味で野心家であり権力志向が強かったが、普段は物腰も低く穏和で面倒見が良かった。高木氏との関係から安斎友吉氏、小野寺勝美氏、松島良一氏（高木シンパと言うのが正確か）など、当時は「高木グループ」と呼ばれていた人たちとも親しくなった。

ただ、三瓶グループと違い、高木グループは人数はもちろん、組織内での影響力においても格段に劣っていた。それゆえ、自然と彼らの結束は強くなり、支部長たちの間でも目立っていった。高木氏と三瓶氏は犬猿の仲として知られていたし、大山氏が逝った瞬間から、彼らが遅かれ早かれ「体制」から弾かれるのは確実だと私は見ていた。だからと言って、私には高木氏らに対する偏見も嫌悪感もまったくなかった。むしろ私は高木氏に好意さえ抱いていた。

松井章圭氏についても書いておかなくてはならない。

思えば、私にとって松井氏は不思議な存在だった。私が初めて松井氏を見たのは一九八〇年の第一二回全日本大会の会場であった。松井氏は一七歳、最年少選手として試合場に上がった。当時、緑帯だった私は、仲間と一緒に大会会場で雑用に従事していた。すると突然、観客席から大きな歓声があがった。私たちは驚いて試合場に目を向けた。すると、色白の少年が相手を一方的に翻弄していたのである。鋭い上段回し蹴りと豪快な後ろ回し蹴り、ほどなく相手をノックアウトしたその選手は、表情を変えずそそくさと試合場を降りていった。この瞬間、彼は極真空手史上最大のヒーローになったのである。彼こそが、後に大山倍達氏の後継者となる松井章圭氏だった。

第一章で詳しく触れているが、その後、松井氏は地元の支部から総本部に移籍する。当時の総本部には他の支部から移ってくる道場生に対して閉鎖的な気風が残っていた。スター選手として本部にやってきた松井氏に対して、彼を排除する空気が総本部に漂っていたことは事実だった。その反松井勢力の筆頭が三瓶氏を中心とするグループだった。当然のように私は彼らの影響をもろに受けた。年下の「少年」が英雄扱いされている状況に、私自身、嫉妬を感じていたことも否定できない。その後も、私にとって松井氏は常に「敵視」すべき存在だった。

一九九一年春、(株)夢現舎を設立して格闘技関連の媒体制作に関わっていた私のもとに、池田書店から松井氏の自伝を出したいという話が飛び込んできた。一度は断った。だが、ビジネスはビジネスとして割り切るべきだという池田書店の生駒編集長の正論に私は踏ん切りをつけた。私は思い切って松井氏にコンタクトを取った。

こうしてでき上がったのが『我が燃焼の瞬間《とき》』である。この作品は私にとっても大きな意味があった。制作に約一年間を要したが、私はその間、松井氏と生活を共にした。年齢は私の方が上だが同世代ということもあり、私たちは急激に親しくなっていった。松井氏は毎日のように私の事務所にやってきた。仕事の話を離れ、必ずと言ってもいいほど話は脱線した。会えば会うほど、私は松井氏に好感を抱いた。というより何か不思議な縁、親しみを感じた。簡単に言えば、似た者同士ということになるだろうか。松井氏は何よりも正直な男だった。正論だと信じることはどんな相手にも怯まず主張する。その言動が「敵」を作ることになると知りつつも正論を貫く男だった。相手を見る目はいつも冷静で鋭かった。その一方で、松井氏は子供のように我が儘で寂しがり屋だった。そこが私と似ていた。

私と松井氏の最初の会話は必ず口論になり、互いに一歩も譲らない。だが傍目には、それらが二人の挨拶代わりであり、それはまるで「漫才」のようだったという。

ところが、二〇〇〇年前後、分裂騒動もやや落ち着きを見せてきたと思える頃、私は次第に松井氏との距離を取るようになった。物書きとしての立場上、私自身は分裂に対して「中立」的スタンスを取るべきという理想がもともとあったからだ。それ以上に、その頃の松井氏には館長職をまっとうする意志がそうさせたのか、彼の言動が傲慢で横柄なものに変わっていくのを私は感じた。今となれば、当時の松井氏を知る多くの人たちが「あの頃の館長は威張っていた」とか「松井さんは天狗になっていた時期だったかな」などと笑い話に花を咲かせることも度々あるのだが……。あるとき、電話で私は松井氏に言った。

「一九九〇年頃、互いになんにも背負うものがなかった時代が懐かしいですね。一〇年という年月は重い」

　すると、松井氏は「僕たちは裸になれば何も変わってはいませんよ」と答えたが、その声がなぜか私には空々しく思えた。とはいえ、松井氏との関係を断とうと思ったことは一度もない。相変わらず郷田氏や盧山氏、山田氏などの支部長たちとは懇意にしていた。ただ、松井氏とだけは互いに秘書を介しての「対話」になっていたことは事実だ。

　二〇〇四年、私は前著『大山倍達正伝』の執筆を機に、「反松井勢力」との関係改善に乗り出す。最初に私は高木氏に電話をした。その後、彼は早世することになるが、電話では自らの病について一切触れず、「札幌にくる機会があったら必ず連絡をください。温泉にいきましょう」と言ってくれた。西田幸夫氏とも大会取材を通して関係改善を果たした。手塚暢人氏、七戸氏、桑島氏らとの関係も友人の家高康彦を介して和解した。

　ある日、私は三瓶氏に電話をかけた。何度目かの電話でつながった。私は自分の想いを率直に話した。すると、三瓶氏は意外なほど優しい口調で応えてくれた。

「小島の気持ちを皆に伝えたら喜ぶと思うよ。俺もうれしい。今度、福島にこいよ。一緒に飯を食いながら話そうや」

　私は冗談で、「先輩、会うと同時に蹴りは止めてくださいよ」と笑った。

　それから数ヵ月後、仕事に追われながらも福島にいく時間が取れた私は再び三瓶氏に電話をした。するとと予想だにしない言葉が返ってきた。

「俺にはお前に会う用事は何もない。どうしても会いたいならば全日本の会場に一人でこい。支部長控室で、皆で迎えてやる」

確かに、新極真会の全日本選手権は数週間後に迫っていた。喧嘩腰の三瓶氏の言葉に、私はつい言い返してしまった。

「わかりました。いかせていただきます。でも自分は先輩みたいに勇敢じゃないですから、きっちりと準備をさせてもらいます。それで騒ぎになったらどっちが損するでしょうね」

私の言葉が終わる直前に電話は切れた。私にはまったく理解できなかった。

このような経緯があって数日後、私は新極真会事務局の小井泰三氏に電話をした。「はじめに」でも触れているように、小井氏は極めて紳士的に対応してくれた。さらに小井氏を介して柳渡氏とも連絡がついた。結局、柳渡氏が仲介する形で小井氏は私（夢現舎）と新極真会の和解を約束してくれた。

「マスコミとの窓口は事務局であり、取材関係の権限は私にあるので、今後の取材はオープンということを約束します。緑代表との会談についても必ず実現するようにします」

私は「今後、一方的な批判、誹謗と思われる記事は決して書きません。批判記事を書く際には必ず新極真会側の見解や主張を掲載します。それを覚書にしてもいいですよ」と答えた。こうして新極真会から突然の取材拒否通知が夢現舎に届くまでの約一ヵ月間、私からの要求や取材に対し、小井氏は誠意に満ちた対応をしてくれた。「取材拒否」通告については小井氏や柳渡氏のおよばない力が働いたのだろう。たった一ヵ月間ではあったが、小井氏と柳渡氏にはとても感謝している。

ちなみに、私（夢現舎）からの度重なる取材申請に対し、新極真会は支部長会議において、「夢現舎の取材を受けるべきか否か？」を問うアンケートを行なったと、複数の新極真会支部長（匿名）が語っている。

「結果は過半数が取材を受けるべきという答えでした。緑代表も同じ意見でした。しかし、三好師範の『絶対、認めない』という一言で取材拒否の姿勢は覆りませんでした。最初に答えありきはおかしいという支部長たちに対して、三好師範は『これは小島につくか否かの踏み絵だ』と言い放ったのです。信じられない話ですが、事実です。ただ三好師範の発言に三瓶師範が関わっているかどうかはわかりません」

本書において、新極真会側からの公的な見解や主張を反映させられなかったのは極めて残念でならない。

松井氏と盧山氏との一件について触れておく。私自身、盧山氏が極真会館を離れた事実はなかなか受け入れがたいことだった。いかなる理由があろうとも、盧山氏が松井氏と袂を分かつとは思えなかったからである。盧山氏は極真館を設立した後も、松井氏が大山倍達氏の継承者であるという主張を曲げることはなかった。そして、「最強の極真空手への原点回帰」を謳う盧山氏の姿勢に、私は共鳴すると同時に潔さを感じた。私は何があっても盧山氏（極真館）を支持していくと心に決めた。

ただ、唯一の気がかりは松井氏との関係だった。もし私が盧山氏を支持することに対して松井氏が強硬に反対したならばどうするか。散々悩んだ末、私は覚悟した。盧山氏は私が松井氏と親しい関係を保つことを認めたうえで「小島とつき合う」と約束してくれた。ならば仮に松井氏が、私が盧山氏と関係することを許さないとしたら、私は松井氏と絶縁することも辞さないと。

覚悟を決めた私は、松井氏に会うことにした。久々に電話で松井氏の声を聞いた。彼の声は昔のような穏やかさを取り戻していた。そして、松井氏は自ら夢現舎の事務所に足を運んでくれた。松井氏は事務所に入ると何よりも先に塚本に向かって深々と頭を下げた。最大の礼を尽くしてくれた松井氏に私は突然、感謝の気持ちで一杯になった。そして、松井氏は満面の笑顔で私を見た。その瞬間、私たちは二〇年前の関係に戻っていた。

※

最後に、『大山倍達正伝』に続いて本書の発行・発売に動いてくださった新潮社の大久保信久氏に心からお礼を言いたい。

極真会館の分裂騒動という、ある意味キナ臭く、ときに危険さえ伴う「取材」に関して、組織の派閥を超えて協力してくださった私の後見人でもある横溝玄象氏に慎んで心からの感謝をさせていただく。

都合一年におよぶハワイ滞在中、常に心地よい執筆に向けた環境作りに尽力してくださったASTONの支配人秘書室長、美人なMs.Misaさんに感謝を！

原稿の進まない私に愛想を尽かしながらも夢現舎を支えてくれたＫＡＮＡ、諭吉、浜ちゃんたちスタッフ、定期総会に顔を出せない私に不満を見せず、影から応援してくれると同時に夢現舎を守ってくれた一撃会、青水会の「兄弟」たちにありがとう。

そして、ハワイでの執筆を機に、またGIBSONを通じて生涯の絆を約束してくれた通称「BATMAN From DarkSide Of The MOON」氏に最大の感謝を。今年、（株）夢現舎の二代目代表になる倅にありがとう。

二〇一二年三月

小島一志

本作品は書き下ろしです。
本文中の敬称は略しました。

JASRAC 出1204373-201

大山倍達《おおやままますたつ》の遺言《ゆいごん》

発行 二〇一二年四月二六日

著者 小島一志《こじまかずし》 塚本佳子《つかもとよしこ》

装幀 新潮社装幀室

発行者 佐藤隆信

発行所 株式会社新潮社

〒一六二－八七一一東京都新宿区矢来町七十一

編集部 〇三－三二六六－五六一一

読者係 〇三－三二六六－五一一一

http://www.shinchosha.co.jp

印刷所 錦明印刷株式会社

製本所 加藤製本株式会社

ISBN978-4-10-301452-2 C0095

大山倍達正伝　小島一志　塚本佳子

資料五百点、証言者三百人、渾身の取材で衝撃の新事実続出。伝説の空手家の真の生涯とは？　日本と韓国、昭和の闇に封印された哀しき真実——。ノンフィクション超大作！

勝ち続ける力　羽生善治　柳瀬尚紀

天才は日々進化してゆく。大勝負を制する秘訣とは何なのか——。二十年間トップに立ち続ける史上最強棋士の頭脳の秘密に名翻訳者が肉薄する。考えるヒント満載！

野球を学問する　桑田真澄　平田竹男

早稲田の大学院で学んだあの大投手が、渾身の研究成果を明らかに！　後輩いじめ、体罰、長時間練習……日本野球の悪弊の由来を徹底追究。担当教授との超刺激的対話。

甦る零戦　国産戦闘機vs.F22の攻防　春原剛

迷走する日米防空戦略を見据え胎動する国内自主開発、はたして日の丸戦闘機「心神」は飛翔するのか——。次期主力戦闘機選定を巡る日米の暗闘と防衛の最前線を描く。

猛牛《ファンソ》と呼ばれた男　「東声会」町井久之の戦後史　城内康伸

復興著しい東京で千五百人の構成員を束ね、六本木の夜を牛耳った一人の在日韓国人。日韓を股に掛け政財界に暗躍、フィクサーと畏れられたその峻烈な生涯を追う。

木村政彦はなぜ力道山を殺さなかったのか　増田俊也

15年不敗、13年連続日本一、天覧試合制覇——。柔道史上〝最強〟の男が力道山に負けた真相は何か？　戦後スポーツ史最大の謎を解くと共に、木村の数奇な人生を追う！